普通高等学校物流管理专业系列教材

物流网络规划
（第2版）

Planning of Logistics Networks
(Second Edition)

周跃进　陈国华　等编著
Zhou Yuejin　Chen Guohua

清华大学出版社
北京

内容简介

物流网络规划是物流管理和物流工程专业的重要专业课程之一。全书由 10 章组成，包括物流网络概述、设施选址、设施规划、搬运系统规划、仓储规划与设计、配送规划、宏观物流网络规划、物流信息网络规划、物流网络规划方法以及物流网络规划评价。每章在介绍了基本内容后还给出了小结和讨论，并扼要说明了某些内容的扩展，同时附有一定量的习题，以帮助读者加深对有关内容的消化和理解。

本书可作为普通高等学校物流管理和物流工程专业的本科生教材，也可供其他专业的学生和从事物流领域工作的人员参考。

版权所有，侵权必究。举报: 010-62782989, beiqinquan@tup.tsinghua.edu.cn。

图书在版编目(CIP)数据

物流网络规划/周跃进，陈国华等编著. —2 版. —北京：清华大学出版社，2015(2021.12重印)
(普通高等学校物流管理专业系列教材)
ISBN 978-7-302-39550-8

Ⅰ.①物… Ⅱ.①周… ②陈… Ⅲ.①物流—网络规划—高等学校—教材 Ⅳ.①F253.9

中国版本图书馆 CIP 数据核字(2015)第 041382 号

责任编辑：冯 昕
封面设计：常雪影
责任校对：刘玉霞
责任印制：宋 林

出版发行：清华大学出版社
  网　　址：http://www.tup.com.cn, http://www.wqbook.com
  地　　址：北京清华大学学研大厦 A 座 邮　编：100084
  社 总 机：010-62770175 邮　购：010-62786544
  投稿与读者服务：010-62776969, c-service@tup.tsinghua.edu.cn
  质量反馈：010-62772015, zhiliang@tup.tsinghua.edu.cn
印 装 者：三河市龙大印装有限公司
经　　销：全国新华书店
开　　本：185mm×260mm 印 张：21.75 字 数：528 千字
版　　次：2008 年 11 月第 1 版　2015 年 4 月第 2 版 印 次：2021 年 12 月第 7 次印刷
定　　价：62.00 元

产品编号：060240-04

编 委 会

普通高等学校物流管理专业系列教材

顾　　问	盛昭瀚(南京大学)
主　　任	赵晓波(清华大学)
副 主 任	赵道致(天津大学)
委　　员	(按姓氏笔画排列)
	马士华(华中科技大学)
	王红卫(华中科技大学)
	华中生(中国科学技术大学)
	孙小明(上海交通大学)
	李　波(天津大学)
	周跃进(南京大学)
	赵忠秀(对外经济贸易大学)
	徐瑞华(同济大学)
责任编辑	张秋玲(清华大学出版社)

丛 书 序

物流业正在成为我国新兴的快速发展的行业,对物流人才的需求也急剧上升。据人才市场需求信息统计显示,物流被列为我国12类紧缺人才门类之一。业内专家认为,在未来7~10年里,随着经济的高速增长和物流业的快速发展,我国将进入物流人才需求的高峰期,人才缺口会持续扩大。

当前,与我国物流业的迅速发展不相协调的是我国物流人才培养体系的滞后,主要表现为以下两个方面:一是物流人才的培养速度跟不上物流业的发展速度;二是物流从业人员大多数没有受过系统的物流教育,与发达国家相比,我国物流从业人员的素质有很大的差距。(据有关统计资料显示,美国物流管理人员大约95%拥有学士学位、45%拥有研究生学位、22%获得了正式的从业资格证书。)

可喜的是,我国有关教育部门已认识到物流人才培养的紧迫性,在本科专业目录中设置了"物流工程"和"物流管理"两个专业,各专业人才培养的定位如下:

物流工程专业——从工程和技术的角度,对物流系统的硬件进行设计、制造、安装、调试等,同时也需要规划软件的能力。

物流管理专业——应用管理学的基本原理和方法,对物流活动进行计划、组织、指挥、协调、控制和监督,使物流系统的运行达到最佳状态,实现降低物流成本、提高物流效率和经济效益的目标。

现在有条件的大学已纷纷设立了物流相关专业,着力培养物流领域的人才。到目前为止,超过300所高校设置了物流专业,其中超过200所高校设置的是物流管理专业。

为了促进物流管理专业人才培养体系的规范和完善,2006年8月26—27日,清华大学工业工程系召开了"全国高校物流管理(暨工业工程)教学与实验室建设研讨会"。在这次会议上,教材建设问题是大家讨论的一个焦点。会上决定由清华大学和天津大学牵头组织国内一些在物流管理领域有丰富教学科研经验的专家学者编写一套体系合理、知识实用、内容完整的物流管理专业系列教材,以满足各兄弟院校本科人才培养的需求。

在此后的一个月,清华大学和天津大学进行了充分沟通,初步确定了教材定位与教材结构。为了使这套教材真正编出特色、编出水平,又进一步确定了南京大学、同济大学、上海交通大学、华中科技大学、中国科学技术大学、对外经济贸易大学等院校物流管理专业的教师组成"普通高等学校物流管理专业系列教材"编委会,共同完成这套教材的组织与编写工作。

2006年10月编委会正式成立,并于14—15日在清华大学召开了编委会第1次工作会议,进一步明确了本系列教材的具体编写任务和计划。2007年3月31日—4月1日,编委会第2次会议在清华大学召开,对教材大纲逐一进行了审查,并明确了编写进度以及编写过程中需要注意的问题,整个教材编写工作进展顺利。

这套教材主要定位为普通高等学校物流管理专业以及其他相关专业的本科生。共有

11本主教材和1本实验教材,分别是《物流导论》、《物流网络规划》、《现代物流装备》、《交通运输组织基础》、《库存管理》、《采购与供应管理》、《企业生产与物流管理》、《物流服务运作管理》、《物流信息系统》、《国际物流与商务》、《物流系统仿真》和《物流管理系列实验》。在内容的组织和编排上,与学生已学过的工程管理类专业基础课程的内容成先后关系,一般要求学生在进入本系列的专业课程学习之前,应先修诸如"工程经济学"、"概率论与应用统计学"、"运筹学"(数学规划、应用随机模型)、"数据库原理"等课程。

　　这套教材基本涵盖了物流管理专业的主要知识领域,同时也反映现代物流的管理方法及发展趋势,不仅适用于普通高等学校物流管理、物流工程、工业工程、管理科学与工程、交通运输等专业的本科生使用,对研究生、高职学生以及从事物流工作的人员也有很好的参考价值。

　　因水平所限,加之物流工程与管理发展迅速,故教材中不妥之处在所难免,欢迎批评指正,以便再版时修改、完善。

盛昭瀚

2008年元月于南京大学

第2版前言

《物流网络规划》自2008年出版以来,得到了业界的广泛认同,并在2011年获得了江苏省高等学校精品教材的荣誉。

7年来,物流产业取得了长足的发展和进步,全国越来越认识到物流对企业生产和人民生活的重要意义,各级政府和企业更加重视物流网络规划,并使规划成为应该遵循的合法文件,不应由于地方主要领导人的更换而随意改变;更加重视供应链管理和物流布局与改善,以降低物流成本,提高企业的竞争力,提高人民的生活质量。

本书的再版,主要修改了书中的一些错误并增加了几个案例,这些案例都是作者们这几年从事的实际企业物流规划项目以及现有的物流规划研究成果的总结,也是作者在教学中使用的案例和讨论话题。把它们发表出来,以供更多的教师和学生以及关心物流的人士学习和借鉴。

7年来,作者们应用本书的物流网络规划理论和方法从事了一些市、县/区、物流园区和企业的物流中心规划设计项目,取得了一定成效。其中,2009年完成的江苏省海安县的物流网络规划,获得了该县和江苏省政府的充分肯定,2012年3月29日李学勇省长在海安召开全省现代物流业发展推进现场会,推广海安开展现代物流业的经验。"枢纽海安 物流天下"成为海安的一张名片,在全省产生了广泛影响。另外,作者们2014年开展的一个磷化工企业物流网络规划项目,也非常具有挑战性。一个大型磷化工企业要在安徽某地建设一个磷化工厂,生产磷酸、湿法磷酸净化(PPA)、无水氟化氢(AHF)、工业级磷酸一铵、缓控磷铵、化肥等产品逾120万t,其主要原材料磷精矿来自贵州、四川、湖北,硫酸和液氨来自工厂周边地区,产品销售在长三角地区,其副产品磷石膏经改性后可做水泥缓凝剂以代替天然石膏,同时可作为纸面石膏板和石膏砌块的原材料,一年的物流量在700万t左右。企业希望在工厂设备规划的同时,进行物流网络规划,寻找原材料物流、工厂生产过程物流和成品销售物流的最佳方案,以使工厂在开工前就考虑以最低的物流成本运营,这也是从供应链角度探讨节点企业的物流规划问题。初步的规划方案已经得到企业的认可,将来待企业实施后可以作为一个案例写进教材中。

通过本书的学习,希望读者不仅能掌握书中的基本概念、基本理论和基本规划方法,更重要的是学会运用这些理论和方法解决实际物流网络规划问题,并在实践中创新物流网络规划理论和方法,丰富和完善现有的物流网络规划理论,并使我国的物流管理水平通过科学规划得以大幅提升。

本书共由10章组成。第1章物流网络概述,引入物流网络概念;第2~6章主要研究物流网络中的节点问题。第2章研究设施选址问题,第3章讨论设施规划,第4章介绍搬运系统规划,第5章研究仓储规划与设计,第6章讨论配送规划。第7章研究宏观物流网络规划问题,内容包括物流园区网络规划、城市物流网络规划、区域物流网络规划和国际物流网络规划。第8章讨论物流网络规划中的一个重要内容——物流信息网络规划问题。第9章研究物流网络规划一般方法。第10章讨论物流网络规划结果评价。其中第1、7、9章由周跃进编写,第2~4章由陈国华编写,再版时增加了2.5节、3.4节和4.5节,第5、6章由李民编写,再版时增加了5.6节,第7章由伊俊敏编写,第8、10章由高俊编写。

学生在学习本课程之前,其先修课程是"物流导论"、"库存管理"和"现代物流装备"。教师在采用本教材讲授时,可采用2学分(36学时)。

在本书的编写过程中,作者参阅了大量的文献资料,在本书最后仅列出部分参考文献,在此向包括未列入参考文献之中的所有相关的著作者们表示衷心的感谢。

毫无疑问,本书一定还存在许多尚未发现的不足或不妥之处,欢迎广大读者批评指正。

周跃进

2015年1月于南京大学

前 言

我国物流规划工作已经全面展开,但规划理论研究明显落后于实践。

写这本书的时候,正值2008年寒假,即1月中旬至2月中旬,南方数省区(湖南、湖北、广西、广东、江苏、安徽、贵州、河南等)遭受几十年不遇的特大暴风雪,又逢春运,汽车在高速公路上排起了长队,几天几夜不得通行,冰雪覆盖在高压线上,压垮了支撑高压线的铁架,导致电力中断,火车(电力机车)无法开行,部分受灾城市停电、停水、通信中断,机场、火车站、汽车站滞留几十万旅客。灾情就是命令,在党中央和各级政府的正确领导下,在全国人民的共同努力下,在人民子弟兵的热情帮助下,南方各受灾省区发扬不怕困难、不怕吃苦、特别能战斗的精神,连续作战、铲冰除雪,确保道路畅通,确保生产、生活和旅客安全返家过年,把灾害减少到最小程度。

自然灾害自然无法避免,也无法抗拒,但灾害过后,许多问题值得我们认真反思。与本书相关的自然是物流问题、物流网络的规划问题、区域物流问题。从南到北,我们只有一条京珠高速,在湖南的郴州一堵,京珠高速几乎瘫痪,我们的运输网络如此脆弱!春运期间,十几亿人次的出行,在短时间内给交通带来巨大压力,尤其是在大城市(中心城市),难道我们就没有更好的方案来疏通人流?我们的物流节点设计能否做到更科学合理?这些问题的解决,都需要用到本书介绍的知识,物流网络规划,从节点到连接节点的线路规划,从微观的仓库选址、布局,站、场、码头的设计,到宏观的城市物流、区域物流、国际物流。

通过本书的学习,希望读者不仅能掌握书中的基本概念、基本理论和基本规划方法,更重要的是学会运用这些理论和方法解决实际物流网络规划问题,使我国的物流管理水平通过科学规划得以大幅提升。

全书共由10章组成,第1章物流网络概述,引入物流网络的概念。第2~6章主要研究物流网络中的节点问题。其中,第2章介绍设施选址问题,第3章研究设施规划,第4章讨论搬运系统规划,第5章研究仓储规划与设计,第6章讨论配送规划。第7章研究宏观物流网络规划问题,内容包括物流园区网络规划、城市物流网络规划、区域物流网络规划和国际物流网络规划。第8章讨论物流网络规划中的一个重要内容——物流信息网络规划问题。第9章研究物流网络规划的一般方法,第10章讨论物流网络规划结果的评价。其中,第1、7、9章由周跃进编写,第2~4章由陈国华编写,第5、6章由李民和伊俊敏编写,第8、10章由高俊编写。

学生在学习本课程之前,其先修课程是"物流导论"、"库存管理"和"现代物流装备"。教师采用本教材讲授时,其学分数为2(即32~36学时)。

物流网络规划问题,其微观层面的规划理论在国外已经非常成熟,但在国内的教科书中却没有系统化。本书试图将涉及物流网络规划的内容系统地加以讨论,以形成完整的物流网络规划理论体系。而对于宏观物流网络规划问题,如物流园区、城市物流、区域物流和国际物流网络规划,虽然研究非常活跃,但其规划理论并不成熟,还在探索、发展过程中。这就给本书的写作带来一定困难,本书只能就其中的基本问题加以讨论。

在本书的编写过程中,编委会成员提供了一些宝贵的意见和建议,清华大学出版社给予了大力支持,仔细审阅了书稿,在此一并表示衷心的感谢。

在本书的编写过程中,作者参阅了大量的文献资料,在本书最后列出的参考文献并不全面,在此向包括未列入参考文献之中的所有相关的著作者们表示衷心的感谢。

毫无疑问,本书一定还存在许多不足或不妥之处,欢迎广大读者批评指正。

周跃进

2008年3月于南京大学南园

目 录

第1章 物流网络概述 ·· 1
1.1 物流网络的概念 ·· 1
1.1.1 物流与网络 ·· 1
1.1.2 物流网络 ·· 4
1.1.3 物流网络的功能和结构 ···································· 7
1.2 物流网络的研究对象 ··· 11
1.2.1 微观物流网络 ··· 11
1.2.2 宏观物流网络 ··· 12
1.2.3 运输成本 ··· 15
1.2.4 库存 ··· 15
1.2.5 物流网络总成本 ··· 16
1.3 物流网络研究现状与发展趋势 ································· 16
1.3.1 物流网络研究的基本思想 ································· 17
1.3.2 物流网络研究的基本方法 ································· 17
1.3.3 物流网络研究现状与发展 ································· 18
1.4 研究物流网络的意义与作用 ··································· 19
1.4.1 研究物流网络的意义 ····································· 19
1.4.2 物流网络的作用 ··· 20
1.5 本书的结构与组织 ··· 21
1.5.1 本书的逻辑结构 ··· 21
1.5.2 本书的内容组织 ··· 22
小结与讨论 ·· 22
习题 ·· 22

第2章 设施选址 ·· 23
2.1 设施选址概述 ··· 23
2.1.1 设施的定义 ··· 23
2.1.2 设施选址 ··· 23
2.1.3 设施选址的意义 ··· 24
2.2 设施选址的影响因素与选址程序 ······························· 25
2.2.1 影响因素 ··· 25
2.2.2 选址程序 ··· 29

  2.2.3 设施选址报告 ………………………………………………… 30
 2.3 设施选址方法 …………………………………………………………… 31
  2.3.1 单设施选址 …………………………………………………… 31
  2.3.2 多设施选址 …………………………………………………… 35
  2.3.3 动态仓库选址 ………………………………………………… 46
 2.4 设施选址评价方法 ……………………………………………………… 47
 2.5 设施选址案例与问题探究 ……………………………………………… 51
 小结与讨论 …………………………………………………………………… 59
 习题 …………………………………………………………………………… 60

第3章 设施规划 …………………………………………………………… 63
 3.1 设施规划概述 …………………………………………………………… 63
  3.1.1 设施规划的概念 ……………………………………………… 63
  3.1.2 设施规划的研究范围 ………………………………………… 64
  3.1.3 设施规划的目标与原则 ……………………………………… 65
  3.1.4 设施规划过程 ………………………………………………… 66
  3.1.5 设施规划设计方法 …………………………………………… 68
 3.2 系统布置设计 …………………………………………………………… 69
  3.2.1 布置设计 ……………………………………………………… 70
  3.2.2 系统布置设计基本要素 ……………………………………… 72
  3.2.3 系统布置设计程序模式 ……………………………………… 74
  3.2.4 物流系统平面布置技术 ……………………………………… 76
  3.2.5 计算机化布置方法 …………………………………………… 87
 3.3 方案的评价与选择 ……………………………………………………… 91
  3.3.1 流量-距离分析法 …………………………………………… 92
  3.3.2 单项指标比较评价法 ………………………………………… 93
  3.3.3 优缺点比较法 ………………………………………………… 95
  3.3.4 加权因素法 …………………………………………………… 95
 3.4 物流设施规划案例 ……………………………………………………… 99
 小结与讨论 ………………………………………………………………… 116
 习题 ………………………………………………………………………… 117

第4章 搬运系统规划 …………………………………………………… 119
 4.1 搬运系统规划概述 …………………………………………………… 119
  4.1.1 物料搬运的基本概念 ……………………………………… 119
  4.1.2 物料搬运系统分析 ………………………………………… 120
  4.1.3 物料搬运系统设计 ………………………………………… 122
 4.2 物料搬运系统分析 …………………………………………………… 124
  4.2.1 基本流程模式 ……………………………………………… 124
  4.2.2 物料的分类 ………………………………………………… 125

   4.2.3 系统布置分析 …………………………………………………… 126
   4.2.4 各项移动分析 …………………………………………………… 127
   4.2.5 各项移动的图表化 ……………………………………………… 130
   4.2.6 SLP 与 SHA 的关系 …………………………………………… 131
  4.3 物流路径设计与搬运方法选择 ………………………………………… 132
   4.3.1 物料搬运的移动形态 …………………………………………… 132
   4.3.2 物料搬运路线选择 ……………………………………………… 133
   4.3.3 物料搬运设备选择 ……………………………………………… 133
   4.3.4 物料搬运方法选择 ……………………………………………… 134
  4.4 搬运系统设计方案的制定 ……………………………………………… 137
   4.4.1 初步方案制定 …………………………………………………… 137
   4.4.2 方案修改 ………………………………………………………… 138
   4.4.3 说明并测算可行方案的各项需求 ……………………………… 139
   4.4.4 方案评价 ………………………………………………………… 139
   4.4.5 详细设计 ………………………………………………………… 140
  4.5 搬运系统设计案例 ……………………………………………………… 141
小结与讨论 ……………………………………………………………………… 144
习题 ……………………………………………………………………………… 144

第 5 章 仓储规划与设计 ……………………………………………………… 146
  5.1 仓储规划与设计概述 …………………………………………………… 146
   5.1.1 仓储的概念 ……………………………………………………… 146
   5.1.2 仓储的功能和作用 ……………………………………………… 146
   5.1.3 仓储规划设计的意义和内容 …………………………………… 148
   5.1.4 仓储规划设计的流程 …………………………………………… 148
  5.2 仓库所有权的决策 ……………………………………………………… 149
   5.2.1 自有仓库 ………………………………………………………… 150
   5.2.2 公共仓库 ………………………………………………………… 151
   5.2.3 合同仓库 ………………………………………………………… 151
  5.3 仓库规模和数量规划 …………………………………………………… 152
   5.3.1 仓库规模规划 …………………………………………………… 152
   5.3.2 仓库数量规划 …………………………………………………… 153
  5.4 仓库设施规划设计与布局 ……………………………………………… 154
   5.4.1 仓库的建筑结构规划 …………………………………………… 155
   5.4.2 仓库的作业空间规划 …………………………………………… 160
  5.5 自动化立体仓库的规划设计 …………………………………………… 165
   5.5.1 自动化立体仓库概述 …………………………………………… 166
   5.5.2 自动化立体仓库设计 …………………………………………… 166
  5.6 某医药物流中心规划设计 ……………………………………………… 172

        5.6.1　医药物流中心项目建设背景 …………………………………… 172
        5.6.2　规划数据收集与分析 …………………………………………… 174
        5.6.3　物流中心项目总体规划设计 …………………………………… 178
        5.6.4　物流中心功能区域设计 ………………………………………… 178
        5.6.5　物流中心作业流程设计 ………………………………………… 184
    小结与讨论 …………………………………………………………………… 188
    习题 …………………………………………………………………………… 188

第6章　配送规划 ……………………………………………………………… 189
    6.1　配送规划概述 …………………………………………………………… 189
        6.1.1　配送的概念 ……………………………………………………… 189
        6.1.2　配送的功能与作用 ……………………………………………… 189
        6.1.3　配送业务的基本流程 …………………………………………… 191
        6.1.4　配送规划设计的内容 …………………………………………… 191
    6.2　配送网络设计 …………………………………………………………… 192
        6.2.1　配送网络结构体系 ……………………………………………… 192
        6.2.2　EIQ 分析 ………………………………………………………… 194
        6.2.3　分拣作业规划设计 ……………………………………………… 202
        6.2.4　拣货路径优化 …………………………………………………… 206
        6.2.5　配货与配载规划 ………………………………………………… 211
    6.3　配送成本控制 …………………………………………………………… 222
        6.3.1　配送成本概述 …………………………………………………… 222
        6.3.2　配送成本的构成 ………………………………………………… 223
        6.3.3　配送成本控制策略 ……………………………………………… 224
    6.4　配送绩效评估指标 ……………………………………………………… 226
        6.4.1　进出货作业管理考核指标 ……………………………………… 227
        6.4.2　存储作业管理考核指标 ………………………………………… 227
        6.4.3　盘点作业管理考核指标 ………………………………………… 228
        6.4.4　订单处理管理考核指标 ………………………………………… 228
        6.4.5　拣货作业管理考核指标 ………………………………………… 229
        6.4.6　配送运输作业管理考核指标 …………………………………… 229
    小结与讨论 …………………………………………………………………… 231
    习题 …………………………………………………………………………… 231

第7章　宏观物流网络规划 …………………………………………………… 234
    7.1　物流园区网络规划 ……………………………………………………… 234
        7.1.1　物流园区的分类与功能 ………………………………………… 234
        7.1.2　物流园区的规划原则 …………………………………………… 236
        7.1.3　物流园区选址 …………………………………………………… 237
        7.1.4　物流园区布局 …………………………………………………… 239

  7.1.5　物流园区设施规划 …………………………………………………… 241
  7.1.6　物流园区经营管理 …………………………………………………… 242
 7.2　城市物流网络规划 ……………………………………………………………… 243
  7.2.1　城市物流网络规划的原则 …………………………………………… 243
  7.2.2　城市物流网络的功能 ………………………………………………… 245
  7.2.3　城市物流网络的构建 ………………………………………………… 246
  7.2.4　城市物流发展和运作模式 …………………………………………… 248
 7.3　区域物流网络规划 ……………………………………………………………… 249
  7.3.1　区域物流网络规划的原则 …………………………………………… 249
  7.3.2　区域物流网络规划的原理 …………………………………………… 251
  7.3.3　区域物流网络的构建 ………………………………………………… 252
  7.3.4　区域物流网络的特征 ………………………………………………… 253
 7.4　国际物流网络规划 ……………………………………………………………… 255
  7.4.1　国际物流网络规划的原则 …………………………………………… 255
  7.4.2　国际物流网络的功能 ………………………………………………… 255
  7.4.3　国际物流网络的构建 ………………………………………………… 256
  7.4.4　国际物流网络中的港口 ……………………………………………… 257
 7.5　案例:发挥区港联动优势　发展现代物流产业 ……………………………… 260
  7.5.1　保税物流园区建立的必然要求、内涵及其意义 …………………… 260
  7.5.2　保税物流园区的功能介绍 …………………………………………… 263
  7.5.3　保税物流园区的运营模式 …………………………………………… 264
  7.5.4　保税物流园区的规划布局及开发建设进展情况 …………………… 264
 小结与讨论 ………………………………………………………………………………… 266
 习题 ………………………………………………………………………………………… 266

第8章　物流信息网络规划 ……………………………………………………………… 267
 8.1　物流信息与信息系统 …………………………………………………………… 267
  8.1.1　物流信息 ……………………………………………………………… 267
  8.1.2　物流信息系统 ………………………………………………………… 270
 8.2　物流信息网络概述 ……………………………………………………………… 271
  8.2.1　物流信息网络的概念 ………………………………………………… 271
  8.2.2　物流信息网络的作用及特点 ………………………………………… 272
 8.3　物流信息网络的体系结构 ……………………………………………………… 273
  8.3.1　基于Internet/intranet的物流信息网络 …………………………… 273
  8.3.2　基于网格技术的物流信息网络 ……………………………………… 274
 8.4　物流信息平台 …………………………………………………………………… 277
  8.4.1　物流信息平台的意义和作用 ………………………………………… 277
  8.4.2　物流信息平台的功能结构 …………………………………………… 278
 8.5　案例分析:中国电子口岸 ……………………………………………………… 279

8.5.1 中国电子口岸的构建目标与作用 ………………………………………………… 280
8.5.2 中国电子口岸体系结构 …………………………………………………………… 281
8.5.3 中国电子口岸功能简介 …………………………………………………………… 281
8.5.4 中国电子口岸与传统口岸管理模式的优越性比较 …………………………… 284
小结与讨论 ……………………………………………………………………………………… 284
习题 ……………………………………………………………………………………………… 285

第9章 物流网络规划方法 ………………………………………………………………… 286
9.1 物流网络规划方法概述 ……………………………………………………………… 286
9.1.1 物流网络结构问题的定义 ……………………………………………………… 286
9.1.2 物流网络规划的一般方法 ……………………………………………………… 287
9.2 物流网络规划中的信息处理 ………………………………………………………… 289
9.2.1 数据清单 ………………………………………………………………………… 289
9.2.2 数据来源 ………………………………………………………………………… 291
9.2.3 数据编码 ………………………………………………………………………… 291
9.2.4 数据转化为信息 ………………………………………………………………… 292
9.3 物流网络规划分析工具 ……………………………………………………………… 294
9.3.1 图表技术 ………………………………………………………………………… 294
9.3.2 仿真模型 ………………………………………………………………………… 296
9.3.3 优化模型 ………………………………………………………………………… 297
9.3.4 启发式模型 ……………………………………………………………………… 297
9.3.5 专家系统模型 …………………………………………………………………… 297
9.4 物流网络规划的基本原理 …………………………………………………………… 298
9.4.1 系统分析原理 …………………………………………………………………… 298
9.4.2 供需平衡原理 …………………………………………………………………… 299
9.4.3 供应链一体化原理 ……………………………………………………………… 300
9.4.4 成本效益分析原理 ……………………………………………………………… 301
9.5 物流网络规划的一般步骤 …………………………………………………………… 303
9.5.1 物流网络规划层次 ……………………………………………………………… 303
9.5.2 客户服务水平评价 ……………………………………………………………… 304
9.5.3 设定标准 ………………………………………………………………………… 304
9.5.4 物流网络结构设计 ……………………………………………………………… 305
小结与讨论 ……………………………………………………………………………………… 306
习题 ……………………………………………………………………………………………… 306

第10章 物流网络规划评价 ……………………………………………………………… 308
10.1 物流网络规划评价概述 ……………………………………………………………… 308
10.1.1 物流网络规划评价的目的与作用 …………………………………………… 308
10.1.2 物流网络规划评价的步骤和内容 …………………………………………… 308
10.1.3 物流网络规划评价的结果与改进 …………………………………………… 310

10.2 物流网络规划评价指标体系 311
　　10.2.1 评价指标体系的建立 311
　　10.2.2 评价指标权重的确定 312
　　10.2.3 评价指标体系的内容 312
10.3 物流网络规划评价方法 315
　　10.3.1 定性分析评价法 315
　　10.3.2 定量分析评价法 317
　　10.3.3 综合分析评价法 321
　　10.3.4 综合分析评价方法新发展 326
小结与讨论 326
习题 327

参考文献 328

第 1 章　物流网络概述

随着人类社会发展的信息化、高科技化和全球化，物流已受到各国政府、学者和管理者的高度重视，并已成为当今社会经济活动的重要组成部分。

目前，国际上比较普遍采用的对物流的定义如下：

Logistics is that part of the supply chain process that plans, implements, and controls the efficient, effective flow and storage of goods, services, and related information from the point of origin to the point of consumption in order to meet customers' requirements.

对应地，我国对物流的定义如下：

物流是供应链的重要组成部分，是为了满足消费者需求，有效地计划、管理和控制原材料、中间仓储、最终产品及相关信息从起始点到消费地的流动过程。

由此可见，物流网络涵盖物流及供应链中的各个环节，物流网络规划与管理是物流及供应链管理的最基础工作之一。

1.1　物流网络的概念

物流网络是从网络的角度研究物流，这是物流研究的新视角。我们最熟悉的网络就是计算机网络，它是指在一定区域内，由两台或两台以上的计算机通过连接介质，按照要求进行连接，以供用户共享文件、程序、数据等资源的一种组织形式。除此之外，我们还知道有交通运输网络、区域经济网络、社会网络等。从概念上讲，它们都具有相似性，但物流网络还具有其独特性。

1.1.1　物流与网络

我们已经知道了什么是物流，作为物流专业的学生或从事物流工作的人员，随着学习和工作的深入，对物流的理解也会不断地拓展和深化。因此，关于物流的概念，始终是我们关注的焦点，也是我们描述的重点。

由物流的定义可知，物流是流通的一部分，运输、装卸、搬运、包装、流通加工、配送、信息处理等都是物流的一部分，物流贯穿于整个制造、流通、消费、回收所组成的供应链过程中。更重要地，物流是一个网络。

1. 网络的概念

那么,什么是网络呢？为了理解网络的概念,先来理解系统的概念。

系统是当今社会使用最多的词汇之一,比如,我们会问:"你的计算机使用的是什么样的操作系统？"在人体中,有神经系统、血液循环系统、消化系统、免疫系统、骨骼系统等;在企业中,有生产系统、销售系统、财务系统等;在社会中,有安全保障系统、应急处理系统、供水系统、供电系统、交通系统、广播电视系统、医疗卫生系统、教育系统等;在国家中,有国防系统、工业系统、农业系统、服务系统等。

系统(system)是由一些元素(elements)组成的,这些元素之间存在着密切的联系,通过这些联系达到某种目的。因而系统也可以认为是为了达到某种目的相互联系的元素的集合。

通常,系统被看作是一个整体,它由若干个具有独立功能的元素组成,这些元素之间相互联系、相互制约,共同完成系统的目标。

下面是关于系统的各种定义:

(1) 美国国家标准协会(ANSI)给系统的定义是:各种方法、过程或技术结合在一起,按一定的规律相互作用,以构成一个有机的整体。

(2) 国际标准化组织技术委员会(ISOTC)给系统的定义是:能完成一组特定功能的,由人、机器以及各种方法构成的有机集合体。

(3) 美国《韦氏大辞典》中给系统的定义是:有组织的或被组织化的整体;结合着的整体所形成的各种概念和原理的集合;由有规则的相互作用、相互依存的形式组成的诸要素的集合。

(4) 我国著名的科学家和系统科学的创始人钱学森认为:我们把极其复杂的研究对象称为系统,它是由相互作用和相互依赖的若干组成或结合成的具有特定功能的有机整体,而且这个系统本身又是它所属的更大系统的组成部分。

……

根据上述定义,可以认为客观世界都是系统。例如,一个细胞是一个系统,一个生物体是一个系统,一个生物群也是一个系统;一个气体分子是一个系统,大气层也是一个系统;一个班级是一个系统,一个学校也是一个系统;一个项目是一个系统,一个企业也是一个系统,一个社会组织还是一个系统。同样地,物流也是一个系统。

网络处在与系统相似的地位。利普拉克等人认为[①],"在一般情况下,可以将系统定义为元素和元素之间的关联的一个具有持续性的统一体。原子、细胞、有机体、人、国家、宇宙等都是系统。按照这一定义,如果认为具有某种模式的统一体都是系统,那么也可以称网络为系统。"因此,在本书中将不再区分网络与系统,并用网络的概念来代替系统,以强调物流的网络(关联)特性。

2. 网络的特征

根据网络的定义可以看出,同系统一样,网络也具有整体性、目的性、相关性、层次性、动态性和环境适应性等特征;同时,网络还具有分布性、异构性、自治性和协同性等

---

① 中国交通企业管理协会.现代物流管理全书[M].北京:中国对外经济贸易出版社,2001:795.

特征。

网络的整体性是指组成网络的各个元素(节点和线路)不是简单地堆积在一起,而是有机地组成一个整体,每个元素都要服从整体,追求并保证整体最优——整体大于各组成部分之和。评价一个网络时,不能只从网络的部分元素出发,只关注部分元素的性能和作用,而是要从整个网络出发,根据网络的总目标来评价。只有当网络中的各个组成元素和它们之间的联系服从网络的整体目标和要求、服从网络的整体功能并协调地活动时,这些活动的总体效果才能形成网络的有机活动。这样,网络的功能才会高于各元素或子网络的功能。因此,网络的整体性强调"全局"观点,强调$1+1>2$。

任何网络都有特定的目的或目标,这和项目的特性是一样的。人们建立一个网络,就是为了实现某种目标。为了实现某种特定的目标,每个网络都有其规定要完成的任务或功能。例如,企业物流网络的目标可能是:在生产计划的指导下,根据生产的进度和供应商的能力,在有限的资源和组织结构的相互协调下,完成原材料采购、生产物料存储与配送、其他消耗物料的采购与供应,达到最低的物流成本和较小的库存以及及时的物料配送等指标;再如,教育网络的目标就是提高教育水平、提高人才素质、加速人才培养、满足社会和经济发展对人才的需求。

网络的目的性决定网络的基本功能和作用,网络的功能通过一系列节点和线路的功能来体现。这些节点和线路之间往往互相有矛盾,网络管理的任务之一是在矛盾的节点和线路之间寻求平衡和折中,以实现总目标最优。

设计一个新网络的第一步是确定网络的目标,这个目标必须是明确的、具体的、切合实际的并可以实现的,即通常所提倡的有限目标。

网络的相关性是指网络的组成元素(节点和线路)相互依存又相互制约。例如,在国民经济网络中,制造装备网络为农业和国防网络提供机械装备,而农业网络又为工业和国防网络提供原料、粮食和市场。制造装备网络的现代化为农业和国防网络的发展提供了可靠的保障;农业和国防网络的发展反过来又促进制造装备网络的发展。再如,在配送网络中,可能包括存储、分拣、运输和订单处理几个元素,其存储是为分拣服务的(假设没有单独的存储功能),而分拣方式的选择则依赖于订单的种类和数量,运输则根据订单的数量和客户的分布以及地理位置来决定。它们之间存在着相互依存又相互制约的关系。

网络的层次性是指网络的组成元素本身又可以看作是一个网络,即网络可以分解为一系列的子网络,这种分解实际上是网络目标和网络功能的分解,各子网络又可以继续分解。网络的层次性帮助我们更好地理解和划分网络,同时也为我们完成网络的功能和任务奠定了基础。另外,网络的层次性还揭示了网络的内在结构特征和规律,为我们认识网络结构提供了有效方法和思路,可以通过网络的层次性来区别物流网络和配送网络、存储网络、运输网络、搬运网络的层次,物流网络层次最高,配送网络其次,存储网络和运输网络位于第3层次,搬运网络的层次最低。

网络的动态性使其在生命周期过程中由于与外界环境有物质、能量和信息的交换而发生动态变化,网络内部结构也会随时间变化。一般来说,网络的发展是一个有方向性的动态过程。比如,早期的公路运输网络可能是汽车驾驶员根据订单将物资运送到客户指定地点,客户签收后将签收的订单返回给配送中心录入物流管理信息网络;后来随着无线网络的发展,汽车驾驶员手持个人数字助理(personal digital assistant,PDA),物资送到、客户签收后,汽车驾驶员直接操作 PDA,将信息录入到物流管理信息网络,加快了信息反馈的速度;再后来,随着全球定位系统(global position system,GPS)和地理信息系统(geographic information system,GIS)的出现,配送中心可以告诉汽车驾驶员怎样行驶到客户指定的地点。随着科学技术的发展,运输网络变得越来越先进,也越来越复杂。

由网络的层次性可知,一个网络本身总是从属于更大的网络,它是这个大网络中的一个子网络。任何网络也都存在于一定的环境中,环境可以理解为一个网络(集合)的补集。网络总是受到环境的影响和制约,网络也会对环境的变化做出某种反应。

此外,网络还具有分布性、异构性、自治性和协同性。

1.1.2　物流网络

1. 物流网络的定义

物流网络是物流过程中相互联系的组织与设施的集合,一个完整的物流网络是由各种不同运输方式的运输线路和物流节点共同组成的。物流网络定义为:"在网络经济和网络信息技术条件下,适应物流系统化和社会化的要求发展起来的,由物流组织网络、物流基础设施网络和物流信息网络三者有机结合而形成的物流服务网络体系的总称。"

具体来说,物流网络是由多个节点和联系节点的连接(线路)共同构成的网状配置系统,网络成分之间是相互补充的。在线路上进行的活动主要是运输,包括集货运输、干线运输、配送运输等。物流功能要素中的其他所有功能要素,如包装、装卸搬运、保管、分货、配货、流通加工等,都是在节点上完成的,信息处理则贯穿到整个物流网络中。所以从这个意义来讲,物流节点是物流网络中非常重要的部分,需要认真地规划设计。实际上,物流线路上的活动也是靠节点组织和联系的,如果离开了节点,物流线路上的运动必然陷入瘫痪。

物流网络是物流网络化的一种具体形态。其中,物流组织网络是物流网络运行的组织保障;物流基础设施网络是物流网络高效运作的基本前提和条件;物流信息网络是物流网络运行的重要技术支撑。物流网络既不是单纯指企业内部的物流网络,也不是专指外部物流网络,而是一个相对综合的概念,是基于互联网的开放性、资源共享性,运用网络组织模式构建起来的新型物流服务系统[①]。

物流网络的目的是实现物资的空间效益和时间效益,在保证社会再生产顺利进行的前提条件下,实现各种物流环节的合理衔接,并取得最佳的经济效益。具体而言,设计一个物流网络,可能包含以下多种目的。

(1) 提供优质服务。物流作为现代服务业,其目的就是为客户提供优质服务。这种服务通过物流网络的功能——仓储、配送、运输、保管、流通加工和信息服务来直观体现;也可以通过提供物流服务一体化解决方案来间接体现。因此,作为物流企业,应牢固树立"客户至上"的服务理念,加强服务意识,有了好的服务,自然才会有好的利润回报。

(2) 准时、快捷。优质服务的具体体现之一,就是准时与快捷。所谓准时,就是在客户需要之时,将所需物资送达,早了不行,晚了更不行。所谓快捷,就是强调物资流通的速度要快,要及时满足社会需求并跟上时代步伐,抢占市场头筹。

---

① 鞠颂东,徐杰.物流网络理论及其研究意义和方法[J].现代物流,2007,7:10-13.

(3)节约。物质资源越丰富,浪费就越严重。在我们周围,随处可见浪费的现象,对于物流更是如此。节约包含几个方面:一是时间节约,一个好的物流网络可以节约物资的存储时间、产品的制造周期和物资的流通时间,从而提高物资的使用价值或减少物流成本;二是投入减少,一个好的物流网络其各项投入是经过精确计算、恰到好处的,没有盈余、没有浪费,用较低的投入来获取较高的投资回报;三是能源节约,现代物流中心通常采用自动化设备,加上空调、照明、消防、监控、计算机等,其日常运营的电力、能源消耗是相当大的,如果物流量达不到一定规模,将会造成巨大的能源浪费。

(4)规模化。物流网络的主要特征之一就是规模化。工业革命以来,生产网络的规模化已经产生了明显的效益并为社会所认同。但在流通领域,一方面,人们对规模化的认识还很肤浅;另一方面,流通领域的规模化比生产领域更难实现。因此,物流的规模效益难以发挥。

(5)库存控制。谈到物流,必然涉及库存。在供应链中,库存产生的"牛鞭效应"是有目共睹的。由于生产具有周期性、运输需要时间、需求具有季节性等,现阶段还无法完全消除库存。但库存是可以调节和控制的,通过控制库存,可以节约资金占用,最大限度地发挥库存作用。

物流网络概念的另一要点是"构成要素的有机整体"。物流网络的构成要素包括物资、装卸搬运设备、物流设施、仓储、配送、包装和流通加工、运输、人员和信息。

物资是物流研究的对象,狭义的物资是指经过人们劳动加工的可以进入流通领域,并直接用于生产建设消耗的生产资料。物资丰富多样,在作物流网络设计时,需要作物流量分析,将不同的物资表示成可以描述和定量计算的物流量。

物资在存储或运输过程中,需要装卸搬运,物资装卸搬运的难易程度称为物料搬运活性系数,不同的物资,需要采用不同的装卸搬运设备,选择不同的搬运方案。

物流设施是指存放物资的场所,包括工厂(医院、机场、港口、码头、超市等)、物流中心、配送中心、仓库及其相关装备,这些设施存在选址和设计的问题。

仓储是物流网络要完成的主要功能之一,需要很好地规划设计。

配送是物流网络实现客户服务的主要方式,如何根据订单进行分拣、按客户订单装车、根据配送路线进行运送、评价配送网络的绩效,是配送规划设计要完成的任务。

包装和流通加工主要涉及物流装备选择问题,可以在"现代物流装备"课程中学习。运输是物流网络中最复杂的问题之一,可以通过"运筹学"中运输网络规划来解决。

从事物流工作的"人员"也是物流网络需要解决的关键问题之一,人是支配物流的主要因素,是控制物流网络的主体。人是保证物流网络高效运行的关键,提高物流网络从业人员的素质,是摆在我国物流业面前的关键问题之一,有关这一内容可以在"物流服务运作管理"课程中学习。

最后就是关于物流信息规划设计,它是物流网络可靠运行的重要保证。

上述要素将在后面的章节中进行详细的规划设计,以保证这些要素能够形成"有机整体",充分发挥物流网络的整体效益。

2. 物流网络的基本特征

(1)服务性。物流网络运作的目标是以最低的成本在有效时间内将物资完好地从供给方送达需求方,逐步实现"按需送达、零库存、短在途时间、无间歇传送"的理想物流运作状态,使物流与信息流、资金流并行,以低廉的成本及时满足客户的需求。

(2) 开放性。物流网络的运作建立在开放的网络基础上,每个节点可与其他任何节点发生联系,快速交换信息,协同处理业务。互联网的开放性决定了节点的数量可以无限多,单个节点的变动不会影响其他节点,整个网络具有无限的开放性和拓展能力。

(3) 信息先导性。信息流在物流网络运作过程中起引导和整合作用。通过物流信息网络的构建,真正实现每个节点对其他节点询问的回答,向其他节点发出业务请求,根据其他节点的请求和反馈提前安排物流作业。

(4) 外部性和规模效应。物流网络将各个分散的节点连接为一个有机整体,网络不再以单个节点为中心,网络功能分散到多个节点处理,各节点间交叉联系,形成网状结构。大规模联合作业降低了整体网络运行成本,提高了工作效率,也降低了网络对单个节点的依赖性,抗风险能力明显增强。

(5) 整体性。物流网络包含许多构成要素或子网络,它们是物流网络规划设计的重要内容,相当多的工作是考虑这些子网络如何设计。但千万不要忘记,这些子网络的设计是为物流网络目的服务的,是实现物流网络目的的手段,不能只注意到这些子网络而忘记网络的目的,子网络的合理化和优化并不能代表网络的整体合理化和优化。

(6) 服从性。物流网络通常是企业经营网络的一个子网络,是为企业经营网络服务的。物流网络目标的设定,应服从企业的战略目标和经营目标,并为实现企业的战略目标和经营目标贡献力量。绝不能将物流网络独立开来,过分夸大物流网络的作用。

3. 物流网络化

物流网络化就是用系统、科学的思想将物流网络规划设计"网络化",把物流从一种"混沌"状态转变为有序的网络化状态,用系统思维统领物流网络的规划设计。物流网络化可以从微观和宏观两个层面来考虑。在微观层面,主要是通过一般企业和物流企业的物流规划设计,推动物流网络化;在宏观层面,则通过政府的物流产业政策,营造良好的物流运作环境,推动国家宏观经济物流的网络化。

对于一般企业的物流网络化,主要分3步来进行。首先是实现企业内部的物流网络化。通过将采购、存储、生产、销售等各个环节的活动和物流活动紧密结合起来,实现企业内部物流网络化。现在许多企业成立物流中心,将采购、外协加工、仓储、配送到工位、在制品转运、成品运输作为物流中心的主要任务,就是实现这种网络化的有力措施和表现。其次是实现交易双方企业间的物流网络化。这是指通过与供方和客户的合作,实现运输和物资保管活动的合理化。最后是实现同行业企业间的物流网络化。这是指通过与同行其他企业的合作,实现物流网络化,如实现共同配送、共同集货、共同仓储等。

物流企业的网络化,也是分3步来进行的。首先是运输手段的网络化。许多物流企业只有某种运输方式,而单一运输方式难以满足客户需求,需要将不同运输手段加以有机结合,以满足客户需求,方便客户运作,同时也可以降低物流成本,如提供多式联运、集装箱运输等。其次是物流企业间的网络化,即通过物流企业间的合作,实现共同配送中心、共享信息网络等。最后是物流需求信息整合,即通过对物流需求信息的集中、组合、优化配置等实现物流网络化,如小批量货物的配载运输等。

1.1.3 物流网络的功能和结构

1. 物流网络的功能

物流网络的基本功能包括运输、存储、包装、装卸搬运、流通加工和物流信息处理。详细描述可参阅本系列教材中的《物流导论》。

2. 物流网络的结构

组成网络相互联系的要素的整体形态叫做网络的结构。物流网络的要素在时间和空间的排列顺序就构成了物流网络的结构。这里概括地介绍物流网络的流动结构、功能结构、供应链物流结构、治理结构、网络结构和产业结构。

1) 流动结构

物流网络就像是一条完整的河流,从端面上看,它具有河流的7个流动要素:流体、载体、流向、流量、流径、流速和流效。这7个要素是相互关联的。流体的自然属性决定了载体的类型和规模,流体的社会属性决定了流向、流量、流程和流速,流体、流向、流量、流径和流速决定采用的载体的属性,载体对流向、流量、流径和流速有制约作用,载体的状况对流体的自然属性和社会属性均会产生影响,流体、载体、流向、流量、流径和流速决定流效。因此,应根据流体的自然属性和社会属性、流向、流程的远近及具体运行路线、流量大小、流速快慢和流效的高低决定载体的类型和数量。

在物流网络中,会存在卡车空驶、仓库空置、集装箱空回等现象,这是流体为空、流量为零的一种特殊但普遍存在的物流情况,其绩效自然很低,在物流网络规划设计中应尽量减少或避免。在网络型的物流网络中,还会存在载体变换、流向改变、流量分解与合并、流径调整等现象,除非必要,应设法减少这种调整和变换。

2) 功能结构

物流网络的功能结构就是前面提到的物流网络的基本功能,即运输、存储、包装、装卸搬运、流通加工和物流信息处理。其中,运输和存储是物流网络的最基本功能,首先是有运输,然后是存储,装卸搬运伴随运输和存储而生,包装和流通加工是在流通过程中产生的,信息处理则贯穿整个物流过程并起核心作用。这里再次强调,物流网络的功能结构取决于生产和流通的模式。

3) 供应链物流结构

供应链包括物料供应、生产、流通和消费4个环节。在每一个环节背后,都需要物流网络的支持与服务。因此,供应链的物流结构由供应物流、生产物流、流通物流和消费物流组成。在每一个环节,都存在运输、存储、装卸搬运、包装、流通加工和信息处理作业。工厂采购物料之后,供应商将物料送到工厂,工厂将其存储在自己的仓库中;在生产中,物料被领用并被加工成半成品和成品,再存储到工厂的仓库中;商品销售时,工厂将其成品运送到零售商的仓库中(可能需要进行流通加工),消费者购买时再将其运送到消费者手中;消费者购买商品后,可能存在退、换货情况,退回的商品可能要再退给工厂。完整的供应物流结构如图1.1所示①。

---

① 何明珂.物流系统论[M].北京:高等教育出版社,2004:264.

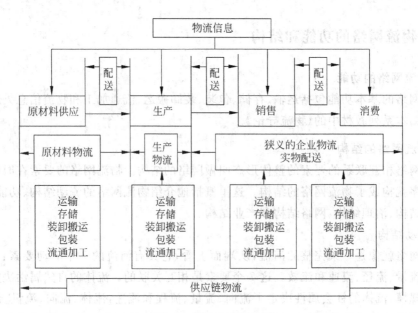

图1.1 供应物流结构图

4) 治理结构

物流网络的治理结构是指物流网络资源配置的管理与控制的机制和方法。物流网络的资源在区域或行业、部门和企业之间的初始配置状态是历史形成的，不是按照一个特定的物流网络的要求来分布的。如何解决将产权分散的物流资源为特定的物流网络服务问题，这就是物流网络的治理结构需要解决的问题。

根据奥利佛·威廉姆森（Oliver Williamson）关于合同治理的契约理论，可以把物流网络的治理结构分为4类：多边治理、三边治理、双边治理和单边治理。

（1）多边治理，又称为市场治理，古典合同治理。这种治理的原理是，在建立一个物流网络的过程中，所需要的所有资源都可以从物流市场中通过交易购买得到，但这些资源不是专门为某一个物流网络定制的专用性资源，它能够用于许多物流网络。比如一般的铁路运输资源、公路运输资源、水路运输资源等。这种物流市场的特征是：参与物流市场资源交易各方的身份并不重要；交易各方通过合同确立交易关系；赔偿有严格的规定；合同出现纠纷时可以引入第三方机制，即法律。多边治理是一种理想化的治理模式，在市场秩序不完善的情况下，会导致治理成本过高。多边治理又是一种有效的治理方式。多边治理属于第三方治理，应成为中国物流治理的主要模式。

（2）三边治理，即通过物流资源的需求方、供给方和第三方共同治理的模式。它适用于偶尔进行的交易和资产高度专业化的交易，如麦当劳、摩托罗拉、沃尔玛、IBM均是采用这种治理结构的。

（3）双边治理，即通过物流资源买卖双方共同治理的模式。这种治理适用于交易重复发生、资产专用和非标准化情况。

（4）单边治理，又称垂直一体化，是将外部治理变成内部治理，将企业外部供给变成企业内部供给的行为。它基于这样的理论，即当交易双方都在一个共同的产权下时，可使共同利润最大化。这种治理模式避免了有限理性带来的合同订立风险和因为资产专用性带来的机会主义现象。

4种治理模式的相互关系可以用表1.1来表示。偶尔发生的需要专用型资产的交易既可以采用三边治理,也可以采用单边治理,取决于其投资和交易成本。如果投资专用型资产可以获得市场平均利润,则可以采用三边治理;如果采用三边治理所花费的交易成本高于需要这种投资的一方的预期成本,则可以采用单边治理。

表1.1 物流网络4种治理模式之间的相互关系

交易性质	投资特征		
	非专用型	混合型	专用型
偶尔发生	多边治理	三边治理	
重复发生		双边治理	单边治理

5) 网络结构

网络结构是指物流网络的空间结构,可以分为增长极网络、点轴网络、多中心多层次网络和复合网络。

(1) 增长极网络,是指经济社会集中在一点形成的经济增长点,也是经济集聚与扩散相互协同形成的一种地域经济社会结构。它以一点为核心,呈放射状分布。星形和扇形网络是其呈现的两种典型网络结构形式。直观上可以用一对多网络结构来理解。如图1.2所示,一对多网络结构在工厂-配送中心或者在单个的配送中心-客户的关系当中最为常见。该结构的特点是货物从中央配送中心(如工厂等),分发配送到多个下一级单位(如一级配送中心或区域配送中心),而货物的流经层数可以有多层。

(2) 点轴网络,是指消费者大多产生和聚集于一点,形成大小不等的市场,而相邻节点间的相互作用力并不是平衡辐射,而是沿交通线、资源供应线进行。以点轴为核心的社会经济系统呈现沿干线以带状分布为主,物流网络在沿线重要交通站点及枢纽呈放射状分布。带形网络和环形网络是其呈现的两种典型网络结构形式。

(3) 多中心多层次网络,是不同地域之间相互联系、密切合作所形成的一种物流空间网络。它是生产社会化和社会分工协作发展到一定阶段的必然结果,也是物流网络发展的必然趋势。网格形网络就是它的典型形式。直观上可以用多对多网络结构来理解。如图1.3所示,多对多网络结构在实际中更为常见。在多对多物流网络模型中,还可以细分成一级物流网络、二级物流网络和多级物流网络。大批量的生产和销售之间多采用这种网络结构,它可以避免中间不必要的库存等过程,从而大大降低物流费用。

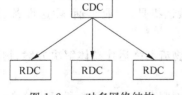

图1.2 一对多网络结构
CDC—中央配送中心;
RDC—相对于CDC的下一级单位

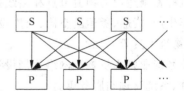

图1.3 多对多网络结构
S—上一级供应商或分厂;
P—下一级生产企业或总装厂

（4）复合型网络，是指由两种以上网络结构组合而成的一种新型网络结构，它更能适应社会经济发展的特殊需求。各种物流网络结构类型如图1.4所示。

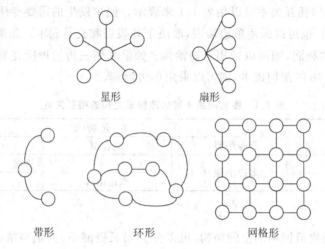

图1.4 物流网络结构类型

通常我们还知道一种网络叫多对一网络，如图1.5所示。在广义上它属于增长极网络，也是扇形网络的一种。多对一网络结构在生产企业的供应渠道中最为常见。例如，多个供应商同时给一个工厂供应原材料，或者多个分厂同时为一个总装厂提供部件等。

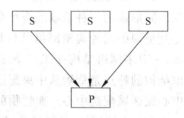

图1.5 多对一网络结构
S—上一级供应商或分厂；
P—下一级生产企业或总装厂

6）产业结构

物流是一个产业，这是因为在物流中包含交通运输、仓储邮政和电信服务，它已成为21世纪中国经济发展的支柱型产业和新的经济增长点。产业又是由诸多相关行业聚合而成的群体。物流是一个跨地区、跨行业、跨部门的综合性、基础性产业。具体包括物流基础业、物流装备制造业、物流系统业、第三方物流业和货主物流业。

物流基础业涉及各种不同的运输路线的规划、设计、建设和运输路线节点的规划、设计和建设，是向各个经济系统运行所提供的物流基础设施。它的主要行业构成有铁道、公路、水运、空运、仓储等。主要的物流设施是车站、货场、港口、码头、机场、铁路线、公路、仓库等。

物流装备制造业为物流节点和路线提供基础装备，包括集装设备生产、货运汽车生产、铁道货车生产、货船、货运航空器、仓库设备、装卸搬运机具、产业车辆、输送设备、分拣与理货设备、物流工具等。

物流系统业则提供物流网络规划设计与咨询、物流网络运作总体解决方案、物流系统软件和硬件、系统管理与服务等。

第三方物流业是代理货主，向货主提供物流代理服务的各种行业所组成的产业。

货主物流业是货主自办物流，如连锁配送业、分销配送业、流通加工业等。

1.2 物流网络的研究对象

物流网络由节点和线路以及伴随的信息组成。节点是一种物流基础设施,包括交通基础设施(如车站、码头、港口、机场等)、商品生产场所(如工厂)、商品存储场所(如仓库、物流中心、配送中心等)、商品市场场所(门店、超市等)以及相伴随的信息收集处理点。线路表示商品在不同节点间的移动路线,即运输路线,或者通常所说的流通渠道,伴随有信息传递方式。线路有长短、宽窄的特性。交通基础设施在本系列教材中的《交通运输组织基础》中介绍。在层次上,物流网络涉及宏观和微观两个层次。宏观上的物流网络研究国际、国家、区域、城市、园区物流网络构建与设计;微观物流网络研究企业物流网络构建与设计。这里分别加以介绍。

1.2.1 微观物流网络

1. 制造企业——生产场所

对于制造型企业,物流网络包括设施网络、供应网络、仓储网络、配送网络和装卸搬运网络。

设施网络是指生产中所需的有形固定资产,如生产用地、厂房、各种加工机器设备、仓库、办公室、动力装置、公用系统(电话、电力、水、煤气、道路等)以及物料和人员。设施网络的研究内容包括设施选址决策、设施规划设计,详细内容将在第2章和第3章介绍。

供应网络涉及物料采购与供应,包括外协件获取。供应商选择、采购价格、数量折扣、支付条款和采购件质量是供应网络需要研究的关键问题。企业已经在减少与之做生意的供应商的数量,加强对供应商的培育和管理,与之建立长期合作伙伴关系,以稳定企业物料供应来源。通常采购价格占物流成本的60%以上,降低采购价格有利于减少物流总成本,前提是保证采购件的质量。数量折扣有利于降低采购价格,但需要考虑库存成本和存储空间。支付条款合适可以提高资金使用率和现金流。更多内容请读者参阅本系列教材中的《采购与供应管理》。

仓储网络的核心是仓库设计与运作。仓库是仓储网络中为降低物流总成本和为改善客户服务而设立的存储场所。如果处理得当,仓库可以使降低物流总成本和改善客户服务的益处同时兼得。仓库的作用分为两类:一类是面向供应的仓库,用于原材料和零部件的存储;另一类是面向需求的仓库,用于生产、库存集并和市场分拨。支持生产的仓库,一般位于所支持的工厂附近;而支持市场分拨运作的仓库,则位于所服务的市场中。详细的仓库规划设计请参阅第5章。

配送网络对于制造企业相对简单,主要任务是根据生产计划要求将需要的零部件实时配送到工位。

装卸搬运网络伴随在仓储网络和配送网络中,只要有仓储和配送作业,就必然伴随有装卸搬运。装卸(loading and unloading)是指随物品运输和保管而附带发生的作业。具体来说,它是指在物流过程中对物品进行装运卸货、搬运移送、堆垛拆卸、旋转取出、分拣配货等作业活动。搬运(handling/carrying)是指在同一场所内(通常指某一个物流节点,如仓库、车站或码头等),对物料进行以水平移动为主的物流作业。制造企业的装卸搬运作业主要发生在仓库和工厂的车间。根据物料的形态,搬运可分为单个包装物搬运、单元货载搬运(如利用托盘和集装箱)以及散货(液体、气体、粉末等)搬运。装卸搬运需要解决的关键问题包括应用工位器具和机械提高装卸搬运效率、减少装卸次数和搬运距离以及防止物料损坏。更详细的内容请参阅第4章。

2. 批发企业——存储场所

对于批发企业,物流网络同制造企业一样,同样涉及设施网络、供应网络、仓储网络、配送网络和装卸搬运网络,但其关注的重点有所不同。

批发企业的主要设施是配送中心。配送中心是接受生产厂家等供货商多品种大量的货物,按照多家需求者的订货要求,迅速、准确、低成本、高效率地将商品配送到需求场所的物流节点设施。一般来说,为了提高物流服务水平,降低物流成本,从工厂等供货场所到配送中心之间实施低成本高效率的大批量运输,在配送中心分拣后,向区域内的需求者进行配送;在配送过程中,根据需要还可以在接近用户的地方设置末端集配点,从这里向小需求量用户配送商品。显然,配送中心的选址极其重要,配送中心位置的恰当与否,关系到配送效率、物流成本以及客户服务水平,对企业的销售战略会产生重要影响。配送距离、配送量、客户分布是配送中心选址的重要因素。更详细的内容请参阅第6章。

3. 零售企业——市场场所

零售企业的物流网络同样涉及设施网络、供应网络、仓储网络、配送网络和装卸搬运网络,其关键点在于终端设施网络和仓储网络。终端设施主要涉及选址和布置问题,要尽可能贴近消费者和满足客户的喜好。支持市场分拨的仓库通过向零售商提供花样繁多的产品的库存来创造价值。距离客户较近的仓库可以通过增加集并运输的货物量,相对缩短外运货物到达最终客户的时间,以使进货运输的成本降到最低。仓库所支持的市场分拨的区域范围取决于服务速度、平均订单量以及单位运输成本。

1.2.2 宏观物流网络

宏观物流网络包括物流园区物流网络、城市物流网络、区域物流网络和国际物流网络。

1. 物流园区物流网络

物流园区(logistic park)是指国家或者地区为了研究和发展某个或者多个特定物流领域的事业,以此为基础逐步建设成为该领域内具有强大核心竞争能力主体而确定的中心性区域[①]。

物流园区起源于日本,后来在欧洲也很普及。物流园区的出现是为了解决城市功能紊乱、交通拥堵、环境污染严重等问题而采取的一项重要举措。物流园区多半建在郊区或城乡结合部,通过配套完善各项基础设施、服务设施,提供各种优惠政策,吸引物流企业云集于此,并使其获得规模效益,降低物流成本,同时,减轻物流企业在市中心分布所带来的种种

---

① 贺东风,胡军. 物流系统规划与设计[M]. 北京:中国物资出版社,2006.

弊端。

物流园区是一个大的物流节点，其主要功能是集成和整合。它集成了小的物流节点，不仅是不同的物流线路的交会点，还是集商流、信息流、物流运作、物流文化于一体的集散中心；它整合第三方物流业务、物流企业业务和企业物流业务，为入驻企业和物流相关部门提供一体化服务。它具有资源共享、信息共享、环境共建、优势互补、专业化运作、集成辐射等优点。

2. 城市物流网络

城市物流（city logistics）是现代物流发展的一个新课题，目前关于城市物流还没有形成统一的定义。日本学者谷口教授认为："城市物流是在市场经济框架内，综合考虑交通环境、交通阻塞、能源浪费等因素，对城市内私有企业的物流和运输活动，进行整体优化的过程。"(City logistics is the process for totally optimizing the logistics and transport activities by private companies in urban areas while considering the traffic environment, the traffic congestion and energy consumption within the framework of a market economy[①].) 王之泰教授 1995 年在《现代物流管理》中提到："城市物流要研究城市生产、生活所需物资如何流入，如何以更有效的形式供给每个工厂、每个机关、每个学校和每个家庭，城市巨大的耗费所形成的废物又如何组织物流等"；1999 年他在《城市物流研究探要》中又指出："城市物流与洲际、国际、省际、市际物流系统不仅是规模和范围不同，更重要的是服务对象、服务性质的不同。在城市物流系统中，为保证一个城市的经济活动和人民生活。'物'作为物流系统的对象显然是不可少的，但是在城市物流系统中，物流系统的服务对象主要是人，其次才是物。"[②] 何明珂教授 2003 年在《中国交通报》上指出："城市物流是一种比较特殊的物流，比平常提到的物流多了一个边界，需要在物流涉及的诸多方面上加上地域的限制和城市的属性。"[③]

由上可知，城市物流是为实现城市经济社会可持续发展，通过对城市物资流动，特别是人流和物流进行统筹协调、合理规划、整体控制，解决交通阻塞、环境污染、能源浪费等一系列物流公害，减轻城市环境压力，实现物流活动的整体最优。

城市是经济活动发展到一定阶段的必然产物，是经济活动的中心，城市的发展促进了经济的发展。另一方面，应该看到，随着城市的发展，企业的增多，人口的增长，城市的物流量越来越大。例如，1994 年日本东京都市圈的每天货物流动质量达 147 万吨，数量近 71 万件，客流量达 400 万人次，导致交通阻塞、环境污染、能源浪费等一系列社会问题。

城市物流网络的主要功能是聚集、扩散和中介[④]。聚集是通过从城市外部向城市的流通，实现资金、商品、人口、信息、技术等的集中，保证城市经济社会的正常运行，促进城市经济的稳步发展。扩散是聚集的保证和交换条件，通过由城市向城市外部的流通，带动整个区域经济的发展，同时也促进城市不断地扩大和扩散，推动区域城市化进程。中介是指城市的

---

① Taniguchi E, Thompson R G, Yamada T. Modeling city logistics[R]. Kyoto: Institute of Systems Science Research,1999.
② 王之泰. 城市物流研究探要[J]. 物流科技,1999,1: 25-28.
③ 何明珂. 高效物流体系为北京城市发展加速[N]. 中国交通报,2003-07-27.
④ 王健. 现代物流网络体系的构建[M]. 北京: 科学出版社,2005: 62.

市场作用通过各种过境流通、代理服务,增强城市物流的辐射力、影响力和吸引力,实现区域内的广泛联系。

3. 区域物流网络

区域物流(regional logistics)是为实现区域经济可持续发展,对区域内物资流动统筹协调、合理规划、整体控制,实现区域内物流各要素的系统优化,以满足区域内生产、生活需要,提高区域经济运行质量,促进区域经济协调发展。

区域经济是商品经济发展到一定阶段的产物,为了谋求最小投资风险,降低机会成本,最大化投资收益,形成了一体化的区域经济合作组织,如欧洲经济共同体、北美自由贸易区和亚太经济合作组织,以及我国环渤海湾、珠江三角洲、长江三角洲等地区,通过区域经济合作,推动区域经济整体协调发展。区域经济活动加速了区域物流活动,促成了区域物流的产生。

区域经济不同于行政区域,它没有明确具体的界限,是一定等级的经济中心相对应的自然、地理和经济综合体,是社会经济活动专业化分工与协作在空间上的反映,自身存在着其特有的经济规律[①]。区域物流作为区域经济活动的重要组成部分,是区域功能得以发挥的有力支柱,体现区域资源的合理配置和有效利用,满足区域经济社会可持续发展的战略需要。

区域物流网络以城市为核心,通过点辐射、线辐射和面辐射的方式,实现区域内的物资流通,带动并促进区域经济协调发展。区域物流网络具有明显的层次特征,依托大中城市内部的物流网络、大中城市与周围地区或毗邻地区或经济区内的物流网络、大中城市与国内其他城市和地区之间的物流网络、一些城市与国外一些城市或地区的物流网络,形成了城市物流、区域物流、国内物流和国际物流市场;区域物流网络依托信息网络,实现区域物流的一体化管理与协调,全面综合地提高物流规模效益。

4. 国际物流网络

国际物流(international logistics)是指各个国家和不同组织之间对物流活动进行计划、执行和协调的过程。"国际物流是不同国家之间的物流,是国际间贸易的一个必然组成部分,也是全球供应链的必然组成部分。"[②]国际物流是以实现国际商品交易为最终目的而进行的原材料、半成品、成品以及相关信息从起点到终点在国际间的有效流动,以及为实现这一流动所进行的计划、实施和控制的过程。国际物流依照国际惯例,按国际分工协作的原则,利用国际物流网络,实现货物在国际上的流动与交换,以促进区域经济的协调发展和全球资源的优化配置。

国际物流与城市物流、区域物流相互叠加、相互联系、相互作用,形成一个全球一体化的物流网络。国际物流网络依托物流节点(口岸、保税仓库、中转仓库)、运输航线(海洋、航空和陆地)和物流信息(单证、支付、客户资料、市场行销和供求信息等)将货物运送到世界各地。电子数据交换(electronic data interchange, EDI)是国际物流网络信息化的重要基础。

---

① 孟庆红. 区域经济学概论[M]. 北京:经济科学出版社,2003.
② 王之泰. 现代物流学[M]. 北京:中国物资出版社,1995:477.

国际物流跨越不同地区和国家,跨越海洋和大陆,具有跨国性、多样性、复杂性和风险性等特征。跨国性主要表现为国际物流涉及多个国家和地区,各个国家和地区在经济、文化、法律法规和生活习惯等方面各不相同,物流标准也不一样,需要具体了解并熟悉各国情况,才能做好国际物流业务;跨国性还表现在货物运输距离长、库存量较大、作业周期较长、物流费用较高。多样性表现在运输方式多样,需要穿越国际边界。复杂性表现在通信系统设置的复杂性以及经济、文化、法律的差异性。风险性是指由于长的作业周期、各国法律的差异、高昂的物流费用等导致的经营风险,开展国际物流业务的公司需要深入了解这些特征。

1.2.3 运输成本

在物流成本中,除采购成本外,运输成本所占比重最大,而运输又与库存(仓库的数量和位置)有关。获得经济运输的关键是要遵循两个基本原则:一是数量化原则,即一批货物的运输量应与承运人合法使用的运输工具的运输量相当;二是锥形原则,即货物应该被运送到尽可能远的地方。

运输成本受 7 大因素影响。它们是运距、运量、密度、可装载性、装卸搬运、责任和市场。运输距离是影响运输成本的主要因素,两者之间的关系如图 1.6 所示。由图 1.6 可知,第一,成本曲线并非从原点开始,因为有与运距无关的固定成本存在;第二,成本曲线上升的速率逐步减缓。很显然,运量越大,运输成本越低,这就是集货运输的优势。但运量受运输工具装载能力的限制;运量大,需要有库存来消化。密度是货物质量和体积的综合,密度越大,单位质量的运输成本越低。可装载性是指如何才能将货物恰当

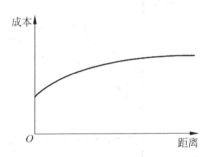

图 1.6 运输距离与运输成本的关系示意图

地放入运输工具之中。不规则的包装尺寸和形状,或者超高、超重、超长的货物都不能很好地放置在运输工具中,必然造成运输工具装载空间的浪费。装卸搬运处理成本涉及装卸搬运工具使用、货物摆放方式以及装卸搬运效率。责任因素是指在运输过程中货物破损或丢失由谁负责,向谁索赔,改善包装和运输保险是解决这一问题的有效方法。市场因素是指货物流量和运输渠道流量的平衡会对运输成本造成影响。例如,空车返回,运输成本必然增加。理想的解决办法是实现双向平衡运输。

1.2.4 库存

在物流网络中,库存具有极其重要的地位。对销售商而言,库存作为对未来末端销售的有力支持,推动销售市场的发展;相反,如果没有适量的库存,许多商品就有可能失去销售机会,甚至造成客户的不满。对生产商而言,库存同样重要。原材料和零部件的缺乏,会导致整个生产线停产,生产进度被调整,产生额外成本;产成品的缺货,会导致客户索赔,增大企业的生产成本。另一方面,库存过剩也会导致严重的运作问题。库存过剩将会造成大量

额外的仓储成本,占用大量运营资金,增加企业的保险、税收、废弃商品成本。

库存按其类型可以分为基础库存、在途库存和安全库存3种。基础库存是由生产和运输的批量决定的,与仓库的数量无关;在途库存是运输工具中的库存,在运输途中是一种承诺,但不能使用,仓库数量的增加可以降低在途库存水平;安全库存是在基础库存和在途库存的基础上对销售和运作周期不确定性影响所增加的库存。

库存成本包含仓库建设和运营成本以及基础库存量、在途库存量和安全库存量的成本,两者之间的关系可用图1.7来表示。库存量用平均库存量来表示。

1.2.5 物流网络总成本

物流网络设计的目标是使其总成本最低。而物流网络总成本包括库存总成本和运输总成本,它们随仓库数量而变化,如图1.8所示。由图1.8可知,网络总成本的最低点既不在运输成本的最低点,也不在库存成本的最低点,这就需要进行平衡取舍分析。

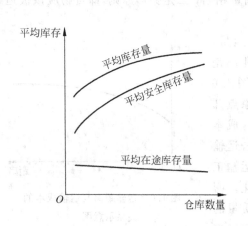

图1.7　仓库数量与平均库存的函数关系[①]

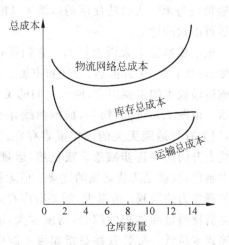

图1.8　物流网络最低总成本[②]

1.3　物流网络研究现状与发展趋势

现代物流通过统筹协调、合理规划和优化商品的流动,以达到利益最大化或成本最小化或较高的客户满意度。为满足客户不断变化的需求,现代物流从服务内容上已经从单纯的运输、仓储等服务,扩展到以现代科技、管理、信息技术为支撑的综合物流服务,从服务范围上已经逐渐从地区性的向全国性、国际性方向发展。这些都显示物流业正在逐步形成一个网络化的综合服务体系。物流的网络化是物流信息化的必然结果。Internet等全球网络资源的可用性及网络技术的普及,为物流的网络化提供了良好的外部环境,物流网络化的趋势

[①②]　(美)鲍尔索克斯(Bowersox D. J.),等.供应链物流管理[M].李习文,王增东,译.北京:机械工业出版社,2004.

不可阻挡。因此,对物流网络的研究将成为物流研究领域的重要课题之一。

1.3.1 物流网络研究的基本思想

系统科学和系统工程理论始终是指导物流网络研究的基本思想。系统概念是一个用于分析问题的框架结构,它致力于将各个部分完全整合以实现既定的系统目标。我们知道,物流网络包括节点和线路以及它们的组合。从功能上看则包括运输、仓储、装卸搬运、包装、配送、流通加工以及物流信息处理,对其作系统分析,就是对这几种功能进行量化、权衡取舍。系统方法论的目标是创造一个完整的或者综合的机能。这种整合比单个功能的简单叠加要强大和有效,可以创造出各个功能协调一致的关系,使得物流网络能够产生更大的价值。

系统思想以实现系统的整体目标为出发点,要求系统的各个部分都充分发挥各自特定的作用。可以利用自动化立体仓库来说明这一思想。自动化立体仓库包括高位货架、堆垛机、传送带、控制系统和其他部件。这些部件被组装到一起,通过它们的协同工作,就形成了自动化立体仓库,其中任何一个部件的损坏,都直接导致整个立体仓库无法正常工作。在整合过程中,必须始终贯彻系统思想。第一,整个系统运作的性能是最重要的,部件只有增加系统的性能才具有重要性。例如,如果堆垛机运行的电机采用 10kW 就能满足要求,换成 12kW 的电机就没有什么特殊意义。第二,系统中没有必要所有的部件都是最好的,重点应关注组成系统的各个部分之间的运作整合。例如,堆垛机中的电机是看不见的,它的美观无关紧要,没有必要花费精力和金钱去精美地设计其外观。第三,关注系统各部分的功能运作关系之间实现平衡,以提高或降低系统的运作水平。第四,对整个系统中各个功能的整合比利用单个功能单独执行任务的效果要好得多。

1.3.2 物流网络研究的基本方法

物流网络既是一种新的物流理论,也是一种新的研究思路和方法,网络分析方法为物流网络研究提供了重要工具。

对物流网络的研究一般可以从两个研究角度来进行:一是从物流网络功能结构的角度,把物流网络分成 7 大子网络去研究和认识,即运输、仓储、装卸搬运、包装、配送、流通加工以及物流信息处理,这 7 大子网络代表了物流网络的不同行为功能单元,分别对物流网络展现出不同的行为功能价值;二是从物流网络序结构(强调结构的时序性)的角度,也就是供应链的角度研究和认识,把物流网络视作供应商、生产商、销售商以及消费者等不同的市场法律主体且具有时序性的链式结构组成,并对物流网络发挥物流、信息流、资金流以及商流等市场功能价值的作用。

从功能结构的角度研究物流更多地体现在"行为功能"上,而从序结构的角度研究物流,更多的是关注结构所存在的"序"上。功能结构的研究思路是站在局部思维的观点静态地思考问题,而序结构的研究思路是站在联系的观点上动态地、整体化地思考问题;功能结构更多地表现在对事物认知的浅层和感性,而序结构可以更深层次地、理性地揭示事物;功能结构更多地体现物流子网络之间的静态的无序性,而序结构模式可以更加动态地、本质地反映事物之间的内部关联性。孤立而静止地认识事物只能永远停留在事物的表面，不会揭示事物的本质，只有动态而且联系地看待事物，才可能揭示事物的本来面目。因此，从功能结构观研究物流到序结构观研究物流，恰恰反映了这种哲学观，反映了人们认识事物从具体到一般、从孤立到关联、从个体到整体的哲学观和动态发展过程。

1.3.3 物流网络研究现状与发展

物流网络的概念是最近几年出现的新名词和新事物，研究还处在发展深化过程中。

1999 年，美国罗纳德·H. 巴罗（Ronald H. Ballou）教授在 *Business Logistics Management* 中首次提到把产品流程视为抽象的节点和链的网络，以解决企业物流网络规划设计问题。2002 年，美国鲍尔索克斯（D. J. Bowersox）等在《供应链物流管理》中，专门研究了物流网络设计与整合以及设施网络规划问题。2000 年，英国马丁·克里斯托弗（Martin Christopher）教授在《物流竞争——后勤与供应链管理》以及 2002 年英国哈里森（A. Harrison）教授等则从供应链角度，强调供应链物流，认为物流网络对供应链管理具有重要意义和作用。日本学者则强调可持续发展理念，研究从循环型社会角度构筑现代物流网络体系。

我国物流专家学者在借鉴国外发达国家的物流发展理论及其经验基础上，也对物流网络进行了研究。例如，北京科技大学吴清一教授把运输、仓储、装卸搬运、包装、配送、流通加工、物流信息处理等各环节看成是物流系统中的子系统，采用系统的观念、系统工程的基本理论和方法对现代物流进行系统化分析和研究，进而获得物流系统的最优化。北京物资学院王之泰教授对物流网络中的节点功能进行了系统分析，认为线路和节点的相互关系、相互配置以及结构、组成、联系方式不同，形成了不同的物流网络。提出构建以物流基地、物流中心和配送中心为主体的现代物流网络。清华大学缪立新教授认为，物流网络是指实现物流系统各项功能要素之间所形成的网络，包括物理层面的网络和信息层面的网络。北京工商大学何明珂教授从物流系统组成要素和结构出发，对物流系统的基本原理进行深入阐述，归纳出物流系统的 9 大原理：物流目标系统化、物流要素集成化、物流系统网络化、物流接口无缝化、物流反应快速化、物流信息电子化、物流运作规范化、物流经营市场化、物流服务系列化。复旦大学朱道立教授从微观企业角度对物流网络的概念进行了分析，认为物流网络是指产品从供应地向销售地移动的流通渠道。北京交通大学鞠颂东教授则认为，物流网络的内涵应包括物流基础设施网络、物流组织网络和物流信息网络。

物流网络研究的发展趋势是研究思想的系统化、研究方法的定量化和研究结果的实用化。

系统论是人类社会认识世界和改造世界的基本理论和思想。物流网络是由多个各不相同但相互联系、相互制约的子系统或要素组成的复杂系统，其目的是实现整体的低的物流成本和高的物流服务水平。必须用系统科学和思想来研究物流网络，建立起数学模型或仿真模型，抽象描述物流网络，反映其中的本质属性和相互关系，这样才能把握物流网络的内在规律和本质特征。

对物流网络的研究，已从定性描述向定量描述方向发展。物流网络的目的和要素常常是相互矛盾的，追求低的物流成本，可能会导致物流服务水平下降；物流量大时，所耗费的时间可能会较长；库存量少时，配送次数可能会较多。物流网络需要从整体最优而不是局部最优角度给出优化的量化结果。

物流网络研究是由现实物流实际引发的,其研究结果除了要有理论价值之外,还应对现实物流网络有指导意义。

1.4 研究物流网络的意义与作用

研究物流网络,首先是为了设计好物流网络,使其真正发挥规模效应;其次是为了提高客户服务水平,更好地实现物流服务功能;最后是为了了解物流网络的内在特性,以便更好地管理物流网络。

1.4.1 研究物流网络的意义

网络技术的发展和成熟为物流服务的网络化提供了良好的外部环境,物流服务功能的整合形成了物流网络化的内在动力。在经济发达国家,物流业已经形成了规模化、自动化、信息化、综合化的成熟的物流网络体系。随着经济全球化和企业国际化,我国未来的物流服务模式主要会转向网络化服务模式。因此,研究物流网络具有十分重要的理论价值和实际应用价值。具体而言,研究物流网络的意义包括以下几点。

1. 创新物流服务模式

供应链体系纵向和横向的扩张对物流服务提出了更广泛的联盟化及更深的专业化要求,未来的物流服务将是基于信息技术建立起来的企业间分工与协作共存的网络化服务体系。物流系统内的各个方面将在网络技术的支持下形成一个资源共享、快速反应、成本最优的综合性服务体系,对终端客户来说,社会产品的实际可得性将极大提高。

2. 促进网络经济发展

在网络经济中,从原材料的采购、供应到产成品的销售、运输以及最终的配送服务,都需要完善的物流网络来支撑,以实现及时准确的物流服务、简洁快速的配送流程、尽可能低的费用和良好的顾客服务。美国在实现信息流、商流和资金流电子化的同时,通过采用各种机械化、自动化工具和计算机及网络通信设备,已使物流管理模式和运作方式日趋成熟。

3. 构筑综合物流网络

目前我国物流发展中的主要问题是线路和节点配套不好、各种运输方式衔接不够、区域布局不尽合理等,导致物流资源不能得到充分、有效利用。如何按照现代物流发展的客观要求,构筑我国大物流网络,实现区域之间、线路和节点之间、各种运输方式之间的协调,是我国交通和物流基础设施建设需要解决的重大问题。为此,通过物流网络理论和实践研究的深入开展,借助高效的物流信息和组织网络,对基础设施资源进行网络化重组和优化利用,将大大提高物流资源配置的效率和物流产业的总体水平。

4. 保证全局最优

现代物流是以满足消费者需要为目标,把制造、运输、销售等市场情况统一考虑的网络性战略措施。与其他经济活动相比,网络性是物流的突出特性。因此,研究物流网络,就是要保证实现全局最优,而不是局部最优。具体而言,对于物资流通过程,物流网络涉及生产领域、流通领域、消费及售后服务领域,涵盖了几乎全部社会产品在社会与企业中的运动过程,是一个非常庞大而复杂的动态网络。同时,物流网络还具有协调生产商、批发商、零售商、各种专业物流服务商和消费者利益的功能。研究物流网络,就要保证整个物资流通过程最优,即供应链最优,而不是保证某个局部领域最优。对于物流网络所依靠的基础设施而言,涉及多个管理部门,有交通、铁道、航空、仓储、外贸、内贸等多个领域,还涉及这些领域的更多行业。实际上,这些领域和行业在各自的发展规划中都包含有局部的物流规划,这些规划事实上是物流大网络中的子网络。因此,物流网络是包含多个子网络的网络集,只有合理沟通和协调各个子网络,才能保证物流大网络的有效性和最优化。

5. 充分发挥物流规模效益

物流作为企业的第三利润源,日益受到企业的广泛关注,尤其是那些需要物流服务的企业,更是把物流作为企业发展的新的经济增长点。研究物流网络可以从以下几个方面发挥物流规模效益:

(1) 大幅度缩短生产周期,满足产品及时上市需求。过去,人们在生产网络设计时,往往把注意力放在采用先进制造工艺和设备上,缺乏对整个物流网络的分析、规划与设计。其实,在企业的生产活动中,从原材料进厂到成品出厂,物料真正处于加工等的纯工艺时间只占生产周期的5%～10%,而其余时间都处于等待、存储和搬运状态。因此,设计一个高效的物流网络,有利于减少物流时间,从而大大缩短生产周期,提高企业的市场竞争能力。

(2) 通过减少搬运物流量,来减少劳动力数量,减轻工人的劳动强度。在一般机械制造企业中,加工1t质量的产品,平均搬运量在60t以上,从事仓储搬运的工作人员占全部工人的15%～20%。因此,合理设计物流网络,有利于减少搬运物流量,减少搬运距离,减少工人数量,提高物流效率。

(3) 通过降低物流成本,来降低生产成本,增加企业利润和盈利水平。一般而言,物流成本占生产成本的30%～50%,合理设计物流网络,有利于压缩库存,提高库存周转率,减少搬运距离和搬运量,降低物流成本,进而降低生产成本。

6. 提高物流管理水平

物流网络是一个大网络,在宏观上涵盖许多管理部门和产业,如商务部、交通运输部、铁道部、发改委、工商、税务、海关、质检等,以及交通运输、仓储、货代、港口、电子信息等产业。在研究物流网络时,需要突破纵向管理体制的约束和整合相关产业,才能把握物流网络的特征,从整体上提高物流效益。片面强调局部的合理性会造成宏观上的管理混乱和极大浪费。物流管理水平提高的一个明显标志是决策水平提高,即通过制定合理、可行的物流政策,推动物流发展和成熟。从网络观点出发,在充分研究物流网络内在规律的基础上,制定出切实可行的物流政策、法规、法律,有利于促进我国物流业的健康发展。

1.4.2 物流网络的作用

1. 提高物流网络规划设计水平

虽然物流热已经在我国兴起,并且已经建立了许多物流网络,尤其是物流基础设施网络,但是,我国物流网络的规划设计水平依然不高,许多设计依然是凭经验,还缺乏科学性和前瞻性。

2. 提高物流企业(企业物流)管理水平

物流网络具有不同的结构和形态,其运作的效果在于对物流网络的整合,这种整合能力就反映了物流企业的管理水平。

3. 增强企业核心竞争能力

物流理论强调物流是企业的"第三利润源",是"企业利润的最后边界"。但如何挖掘这一利润源泉,需要建立综合物流网络,利用其整体网络优势,达到较高的物流服务水平,从而增强企业的核心竞争能力。

1.5 本书的结构与组织

1.5.1 本书的逻辑结构

本书的逻辑结构如图 1.9 所示,一共包括 10 章。第 1 章物流网络概述,引入物流网络的概念、研究对象、研究现状以及发展趋势、研究意义和作用,为后续章节的学习奠定了良好的基础。

第 2~6 章主要研究物流网络中的节点问题,而物流网络中的线路(运输)问题则放在本系列教材的《交通运输组织基础》中介绍。第 2 章研究设施选址问题,内容包括设施的概念、设施选址的意义、设施选址的方法、影响选址的因素和选址评价方法。

第 3 章讨论设施规划,内容包括设施规划概述、系统布置设计、方案的评价与选择。

第 4 章介绍搬运系统规划,内容包括搬运的基本概念、物料搬运系统分析、物流路径设计与搬运方法选择、搬运系统设计方案的制定。

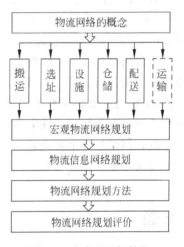

图 1.9 本书的逻辑结构

第 5 章研究仓储规划与设计,内容包括仓储的概念、仓库所有权的决策、仓库规模和数量规划、仓库设施规划设计与布局、自动化立体仓库的规划设计。

第 6 章讨论配送规划,内容包括配送的概念、配送网络设计、配送成本控制、配送绩效评估指标。

第 7 章研究宏观物流网络规划问题,内容包括物流园区规划、城市物流网络规划、区域物流网络规划和国际物流网络规划。

第 8 章讨论物流信息网络规划,内容包括物流信息的概念、物流信息与信息系统、物流信息网络设计、物流信息规划与应用案例。

第 9 章研究物流网络规划方法,内容包括物流网络规划的一般方法、物流网络规划中的信息处理、物流网络规划分析工具、物流网络规划的基本原理和物流网络规划的一般步骤。

第 10 章介绍物流网络规划评价，内容包括物流网络规划评价概述、物流网络规划评价指标体系、物流网络规划评价方法。

1.5.2 本书的内容组织

本书在内容组织上采取由宏观到微观再到宏观逐步细化、深入、提高的方式，并贯穿许多案例和习题，以方便读者对物流网络规划理论的理解和把握。

小结与讨论

物流网络是网络概念在物流领域的应用，是物资流通时空结构的一种形态，是用系统思想研究物流的一种最恰当的表达。物流网络的核心是"流"和"网"。流有各种不同的形式，如物流和信息流、资金流等；流有起点和终点、集聚点和扩散点；流还有流体、载体、流向、流量、流径、流速和流效等 7 个要素。网包含节点和线路，形成物流的空间布局。网是为流服务的，合理的网就能使流通畅地流动。

物流网络研究涉及微观和宏观两个层面。微观物流网络涉及企业级的物流网络构建，包括物流量分析、物流关系分析、物流路径分析、搬运分析、设施选址、设施规划、仓储规划和配送规划，这是物流网络研究的基础；宏观物流网络涉及物流园区网络、城市物流网络、区域物流网络和国际物流网络的构建，是在更大的空间范围内研究物流。

物流网络是一个新概念，还在发展过程中。随着研究的深入和应用的广泛，物流网络的内涵还将不断丰富和升华。

习题

1. 什么是物流网络？物流网络有哪些典型结构？
2. 什么是物流节点？物流节点分为哪些类？各有什么特点？
3. 物流网络分哪两类？各包含哪些内容？
4. 什么是园区物流网络？
5. 什么是城市物流网络？
6. 什么是区域物流网络？
7. 什么是国际物流网络？
8. 什么是物流网络总成本？
9. 研究物流网络的意义和作用是什么？

第 2 章 设 施 选 址

设施规划作为一门具有高度实用价值的学术研究领域,受到不同专业的高度重视,成为跨学科领域的研究课题,如工业工程领域、物流工程与管理领域、建筑设计领域、城市规划建设领域等。设施选址是设施规划前期的一个十分重要的工作,对于企业节约物流成本,构建高效的物流网络非常关键。本章主要介绍设施与设施选址的概念、设施选址需要考虑的因素和需要采用的技术工具与方法,以及设施场址选择与评价等内容。

2.1 设施选址概述

2.1.1 设施的定义

设施是指一个企业生产系统或服务系统运行所拥有的有形资产,可分为以下 4 个部分[1]:

(1) 实体建筑。不论企业规模大小,其所拥有设施中最外层也是最重要的部分之一是建筑物本身。建筑物的规划设计和现行的设施需求及未来的弹性发展,具有密切的关联性,设计良好的建筑不仅其内部设施得以发挥其正常的作业功能,更是一个企业对外印象的体现。同时,在良好的建筑物内部工作的人员,其士气也可以经常保持在较佳状态之中。

(2) 机器设备。按照企业不同的经营属性,机器设备的需求也常有不同,而机器设备的数量、安置、排列、作业弹性和空间配置等安排,将对生产或服务系统的整体运作产生关键性的影响。

(3) 物品资料。对于制造业或服务业而言,物品物料也是设施的一部分;其进出控制方式、存储方式、移动方式等,均与设施布局密切关联。

(4) 工作人员。完整的设施规划也将工作人员纳入设施的内容中,因其具有弹性度最大和活动面最广的特征,同时也是上述 3 种设施资产类型的使用者和管理者。

2.1.2 设施选址

设施选址(facility location)是确定在何处建厂或建立服务设施,是指运用科学的方法决定设施的地理位置,使之与企业的整体经营运作系统有机结合,以便有效、经济地达到企

---

[1] 林立千.设施规划与物流中心设计[M].北京:清华大学出版社,2003:1-2.

业的经营目的。①

设施选址包括两个层次的问题：

（1）选位，即选择什么地区（区域）设置设施，沿海还是内地，南方还是北方，等等。在当前经济全球化的大趋势之下，或许还要考虑是在国内还是在国外选址。

（2）定址，即在已选定的地区内选定一片土地作为设施的具体位置。

从设施功能的全面性的角度考虑，设施选址包括两类问题：

一是单一设施的场址选择。根据确定的产品（或服务）、规模等目标为一个独立的设施选择最佳位置。单一设施选址无须考虑竞争力、设施之间需求的分配、设施成本与数量之间的关系，主要考虑运输成本。

二是复合设施的场址选择。为一个企业（或服务业）的若干个下属工厂、仓库、销售点、服务中心等选择各自的位置，并使设施的数目、规模和位置达到最佳化。

设施选址常常需要其他有关人员（如环保部门）的参与，而不能仅由设计人员单独完成。决策者在选址规划时经常会考虑以下 3 种选择方案：

（1）扩张企业当前的设施。如果有足够的空间可供扩展，特别是这个地点有着其他地点所不具有的优点时，这种选择是有吸引力的，因为扩张费用比较低。

（2）保留当前设施，同时在其他地方增建新设施。通常服务设施会采取这种方式，它可以维持市场份额或防止竞争对手进入市场，或者是为了更好地为顾客服务。

（3）放弃现有地点。将设施关闭后迁移至其他地方。

企业设施选址是一项具有战略意义的经营管理活动，具有很大风险，关系着一个项目的成败。企业要作系统全面的考虑，采用科学方法进行选址。

2.1.3 设施选址的意义

选址在整个物流网络规划中的地位非常重要，它属于物流管理战略层面的研究问题。② 设施的位置对生产力布局、城镇建设、企业投资、建设速度及建成后的生产经营状况都具有重大影响。对一个新建企业来说，设施选址是建立和管理企业的第一步，也是事业发展的第一步。设施选址对设施建成后的设施布置以及投产后的生产经营费用、产品和服务质量以及成本都有重要的影响。一旦确定，设施建设完工，一般无法轻易改动。因此，在进行设施选址时，必须充分考虑多方面因素的影响，慎重决策。另外，除新建企业的设施选址问题以外，随着经济的发展，城市规模的扩大，以及地区之间的发展差异，很多企业当初确定下来的设施功能和位置已经无法满足企业的战略需要，面临着迁址的问题。

选址决策就是确定所要选择的设施的数量、位置以及分配方案。这些设施主要指物流网络中的节点，如制造商、供应商、仓库、配送中心、零售商网点等。

就单个企业而言，它决定了整个物流网络及其他层次的结构，反过来，该物流网络其他层次（库存、运输等）的规划又会影响选址决策。因此，选址与库存、运输成本之间存在着密切联系。一个物流网络中设施的数量增大，库存及由此引起的库存成本往往会增加，如

---

① 马汉武.设施规划与物流系统设计[M].北京：高等教育出版社，2006：38.
② 蔡临宁.物流系统规划——建模及实例分析[M].北京：机械工业出版社，2003：23-24.

图 2.1 所示。因此,合并减少设施数量、扩大设施规模是降低库存成本的一个措施。这也部分说明了为什么大量修建物流园、物流中心,实现大规模配送的原因。

设施数量与运输成本之间的关系与图 2.1 不同。随着设施数量,如配送中心数量的增加,可以减少运输距离,降低运输成本。但是,当设施数量增大到一定量的时候,由于单个订单的数量过小,增加了运输频次,从而造成运输成本的增加,如图 2.2 所示。因此,确定设施的合理数量,也是选址规划的主要任务之一。

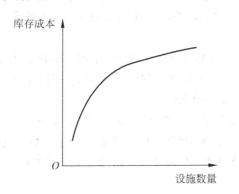

图 2.1 设施数量与库存成本之间的关系　　图 2.2 设施数量与运输成本之间的关系

就供应链网络而言,核心企业的选址决策会影响所有供应商物流网络的选址决策。例如,戴尔在爱尔兰建立一家新计算机工厂,给爱尔兰供应商 8 个月的时间来满足戴尔的要求,如果他们不能满足戴尔的要求,戴尔原有的一些供应商将会选择在爱尔兰建立分支机构,根据 2000 年的数据,戴尔爱尔兰工厂的供应商按区域划分,分别为亚洲 65%、欧洲 25%、美国 10%。又比如,摩托罗拉的气体供应总是由北方气体公司供给,这样,摩托罗拉在天津建立生产基地后,北方气体就要相应地建立自己的工厂及销售机构。

尽管选址问题主要是一个宏观战略的问题,但它又广泛地存在于物流网络的各个层面。例如,一个仓库中货物存储位置的分配,对于自动化立体仓库中的货物存取效率十分重要。因此,设施选址需要进行充分的调查、研究与勘察,应科学分析,不能凭主观意愿决定,不能过于仓促。要考虑自身设施和产品特点,注意自然条件、市场条件、运输条件,应有长远观点。如果选址不当,会给企业带来意想不到的损失。

2.2 设施选址的影响因素与选址程序[①]

2.2.1 影响因素

1. 地区选址应考虑的因素

设施地区选择主要是考虑宏观的因素。由于制造业与服务业的设施考虑不一样,因此要充分考虑不同设施的不同性质和特点。一般而言,地区选择主要考虑下列因素:目标市

---

① 刘联辉. 物流系统规划及其分析设计[M]. 北京:中国物资出版社,2006:79-84.

场情况、供应商分布、交通条件、土地条件、自然条件、政策条件等。

1) 销售目标市场及客户分布

选址时首先要考虑的就是目标市场所服务客户的分布。不论是制造业还是服务业,设施的地理位置一定要和客户接近,越近越好。要考虑地区对产品和服务的需求情况,消费水平要与产品及其服务相适应。如果产销两地接近,运输成本就会减少,从而会大大降低总成本。例如,零售商型配送中心,其主要客户是超市和零售店,这些客户大部分是分布在人口密集的地方或大城市,配送中心为了提高服务水平及降低配送成本,多建在城市边缘接近客户分布的地区。

2) 资源市场及供应商分布条件

在工业设施选址中,不同的制造行业对资源有不同的要求。例如,纺织厂应建在棉花产区;发电、食品、酿酒都需要大量用水,必须建在水资源有保障的地区。因此,工厂设施地区选择中应该考虑主要原材料、燃料、动力、水资源等资源条件。

对供应型配送中心而言,应该考虑的因素是供货资源分布,即供应商的分布情况。因为物流的商品全部是由供应商提供的,配送中心越接近供应商,就越有可能将其商品的安全库存控制在较低的水平。但是因为国内一般进货的运输成本是由供应商负担的,因此有时不重视此因素。

3) 交通便利条件

交通便利条件是影响物流成本及效率的重要因素之一。交通运输的不便将直接影响车辆配送的进行,因此必须考虑交通的运输通路及其便捷性,以及未来交通与邻近地区的发展状况等因素。地址的选择宜紧临重要的运输通路,以利运输配送作业的进行。考核交通方便程度的条件有:高速公路、国道、铁路、快速道路、港口、交通限制规定等。一般配送中心应尽量选择在交通方便的高速公路、国道及快速道路附近,如果以铁路及轮船作为运输工具,则要考虑靠近火车站、港口等。

4) 土地条件

土地与地形的限制,对于土地的使用,必须符合相关法律规章及都市计划的限制,尽量选在物流园区、工业园区或经济开发区。用地的形状、长宽、面积与未来扩充的可能性,则与规划内容及实际建置的问题有密切关系。因此在选择物流设施场址时,有必要参考规划方案中物流设施的设计内容,在无法完全配合的情形下,必要时要修改规划方案中的内容。

另外,还要考虑土地面积的大小与地价,在考虑现有地价及未来增值状况下,配合未来可能扩充的需求程度,决定最合适的面积大小。还有土地征用、拆迁、平整等费用,不同的选址所花的费用也不相同,对我国来说应尽量选用不适合耕作的土地作为物流设施的地址,而不去占用农业生产用地。

5) 自然条件

在物流用地的评估当中,自然条件也是必须考虑的。事先了解当地自然环境有助于降低建构的风险。例如,在自然环境中有湿度、盐分、降雨量、台风、地震等几种自然现象。有的地方靠近山边湿度比较高,有的地方湿度比较低,有的地方靠近海边盐分比较高,这些都会影响商品的存储品质,尤其是服饰或电子产品等对湿度及盐分都非常敏感。另外,降雨量、台风及地震等自然灾害,对于物流设施的影响也非常大,必须特别留意并且避免被侵害。

6) 人力资源条件

在仓储配送作业中,最主要的资源需求为人力资源。由于一般物流作业仍属于劳力密集型作业形态,在配送中心内部必须要有足够的作业人力,因此在决定物流设施位置时必须考虑工人的来源、技术水平、工作习惯、工资水平等因素。

7) 社会环境与政策条件

在国外建设施时更应注意当地的政治环境是否稳定,是否邻近自由贸易区等。政策条件方面是物流选址评估的重点之一,尤其是在物流用地取得比较困难的条件下,如果有政府政策的支持,则更有助于物流经营者的发展。政策的条件包括企业优惠措施(土地提供、减税)、城市计划(土地开发、道路建设计划)、地区产业政策等。最近在许多交通枢纽城市如深圳、武汉等地都在规划设置现代物流园区,其中除了提供物流用地外,也有关于赋税方面的减免,有助于降低物流经营者的运营成本。

8) 其他基础设施

除交通便利条件外,道路、邮电通信、动力、供水、排污、燃料管线等基础设施对建立物流设施投资多寡也有很大影响。

2. 具体地点选择应考虑的因素

除了考虑上述因素外,在实际决定物流设施具体地点所在位置时,还需考虑下列因素:

(1) 城市的大小。城市的大小将影响交通运输、劳动力的获取、劳务设施的利用、工资水平、地价等诸多因素。

(2) 地价、用地的政策限制与发展。对于土地的使用,必须符合相关法律规章及城市规划的限制。应在考虑现有地价及未来增值状况下,配合用地的形状、长宽、面积与未来扩充的可能性,决定最合适的面积大小。

(3) 与外部的衔接。对于特定区域内可用的运输方式必须作一调查,如与主要道路的连接是否顺畅、货运公司的多少、大宗物资邮寄的能力、短程转运的计费方式等问题。应尽量使设施内铁道方便地与附近车站接轨,缩短与高速公路的衔接,且不需进行复杂的土方工程。

(4) 设施周边的自然地理环境。设施周边的自然地理环境主要指设施地点的地形、地貌、土壤情况、风向及地下水等。如果设施厂区地势不平,则土建施工费用必大大增加,且新填土质松软,将增加基础施工困难。风向可能会因排出废气烟尘及噪声影响住宅区居民。地下水会腐蚀混凝土及钢材,对地下建筑物及基础有破坏作用。另外,有江湖的地方还要考虑防洪水灾害等问题。

(5) 居民的态度。决定特定区域时,附近居民的接受程度,将影响土地的取得、员工的雇用及企业形象等问题。

3. 影响选址决策的内部因素

1) 组织的性质

组织是属于制造业还是服务业?这本身就构成选址决策依据的差异。对于制造企业设施选址,其战略要点通常是成本的最小化,对成本考虑较多。对于零售业以及专业的服务组织,其战略要点集中于收入的最大化。仓储设施的选址战略,则可能受一系列因素的驱动,包括各种成本以及产品配送速度。但总体上,设施选址的根本目标不会变,即寻找到一个能让企业利益最大化的合适场所。

2) 组织的战略目标

组织可能出于战略考虑,对所投资项目有着明确的目标和期望。企业进行投资的目的可能是为了扩大生产规模,降低成本,也可能是为了进入新的市场。不同的战略考虑也决定了企业应该特别重视那些影响选址的因素。因此,在有的企业看来是十分重要的因素,对另一个企业可能是无关紧要的。如果企业想进入一个新市场,考虑更多的将会是目标市场的潜力。相反,如果是为降低成本,则会着重考察人力成本和目标地点的物流效率等因素。

3) 企业投资的具体项目和所生产的产品

对于不同的项目,选址必须区别对待。比如,对消耗原料大的项目应选择靠近原材料产地,这样,原材料的运输成本比建在消费地要少很多;对耗电大的项目应考虑选择在动力基地附近建厂;对属于劳动密集型、资金有机构成低、人力成本在产品成本中占绝大多数的项目,应在劳动力供应充足的地区建设;对知识密集型、技术密集型项目应考虑技术协作条件在靠近科技中心建设,等等。

4. 影响设施选址的经济因素和非经济因素

影响设施选址的因素很多,有些因素可以进行定量分析,并用货币的形式加以反映,称为经济因素,亦称为成本因素。有些因素只能是定性的非经济因素,亦称为非成本因素。在进行场址选择时,可根据其重要程度的不同,采用适当算法,将经济因素和非经济因素结合起来加以比较。表 2.1 列出了一些主要的经济因素和非经济因素,可作为场址选择的评价指标。

表 2.1 影响设施选址的经济因素和非经济因素

经 济 因 素	非 经 济 因 素
原料供应及成本(含运输费用)	当地政策法规
动力、能源的供应及成本	政治环境与经济发展水平
水资源及其供应	环境保护要求
土地成本和建设费用	气候和地理环境
劳工成本	人文环境
产品运至分销点成本	城市规划和社区情况
零配件产品从供应点运来成本	发展机会
税率、利率和保险	同一地区的竞争对手
资本市场和流动资金	地区的教育服务
各类服务及维修费用	供应、合作环境

5. 设施选择影响因素分析示例

例 2-1 某工厂厂区的必要面积为 60～65 公顷(hm^2),经选址小组工作决定,图 2.3 所示 A,B,C 3 个厂址为候选位置。请运用分析法确定最佳厂址。

解:选址小组在调查时发现,建厂地区正在兴建本地区的热电站,能够供给所建工厂需要的电力、蒸汽和热力,同时热电站方面也要求该工厂参加建设自铁路连接站到新建铁路站之间的支线,以供沿线各企业运送物料和调车之用;工厂上下水道网和城市上下水道网可以连接。

选址小组调研后提出 A,B,C 3 个候选厂址的技术与经济指标,进行了比较分析,决定不采用 C 址,因其有如下缺点:①厂址处于采沙场内,沙坑深 3.5m 左右,因而会增加平整厂区及建筑费用。②距地区热电站 2.7km,在输送电力、蒸汽及热力的管道方面比 A,B 两方案要增加 1km 管线,因而会增加建设和管理费用。上下水道也较其他两址长 1km。③厂址与城市规划及地区规划均无联系,形成孤立状态。工人从住宅区到工厂比其他两方案要多走 1km,并需要穿越铁道。

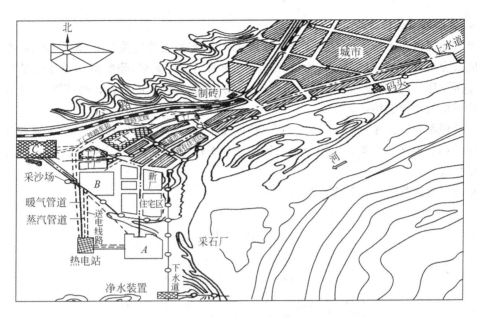

图 2.3　A,B,C 3 个厂址候选位置

将 A,B 两个方案比较发现各有利弊。主要是 A 址有向南扩建条件,无需拆迁费,土方工程和下水道均较 B 址节省,离热电站也近。但 A 址较 B 址的缺点为:铁路支线长并必须建桥,上水道管路也需延长,职工进厂通道不如 B 方案方便。

综上所述,再通过经济上的概算后可知,A 址多花在建铁路支线的费用约与 B 址多花在建热电站管道建设的费用相等,两者可以抵消。而 A 址在铁路支线及公路支线上的生产运输费用则比 B 址所延长的热电管道上的生产费用高。此外,A 址可以建较短下水道的优点则和其需建较长上水道的缺点互相抵消。

经过全面分析对比,B 址作为建厂地点最为合适。

2.2.2　选址程序

设施场址选择规划程序分为 3 个阶段,即准备阶段、地区选择阶段和具体地点选择阶段。

1. 准备阶段

准备阶段的主要工作是对选址目标提出要求,并提出选址所需要的技术经济指标。这些要求主要包括产品、生产规模、运输条件、需要的物料和人力资源等,以及相应于各种要求的各类技术经济指标,如每年需要的供电量、运输量、用水量等。

2. 地区选择阶段

地区选择阶段的主要工作是为调查研究收集资料,如走访主管部门和地区规划部门征询选址意见,在可供选择的地区内调查社会、经济、资源、气象、运输、环境等条件,对候选地区作分析比较,提出对地区选择的初步意见。

3. 具体地点选择阶段

要对地区内若干候选地址进行深入调查和勘测，查阅当地有关气象、地质、地震、水文等部门的历史统计资料，收集供电、通信、给排水、交通运输等资料，研究运输路线以及公用管线的连接问题，收集当地有关建筑施工费用、地方税制、运输费用等各种经济资料，经研究和比较后提出数个候选场址。

各阶段都要提出相应的报告，尤其在最后阶段要有翔实的报告和资料，并附有各种图样以便领导和管理部门决策。小型设施的场址选择工作可以简化，并将各阶段合并。对服务业也是如此。

设施场址选择的基本程序参见图2.4。

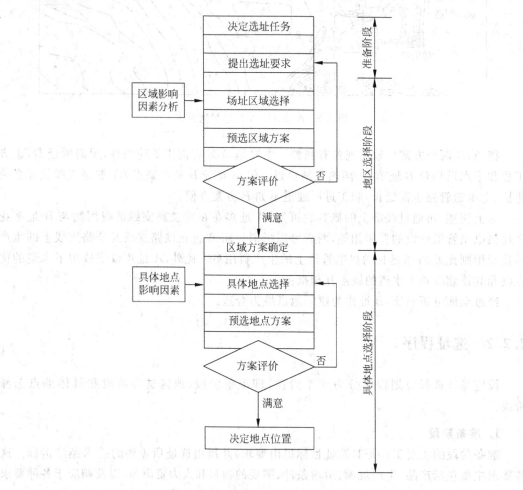

图2.4 物流设施场址选择的基本程序

2.2.3 设施选址报告

设施选址报告包括以下内容：

(1) 场址选择的依据(如批准文件等);

(2) 建设地区的概况及自然条件;

(3) 设施规模及概略技术经济指标,包括占地估算面积区域位置、备用地、交通线路、各类管线走向、设施初步总平面布置图等;

(4) 各厂址方案的比较,包括自然条件比较、建设费用及经营费用比较、环境影响比较、经济效益比较等;

(5) 对各场址方案的综合分析和结论;

(6) 当地有关部门的意见;

(7) 附件,包括各项协议文件的抄件、区域位置图,如设施所选位置、用地、交通路线、各类管线走向等,以及设施初步总平面布置图。

2.3 设施选址方法

科学的设施选址离不开模型和方法的运用,特别是一些数学模型和计算机模型,现代设施选址越来越重视科学模型方法的运用。这些模型方法不再是理念上的方法或某些简单的因素决策过程,更多的是将数学模型与实际问题相结合,通过多因素的科学比选,进行设施选址。下面介绍一些设施选址模型,主要包括单设施选址模型、多设施选址模型和动态仓库选址模型。[①]

2.3.1 单设施选址

1. 单设施选址的原理

单设施选址(single facility location)模型,又称重心法模型,比较常用,可用于工厂、车站、仓库或零售服务设施选址。该模型选址因素一般只包括运输费率和货物运输量,所以方法相对简单。数学上,该模型可被归为静态连续选址模型,它是一种最常用的模型,可解决连续区域直线距离的单点选址问题。

设施选址问题的研究始于17世纪初的Fermat,他提出的问题的几何解由Torricelli于1640年给出。而根据19世纪后半叶物理学家Maxwell的研究,这是力学的平衡点——重心。并且,附加重量的Fermat问题从1750年开始研究,1909年由Weber给出了答案。因此,这一类问题又称为Weber问题。

例2-2 设有n个客户(收货单位)$P_1, P_2, \cdots, P_n$分布在平面上,其坐标分别为(x_i, y_i),客户的需求量为w_i,费用函数为设施(配送中心)与客户之间的直线距离乘以需求量。试确定设施P_0的位置(x_0, y_0),使总运输费用最小。

解:记a_j为配送中心到收货点P_j每单位量、单位距离所需运费,w_j为P_j的需货量,d_j为P_0到P_j的直线距离,则总运费H为

$$H = \sum_{j=1}^{n} a_j w_j d_j = \sum_{j=1}^{n} a_j w_j [(x_0 - x_j)^2 + (y_0 - y_j)^2]^{1/2} \qquad (2.1)$$

---

① 孙焰. 现代物流管理技术——建模理论及算法设计[M]. 上海:同济大学出版社,2004:46-82.

求 H 的极小值点 (x_0^*, y_0^*)。由于式(2.1)为凸函数,最优解的必要条件为满足

$$\left.\frac{\partial H}{\partial x_0}\right|_{x=x^*} = 0, \quad \left.\frac{\partial H}{\partial y_0}\right|_{y=y^*} = 0 \tag{2.2}$$

令

$$\frac{\partial H}{\partial x_0} = \sum_{j=1}^{n} \frac{a_j w_j (x_0 - x_j)}{d_j} = 0, \quad \frac{\partial H}{\partial y_0} = \sum_{j=1}^{n} \frac{a_j w_j (y_0 - y_j)}{d_j} = 0$$

得

$$x_0^* = \frac{\sum\limits_{j=1}^{n} a_j w_j \dfrac{x_j}{d_j}}{\sum\limits_{j=1}^{n} a_j \dfrac{w_j}{d_j}}, \quad y_0^* = \frac{\sum\limits_{j=1}^{n} a_j w_j \dfrac{y_j}{d_j}}{\sum\limits_{j=1}^{n} a_j \dfrac{w_j}{d_j}}$$

上式右端 d_j 中仍含有未知数 x_0, y_0,故不能一次求得显式解,但可以导出关于 x 和 y 的迭代公式:

$$x^{(q+1)} = \frac{\sum\limits_{i \in I} \dfrac{a_i w_i x_i}{[(x^{(q)} - x_i)^2 + (y^{(q)} - y_i)^2]^{1/2}}}{\sum\limits_{i \in I} \dfrac{a_i w_i}{[(x^{(q)} - x_i)^2 + (y^{(q)} - y_i)^2]^{1/2}}} \tag{2.3}$$

$$y^{(q+1)} = \frac{\sum\limits_{i \in I} \dfrac{a_i w_i y_i}{[(x^{(q)} - x_i)^2 + (y^{(q)} - y_i)^2]^{1/2}}}{\sum\limits_{i \in I} \dfrac{a_i w_i}{[(x^{(q)} - x_i)^2 + (y^{(q)} - y_i)^2]^{1/2}}} \tag{2.4}$$

其中,q 为迭代次数。应用上述迭代公式,可采用逐步逼近算法求得最优解,该算法称为不动点算法,步骤如下。

输入:n 为客户数;

(x_i, y_i) 为各客户点的坐标,$i = 1, 2, \cdots, n$;

a_i, w_i 为各客户点的单位运费和运量,$i = 1, 2, \cdots, n$;

输出:(x_0^*, y_0^*) 为设施坐标;

H 为总运费。

第1步:设取一个初始的迭代点 $A(x_0^{(0)}, y_0^{(0)})$,如 $x_0^{(0)} = \dfrac{1}{n} \sum\limits_{j=1}^{n} x_j, y_0^{(0)} = \dfrac{1}{n} \sum\limits_{j=1}^{n} y_j$,然后计算 A 到各客户点的直线距离 d_j 和费用 $H^{(0)}$:

$$d_j = [(x_0^{(0)} - x_j)^2 + (y_0^{(0)} - y_j)^2]^{1/2}, \quad H^{(0)} = \sum_{j=1}^{n} a_j w_j d_j$$

$$x_0^{(1)} = \frac{\sum\limits_{j=1}^{n} a_j w_j \dfrac{x_j}{d_j}}{\sum\limits_{j=1}^{n} a_j \dfrac{w_j}{d_j}}, \quad y_0^{(1)} = \frac{\sum\limits_{j=1}^{n} a_j w_j \dfrac{y_j}{d_j}}{\sum\limits_{j=1}^{n} a_j \dfrac{w_j}{d_j}}$$

第2步:令

$$d_j = [(x_0^{(1)} - x_j)^2 + (y_0^{(1)} - y_j)^2]^{1/2} \text{ 及 } H^{(1)} = \sum_{j=1}^{n} \alpha_j w_j d_j$$，转第3步。

第3步：若 $H^{(0)} \leqslant H^{(1)}$，说明运费已无法再减少，输出最优解$(x_0^0, y_0^0)$和$H^{(0)}$，否则，转第4步。

第4步：令 $x_0^{(0)} = x_0^{(1)}, y_0^{(0)} = y_0^{(1)}, H^{(0)} = H^{(1)}$，转第2步。

需要注意的是，如果工厂到设施的运输费包含在成本中，则可将工厂视为一个客户点P_j，设w_j为工厂到设施的运输量，α_j为工厂到设施的运输成本，则用上述算法也能求得运费最少的设施的位置。另外，如果直线距离与实际距离有差异，可附加α_j一定的修正系数来修正差异。

2. 单设施选址模型的评述与推广

重心模型是一种重要的单设施选址模型，除此之外，还有一些其他的单设施选址模型和方法，如图表技术(graphical techniques)、近似法(approximating methods)等。它们的差别主要体现在符合现实情况的程度、计算的速度和难度、得出最优解的能力等方面。一般来说，没有任何模型具有某一选址问题所希望的所有特点，也不可能以模型解直接作为最终决策。因此，我们只能希望模型提供某些指导性解决方案。有效利用这些模型不仅需要我们充分认识其优势，还需要了解其缺陷。

这些单设施选址模型的优点是显而易见的，它们有助于寻找选址问题的最优解，而且因为这些模型能够充分真实地体现实际问题，因而问题的解对管理层很有意义；模型的缺点则不那么明显。需要注意，任何模型在应用于实际问题时都会表现出一定的缺陷，但并不意味着模型没有使用价值，重要的是选址模型的结果对失实问题的敏感程度。如果简化假设条件(比如假定运输费率呈线性)，对模型设施选址的建议影响很小或根本没有影响，那么可以证明简单的模型比复杂的模型更有效。

以下列出了单设施选址模型的一些简化的假设条件：

(1) 模型常常假设需求量集中于某一点，而实际上需求来自分散于广阔区域内的多个消费点，市场的重心通常被当作需求的聚集地，而这会导致某些计算误差，因为计算出的运输成本是到需求聚集地而非到单个的消费点。

(2) 单设施选址模型一般根据可变成本来进行选址，模型没有区分在不同地点建设仓库所需的资本成本，以及与在不同地点经营有关的其他成本(如劳动力成本、库存持有成本、公共事业费用)之间的差别。

(3) 总运输成本通常假设运价随运距成比例增加，然而，大多数运价是由不随运距变化的固定部分和随运距变化的可变部分组成的。起码运费(rate minimums)和运价分段统一(rate blanketing)则更进一步扭曲了运价的线性特征。

(4) 模型中仓库与其他网络节点之间的路线通常假定为直线，实际上这样的情况很少，因为运输总是在一定的公路网络、在既有的铁路系统中或在直线环绕的城市街道网络内进行的。可以在模型中引入一个比例因子把直线距离转化为近似的公路、铁路或其他运输网络的里程。例如，计算出的直线距离加上21%得到公路直达线路里程；加上24%得到铁路短线里程；如果是城市街道，则使用41%的因子。

(5) 对这些选址模型人们还有某些其他顾虑，如不是动态的，即模型无法找到未来收入和成本变化的解。

上述连续选点的单设施选址模型比较简单,它在一般应用中还是有效的,但有时模型需要考虑更多的因素,比如说考虑客户服务和收入、解决多设施选址问题、引入非线性运输成本等,这便需要将单设施选址模型进行推广。这也是后面引入其他模型的重要原因。

例 2-3 设某制造厂 P_{10} 和需货地 $P_1 \sim P_9$ 的位置及需求货物量如表 2.2 所示,现要从工厂将产品送到需货地。试在需货地附近设置一个配送中心,使运费最小,并通过与工厂直送方式进行比较,确定哪种方式最经济。

表 2.2 工厂和需货地的位置及需求量

需货地和工厂	坐标	需求量 w_j/t
P_1	(150,60)	15
P_2	(130,90)	5
P_3	(60,130)	18
P_4	(100,130)	7
P_5	(70,60)	12
P_6	(30,90)	15
P_7	(50,40)	13
P_8	(65,140)	10
P_9	(110,120)	5
P_{10}(工厂)	(150,190)	100

已知:从工厂到配送中心每吨货物运输费 $a_{10}=8$ 元,配送吨货配送费 $a_j=40$ 元 ($j=1,2,\cdots,9$),配送中心的费用每吨 180 元,若采用直送方式,从工厂到需要地每吨运费 $r_j=40$ 元。

解:(1)求配送中心最优地址

设初始解

$$P_0 = (x_0, y_0) = (95, 120)$$

$$d_j = [(x_0 - x_j)^2 + (y_0 - y_j)^2]^{1/2}, \quad j = 1, 2, \cdots, 10$$

$$H^{(0)} = \sum_{j=1}^{10} a_j w_j d_j = 386\,940.7 \text{ 元}$$

令

$$x_0^{(1)} = \frac{\sum_{j=1}^{10} a_j w_j \dfrac{x_j}{d_j}}{\sum_{j=1}^{10} a_j \dfrac{w_j}{d_j}} = \frac{11\,633.3}{122.6} = 94.9, \quad y_0^{(1)} = \frac{\sum_{j=1}^{10} a_j w_j \dfrac{y_j}{d_j}}{\sum_{j=1}^{10} a_j \dfrac{w_j}{d_j}} = \frac{15\,078.8}{122.6} = 123.0$$

$$d_j = [(x_0^{(1)} - x_j)^2 + (y_0^{(1)} - y_j)^2]^{1/2}, \quad j = 1, 2, \cdots, 10$$

$$H^{(1)} = \sum_{j=1}^{10} a_j w_j d_j = 386\,163.1 \text{ 元}$$

因为 $H^{(1)} < H^{(0)}$,令 $H^{(0)} = H^{(1)} = 386\,163.1$ 元,$x_0 = x_0^{(1)} = 94.9, y_0 = y_0^{(1)} = 123.0$

计算

$$x_0^{(1)} = \frac{\sum_{j=1}^{10} \alpha_j w_j \frac{x_j}{d_j}}{\sum_{j=1}^{10} \alpha_j \frac{w_j}{d_j}} = \frac{12\,365.5}{130.0} = 95.1, \quad y_0^{(1)} = \frac{\sum_{j=1}^{10} \alpha_j w_j \frac{y_j}{d_j}}{\sum_{j=1}^{10} \alpha_j \frac{w_j}{d_j}} = \frac{16\,138.0}{130.0} = 124.4$$

$$d_j = [(x_0^{(1)} - x_j)^2 + (y_0^{(1)} - y_j)^2]^{1/2}, \quad H^{(1)} = \sum_{j=1}^{10} \alpha_j w_j d_j = 386\,022.0 \text{ 元}$$

同理,再进行迭代 7 次,有

$$H^{(0)} = \sum_{j=1}^{10} \alpha_j w_j d_j = 385\,960.6 \text{ 元}$$

计算

$$x_0^{(1)} = \frac{\sum_{j=1}^{10} \alpha_j w_j \frac{x_j}{d_j}}{\sum_{j=1}^{10} \alpha_j \frac{w_j}{d_j}} = \frac{13\,803.8}{143.5} = 96.2, \quad y_0^{(1)} = \frac{\sum_{j=1}^{10} \alpha_j w_j \frac{y_j}{d_j}}{\sum_{j=1}^{10} \alpha_j \frac{w_j}{d_j}} = \frac{17\,980.2}{143.5} = 125.3$$

$$d_j = [(x_0^{(1)} - x_j)^2 + (y_0^{(1)} - y_j)^2]^{1/2}, \quad H^{(1)} = \sum_{j=1}^{10} \alpha_j w_j d_j = 385\,960.5 \text{ 元}$$

因为 $H^{(1)} < H^{(0)}$,令 $H^{(0)} = H^{(1)} = 385\,960.5$ 元,$x_0 = x_0^{(1)} = 96.2, y_0 = y_0^{(1)} = 125.3$

计算

$$x_0^{(1)} = \frac{\sum_{j=1}^{10} \alpha_j w_j \frac{x_j}{d_j}}{\sum_{j=1}^{10} \alpha_j \frac{w_j}{d_j}} = \frac{13\,827.7}{143.7} = 96.2, \quad y_0^{(1)} = \frac{\sum_{j=1}^{10} \alpha_j w_j \frac{y_j}{d_j}}{\sum_{j=1}^{10} \alpha_j \frac{w_j}{d_j}} = \frac{18\,009.9}{143.7} = 125.3$$

$$d_j = [(x_0^{(1)} - x_j)^2 + (y_0^{(1)} - y_j)^2]^{1/2}, \quad H^{(1)} = \sum_{j=1}^{10} \alpha_j w_j d_j = 385\,960.5 \text{ 元}$$

因为 $H^{(1)} = H^{(0)}$,$H^{(0)}$ 已最小,输出最优解:

$$(x^{(0)}, y^{(0)}) = (96.2, 125.3), \quad H = 385\,960.5 \text{ 元}$$

(2) 与工厂直送方式成本比较

由配送中心配送方式的运输费为

$$T_1 = \text{工厂到配送中心的运费} + \text{配送中心到需货地的运费}$$
$$= 385\,960.5 + 100 \times 180 = 403\,960.5 \text{(元)}$$

工厂直送方式的费用为

$$T_2 = \text{工厂到需货地的运费}$$
$$= \sum_{j=1}^{9} r_j w_j d_j = 514\,451.5 \text{ 元}$$

因为 $T_1 < T_2$,所以,经过配送中心方式是经济的。

2.3.2 多设施选址

一般来说,多数企业可能都有几处物流设施,可能要同时决定两个或多个设施的选址,这样,问题就变得比较复杂了,但却更实际,更普遍。由于不能将这些物流设施看成经济上相互独立的要素,因此问题自然十分复杂。下面主要介绍一类多设施选址(multifacility location)的网络覆盖模型、线性规划模型和系统仿真模型。

1. 网络覆盖模型

所谓网络覆盖模型,就是对于需求已知的一些需求点,确定一组服务设施来满足这些需求点。模型需要确定服务设施的最小数量和合适的位置,它不仅适用于企业物流网络,而且适用于商业物流网络,如零售点的选址、加油站的选址、配送中心的选址等问题。

通常,根据解决问题的方法不同,将网络覆盖模型分为两种不同的模型:一是集合覆盖模型,即用最小数量的设施去覆盖所有的需求点;二是最大覆盖模型,即在给定数量的设施下,覆盖尽可能多的需求点。

1) 集合覆盖模型

集合覆盖模型的目标是用尽可能少的设施去覆盖所有的需求点,如图 2.5 所示。已知若干个需求点(客户)的位置和需求量,需从一组候选的地点中选择若干个位置作为物流设施网点(如配送中心、仓库等),在满足各需求点的服务需求的条件下,使所投建的设施点数目为最小。

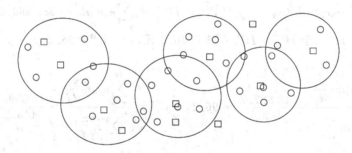

图 2.5 集合覆盖模型

(1) 建立模型

设:N——区域中的需求点(客户)集合,$N=\{1,2,\cdots,n\}$;

M——区域中可建设设施的候选点集合,$M=\{1,2,\cdots,m\}$;

d_i——第 i 个需求点的需求量;

D_j——若第 j 个候选点选中时,该设施点的服务能力;

$A(j)$——设施节点 j 所覆盖的需求点 i 的集合;

$B(i)$——可以覆盖需求节点 i 的设施节点 j 的集合;

X_j——表示在 j 点建立设施,$X_j = \begin{cases} 1, & \text{在 } j \text{ 点建立设施;} j \in M, \\ 0, & \text{否则;} \end{cases}$

y_{ij}——节点需求中被分配给设施点 j 的部分。

相应地,数学模型可表示为

$$\min \sum_{j \in M} x_j \tag{2.5}$$

$$\text{s.t.} \sum_{j \in B(i)} y_{ij} = 1, \quad i \in N \tag{2.6}$$

$$\sum_{i \in A(j)} d_i y_{ij} \leqslant D_j x_j, \quad j \in M \tag{2.7}$$

$$x_j \in \{0,1\}, \quad j \in M;$$
$$y_{ij} \geqslant 0, \quad i \in N, \quad j \in M$$

式(2.5)表示最小化设施的数目；式(2.6)表明每个需求点的需求得到完全满足；式(2.7)表示对每个服务网点的服务能力的限制，变量的 0-1 约束和非负约束保证一个地方最多只能投建一个设施，而且允许一个设施只提供部分的需求。

（2）求解模型

集合覆盖模型是 NP 困难问题。虽然当规模较小时，可设计枚举法或隐枚举法（如分支定界法等）求模型的最优解，但在实际问题中，往往需求点数 n 和可供选择的候选点数 m 较大（也可能 $n=m$），一般仍需要设计近似算法来对模型进行求解。下面给出一个最少点覆盖的启发式算法，该算法是最常用也是最简单的一个近似算法，主要步骤如下。

第 1 步：初始化。令所有的 $y_0=0, x_j=0, y_i = \sum_{j \in M} y_{ij} = 0$（已分配的需求），并确定集合 $A(j)$ 和集合 $B(i)$。

第 2 步：选择下一个设施点。在 M 中选择 $x_j=0$，且 $A(j)$ 的模为最大的点 j' 为设施点，即 $|A(j')| = \max\{|A(j)|\}$，令 $x_{j'}=1$，并在 M 集合中剔除节点 j'，即 $M=M\setminus\{j'\}$。

第 3 步：确定节点 j' 的覆盖范围。将 $A(j')$ 中的元素按 $B(i)$ 的规模从小到大的顺序指派给 j'，直至 j' 的容量为 $D_j=0$ 或 $A(j')$ 为空。其中，对于 $i \in A(j')$ 且，$y_i < 1$，将 i 配给 j' 的方法为：若 $d_i(1-y_i) > D_{j'}$，则令 $y_{ij}=1-y_i, D_j=D_{j'}-d_i(1-y_i), y_i=1$，在 $A(j')$ 和 N 中剔除需求点 i。若 $d_i(1-y_i) > D_{j'}$，则令

$$y_{ij} = \frac{D_{j'}}{d_i}, \quad y_i = y_i + y_{ij}, \quad D_{j'} = 0$$

第 4 步：若 N 或 M 为空，停止；否则，更新集合 $A(j)$ 和集合 $B(i)$，转第 2 步。

例 2-4 某区域需规划建设若干个农贸市场为该区 9 个主要居民点提供服务，除第 6 居民点外，其他各点均有建设市场的条件，如图 2.6 所示。已知市场的最大服务直径为 3km，为保护该区域的环境，希望尽可能少地建造农贸市场。问应如何规划？

解： $N=\{1,2,3,4,5,6,7,8,9\}, M=\{1,2,3,4,5,6,7,8,9\}$。由图 2.6 两点间的最短距离和最大服务半径为 3km 的约束及第 6 居民点不适合建市场的要求，可确定集合 $A(j)$ 和 $B(i)$，如表 2.3 所示。需要注意的是，本问题没有需求量和容量，故无须考虑约束式(2.7)。

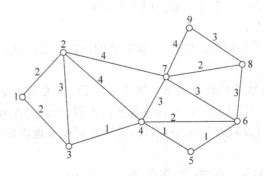

图 2.6 小区居民点位置图

表 2.3 候选点服务范围

居民点号	$A(j)$	$B(i)$
1	1,2,3,4	1,2,3,4
2	1,2,3	1,2,3
3	1,2,3,4,5	1,2,3,4,5
4	1,3,4,5,6,7	1,3,4,5,7
5	3,4,5,6	3,4,5
6		4,5,7,8
7	4,6,7,8	4,7,8
8	6,7,8,9	7,8,9
9	8,9	8,9

因为 $A(4)=\{1,3,4,5,6,7\}$,$|A(4)|=6$ 为最大,故首先选取 $j'=4$。由于无容量约束,故依次指派 5,7,1,6,3,4 点归节点 4 服务。

此时,$N=\{2,8,9\}$,$M=\{1,2,3,5,7,8,9\}$。更新集合 $A(j)$ 和集合 $B(i)$ 后如表 2.4 所示。

表 2.4 更新后的候选点服务范围

居民点号	$A(j)$	$B(i)$
1	2	
2	2	2
3	2	
4		
5		
6		
7	8	
8	8,9	8,9
9	8,9	8,9

因为 $A(8)=\{8,9\}$,$|A(8)|=2$ 为最大,故首先选取 $j'=8$,并且 8,9 两点归节点 4 服务。

同理,再迭代一次,得 $j'=2$,居民点 2 归节点 2 服务。

因此,计算结果为 (4,8,2)。

近似算法一般不能求得问题的最优解,如本例的最优解为 (3,8)。

2) 最大覆盖模型

最大覆盖模型的目标是对有限的服务网点进行选址,为尽可能多的对象提供服务,如图 2.7 所示。已知若干个需求点(客户)的位置和需求量,需从一组候选的地点中选择 p 个位置作为物流设施网点(如配送中心、仓库等),使得尽可能多地满足需求点的服务。

(1) 建立模型

设:N——区域中的需求点(客户)集合,$N=\{1,2,\cdots,n\}$;

M——区域中可建设设施的候选点集合,$M=\{1,2,\cdots,m\}$;

d_i——第 i 个需求点的需求量;

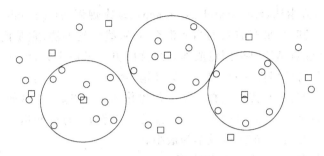

图 2.7 最大覆盖模型

D_j——若第 j 个候选点选中时,该设施点的服务能力;

p——允许建设的设施的数目;

$A(j)$——设施节点 j 所覆盖的需求点 i 的集合;

$B(i)$——可以覆盖需求节点 i 的设施节点 j 的集合;

X_j——表示在 j 点建立设施,$X_j = \begin{cases} 1, 在 j 点建立设施; j \in M, \\ 0, 否则; \end{cases}$

y_{ij}——节点需求中被分配给设施点 j 的部分。

相应地,数学模型可以表示为

$$\max \sum_{j \in N} \sum_{i \in A(j)} d_i y_{ij} \tag{2.8}$$

$$\text{s.t.} \sum y_{ij} \leqslant 1, \quad i \in N \tag{2.9}$$

$$\sum d_i y_{ij} \leqslant D_j x_j, \quad j \in M \tag{2.10}$$

$$\sum_{j \in M} x_j = p \tag{2.11}$$

$$x_j \in \{0,1\}, \quad j \in M$$

$$y_{ij} \geqslant 0, \quad i \in N, \quad j \in M$$

式(2.8)表示满足最大可能地为需求提供服务;式(2.9)是需求的限制,服务不可能大于当前的总和;式(2.10)是对每个服务网点的服务功能的限制;式(2.11)则是问题本身的限制,也就是说,最多可能投建设施的数目为 p。

(2) 求解模型

同样可以设计近似算法进行求解,最常用的方法是 Richard Church 和 Charles Re Velle 设计的贪婪算法。该算法以一个空集合作为原始的解集合,然后在剩下的所有其他候选点中选择一个具有最大满足能力的候选点加入到原来的候选集合中,如此往复,直到设施数目的限制或者全部需求都得到满足为止。

集合覆盖模型要满足所有的需求点,而最大覆盖模型则只覆盖有限的需求点,两种模型的应用情况取决于设施的资源是否充足。

2. 线性规划模型

物流网络设计中通常包含许多大型、复杂的选址问题,有些问题求解很难,为了寻找求解选址问题的有效方法,数学家们做出了不懈的努力。例如,一些目标规划法(goal programming)、树形搜索法(tree search approach)、动态规划法(dynamic programming)及其他方法的提出等。其中,最有前景的当属混合-整数线性规划法,它是商业选址模型中最受欢迎的方法,主要优点是能够把固定成本以最优的方式考虑进去,但其代价也相当可观。除非利用个别问题的特殊属性,一般求解计算开销很大。

例 2-5 从多个候选的地点中选择若干个位置作为物流设施网点(如仓库配送中心、仓库等),使得从已知若干个资源点(如工厂),经过这几个设施网点(配送中心、仓库等),向若干个客户运送多种产品时,总的运输成本为最小。

解:这里不妨设物流设施均为物流仓库。

记:h——产品$(1,2,\cdots,p)$;

i——工厂$(1,2,\cdots,q)$;

j——仓库$(1,2,\cdots,r)$;

k——客户$(1,2,\cdots,s)$;

c_{hij}——从工厂i到仓库j运送产品h时的单位运输费;

d_{hjk}——从工厂j到客户k之间配送产品h时的单位运输费;

X_{hijk}——从工厂i经过仓库j向客户k运输产品h的数量;

F_j——在仓库j期间的平均固定管理费;

Z_j——当$\sum_{hjk} X_{hijk} > 0$时,取1,否则取0;

$S_{hj}\left(\sum_{ik} X_{hijk}\right)$——在仓库$j$中为保管产品$h$而产生的部分可变费用(管理费、保管费、税金以及投资的利息等);

$D_{hk}(T_{hk})$——向客户k配送产品h时,因为延误时间T而导致的损失费;

Q_{hk}——客户k需要的产品h数量;

W_j——仓库j的能力;

Y_{hi}——工厂i生产产品h的能力;

$\sum_{hik} X_{hijk}$——各工厂由仓库j向所有客户配送产品的最大库存定额。

则可将多产品多网点的选址问题表示为

$$\min f(x) = \sum_{hijk}(c_{hijk} + d_{hijk})X_{hijk} + \sum_j F_j Z_j$$

$$+ \sum_{hj} S_{hj}\left(\sum_{ik} X_{hijk}\right) + \sum_{hk} D_{hk}(T_{hk})$$

$$\text{s.t.} \sum_{ij} X_{hijk} = Q_{hk}$$

$$\sum_{jk} X_{hijk} \leqslant Y_{hi}$$

$$\sum_{hik} X_{hijk} \leqslant W_j \tag{2.12}$$

这是一种利用混合-整数规划的选址方法,又称为p-中值法(p-media approach)。该方法通过协调点来确定需求和供给点的位置。其本意是在给定数量和位置的需求集合和一个候选设施位置的集合下,分别为p个设施找到合适的位置并指派每个需求点到一个特定的设施,使设施与需求点之间的运输费用最低。它一般适用于工厂、仓库或配送中心的选址问题,例如,要求在它们与零售商或者客户之间的费用最小。

图 2.8 说明了 $p=3$ 时的 p-中值模型的一个可行解。这里的物流设施可以是物流园区、物流中心、配送中心、工厂、仓库等,而设施数 p 可能事先根据需要由相应的模型确定。p-中值模型的图形表达如图 2.8 所示。

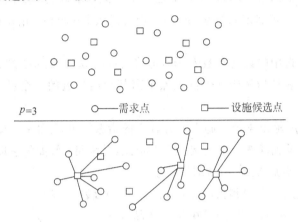

图 2.8 p-中值模型的图形表达

设:N——系统中 n 个需求点(客户),$N=\{1,2,\cdots,n\}$;
M——m 个可建设设施的候选地点,$M=\{1,2,\cdots,m\}$;
d_i——第 i 个需求点的需求量;
c_{ij}——从点 i 到 j 的单位运输费用;
p——将建设的设施总数($p<m$);
X_j——在点 j 建立设施,$X_j = \begin{cases} 1, & \text{在点 } j \text{ 建立设施};j\in M, \\ 0, & \text{否则}; \end{cases}$
y_{ij}——客户 i 由设施 j 来提供服务,$y_{ij} = \begin{cases} 1, & \text{客户 } i \text{ 由设施 } j \text{ 来提供服务};i\in N,j\in M, \\ 0, & \text{否则}, \end{cases}$

则模型表示为

$$\min \sum_{i\in N}\sum_{j\in M} d_i c_{ij} y_{ij} \tag{2.13}$$

$$\text{s.t.} \sum_{j\in M} y_{ij} = 1, \quad i\in N \tag{2.14}$$

$$\sum_{j\in M} x_j = p \tag{2.15}$$

$$y_{ij} \leqslant x_j, \quad i\in N, \quad j\in M$$

$$x_j \in \{0,1\}, \quad j\in M$$

$$y_{ij} \in \{0,1\}, \quad i\in N, \quad j\in M \tag{2.16}$$

其中,式(2.13)为目标函数;约束条件式(2.14)保证每个客户(需求点)只有一个设施来提供相应的服务;约束条件式(2.15)限制了总的设施数目为 p 个;约束条件式(2.15)有效地保证没有设施的地点不会有客户对应。

求解 p-中值模型时,需要解决选择合适设施位置(数学表达式中的 x 变量)和指派客户到相应设施(表达式中的 y 变量)两个方面的问题。由于设施点无能力限制约束,所以,一旦设施的位置确定之后,再确定每个客户到不同的设施中,使费用总和 c_{ij} 最小就会十分简单。

p-中值模型是 NP 困难问题,精确计算法一般只能求解规模较小的 p-中值问题,下面用启发式算法——贪婪取走启发式算法(greedy dropping heuristic algorithm)求解 p-中值模型,主要步骤如下。

第 1 步:令当前选中的设施点数 $k=m$,即将所有的 m 个候选位置都选中。

第 2 步:将每个客户指派给 k 个设施点中离其距离最近的一个设施点,求出总运输费用 Z。

第 3 步:若 $k=p$,输出 k 个设施点及各客户的指派结果,停止;否则,转第 4 步。

第 4 步:从 k 个设施候选点中确定一个取走点,并满足:假如将它取走并将它的客户指派给其他的最近设施点后,总费用增加量最小。

第 5 步:从候选点集合中删去取走点,令 $k:k-1$,转第 2 步。

例 2-6(仓库选址问题) 某公司在某新产品经过一段时间的宣传广告后,得到了 8 个超市的订单。由于该新地区离总部较远,该公司拟在该地区新建两个仓库,用最低的运输成本来满足该地区的需求。经过一段时间的实地考察之后,已有 4 个候选地址,如图 2.9 所示。从候选地址到各个超市的运输成本 c_{ij}、各个产品的需求量 d_i 都已经确定,试选择其中的两个候选点作为仓库地址,使总运输成本最小($p=2$)。

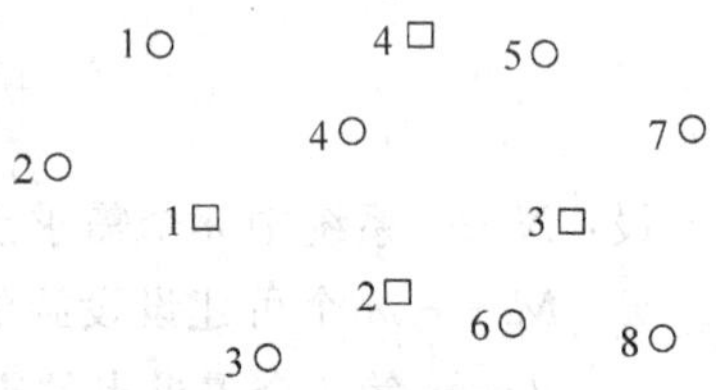

图 2.9 超市及仓库候选点位置

$$C=(C_{ij})=\begin{bmatrix} 4 & 12 & 20 & 6 \\ 2 & 10 & 25 & 10 \\ 3 & 4 & 16 & 14 \\ 6 & 5 & 9 & 2 \\ 18 & 12 & 7 & 3 \\ 14 & 2 & 4 & 9 \\ 20 & 30 & 2 & 11 \\ 24 & 12 & 6 & 22 \end{bmatrix},\quad D=(d_i)=\begin{bmatrix} 100 \\ 50 \\ 120 \\ 80 \\ 200 \\ 70 \\ 60 \\ 100 \end{bmatrix}$$

解:$k=4$,令第 i 个超市指派给 c_{ij} 中最小的候选点。

第 1 次指派的结果为:$A=(a_1,a_2,\cdots,a_8)=(1,1,1,4,4,2,3,3)$,总的运输费用为

$$Z=\sum_{i=1}^{8}c_{ia_i}d_i=2480$$

分别对删去点 1,2,3,4 的集合进行分析,并对各自的增量进行计算:

若删去候选点 1,则 $(a_1,a_2,\cdots,a_8)=(4,2,2,4,4,2,3,3)$,$Z=3200$,增量为 $3200-2480=720$;

若删去候选点 2,则 $(a_1,a_2,\cdots,a_8)=(1,1,1,4,4,3,3,3)$,$Z=2620$,增量为 140;

若删去候选点 3,则 $(a_1,a_2,\cdots,a_8)=(1,1,1,4,4,2,4,2)$,$Z=3620$,增量为 1140;

若删去候选点 4,则 $(a_1,a_2,\cdots,a_8)=(1,1,1,2,3,2,3,3)$,$Z=3520$,增量为 1040。

因此,移走第 2 个候选点所产生的增量是最小的,所以,第 1 个被移走的候选点就是候选位置 2。

此时 $k=3$,$(a_1,a_2,\cdots,a_8)=(1,1,1,4,4,3,3,3)$,$Z=2620$。又分别对删去 1,3,4 进行分析计算如下:

若删去候选点 1,则 $(a_1,a_2,\cdots,a_8)=(4,4,4,4,4,3,3,3)$,$Z=4540$,增量为 $4540-2620=1920$;

若删去候选点 3,则 $(a_1,a_2,\cdots,a_8)=(1,1,1,4,4,4,4,4)$,$Z=5110$,增量为 2490;

若删去候选点 4,则 $(a_1,a_2,\cdots,a_8)=(1,1,1,1,3,3,3,3)$,$Z=3740$,增量为 1120。

因此,移走第 4 个候选点所产生的增量最小(1120),所以第 2 个被移走的候选点即候选位置 4。此时,$k=2=p$,计算结束,结果为在候选位置 1,3 投建新的仓库,总的运输成本为 3740,如图 2.10 所示。

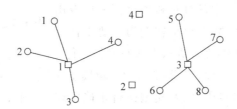

图 2.10　仓库选址及客户指标结果

3. 系统仿真模型

物流管理系统与外部环境之间或其各环节之间存在着一定的数学或逻辑关系。可以运用定性分析和定量分析的方法,通过一定的数学逻辑模型去描述这些关系,反映系统的本质。如果这些数学逻辑关系较为简单,那么,所建立的相应的数学模型可以采用数学解析方法求解。但是,许多数学模型十分复杂,很难运用数学解析方法得到解析解。这时,可以借助系统仿真方法来解决实际问题,辅助系统的决策。

系统仿真就是在建立数学逻辑模型的基础上,通过计算机实验,对一个系统按照一定的作业规则由一个状态变换为另一个状态的动态行为进行描述和分析。通过仿真实验,能够对所研究的系统进行类似于物理、化学等类似的实验。它和现实系统实验的主要差别在于仿真实验依据的不是现实系统本身及所存在的实际环境,而是作为现实系统的映像的系统模型以及相应的"人工"环境。显然,系统仿真结果的正确程度完全取决于输入的数据和模型是否客观、正确地反映了现实系统。

系统仿真模型与算术选址模型不同,它要求分析员或管理人员必须明确网络中需要的特定设施。根据被挑选出来等待评估的个别仓库及其分配方案判断最优性,还是接近最优的选址方式。算术模型寻求的是最佳的仓库数量、最佳的位置和仓库的最佳规模,而系统仿真模型则试图在给定多个仓库、多个分配方案的条件下反复使用模型找出最优的网络设计方法。分析结果的质量和效率取决于使用者选择分析地点时的技巧和洞察力。

对管理系统进行计算机仿真,需要做大量的工作,这些工作主要由如下几个阶段组成。

整个过程的流程图如图 2.11 所示。

(1) 拟订问题和研究计划。

(2) 建立模型。根据系统的结构和作业决策规则,分析系统及各组成部分的状态变量与参数之间的数学逻辑关系,在此基础上建立所研究系统的数学逻辑模型。

(3) 搜集和整理数据。在系统仿真中需要输入大量的数据,并且它们的正确性大大影响仿真输出结果的正确性,于是,正确地搜集和整理数据资料便成为系统仿真的重要组成部分。通过这项工作,确定各项随机变量的分布函数形式及其相应参数,同时提供数学模型计算所需要的参数值以及基础资料(如有关的消耗定额、费用定额等)。

(4) 转换模型。运用一定的计算机程序语言或专用的模拟程序语言,将系统的数学模型转变为主要由计算机程序组成的系统仿真模型,在计算机上进行模拟运行。

(5) 验证模型。进行系统调试,验证数学逻辑模型是否正确反映了现实系统的本质,以及模型是否正确实现了数学逻辑模型,可能的情况下,修改模型和调整计算机程序。

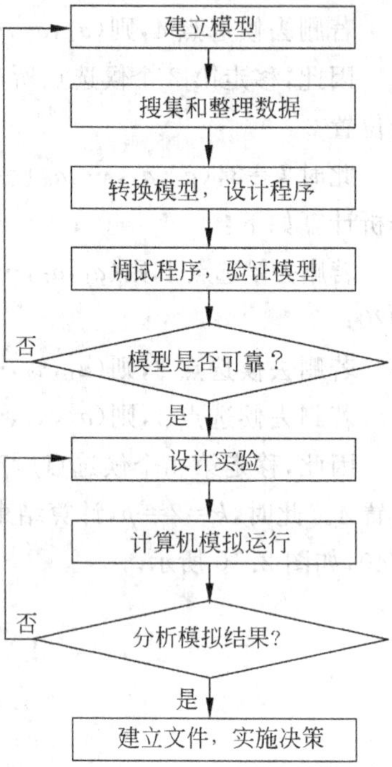

图 2.11 系统仿真过程流程图

(6) 设计实验。主要是建立系统仿真运行的实验条件,包括阐明仿真输出结果与控制变量的关系、确定不同的控制变量组合以及模拟运行次数、设定系统的初始条件等。

(7) 仿真运行。对所研究的系统进行大量的仿真模拟运行,以获得丰富的仿真模拟输出资料。

(8) 分析仿真结果。对仿真所获得的输出结果进行两方面分析:一是判断仿真结果的统计特性;二是依据既定的目标函数,选择较优方案得出仿真结论,向管理决策人提出建议以辅助管理决策。

(9) 实施决策。把经过验证和运行考核的系统仿真模型以及相应的输入、输出资料,写成书面文件,建档存查。将经过计算机仿真实验而做出的管理决策付诸实施。

例 2-7(网点选址的系统模型) 一个经典的系统仿真模型是为亨氏公司(H. J. Heinz Company)开发的,后来用于雀巢公司的分拨问题。[①] 模型为基本的仓库选址问题提供了答案,且可以涉及多达 4000 个客户、40 个仓库、10~15 个工厂。与许多算术模型相比,模型适用范围更广。亨氏公司系统仿真模型中的主要分拨成本要素包括如下方面。

(1) 客户。一是客户的位置和年需求量;二是购买的产品类型,因为不同的产品属于不同的货物等级,从而会有不同的运价要求,所以当产品组合存在地区差异时,就不能对所有产品按平均运价进行计算;三是订单大小的分布,因为运输批量规模不同,也会导致适用不同的费率。

---

① (美)巴罗(Ballou R H).企业物流管理:供应链的规划、组织和控制[M].王晓东,等,译.北京:机械工业出版社,2002:400.

(2) 仓库。一是公司对自有仓库的固定投资,因为有些公司喜欢选择公共仓库,这样,固定投资就相对较小;二是年固定运营和管理成本;三是存储、搬运、库存周转和数据处理方面的可变成本。

(3) 工厂。工厂的选址和各工厂的产品供应能力是影响分拨成本的最大因素。工厂的某些仓储和搬运费用对分拨成本也可能有一定影响,但这些成本大部分与仓库位置分布无关,可以不作分析。

(4) 运输成本。产品从工厂运到仓库产生的运费成本被称作运输成本,它取决于相关工厂和仓库的位置、运输批量的大小和产品的货物等级。

(5) 配送成本。产品从仓库到客户手中的成本称为配送成本,它取决于运输批量的大小、仓库和客户的位置以及产品的货物等级。

亨氏公司应用系统仿真模型时,输入数据的处理过程分为两部分:首先预处理程序,把通过仓库就能履行的客户订单与那些货量足够大、由工厂履行更经济的订单区分开来;然后测试程序(或主要程序),计算出经纬度坐标系里从客户到仓库和工厂到仓库的距离。

选择向客户供货的指定仓库时,要先检验最近的几家仓库。接着,在仓库系统产品流向已知、测试程序读入地理信息的条件下,用计算机运行必要的计算来评估特定的仓库布局方案。可能的话,还要利用线性规划法,综合考虑生产能力的限制,求解该方案。

需要评估多少个仓库布局方案,就需要重复进行多少次实验。图 2.12 是模型运行的流程图。

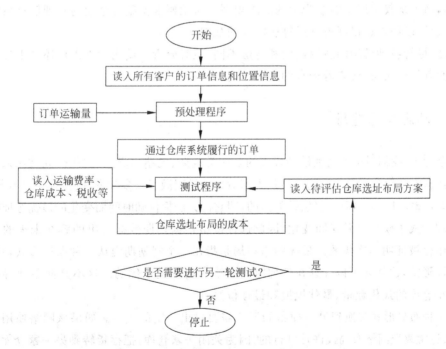

图 2.12 亨氏公司开发的仓库选址模拟程序流程图

4. 多设施选址评述

大规模、多设施选址模型可以给管理人员决策带来巨大帮助,它包含的模型也很多,如系统仿真方法、启发式方法、精确法等,这里就不一一介绍了,有兴趣的读者可参阅相关书籍。模型的实用范围也从一般的几个仓储设施的位置决策到节点数庞大的供应网络。这些模型之所以如此受欢迎,不仅因为它们强大有效,更主要是因为它们提供了解决企业管理中重大问题的决策依据,可以多次重复用于各种形式的物流网络设计,且能提供规划所需的细节;使用模型的成本不高,因而使用带来的收益远远超出其应用成本;模型要求的数据信息在大多数企业很容易获得。从土地经济学家的早期模型开始,这些模型经历了漫长的发展过程,因而更具代表性。

然而,这些模型还没有完全发挥其作用。

第一,库存政策、运输费率结构和生产/采购规模经济中会出现非线性的、不连续的成本关系,如何准确和/或高效处理这些关系仍然是数学上的难题。

第二,设施选址模型应该得到进一步发展,更好地解决库存和运输同步决策的问题,即这些模型应该是真正一体化的网络规划模型,而不应该分别以近似的方法解决各个问题。

第三,网络设计过程中应该更多地关注收入效应,因为一般来讲模型建议的仓库数量多于将客户服务作为约束条件,成本最小化时决定的仓库数量。

第四,建立的模型应该便于管理人员和规划者使用,这样模型才能经常被用于策略性规划、预算,而不是仅仅用于偶尔为之的战略规划。这就要求模型与企业的管理信息系统取得紧密的联系,以便迅速得到模型运算所需要的数据。

总之,尽管各种模型的适用范围和解法不同,但对分析人员或管理人员还是十分有价值的。它们方便了决策,代表着未来的发展方向。

2.3.3 动态仓库选址[①]

迄今为止,我们讨论的选址模型代表的是一类复杂、尖端的研究,这些研究被用来帮助物流管理者解决实际仓库选址问题。虽然人们对这些模型做了很多改进,以使其更具有代表性,计算更有效率,但模型本质上仍然是静态的,即它们无法提供随时间而变化的最优选址模式。

需求和成本模式会随时间变化,因此选址模型根据现期数据得出的解在未来的经济环境下使用会被证明是次优的。最优网络布局是指在一个规划期内从一种布局形式转换到另一种布局形式,这样才可以保证在任何时间网络布局都是最优的。这不是简单地寻找规划期内各年仓库的最优数量、最佳规模和最佳位置。

从一种布局形式转换到另一种布局形式需要付出一定的成本。如果该网络使用公共仓库,那么经常改变网络布局或许是可行的,因为关闭一家仓库,把存货转到另一家仓库并开始营业的成本不高。反之,如果从一种布局形式转换到另一种布局形式的成本很高(比如仓库是自

---

① (美)巴罗(Ballou R H).企业物流管理:供应链的规划、组织和控制[M].王晓东,等,译.北京:机械工业出版社,2002:400.

有的或租赁的),就不应该经常改变网络布局。这样,一开始就实施最优设计会变得非常重要。

通过以下几种方法可以找到随时间变化的最优布局:

(1) 可以使用现期条件和未来某年的预期情况来找出仓库的最佳位置。网络根据现年与未来年份之间的平均条件进行布局。

(2) 找出当前最优网络布局,并进行实施。随后,在每一年到来,且该年的数据可得时,找出新的最优布局。如果新旧布局转换带来的成本节约大于搬迁成本,就应该考虑改变布局。该方法的好处是总在使用实际数据——不是那些需要预测的数据。

(3) 可以找到一个随时间变化的最优布局变化轨迹,精确地反映什么时候需要转换成新布局,应该转换成什么样的布局。仓库静态选址分析中已经讨论过的那些方法也可以用到动态规划中来,以找出最优的布局路径。

2.4 设施选址评价方法

从地区选择到具体地点的选择,影响设施选址的因素有很多,归纳起来,可将这些因素分为与产品成本有直接关系的成本因素以及与成本因素无关的非成本因素两大类。成本因素可以量化也可用货币来表示;非成本因素与成本无直接关系,但能间接影响产品成本和企业未来的发展。这些因素的分类见表2.1,可作为选址评价的指标。因此,设施场址选择评价方法,可分为成本因素评价法和综合因素评价法两大类。

成本因素评价法是一种简便、实用的快捷方法,可以在短时间内就得出初步结论。常用的方法有盈亏点平衡法、重心法、数值分析法、简易线性规划法等。由于这些方法相对简单,因此这里不做介绍,有兴趣的读者可参阅相关书籍。下面主要介绍综合因素评价法。之所以要采用这种方法,是因为设施选址时,不仅要经常考虑诸多成本因素,而且还要考虑许多非成本因素,这些非成本因素难以用货币和成本来衡量。特别当非成本因素在选址中占有重要地位时,就要用综合因素的评价方法,常用的有以下两种方法。[1]

1. 分级加权评分法

此方法适合于比较各种非经济性因素,由于各种因素的重要程度不同,需要采取加权方法,并按以下步骤实施:

(1) 针对场址选择的基本要求和特点列出要考虑的各种因素。

(2) 按照各因素的相对重要程度,分别规定各因素相应的权重。通过征询专家意见或其他方法来决定各因素的权重。

(3) 对各因素分级定分,即将每个因素由优到劣分成等级,如最佳、较好、一般、最差,并相应规定各等级的分数为4,3,2,1等。

(4) 将每个因素中各方案的排队等级系数乘以该因素的相应权数,最后比较各方案所得总分,总分数最高者为入选方案。

---

[1] 刘联辉.物流系统规划及其分析设计[M].北京:中国物资出版社,2006:94-98.

例 2-8 对某一设施的选址有 K,L,M,N 4 种方案,影响选址的主要因素有位置、面积、运输条件等 8 项,并设每个因素在方案中的排队等级为 A,E,I,O 和 U 5 个等级。现设定:$A=4$ 分,$E=3$ 分,$I=2$ 分,$O=1$ 分,$U=0$ 分。各原始数据及评分结果如表 2.5 所示,请找出最优方案。

表 2.5 分级加权评分法选择场址举例

序号	考虑因素	权重数	各方案的等级及分数			
			K	L	M	N
1	位置	8	A/32	A/32	I/16	I/16
2	面积	6	A/24	A/24	U/0	A/24
3	地形	3	E/9	A/12	I/6	B/9
4	地质条件	10	A/40	E/30	I/20	U/0
5	运输条件	5	E/15	I/10	I/10	A/20
6	原材料供应	2	I/4	E/6	A/8	O/2
7	公用设施条件	7	E/21	E/21	E/21	B/21
8	扩建可能性	9	I/18	A/36	I/18	E/27
	合计		163	171	99	119

解:从表 2.5 中的得分看,L 方案最优。

应用此方法的关键是对各因素确定合理的权数和等级,应该征求各上级管理部门的意见并取其平均值。

2. 因次分析法

这是一种将各候选方案的成本因素和非成本因素同时加权并加以比较的方法,实施步骤如下:

(1) 研究要考虑的各种因素,从中确定哪些因素是必要的。如果某一选址无法满足一项必要因素,则应将其删除。例如,饮料厂必须依赖水源,这时就不能考虑一个缺乏水源的选址。确定必要因素的目的是将不适宜的选址排除在外。

(2) 将各种必要因素分为客观因素(成本因素)和主观因素(非成本因素)两大类。客观因素能用货币来评价;主观因素是定性的,不能用货币表示。同时要决定主观因素和客观因素的比重,用以反映主观因素与客观因素的相对重要性。如果主观因素和客观因素同样重要,则比重均为 0.5。即 $X=$ 主观因素的比重值,$1-X=$ 客观因素的比重值,$0 \leqslant X \leqslant 1$。如果 X 接近 1,说明主观因素比客观因素更重要,反之亦然。X 值可通过征询专家意见决定。

(3) 确定客观量度值。对每一可行选址可以找到一个客观量度值 OM_i,此值大小受选址的各项成本的影响。其计算式可表示为

$$OM_i = \left[C_i \sum_{i=0}^{N} \frac{1}{C_i} \right]^{-1} \tag{2.17}$$

式中,i 项选址方案总成本 C_i 为各项成本 C_{ij} 之和,即

$$C_i = \sum_{j=0}^{N} C_{ij} \tag{2.18}$$

上两式中,C_{ij} 为 i 选址方案的第 j 项成本;C_i 为第 i 选址方案的总成本;OM_i 为第 i 选址方案的客观量度值;M 为客观因素数目;N 为选址方案数目。

若将各选址方案的量度值相加,总和必等于 1,即 $\sum_{i=0}^{N} \mathrm{OM}_i = 1$。

(4) 确定主观评比值。各主观因素因为没有量化值作为比较,所以用强迫选择法作为衡量各选址优劣的比较。强迫选择法是将每一选址方案和其他选址方案分别做出成对的比较。令较佳的比重值为 1,较差的比重值则为 0。此后,根据各选址方案所得到的比重与总比重的比值来计算该选址的主观评比值 S_{ik}。用公式表示则为

$$S_{ik} = \frac{W_{ik}}{\sum_{i=1}^{N} W_{ik}} \tag{2.19}$$

式中,S_{ik} 为 i 选址方案对 k 因素的主观评比值;W_{ik} 为 i 选址方案 k 因素占的比重。主观评比值为一量化的比较值。可以利用此数值来比较各选址方案的优劣。此数值的变化在 0～1 之间,越接近 1,则代表该选址方案比其他选址方案越优越。

(5) 确定主观量度值。主观因素常常不止一个,同时各主观因素的重要性也各不相同。所以首先对各主观因素配上一个重要性指数 I_k。I_k 的分配方法可用步骤(4)中所述的强迫选择法来确定,然后再以每因素的主观评比值与该因素的重要性指数 I_k 相乘,分别计算每一选址方案的主观量度值 SM_i。可用下式表示:

$$\mathrm{SM}_i = \sum_{k=1}^{M} I_k S_{ik} \tag{2.20}$$

式中,I_k 为主观因素的重要性指数;S_{ik} 为 i 选址方案对于 k 因素的主观评比值;M 为主观因素的数目。

(6) 确定位置量度值。位置量度值 LM_i 为选址方案的整体评估值,其计算式为

$$\mathrm{LM}_i = X \cdot \mathrm{SM}_i + (1-X)\mathrm{OM}_i \tag{2.21}$$

式中,X 为主观比重值;$(1-X)$ 为客观比重值;SM_i 为 i 选址的主观量度值;OM_i 为 i 选址的客观量度值。

位置量度值最大者为最佳选择方案。

例 2-9 筹建一农副产品流通加工厂,可供选择的候选厂址有 D,E,F 3 处,因地址不同各厂加工成本亦有区别,各厂址每年费用如表 2.6 所示。此外,为决定厂址还考虑了一些重要的非成本因素,如当地竞争能力、气候变化和周围环境是否适合农副产品流通加工等。对于竞争能力而言,F 地最强,D,E 两地相平;就气候来说,D 比 E 好,F 地最好;至于环境,E 地最优,其次为 F 地、D 地。如果各主观因素的重要性指数 a,b,c 依次为 0.6,0.3 和 0.1,要求用因次分析法评定最佳厂址在何处。

表 2.6 各候选厂址每年加工成本费用　　　　　千元

成本因素	选址成本		
	D	E	F
工资	250	230	248
运输费用	181	203	190
租金	75	83	91
其他费用	17	9	22
C_i	523	525	551

解：首先计算 D,E,F 3 处的位置量度值，然后再比较，计算过程如下。

（1）客观量度值 OM_i 的计算

根据 $OM_i = \left[C_i \sum \dfrac{1}{C_i} \right]^{-1}$ 可计算出各候选厂址的位置量度值 OM_D：

$$OM_D = \left[523 \times \left(\dfrac{1}{523} + \dfrac{1}{525} + \dfrac{1}{551} \right) \right]^{-1} = 0.3395$$

同理得：$OM_E = 0.3382$，$OM_F = 0.3223$。

（2）主观评比值 S_{ik} 的计算

根据 3 个不同的主观因素，D,E,F 3 处的主观评比值 S_{ik} 如下：

a）竞争能力（$F>D=E$）

两两相比

厂址	F	E	D	比重	S_{ia}
D	0	0		0	0
E	0		0	0	0
F		1	1	2	1

总比重值：2

b）气候（$F>D>E$）

两两相比

厂址	F	E	D	比重	S_{ib}
D	0	1		1	0.33
E	0		0	0	0
F		1	1	2	0.67

总比重值：3

c）环境（$E>F>D$）

两两相比

厂址	F	E	D	比重	S_{ic}
D	0	0		0	0
E	1		1	2	0.67
F		0	1	1	0.33

总比重值：3

根据各主观因素的重要性指数 I_k 和各选址位置的主观评比值 S_{ik}，可以计算每一可行位置的主观量度值 SM_i。

现将各主观因素作评比总结，各候选厂址主观评比值如表 2.7 所示。

表 2.7 各候选厂址主观评比值 S_{ik}

因素 k	D	E	F	重要性指数 I_k
S_{ia}	0	0	1	0.6
S_{ib}	0.33	0	0.67	0.3
S_{ic}	0	0.67	0.33	0.1

计算可得

$$SM_D = 0 \times 0.6 + 0.33 \times 0.3 + 0 \times 0.1 = 0.099$$
$$SM_E = 0 \times 0.6 + 0 \times 0.3 + 0.67 \times 0.1 = 0.067$$
$$SM_F = 1 \times 0.6 + 0.67 \times 0.3 + 0.33 \times 0.1 = 0.834$$

(3) 位置量度值的计算

由于题中没有给出主观因素与客观因素的相互比重,现假设两者相等即同等重要,故主观比重值 $X=0.5$。

根据公式 $LM_i = X \cdot SM_i + (1-X) OM_i$ 可计算出

$$LM_D = 0.5 \times 0.099 + 0.5 \times 0.3395 = 0.21925$$
$$LM_E = 0.5 \times 0.067 + 0.5 \times 0.3382 = 0.2026$$
$$LM_F = 0.5 \times 0.834 + 0.5 \times 0.3223 = 0.57815$$

(4) 决策

根据各位置量度值 LM_i 的大小,F 厂址所得位置量度值在 3 个候选地址中最高,故选为建厂厂址。

2.5 设施选址案例与问题探究

选址不仅在整个物流系统中占有非常重要的地位,如物流系统中节点的规划,制造商、供应商、仓库、配送中心、零售网点等,而且在社会公共设施选择与规划中也占有重要的位置,如铁路、公路、桥梁、垃圾处理厂、核电厂等。下面我们给出三个设施选址的案例和一个选址建模的案例,以增进读者对设施选址问题影响因素的认识和思考,激起读者对设施选址问题开展模型研究的兴趣。

1. 几个设施选址案例

1) 家乐福在中国的选址

家乐福(Carrefour),1959 年成立,欧洲第一大零售商,世界第二大国际化零售连锁集团。现拥有 11 000 多家营运零售单位,业务范围遍及世界 30 个国家和地区。2010 年,家乐福在《财富》杂志编排的全球 500 强企业中排名第 22 位。

Carrefour 的法文含义为十字路口,即便捷之意。家乐福的选址不折不扣地体现了这个意思——所有的店都开在了路口,巨大的招牌在 500m 开外都可以看得一清二楚。

家乐福卖场面积普遍在 1 万 m² 以上,配备员工 500~600 人,经营 2 万多种商品,每家分店都有辐射 30 万人口商圈的能力。家乐福不仅运营有特色,而且选址也独到。

每当家乐福进入一个新的区域,都只派 1 个人来开拓市场。进驻中国台湾时,家乐福只派了1个人,到中国内地也是只派了1个人。这位空投到市场上的光杆总经理,他所做的第一件事就是招一位本地人做他的助理。然后,仔细了解当地的文化、气候、生活习俗、购买力和供应渠道等情况,进行详细而严格的市场调查并寻找供应商。

家乐福选址一般定位于中心商业区,服务对象以中低收入的城市居民为主。选址时进行非常周密的商圈分析,主要内容有以下几个方面:

首先,计算其所处商圈内的人口消费能力。收集这方面数据的一种做法是以某个原点出发,测算5min的步行距离会到什么地方,然后是10min步行会到什么地方,最后15min步行会到什么地方。根据中国的本地特色,还要测算以自行车出发的小片、中片和大片半径。最后是以车行速度来测算小片、中片和大片各覆盖了什么区域。如果有自然的分割线,如一条铁路线或是另一个街区有一个竞争对手,商圈的覆盖就需要依据这种边界进行调整。

其次,需要对收集的信息进一步细化,计算这片区域内各个居住小区详细的人口规模和特征,计算不同区域内人口的数量和密度、年龄分布、文化水平、职业分布、人均可支配收入等许多指标。根据这些小区的远近程度和居民可支配收入,再划定重要销售区域和普通销售区域。

再次,需要研究这片区域内的城市交通和周边商圈的竞争情况。如果一个未来的店址周围有许多公交车,或是道路宽敞、交通方便,那么销售辐射的半径就可以放大。竞争对手计算也包括未来潜在的所有竞争对手。

家乐福副总裁拉比曾经说过一句话:"家乐福超市成功登陆中国一般具备3个条件,即适合中国特点、当地政府的支持和有优秀的合作伙伴。"

这个从一个空降兵开始的事业,从1995年在北京开设中国第一家分店以来,至今已经陆续在全国建立了112家超市,将家乐福的旗帜插到了中国30多个消费中心城市。

2) 欧洲迪斯尼的选址

20世纪50年代,美国加利福尼亚州迪斯尼乐园的问世开创了世界上主题公园建设的先例。[①] 随后60年代佛罗里达州迪斯尼世界的开业作为世界上主题公园成功开发和经营的典型案例,更是常为世人所称道。此后,大众旅游在世界范围内蓬勃兴起,美国迪斯尼公司开始将其新项目的开发目标移向海外。继1983年日本东京迪斯尼乐园的开业取得巨大成功之后,迪斯尼公司随即将其海外项目开发的下一个目标移向欧洲。经过长达数年的研究、策划和筹备,耗资28亿美元的欧洲迪斯尼乐园(Euro-Disney)于20世纪90年代初在法国巴黎附近建成并开业,吸引了众多媒体的关注报道。

鉴于美国本土的两个迪斯尼项目以及日本迪斯尼乐园在经营上所取得的经验和成功,迪斯尼公司对其欧洲迪斯尼项目的开发前景充满了乐观。该项目的首任总经理Robert Fitzpa- trick在开业之前甚至"担心",该景点开业之后,旅游旺季期间可能会因游人来访量过多而不得不采取措施拒客。

然而,欧洲迪斯尼开业之后的实际经营状况却接连给迪斯尼公司泼来了冷水。欧洲迪斯尼乐园于1991年4月开始对外营业,此后便连年亏损,其中1993财政年度亏损53亿法郎,1994财政年度亏损18亿法郎。虽然1995财政年度的损益表中首次显示盈利1.14亿法郎,但据有关专家分析,这一数字实际上过于夸大,如果将该年度的特许权使用费、付息以

---

① 李天元.欧洲迪斯尼项目开发的历史教训[J].旅游学刊,2004,1(6):73-76.

及270万法郎可转换债券的回购等因素都考虑进去,欧洲迪斯尼乐园的实际盈利仅为200万法郎。事实上,迪斯尼公司在其1993年度报告中便曾经承认,欧洲迪斯尼乐园是该公司"第一个在财务上真正令人失望"的项目。

面对欧洲迪斯尼乐园的出师不利,迪斯尼公司对外公开声称的原因是,因为遇到了外部因素的不利变化,其中包括当时欧洲经济的衰退、银行的高利率、外汇市场上法郎币值的坚挺,等等。人们并不否认这些外部因素对欧洲迪斯尼经营业绩的影响。然而问题是,除了这些外部因素的作用之外,欧洲迪斯尼项目的开业不利有没有自身方面的原因?众所周知,在开发和经营主题公园方面,迪斯尼公司可谓是世界上公认的行家里手。美国本土迪斯尼项目和日本迪斯尼乐园的骄人业绩,无一不是其经验和能力的明证。但为什么到了欧洲会遭遇挫折?作为国际上主题公园开发失利的典型,欧洲迪斯尼项目自此成为管理学界,特别是国际营销研究人员感兴趣的研究案例。

商业性人造旅游景点的成本结构一般都具有固定成本高、变动成本低的特点。固定成本主要由初建时的初始资本投资以及日后新增开发项目的追加资本投资所构成。由于固定成本所占比重大,必然会导致景点经营的损益分界点上升,也就是说,游客接待量必须增大到一定程度才能实现保本。然而实践中的现实问题是,实现突破保本点所需的游客接待量越大,符合这一要求的合适选址则会越少。为此,景点投资者也就越需要慎重对待其开发项目的选址问题。

欧洲迪斯尼开业后的业绩表现,曾招致人们对其选址决策正确性的质疑,不少人都认为欧洲迪斯尼的经营不利应归咎于选址错误。

然而很多情况表明,对迪斯尼公司的这一批评未免有失偏颇。事实上,在开发欧洲迪斯尼项目这一问题上,美国迪斯尼公司是很慎重的。从1984年开始,该公司经过大量的调研、比较、分析和论证,最后才从200多个备选地点中,将该项目的选址定在法国巴黎附近。有关调研结果显示,从市场区域潜力的角度进行分析,该地点确实应是欧洲迪斯尼项目的最佳选址。主要表现在:首先,巴黎作为一个人口众多的经济发达城市,其居民将构成一个稳定的客源市场;其次,巴黎作为欧洲最具旅游吸引力的国际大都市,其众多的国际来访者也将成为潜在的中转客源;更为重要的是,围绕这一选址有可能辐射形成的市场地域,具备更为可观的客源潜力。根据调查,以驱车2h的旅行距离为半径,所涉及区域内的居民人口为1700万;以驱车4h的旅行距离为半径,所涉及区域内的居民人口为4100万;以驱车6h的旅行距离为半径,所涉及区域内的居民人口为1.109亿;以航空飞行2h的旅行距离为半径,所涉及地域范围内的居民人口为3.11亿。换言之,欧洲范围内所有其他各备选地点都不具备这样的条件。

除了上述情况之外,迪斯尼公司在确定这一选址过程中,还对以下情况进行了研究。

(1) 欧洲国家就业人员的带薪假期普遍多于美国

在美国,就业人员享有的带薪假期平均为2~3周。而在欧洲,例如法国和德国,就业人员的带薪假期一般都为5周。这不仅意味着欧洲人在外出旅游和度假方面有着比美国人更为优越的时间条件,而且意味着来访欧洲迪斯尼时,停留时间可能会更长。

(2) 交通条件方面存在着良好的机遇

当时(20世纪80年代中期)法国政府正在投巨资兴建和改善法国的交通基础设施,这将有助于方便游人来访迪斯尼。例如,有关工程竣工后,从巴黎市区来迪斯尼乐园的旅行时间不会超过35min。另外,英法之间的海底隧道预计将于1993年建成并通车,这意味着届时从英国伦敦来欧洲迪斯尼的旅行时间只需190min。

(3) 气候因素方面存在的问题

客观地讲,同美国加利福尼亚州和佛罗里达州温暖的气候条件相比,法国巴黎地区的气候条件不够理想,不仅寒冷而且湿度较大。这些无疑都不利于户外娱乐活动的开展。但与此同时该公司认为,巴黎地区的这一气候条件与东京迪斯尼的情况基本相似,根据开发和经营东京迪斯尼过程中所取得的经验,可以通过采取某些措施去克服气候湿冷的不利影响,例如,为了使游客免受风吹雨淋,可以考虑在游客排队等候的区域以及在游客活动往来的步行通道架设必要的防护装置,等等。

(4) 关于景区内容的设计

作为迪斯尼公司关于该项目的基本战略,该公司认为欧洲迪斯尼的内容设计原则上应该是其美国本土迪斯尼项目原型的翻版移植。不过,为了迎合欧洲人的兴趣从而增大对欧洲游客的吸引力,景区有关内容的设计以及服务安排可能需要做出某种修改。例如,其中"探索乐园(Discovery Land)"的景物设计不再只是以美国的有关科幻小说内容为基础,而可能需要增设以法国著名科幻小说为基础的内容;360°剧场所放映的内容可能需要改为反映欧洲历史的影片;景区内使用的标志文字和解说语言不再只是英语,而需要改为英语和法语;景区内还需要配备一批能提供双语服务的员工,以便接待来自德国、荷兰、意大利、西班牙等国家的游客。

总之,将欧洲迪斯尼项目的选址定在巴黎地区,其理由应当说是比较充分的。除非不打算在欧洲开发迪斯尼项目,否则巴黎地区便应是最佳的选址。在这个意义上,欧洲迪斯尼项目的开发失利似乎不应归咎于选址错误。

3) 二汽选址

第二汽车制造厂,即"二汽",1969年始建于湖北十堰,生产"东风牌"卡车、"富康牌"轿车以及后来的"爱丽舍"轿车等。二汽原属国务院计划单列管理,20世纪90年代改名东风汽车公司,有员工12万人。从地域上看,二汽所在的十堰市位处湖北、四川、陕西三省交界,深入中国腹部;从地形上看,群山环抱,只有一条铁路和公路通进来。建设二汽,最早于1952年底提出,但正式开始建设,已到1969年,其间经历了前后17年、"两下三上"的漫长波折。①

从时间上看,选址工作可分为三个阶段。

第一阶段是从1953年至1956年,委托苏联进行工厂设计。选址由苏联的汽车拖拉机设计院为主、国家一机部第一设计分局和汽车局配合进行。厂址先选在武汉,后又改在成都。

第二阶段是从1958年至1960年,中央决定建在江南一带。汽车局研究确定摆在湖南省境内。由汽车局组织,长春汽车工厂设计处(即现在的第九设计院)和第一设计院参加,先后两次到湖南选厂,第一次选在长沙的集梨市,第二次倾向芷江。

第三阶段是从1965年12月至1966年10月,在饶斌和齐抗同志的领导下,汽车局和汽车工厂设计处参加,到湖南、四川、贵州、湖北、陕西5省的几十个县踏勘,初步定在湖南省的

---

① 李学诗.二汽选址历时十四年[J].武汉文史资料,2010(4):41-47.

沅陵、辰溪、泸溪，后来由于川汉铁路选线方案的变化，厂址又改选在湖北省郧县十堰地区。

二汽的选址多次变动，既有川汉铁路路线变更的影响，也受到政治和国防因素的重要影响。基于核战和第三次世界大战等理论，中央提出三线建设要钻山、钻洞及"靠山、分散、隐蔽"的方针。而十堰恰恰处于山地，旁边就是神农架无人林区，南边有军事重镇襄樊的护卫，湖北向西，过了襄樊就是山地，襄樊就是分界线。十堰符合三线建设的要求。

关于二汽的厂址当前有许多不同看法。如果撇开当时的历史条件，以现在的观点，从工业布局和经济效益方面对厂址做技术性的分析比较，肯定会发现许多问题和不足之处。但是从当时的政治形势、经济形势和方针政策方面来看，老营会议能够对厂址做出这样的决定是非常不容易的，而且是一个大胆的富有一定远见的决定，与机械行业同期在西南、西北的"三线"地区所选定的厂址相比，遗留的后患是比较少的。

如何去评价二汽的选址，如今已经不那么重要。重要的是我们应该如何去看待设施选址相关因素对设施建设和运营的影响，从中发现有价值的启示。

一个不争的事实是，今天看来，十堰存在着明显的自然选址局限：①地处边远山区，远离中心城市经济圈；②地处崇山峻岭，缺乏交通平地资源；③地处落后地区，难引人才创业居住；④位置偏僻，影响了国际大公司与企业的合作，等等。这些局限性的存在严重影响、制约了企业的战略发展。因此，企业不得不以十堰基地为依托，进行新的战略构想和优化，甚至重新选址，以便能更好地可持续发展。好在企业新的"三级跳"战略已经形成，即：①跳到襄樊，发展轻型车和发动机事业；②跳到武汉，发展轿车事业；③跳到"珠三角"与"长三角"地区，发展零部件事业与其他新事业。而且这种新战略已经给企业带来了切实的战略收益，但其间因选址带来的成本是值得设施选址规划者们认真思考和反思的。

2. 设施选址问题探究

1）现象

在每个大大小小的城市街道上，经常见到一些地段上的商店十分拥挤，形成一个繁荣的商业中心区，但另一些地段却十分冷僻，没什么商店。更有意思的是，往往同类型的商家总是聚集在比较近的地方，比如肯德基、麦当劳之间总是紧紧相邻。

这种现象在许多其他场合也会出现，如电视台争相在黄金时段播放优秀电视节目，彼此竞争，致使观众难以割舍；省级公路沿线某个地段饭店、快餐店扎堆；西方国家选举时，不同政党之间选民的争取；等等。

一个重要的问题是我们如何理解和解释这些现象，其背后的理论和规律是什么呢？

2）理论

这类现象可以从空间经济学[①]找到合理的解释。空间经济学最早由日本京都大学的藤田昌元（Masahisa Fjuita）、美国麻省理工学院的保罗·克鲁格曼（Paul Krugman）和英国伦敦经济学院的安东尼·J. 维纳伯尔斯（Anthony J. Venables）提出，被认为是当代经济学对人类最伟大的贡献之一，是当代经济学中最激动人心的领域，是在区位论的基础上发展起来的多门学科的总称。它研究的是空间的经济现象和差异规律，研究生产要素的空间布局和经济活动的空间区位。它从微观层次探讨了影响企业区位决策的因素，在宏观层次上解

---

① 梁琦. 空间经济学：过去，现在与未来[J]. 经济学，2005，4(4)：1067-1086.

释了现实中存在的各种经济活动的空间集中现象。

空间经济学认为经济系统的内生循环累积因果关系决定了经济活动的空间差异,为产业聚集创造了大量的聚集租金,使得经济区位具有了明显的黏性,即"路径依赖"特性。即使不存在外生非对称冲击因素,经济系统的内生力量也可促使经济活动产生空间差异。商业区的形成正是经济系统内在力量聚集、产生聚集租金、创建市场的结果。

这类现象可以从企业竞争理论得到解释。假设连接城市 C 到城市 D 之间的公路上每天行驶着大量的车辆,且车流量在公路上均匀分布。假设有两家快餐店,不妨假设为靠高速公路起家的企业 A 与企业 B,它们要在这条公路上选择位置开设快餐店,招揽来往车辆,获得利益。通常情况下,车辆总是乐意到距自己最近的快餐店消费。根据这个原则,从资源配置来看,企业 A 与企业 B 应该分别开在 1/4、3/4 处最优。车流量的均匀分布使得每家企业的快餐店都拥有 1/2 的顾客量。这种策略选择,从总体来说,也使得车辆到快餐店的总的距离最短。

然而,企业 A 与企业 B 都具有经济理性。只要手段合法,总希望生意尽可能地红火,至于其他人的好坏则与己无关。因此它们会想到:如果将店铺从 3/4 点处向左移一点,那么它与 1/4 点之间的中点不再是 1/2 点处,而是位于 1/2 点的靠左边一点。即,企业 B 将从企业 A 夺取部分顾客。当然企业 A 也是"理性人",自然也会想到将自己的店铺从 1/4 点处向右移动以争取更多的顾客。不难想象,双方博弈的结果将使两家企业的门店设置在 1/2 中点附近达到纳什均衡,它们相依为邻且相安无事地做起快餐生意。这种现象是市场公平竞争的合理结果。

3) 模型

Harold Hotelling(1895—1973)是美国数学家、经济学家和统计学家,他发现 Cournot、Amorose 和 Edgeworth 以及 Betrand 设计的无差异同质产品的竞争模型与实际不相吻合。一是在双寡头垄断中,即使存在价格差异,也不会导致定高价者尽失市场,同时消费者也未必转向低价者,因为运费、偏好和产品质量、服务差异也是消费者要考虑的内容;二是针对 Edgeworth 和 Betrand 提出的寡头垄断中价格竞争存在的不稳定性和不连续性提出异议,引证了 Piero Sraffa 的理论,认为在很多情况下市场被分割成小片区域,厂商处于准垄断状态。因此,他把假设进行了关键性的修改,容许厂商生产差异产品而不是同质产品,这种差异可以表现为不同的地理位置,也可以表现为一维产品特征空间的不同。在 Hotelling 的模型中,存在差异的产品价格竞争将产生一个长期、稳定的均衡:在一个有限的线性市场上,两个在价格和选址上竞争的厂商在市场中以"背靠背"的方式进行竞争,遵循最小差异化原理。[①]

假设消费者以密度 1 均匀分布于一个长度为 1 的线性城市内,每一点的消费者具有单位需求,厂商的任何定价足以覆盖整个市场。假设厂商 A、B 的产品存在水平差异,价格分别为 p_a,p_b,厂商的平均成本和边际成本均为零,在单位线段上选址建厂进行单一的价格竞争。假设运输成本是距离的线性函数,边际成本恒为 t;a 和 $1-b$ 分别为厂商 A 和 B 的选址位置,参见图 2.13。

考虑到消费者主要关注单位商品的消费成本,因此消费者的效用函数为

---

① 冯庆水,张学威. Hotelling 模型均衡结果的重新推导[J]. 中国管理科学,2013,21(S):86-91.

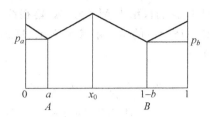

图 2.13 线性城市模型中的厂商

$$U_x = \begin{cases} p_r - p_a - t\,|\,x - a\,| \\ p_r - p_b - t\,|\,x - (1-b)\,| \end{cases}$$

其中，p_r 为消费者对所购商品的保留价格，足够大且相同，效用函数的最后一项是单位商品的消费者的行走距离成本。

假设位于两厂商之间的消费者 x_0，从厂商 A 和 B 购买商品获得的效用相等，则 x_0 的确定可以由下列等式决定：

$$p_r - p_a - t\,|\,x_0 - a\,| = p_r - p_b - t\,|\,x_0 - (1-b)\,|$$

其中 $a \leqslant x_0 \leqslant 1-b$，解之得

$$x_0 = \frac{p_b - p_a}{2t} + \frac{1 + a - b}{2}$$

考虑到 $a \leqslant x_0 \leqslant 1-b$，因此 $p_b - p_a$ 必满足如下限制性约束：

$$-t(1-a-b) \leqslant p_b - p_a \leqslant t(1-a-b)$$

于是，x_0 成为一个分界点，其左边的消费者会购买厂商 A 的商品，其右边的消费者会购买厂商 B 的商品，因此，两厂商的需求函数分别为

$$q_a = x_0 = \frac{p_b - p_a}{2t} + \frac{1 + a - b}{2}$$

$$q_b = 1 - x_0 = \frac{p_a - p_b}{2t} + \frac{1 - a + b}{2}$$

从而，可得两个厂商的利润函数分别为

$$\pi_a = p_a q_a = p_a \left(\frac{p_b - p_a}{2t} + \frac{1 + a - b}{2} \right)$$

$$\pi_b = p_b q_b = p_b \left(\frac{p_a - p_b}{2t} + \frac{1 - a + b}{2} \right)$$

令两个利润函数的一阶条件为 0，分别对 p_a 与 p_b 求导数，得厂商 A 和 B 的价格反应函数：

$$p_a(p_b) = \frac{p_b + t(1 + a - b)}{2}$$

$$p_b(p_a) = \frac{p_a + t(1 - a + b)}{2}$$

上式的价格反应函数与前述的 $p_b - p_a$ 的限制性约束一起构成了求解 p_a 与 p_b 的条件。我们将 $p_a - p_b$ 的限制性约束拆分成如下两个约束：

约束 1： $p_b \leqslant p_a + t(1 - a - b)$

约束 2： $p_b \geqslant p_a - t(1 - a - b)$

由于 a 与 b 是任意的，因此根据反应函数求解得到的均衡解 $M_0(p_a, p_b)$ 可落在 $p_a - p_b$ 构成

的坐标系内的不同区域中。下面我们仅给出 $M_0(p_a, p_b)$ 落在约束 1 和约束 2 围成的区域内时的均衡解,参见图 2.14。其他情形下的均衡解参见文献《Hotelling 模型均衡结果的重新推导》[①],读者也可将其作为练习。

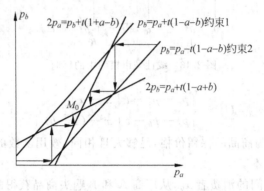

图 2.14　厂商的定价策略示意图

当 $M_0(p_a, p_b)$ 在约束线之间的区域内时,相应的最优均衡定价、需求量和均衡利润分别为

$$p_a^*(a,b) = \frac{t(3+a-b)}{3}$$

$$p_b^*(a,b) = \frac{t(3-a+b)}{3}$$

$$q_a^*(a,b) = \frac{3+a-b}{6}$$

$$q_b^*(a,b) = \frac{3-a+b}{6}$$

$$\pi_a^*(a,b) = \frac{t(3+a-b)^2}{18}$$

$$\pi_b^*(a,b) = \frac{t(3-a+b)^2}{18}$$

在上面 Hotelling 模型中,厂商 A 和 B 之间竞争包括两个方面:价格和选址,即产品差异性。厂商之间更多的是进行"错位贴身"竞争,只要位置不重叠,选址保持适当的差异,厂商间竞争的最终结果都不会出现"成本价"和"无需求"的残酷场面。因为厂商很容易选择恰当的 a 和 b,使得各自的均衡利润为正。由

$$\frac{\partial p_a^*}{\partial a} = \frac{t}{3} > 0, \quad \frac{\partial p_a^*}{\partial b} = -\frac{t}{3} < 0, \quad \frac{\partial \pi_a^*}{\partial a} = \frac{t(3+a-b)}{9} > 0$$

可知,理性的厂商 A 具有动机将选址位置往城市的中心位置 $1/2$ 处靠拢,以获取更多的利润。同样地,理性的厂商 B 具有动机将选址位置往城市的中心位置 $1/2$ 处靠拢,以增大自己的利润。最终选择在城市中心位置 $1/2$ 处贴身竞争,各自分享利润 $t/2$。这就是通常文献中所说的"最小差异化原则"(principle of minimum differentiation),可见,Hoteling 模型均衡解具有稳定性。

---

① 冯庆水,张学威. Hotelling 模型均衡结果的重新推导[J]. 中国管理科学,2013,21(S):86-91.

4）模型拓展

Hotelling 模型发表后，在经济学界产生很大的反响，并由此开启了对空间竞争理论的研究。[①] 此后，不断有经济学家沿用上述模型但由于修改其假定的不同而发展成不同的研究分支，如关于市场形状、企业数目、竞争形式、产品性质、需求曲线、企业进入时序等不同的假定，导致了 Hotelling 模型的不同的发展方向。单就市场形状而言，这一模型就经历了从 Hotelling(1929)的直线市场模型至 Eaton and Lipsey(1975)、Salop(1979) 等的圆形市场模型，再至陈勇民和赖尔登(Chen and Riordan，2007)的辐条模型(spoke model)等重大发展，更不用说一些细节上的发展了。

这里我们仅就成本类型（或结构）来谈谈相关的一些拓展，其他的拓展可以参阅相关文献。D. A. Spremont 等(1979) 延续 Hotelling 模型的设想，但对其假设加以修正，将运输成本改为距离的二次函数，却得到截然不同的结果。在 Bertrand 竞争（价格竞争）下，两企业聚集在中心点会使均衡价格为零（即存在削价竞争）。他们进而得出结论认为：两企业必会在线性市场的两个不同端点选址，即"最大差异化原则"（principle of maximum differentiation）。此后，有关最小差异化和最大差异化原则的争论时常见诸有关文献。

受 D. A. Spremont 工作的启发，一个颇具经济直觉的想法是：也许运输成本的类型（或结构）影响到厂商的区位决定。为了研究厂商的区位选择是否与运输成本的设定有关，Economides (1986)进行了有意义的尝试，他将运输成本设为一般化形态为 $d(\alpha)=d^{\alpha}$，其中，d 为距离，$1\leqslant\alpha\leqslant2$。Economides 对所有参数区间求解市场均衡，其结论主要如下：首先，对于任意 $1\leqslant\alpha\leqslant2$，"最小差异化原则"总是不成立；其次，"最大差异化原则"只能局部成立。

此外，Gabszewicz and Thisse(1986) 讨论了线性形式的运输成本，即 $c(x)=ax+bx^2$，$a,b>0$，发现仍然不存在均衡。以上讨论的运输成本都是线性函数或凸性成本函数，这在模型中较易处理和理解。值得注意的是，对于凹性运输成本，如 $c(x)=x^{1/2}$ 等，文献较少涉及，这是因为凹性成本在线性市场中有着令人无法解释的困扰，如消费者距离企业 B 较近，但却会向距离较远的 A 购买等。

仔细地体会这些模型的拓展是十分有意义的事情，它对于加深我们对模型及其应用的理解、更好地用模型解释现实具有积极的价值。

小结与讨论

设施选址是任何物流组织整体战略规划中的关键部分，是物流网络规划的重要内容，是物流相关设施规划的前提。物流设施作为整个物流网络的关键节点，不仅是上、下游间连接的重要纽带，而且其建设与运营还需要耗费大量的资源，一旦建立，极难更换。因此，设施选址十分重要，科学、合理的设施选址可以有效地节约资源，降低物流成本，优化物流网络结构和空间布局，提高物流的经济效益和社会效益，确保提供优质服务，实现集约化经营，建立资源节约型物流系统。

---

① 高建刚."最小差异化原则"还是"最大差异化原则"？[J].产业经济评论，2010,9(2)：27-45.

本章主要介绍了设施与设施选址的概念，设施选址需要考虑的因素、过程和所需要采用的技术、工具、方法，以及设施场址选择与评价等内容。

国内外学者在设施选址研究方面已形成了定性研究法、定量研究法及定性与定量相结合的研究方法等。这里最重要的是设施选址的标准和模型问题，选址所考虑的因素、标准是否全面、科学，所采用的模型是否恰当、可操作等，直接关系到设施选址的效果。定性模型可以有效地吸纳决策者的经验、偏好和意愿；定量模型可以避免决策中的主观判断造成的评价偏差。定量模型有连续模型和离散模型。有关设施选址问题的大量研究，包括简单的选址因素分析、选址原则的制定到多层次、模糊的综合指标评判与决策，由重心法到多元离散选址模型，最后定性分析与定量模型相结合，各种研究方法从不同的角度和层次为设施选址的规划决策提供理论依据。但总体而言，研究或多或少地还存在着一些欠缺与问题。因此，如何采用更加先进的新技术、新方法，与现实更加贴切地描述物流系统，更加全面、系统地进行物流系统的规划设计，解决好设施选址这一首要的战略性问题，仍需要进一步探讨与研究。

从物流业发达的国家和地区的实践情况来看，之所以能够实现物流设施的合理布局，降本增效，关键在于将现代物流规划管理技术与先进的信息技术相结合，实现规划决策的信息化和智能化。例如，地理信息系统（GIS）的广泛应用，大大改进和提高了物流设施选址问题研究的水平。这些研究主要体现在：①对物流网络需求空间分布特征的研究；②对物流设施服务区域合理划分的研究；③对物流设施网络特性的研究；④对综合运输的集成研究。感兴趣的读者可以参阅相关文献和参考书。

习题

1. 什么是设施与设施选址？设施选址的意义是什么？
2. 设施选址的方法有哪些？请分别概述。
3. 产品制造企业与服务企业的设施选址战略有哪些差异？
4. 分别简述影响设施选址的经济因素与非经济因素。
5. 请分析影响企业选择厂址的主要因素有哪些。
6. 简述物流场址设施选择的程序及各阶段的主要工作。
7. 物流场址选择评价有哪些方法？
8. 试分别对石油冶炼厂、重型机器厂、飞机场、购物中心各按重要程度顺序列出选址要求。
9. 用重心法计算最佳场址有哪些不足之处？
10. 一家银行准备在某县的农村地区投放一批 ATM 自动取款机，以方便农村的用户取款。该农村地区的村落坐落情况和相对距离如图 2.15 所示。为了能确保任一村的人都可以在 20 分钟之内到达自动取款机取款，银行需要设置多少台自动取款机？它们的位置又在哪里？
11. 一个临时帮助服务中心计划在一个大城市的郊外开设一个新的办公室。在经过一定的精简之后，该公司有 5 个大的合作伙伴。在一个以 km 为单位的笛卡儿坐标系中，其坐

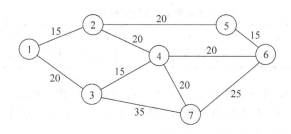

图 2.15 村落坐落情况和相对距离

标分别为：(4,4),(4,11),(7,2),(11,11),(14,7)。其服务需求量的权重分别为：$w_1=3$，$w_2=2$，$w_3=2$，$w_4=4$，$w_5=1$。对于该服务中心来说，主要的日常费用是他们员工完成任务过程中的运输费用。因此，用城市距离进行考虑，要求新的办公室到各个合作伙伴之间运输的运输费用最小。

(1) 请确定一个新办公室的地址，用笛卡儿坐标来表达相应结果。

(2) 如果由于该地区人口稀少，城市还没有达到一定规模，可以用欧几里得距离进行计算，新办公室又要在哪里投建？

请比较两次结果，并分析它们之间的关系。

12. 一个机器工具小制造商要迁址，并确定了 A,B 两个地区以供选择。A 地的年固定成本为 80 万元，可变成本为 1.4 万元/台；B 地的年固定成本为 92 万元，可变成本为 1.3 万元/台。产品最后售价为 1.7 万元/台。

(1) 当产量为多少时，两地的总成本相等？

(2) 当产量处于什么范围时，A 地优于 B 地？当产量处于什么范围时，B 地优于 A 地？

13. 利用表 2.8 所示的因素评分，以最大综合得分为基础，建模分析应选择地点 A,B,C 中的哪一个。

表 2.8 因素评分表

因素 （每项总分 100 分）	权重	位 置		
		A	B	C
便利设施	0.15	80	70	60
停车场	0.20	72	76	92
显示区域	0.18	88	90	90
顾客交通	0.27	94	86	80
运营成本	0.10	98	90	82
邻近	0.10	96	85	75
合计	1.00			

14. 一个玩具制造商在全国的 5 个地区生产玩具，原材料将从一个新的中心仓库运出，而此仓库的地点还有待确定。运至各地的原材料数量相同，已建立一个坐标系，各地的坐标位置如表 2.9 所示。请确定中心仓库的坐标位置。

表 2.9　各地的坐标位置

地点	A	B	C	D	E
(x,y)	(3,7)	(8,2)	(4,6)	(4,1)	(6,4)

15. 某物流公司拟建一仓库负责向 4 个工厂进行物料供应配送,各工厂的具体位置与年物料配送量见表 2.10,设拟建物流公司仓库对各工厂的单位运输成本相等。利用重心法计算确定物流公司的仓库坐标位置为多少?

表 2.10　各工厂的具体位置与年物料配送量

工厂及其位置坐标	P_1		P_2		P_3		P_4	
	x_1	y_1	x_2	y_2	x_3	y_3	x_4	y_4
	20	70	60	60	20	20	50	20
年配送量	2000		1200		1000		2500	

第 3 章 设施规划

物流设施规划及其布置设计是物流网络规划中与设施布局有关的重要问题,根据实际情况配置和优化物流设施内部布局结构,有助于提升整个物流网络的效率。本章主要阐述物流设施规划与设计的含义、内容、规划过程及内部系统布置的程序模式和相关技术,最后对设施布置规划方案的评价方法进行介绍。

3.1 设施规划概述

3.1.1 设施规划的概念

设施规划与设计是针对企业个体中的生产或服务系统的生产或转换活动,从投入到产出的全部过程中,将人员、物料及所需的相关设备设施等,做出最有效的组合与安排,并与其他相关设施协调,以期获得安全、效率与经济的操作,满足企业经营需求,同时更进一步对企业长期的组织功能和发展产生更积极的影响和效益。[①]

传统设施规划与设计的问题以生产系统为主要研究对象,而生产系统则以制造工厂的规划问题最为复杂,也最具代表性,已经被人们广泛研究。事实上,现实经济领域,设施的概念要广泛得多,不同的经济实体,其设施的作用、地位、组成、功能和要求均不同。例如,承担社会物流功能的公共设施与承担企业物流活动的设施,其相应的规划方法和方案也存在着显著的差异。但只要是从事商品生产或流通,设施就与物流活动有关联,就存在其设施物流运行系统的优化问题。因此,就应该以物流网络规划与设计的理念与方法来指导设施的规划与设计。由此可见,只要设施与物流活动密切,无论它是一般设施,还是物流活动专用设施,都可以近似理解成物流设施,都存在着规划与设计问题。

不过对于各类经济领域的设施,由于具体功能、作用的不同,设施规划与设计的内涵与目标就存在着一定差异。例如,在一般生产或服务系统的设施规划与设计中,尽管同样会追求物流网络优化,但因设施的基本功能是生产、营销或其他服务,物流只是支持体系,因此物流合理化只是设施规划与设计必须考虑的内容。但是在专门的物流领域,如物流中心、配送中心、仓库等,由于物流作业活动是设施的主体活动或业务,因此设施规划设计的地位、要求和标准就完全不一样。此时,物流活动合理化是规划的重点,而且要求能与其他相关作业或服务设施相协调,并建立高效的物流运作系统,从而有效地服务于生产与营销,促进企业战略目标的实现。

---

① 刘联辉.物流系统规划及其分析设计[M].北京:中国物资出版社,2006:102-109.

3.1.2 设施规划的研究范围

设施规划与设计的研究范围非常广泛。例如,制造厂在工业设施的规划设计过程中,涉及土木建筑、机械、电气、化工等多种工程专业,从工业工程的角度考察,设施规划由场址选择和设施设计两个部分组成,设施设计又分为布置设计、物料搬运系统设计、建筑设计、公用工程设计以及信息系统设计5个相互关联的部分,如图3.1所示。

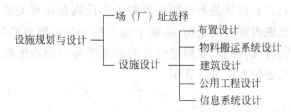

图 3.1 设施规划与设计研究范围

1. 场址选择

任何一个生产和服务系统都不能脱离环境而单独存在,外界环境对生产或者服务系统输入原材料、劳动力、能源、科技和社会因素,同时生产或者服务系统又对外界环境输出其产品、服务、废弃物等。因此,生产系统或者服务系统不断受外界环境影响而改变其活动,同时,生产或服务系统的活动结果又不断改变其周围环境。为此,生产或者服务系统所在的地区和具体位置对系统的运营是非常重要的。

场址选择就是对可供选择的地区和具体位置的有关影响因素进行分析和评价,以达到场址最优化。场址选择是一个通用的概念,适用于各种类型的设施规划和设计,对于工矿企业又常用厂址选择代替,有时对场址和厂址的细微差异不加区分。

关于场址选择问题,已在第2章进行了讨论,此处不再赘述。

2. 设施设计

1) 布置设计

生产系统是由建筑物、机器设备、运输通道等组成的。服务系统也是由多个部门组成的,如饭店往往由餐厅、厨房、仓库等多个部门组成,各种系统内的各个组成部分相互之间的位置关系又直接决定了系统的运营效率,对系统的各组成部分进行位置布置是设施规划和设计的中心内容。布置设计就是遵循有关的标准、规范和约束,通过对系统物流、人流、信息流进行分析,对建筑物及其设备、运输通道和场地做出有机的组合与合理配置,达到系统内部布置最优化。

2) 物料搬运系统设计

根据资料统计分析,产品制造费用的20%~50%是用于物料搬运的,因此,现代管理理论都非常注重物料搬运系统。物料搬运系统设计就是对物料搬运路线、运量、搬运方法和设备、存储场地等做出合理安排。

关于物料搬运系统的设计问题将在第4章讨论。

3）建筑设计

设施规划和设计中,需根据建筑物和构筑物的功能和空间的需要,满足安全、经济、适用、美观的要求,进行建筑和结构设计。建筑设计需要土木建筑方面的专业知识。

4）公用工程设计

生产或服务系统中的附属系统包括热力、煤气、电力、照明、给排水、消防、采暖通风及空调等系统,通过对这类公用设施进行系统、协调的设计,可为整个系统的高效运营提供可靠保障。

5）信息系统设计

对于工矿企业来说,各个生产环节生产状况的信息反馈直接影响生产调度、管理,反映出企业管理的现代化水平。随着计算机技术的应用,信息网络系统的复杂程度也大幅提高。信息网络系统设计也就成为设施设计中的一个组成部分。第9章将讨论物流信息系统设计问题。

3.1.3 设施规划的目标与原则

一个设施是一个有机的整体,由相互关联的子系统组成,因此必须以设施系统自身的目标作为整个规划设计活动的中心。设施规划总的目标是使得人力、财力、物力和人流、物流、信息流得到最合理、最经济、最有效的配置和安排,即要确保规划的企业能以最小的投入获取最大的效益。不论是新设施的规划还是旧设施的改造规划,典型的目标是:

(1) 简化加工或作业过程;

(2) 有效利用设备、空间、能源和人力资源;

(3) 最大限度地减少物料搬运;

(4) 缩短生产周期;

(5) 力求投资最低;

(6) 为职工提供方便、舒适、安全和职业卫生的条件。

上述目标之间往往存在相互冲突,必须要用恰当的指标对每一个方案进行综合评价,达到总体目标的最优化。

为了达到上述目标,现代设施规划和设计应该遵循如下原则:

(1) 减少或消除不必要的作业,在时间上缩短生产周期,空间上减少占用量,物料上减少停留、搬运和库存,保证投入资金最少、生产成本最低。

(2) 以流动的观点作为出发点,并贯穿在规划设计的始终,因为企业的有效运行依赖于人流、物流、信息流的合理化。

(3) 运用系统的概念、系统分析的方法求得系统的整体优化,同时也要注意把定量分析、定性分析与个人经验结合起来。

(4) 重视人的因素。工作地的设计,实际上是人-机-环境的设计,要考虑环境因素对人的工作效率和身心健康的影响。

(5) 规划设计要从宏观(总体方案)到微观(每个子系统),又从微观到宏观,反复评价、修正。要采用反复迭代、并行设计的手法,在总体规划布置方案的基础上,进行详细布置。而详细布置设计方案又要反馈到总体布置方案中,对总体方案进行修正。

总之,设施规划与设计就是要综合考虑各种相关因素,对生产系统或服务系统进行分析、规划、设计,使系统资源得到合理的配置。

3.1.4 设施规划过程

设施规划与设计工作贯穿工程项目发展周期中前期可行性研究与设计阶段,因此,设施规划与设计必然存在与时间有关的阶段结构。R. 缪瑟(R. Muther)曾经指出,设施规划与设计"有一个与时间有关的阶段结构",并且各阶段是依次进行的,阶段与阶段之间互相搭接,每个阶段有详细进度,阶段中自然形成若干个审核点。图 3.2 体现了这种阶段结构。

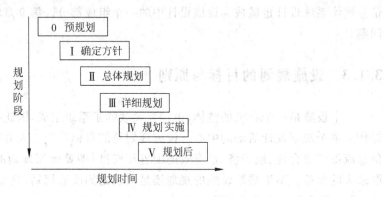

图 3.2 设施规划与设计的阶段结构

这种结构形成了从整体到局部、从全局到细节、从设想到实际的设计次序。即前一阶段的工作在较高层次上进行,而后一阶段的工作以前一阶段的工作成果为依据,在较低层次上进行;各阶段之间相互影响,交叉并行进行。因此,设施规划与设计必须按照"顺序交叉"方式进行工作。表 3.1 列出了设施规划与设计阶段结构的成果和工作。

表 3.1 设施规划与设计的阶段结构

阶段	0	Ⅰ	Ⅱ	Ⅲ	Ⅳ	Ⅴ
名称	预规划	确定方案	总体规划	详细规划	规划实施	规划后
成果	确定目标	分析并确定位置及其外部条件	总体规划	详细规划	设施实施计划	竣工试运转
主要工作内容	制定设施要求预测,估算生产能力及需求量	确定设施要求、生产能力及需求量	选址及作总体平面布置图	按规划要求作详细规划及详细布置图	制定进度表或网络图	项目管理(施工、安装、试车及总结)
财务工作	财务平衡	财务再论证	财务总概算比较	财务详细概算	筹集投资	投资

1. 计划准备阶段

该阶段主要是明确设施建设的基本任务和目标以及有关的背景条件,建立筹建小组(或委员会)进行具体规划事宜。筹建小组根据企业经营决策的基本方针,进一步确认设施建设的必要性和可行性。

　　计划准备阶段既是概念设计阶段也是设施项目可行性的详细研究论证阶段，它将为以后的规划设计打下一个可靠的基础。这一阶段所进行的工作如果证明原先决策有误，可能导致项目终止，或有方向性的变更。因为本阶段要进行大量的调查研究工作，同时也需要对资料数据进行科学分析。因此，该阶段必须给予足够重视，投入必要的人力和费用。

2. 系统规划设计阶段

1) 分析基本资料

　　将获自企业使用者的原始资料，作进一步的整理分析，以作为规划设计阶段的参考依据。其分析内容包括物品需求趋势、物品品种数量、特征等。

2) 设定规划条件

　　在各分析阶段获得信息后即可逐步进行各项规划条件的设定，作为后续规划中参考的基本参数，包括基本储运单位、货物周转能力、自动化程度等条件的设定。

3) 对设施设备进行规划

　　(1) 作业流程规划及其功能需求分析。一个物流系统往往是作业流程、设备与工作空间的组合，并且设备与工作空间的组合往往形成一定的功能。所以，首先应根据设施的总体功能定位分析设计其作业流程，然后根据流程环节明确设施应具备的作业功能要素及各作业功能要素对设备、空间的要求，为设施功能区域划分和设备配置奠定基础。作业流程规划的重点在于合理化、简单化、机械化。

　　(2) 各作业功能区域划分与空间布局规划。在分析了作业流程及其功能需求之后，应划分作业功能区域，并进行各作业功能区域(建筑物)的空间区位布局，产生作业(单位)区域的区块布局图，标示各作业区域的面积与界限范围。一个完整的物流设施中，其所包含的设施设备是相当广泛的，一般可将其分为物流作业区域设施、辅助作业区域设施及厂房建筑周边设施3大部分。

　　(3) 设施设备需求规划与选用。对设施内所需的各种设备的规划选用与设计等，也是规划的重心。因为当规划选用不同类型功能的设备时，很可能厂房布局与面积需求都将有所改变，因此需依实际需求决定适合的设备。

　　(4) 建筑设计规划

　　在设施位置相关图的基础上，还要对设施建筑物进行设计规划。既要确定建筑物的类型，是采用平面还是多层建筑。另对车辆的行驶路线、停车场地等因素也要进行规划。最后结合有关法规限制与周围环境决定建筑物的最终形态与配置。

　　本设计阶段，除对设施进行规划外，还需要对设施运行的基本业务流程、运营体制、项目进度计划以及预算等进行全面的规划与设计。

3. 方案评估与选择阶段

　　各种设施规划方案经过周详的系统规划程序后，会产生几个可行的布局方案，规划设计者应本着对各方案特征的了解，提供完整客观的方案评估报告，采用各种系统评价方法或计算机仿真的方法，对各方案进行比较和评估，从中选择一个最优的方案进行详细设计。同时，方案评估方法的客观性对规划结果的影响极为深远，做选择时应特别谨慎。

4. 细部详细规划设计阶段

经过方案的评估与选择,可以确认要进行细部规划的布局方案,此时主要的设备与周边设施均已规划完成,但其详细规格资料尚未完成。因此,在细部布局设计阶段,需先进行各项作业设备与周边设施设备的规格设计,然后进行细部布局规划程序。即依照各设备的规格资料完成设备面积与实际方位的配置,再配合各项实体限制进行细部调整。当细部调整的结果将改变系统规划阶段的区域布局内容时,则需返回前段程序,做必要的修正后,继续回到细部布局阶段,进行实际位置的配置与调整。最后整合作业区域与周边设施的各项配合需求,完成整个物流设施的布局规划程序。

在详细设计阶段要编制具体的规划方案实施条目和有关设备规格型号的详细计划,主要有以下各点:

(1)装卸、搬运、保管所用的机械和辅助机械的型号规格;
(2)运输车辆的类型、规格;
(3)装卸搬运用的容器形状和尺寸;
(4)作业设施内部详细的平面布置与机械设备的配置方案;
(5)办公与信息系统的有关设施规格、数量等。

大规模的配送中心是由许多参加单位共同进行系统规划与实施的。为了保证系统的统一性,要制定共同遵守的规则,如通信和信号的接口、控制方式等。

5. 规划执行阶段

当完成各项成本及效益评估的分析后,如果企业决定设置该物流设施,则可进入规划执行阶段。

为了保证系统的统一性和系统目标与功能的完整性,应对参与设计施工各方所设计的内容从性能、操作、安全性、可靠性、可维护性等方面进行评价和审查,在确定承包设施建设现场深入考察,如发现问题应提出改善要求。在设备制造期间也需进行现场了解,对质量和交货日期等进行检查。

物流设施规划与设计的具体步骤如图3.3所示。

3.1.5 设施规划设计方法

设施规划是一门包含科学与艺术双重成分的学科,其理论和实务均不宜完全以数学或者定量模式来涵盖其所有层面或者寻求解决方案,在设计过程中,常需要加入设计者自身的主观判断和经验积累。纵然如此,设施规划设计者仍然应该坚持使用有组织的和有原则的方法来进行研究,避免落入完全依靠主观经验的设计行为。

因此,设施规划设计人员在以复杂的生产系统或服务系统的构建为工作对象时,需要借助一些科学有效的方法和工具来进行,如科学的调查、预测、分析、综合、模拟、计算、绘图、制表、评价等作业和活动;需要运用广泛的知识和规划设计的方法和技术,如工业工程师们不断探索总结出来的场址选择、布置设计、物流分析等行之有效的现代方法,包括阶段结构、系统分析、数学模型、图解技术以及计算机辅助设计等。

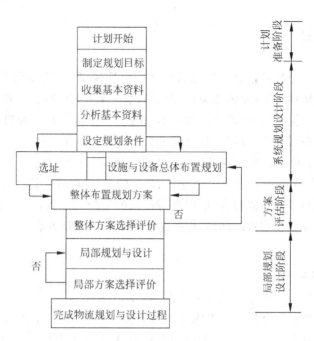

图 3.3　设施规划与设计的阶段和步骤

3.2　系统布置设计

设施布置的方法和技术,一直是设施规划研究领域不断探索的问题。人们研究出了许多手工设计、数学分析和图解技术,20世纪60年代以来,又发展了计算机辅助设施设计技术。在众多的布置方法中,物流处于重要地位,把寻求最佳物流作为解决布置问题的主要目标。

1961年理查德·缪瑟提出的系统布置设计(systematic layout planning,SLP),是对工业设施传统布置经验设计方法的重要挑战,在世界范围内产生了较大影响,应用十分普遍。SLP是一种条理性很强、物流分析与作业单位关系密切程度分析相结合、寻求合理布置的技术,不仅适合各种规模或种类的工厂的新建、扩建或改建中对设施或设备的布置或调整,也适合制造业中对办公室、实验室、仓库等的布置设计,同时也可用于医院、商店等服务业的布置设计。

采用SLP法进行工厂总平面布置的首要工作是对各作业单位之间的相互关系做出分析,包括物流和非物流的相互关系,经过综合得到作业单位相互关系图,然后根据相互关系图中作业单位之间相互关系的密切程度,决定各作业单位之间距离的远近,安排各作业单位的位置,绘制作业单位位置相关图,将各作业单位实际占地面积与作业单位位置相关图结合起来,形成作业单位面积相关图。通过作业单位面积相关图的修正和调整,得到数个可行的布置方案。最后采用加权因素对各方案进行评价择优,并对每个方案进行优化,得分最多的布置方案就是最佳布置方案。

3.2.1 布置设计

设施布置与设计是决定企业长期运营效率的重要决策。[1] 它是将系统各个部门、工作中心和设备按照系统中工作(顾客或物料)移动的情况来进行的配置。设施布置设计对生产系统极为重要。据测算,工厂生产总运营成本中的 20%~50%是与物料搬运和布置有关的成本。采用有效的布置方法,可以使这些成本降低 30%,甚至更多。生产系统设施布置要解决的主要问题是:根据企业的经营目标和生产纲领,在已确定的空间场所内,按照从原材料的接收,零件和产品的制造,到成品的包装、发运的全过程,将人员、设备、物料所需要的空间作最适当的分配和最有效的组合,以便获得最大的生产经济效益。不仅有形的生产和服务设施会碰到布置和重新布置的问题,即使是非物质生产的服务系统,如商场、宾馆、餐馆也同样面临此问题。

1. 设施布置的内容

进行设施布置决策要考虑的内容主要有以下几个方面:

(1) 物流和物料搬运设备。根据物流的重要性和形式,确定采用何种设备,是传送带、起重机、自动仓库,还是自动小车,来发送和存储物料,并考虑物料在不同工作单元间移动的成本。

(2) 容量和空间要求。只有先确定了人员、机器和设备的要求后,才能进行布置。应为每一作业单位分配合理的空间,并要考虑辅道、洗手间、餐厅、楼梯等附属设施的要求。

(3) 环境和美学。布置决策也要求确定窗户、分隔高度、室内植物等环境因素,以降低噪声、改善空气流通和提供隐秘性等。

(4) 信息流。通信交流对公司也是很重要的,布置必须方便交流,在办公室布置中这一点尤其重要。

设施布置最早起源于工厂设计。一个工厂的设施布置包括工厂总体布置和车间布置。工厂总体布置设计应解决工厂各个组成部分,包括生产车间、辅助生产车间、仓库、动力站、办公室、露天作业场地等各种作业单位和运输路线、管线、绿化和美化设施的相互位置,同时应解决物料的流向和流程、厂内外运输的连接及运输方式。

其中,车间布置设计应解决各生产工段(工作站)、辅助服务部门、存储设施等作业单位及工作地、设备、通道、管线之间的相互位置。同时,应解决物料搬运的流程及运输方式。

要注意的是,作业单位(activity)是指布置图中各个不同的工作区或存在物,是设施的基本区划。该术语可以是某个厂区的一个建筑物、一个车间、一个重要出入口,也可以是一个车间的一台机器、一个办公室的一个部门。

作业单位的最高层次是要设计的设施,它包括一系列部门。部门可以是车间或其他机构,而部门由工作中心组成。若是工厂,则这些工作中心可以是工段或班组,如车床工段,也可以是柔性制造单元。通常部门级的布置指的是块状布置图(block layout)。工作中心

---

[1] 伊俊敏. 物流工程[M]. 北京:电子工业出版社,2005:66-68.

的布置是详细布置图。工作中心由工作站组成,工作站也称工作地,是最小的作业单位,它一般由一台机器和/或一个作业人员组成。工作地布置是整个布置的基础。工作站的面积大小和形状对上面几个层次的布置影响很大,一般通过人机工程、工作测量和机器本身的尺寸和输入输出要求来确定工作地的面积和其他要求。

由此可见,作业单位可大可小,可分可合,究竟怎么划分,要看规划设计工作所处的阶段或层次。对于现有设施,可以使用原有组成部分的名称划分作业单位或进行新的分合。对于新的项目,规划设计人员要分层次逐个确定所有的作业单位,这对于布置设计的顺利进行十分必要。

2. 设施布置设计的原则

设施布置的好坏直接影响整个系统的物流、信息流、生产经营能力、工艺过程、灵活性、效率、成本和安全等方面,并反映一个组织的工作质量、顾客印象和企业形象等内涵。优劣不同的设施布置,在施工费用上相差无几,但对生产运营的影响却有很大的不同。

不但在新设施设计时需要进行设施布置,而且在原有设施重新设计改造时也同样需要。企业经营总会面临内部条件和外部市场的各种变化,从而会出现当初布置设计时考虑不到的问题,例如作业能力不够,安全事故,产品或服务设计的改变,新产品、新技术和新工艺的采用,环境和法律的要求等,都可能会要求重新布置生产或服务系统。总体来说,设施布置设计要遵循以下基本原则:

(1) 整体综合原则。设计时应将对设施布置有影响的所有因素都考虑进去,以达到优化的方案。

(2) 移动距离最小原则。产品搬运距离的大小,不仅反映搬运费用的高低,也反映物料流动的通畅程度。因此,应按搬运距离最小原则选择最佳方案。

(3) 流动性原则。良好的设施布置应使在制品在生产过程中流动顺畅,消除无谓停滞,力求生产流程连续化。

(4) 空间利用原则。无论是生产区域或存储区域的空间安排,都应力求充分有效地利用空间。

(5) 柔性原则。在进行厂房设施规划布置前,应考虑各种因素变化可能带来的布置变更,以便于以后的扩展和调整。

(6) 安全原则。应考虑使作业人员有安全感,并感到方便、舒适。

最早的设施规划与设计是工厂设计经验的总结,难以满足生产经营的要求。随着工厂和服务设施布置设计的发展和研究的深入,加上系统工程、运筹学、计算机技术的发展应用,出现了一些先进的设计方法,其中最具代表性的是 SLP 方法,使工厂布置设计由定性阶段发展到定量阶段,相关技术也广泛应用于各种生产系统与服务系统。

3. 典型的布置形式

不同的企业当然会采用不同的布置形式。生产设施通常有 5 种布置形式:固定式布置、产品原则布置、工艺原则布置、成组原则布置和组合布置,其中前 4 种是基本布置。详细内容请参阅本系列教材中《企业生产与物流管理》一书。

3.2.2 系统布置设计基本要素[①]

系统布置设计的要素就是系统布置分析时需要掌握的原始数据资料。由于不同的物流设施其功能存在差异，规划的目标与采用的分析方法不尽相同，因此其系统布置设计的要素有所区别。下面主要以工厂与物流中心为研究对象分别介绍设施系统布置设计的基本要素。

1. 工厂系统布置设计基本要素

在缪瑟提出的物流系统（包括工厂系统布置）设计（SLP）中，是把产品（P）、数量（Q）、生产路线（R）、辅助服务部门（S）及时间 T 作为布置设计工作的基本出发点来看待的。因此，根据缪瑟的 SLP 理论，将产品（P）、数量（Q）、生产路线（R）、辅助服务（S）及时间（T）称为系统布置的基本要素（原始资料）。

1）产品（P）

产品是指待布置工厂将生产的商品、原材料或者加工的零件和成品等。这些资料由生产纲领和产品设计提供，包括项目、品种类型、材料、产品特征等。产品这一要素影响着生产系统的组成及其各作业单位间的相互关系、生产设备的类型、物料搬运方式等方面。

2）数量（Q）

数量指所生产的产品的数量，也由生产纲领和产品设计方案决定，可以用件数、质量、体积等来表示。产量这一要素影响着生产系统的规模、设备的数量、运输量、建筑物面积大小等方面。

3）路线（R）

为了完成产品的加工，必须制定加工工艺流程，形成生产路线，可以用工艺过程表（卡）、工艺过程图、设备表等表示。它影响着各作业单位之间的联系、物料搬运路线、仓库及堆放地的位置等。

4）辅助服务（S）

在实施系统布置工作以前，必须对生产系统的组成情况有一个总体的规划，可以大体上分为生产车间、职能管理部门、辅助生产部门、生活服务部门及仓储部门等。生产车间是工厂布置的主体部分，因为它体现工厂的生产能力。但有时辅助服务部门的占地总面积接近甚至大于生产车间所占面积，所以辅助服务部门布置设计时应给予足够的重视。

5）时间（T）

时间要素是指在什么时候、用多少时间生产出产品，包括各工序的操作时间、更换批量的次数等。在工艺过程设计中，根据时间要素，确定生产所需各类设备的数量、占地面积的大小和操作人员数量，以平衡各工序的生产时间。

这些进行物流系统分析的基本要素的字母可以排列在钥匙形内以便记忆，如图 3.4 所示。各要素的说明如表 3.2 所示。注意，钥匙齿端的 3 个字母 W,H,Y（Why—为什么），是为了提醒大家必须弄清这些作为主要输入资料的数字的可靠性。

[①] 刘联辉.物流系统规划及其分析设计[M].北京：中国物资出版社，2006：110-115.

图 3.4 物流系统分析设计要素

表 3.2 物流系统分析设计 5 要素的具体说明

设计要素	影 响 特 征
产品(P)(物料、零件、物品)	产品和物料的可运性取决于物品的特性和所用容器的特性。而且每个工厂都有其经常搬运的某些物品
数量(Q)(产量、用量)	数量有两种意义：①单位时间的数量(物流量)；②单独一次的数量(最大负荷量)。不管按哪种意义，搬运的数量越大，搬运所需的单位费用就越低
路线(R)(起点至终点)	每次搬运都包括一项固定的终端(即取、放点)费用和一项可变的行程费用。要注意路线的具体条件，并注意条件变化(室内或室外搬运)及方向变化所引起的费用变化
辅助服务(S)(周围环境)	传送过程、维修人员、发货、文书等均属服务性质；搬运系统和搬运设备都有赖于这些服务。工厂布置、建筑物特性以及存储设施，都属于周围环境；搬运系统及设备都必须在此环境中运行
时间(T)(时间性、规律性、紧迫性、持续性)	一项重要的时间因素(即时间性)是物料搬运必须按其执行的规律；另一重要因素是时间的持续长度——指这项工作需要持续多长时间。紧迫性和步调的一致性也会影响搬运费用

2. 物流中心的规划与系统布置要素

对物流中心进行规划除了必须先了解是属于哪一种物流中心类型外，还要注意物流中心的规划与系统布置要素的分析，也就是：配送对象或客户(entry)、商品种类(item)、商品数量或库存量(quantity)、物流路径(route)、服务(service)水平或内部服务单位划分、交货时间(time)、物流成本(cost)等，简称为 E、I、Q、R、S、T、C。

1) 配送对象或客户(E)

往往客户对象不同，其订货要求就不一样，其订单品种、规模、数量也就存在很大差异，致使物流中心的设施设备、工具、作业流程、功能区划与布置等都会存在区别。如果配送对象是经销商，品种订货量大，那么物流中心的出入库功能要强；如果配送对象是零售店，订货量小、品种多，则物流中心的分拣功能要强。

2) 商品种类(I)

在物流中心所处理的商品品项数往往差异性非常大，多至上万种以上。由于品项数的不同，其复杂性与困难性也有所不同。例如，所处理的商品品项数为上万种的物流中心与处理商品品项数只有一二种的物流配送中心是完全不同的，其商品的储位区域布置安排也完全不同。另外，处理的商品种类不同，其物流特性也完全不同，配送中心的厂房硬件及物流设备的选择也完全不同。例如，食品及日用品可采用托盘货架，而家电产品的尺寸较大，只能采用托盘平地存放。商品品项这一要素影响着物流中心的组成及其各作业单位间的相互关系、存储搬运设备的类型、搬运方式等方面。

3) 商品数量或库存量(Q)

在物流中心商品的出货数量,也影响物流中心的规划布置。例如,一些季节性商品,由于季节等因素的影响,经常会出现出货量的波动等。因此,物流配送中心的存储区域面积规划,到底是以最多库存量来衡量,还是以最少库存量来考虑,或是以平均库存量来考虑,都是需要认真权衡的。若以高峰时的出货量考虑空间分配,则低潮时太浪费;若以最少量来考虑,则高潮时的商品不够卖。商品的数量这一要素影响着物流中心的规模、存储搬运设备的数量、运输量、建筑物面积大小等方面。

4) 物流路径(R)

物流路径可以从两方面理解:一是供应链物流渠道,因为物流中心在供应链(物流通道)中的位置不一样,其服务的对象就不一样,也就是说其功能就不一样;二是货物在物流中心根据作业流程安排在作业区域间的流转路线,它反映货物在物流中心内的流向和距离,它的合理性影响到物流中心的作业效率与作业成本,特别是商品搬运的效率和分拣配货的效率。

5) 服务水平或内部服务单位划分(S)

服务水平包括交货时间、供应保证度等,服务水平应是合理物流成本下的服务品质。

服务单位划分影响到物流中心的服务能力。也就是说,作业区域(单位)与辅助服务区域(单位)的设置不同,其服务功能要素就存在差异。例如,存储型物流中心的主要功能是仓储,就必须考虑设置占地面积比重大的仓库;如果是转运型的物流中心,其货物换装理货服务很重要,就应考虑设置占地面积大的换装理货的场地。

6) 交货时间(T)

在物流服务质量中物流的交货时间非常重要,因为交货时间太长或不准时都会严重影响物流服务水平。可以说,交货时间是物流服务水平高低的反映。而交货时间的长短在很大程度上取决于物流中心的物流设施作业能力。物流设施作业能力,又取决于物流中心的系统布置与装备水平。布置合理,作业效率高、交货时间短。配置设备现代化程度高(如采用自动分拣系统),交货时间就短,配货也精确可靠。

7) 物流成本(C)

在新物流中心的设立中除了以上的基本要素外,还应该注意研究传送商品的作业费用和设施建造费用。

3.2.3 系统布置设计程序模式

依照缪瑟提出的系统布置设计思想,系统布置设计程序一般经过下列步骤,如图3.5所示。

1. 准备原始资料

在系统布置设计开始时,首先必须明确给出原始资料——基本要素,同时也需要对作业单位的划分情况进行分析,通过分解与合并,得到最佳的作业单位划分状况。所有这些均作为系统布置设计的原始资料。

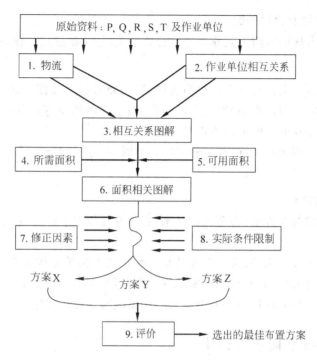

图 3.5 SLP 设计程序模式图

2. 物流分析与作业单位相互关系分析

针对物流中心和配送中心,物流分析是布置设计中最重要的方面。此外,以生产流程为主的工厂,当物料移动是工艺过程的主要部分时,如一般的机械制造厂,物流分析也是布置设计中最重要的方面。对某些辅助服务部门或某些物流量小的工厂来说,各作业单位之间的相互关系(非物流联系)对布置设计就显得更重要了。介于上述两者之间的情况,则需要综合考虑作业单位之间物流与非物流的相互关系。

作业单位间的物流分析结果,可以用物流强度等级及物流相关图来表示;作业单位非物流的相互关系可以用量化的关系密切程度等级及相关关系来表示。在需要综合考虑作业单位间物流与非物流的相互关系时,可以采用简单加权的方法将物流相关图及作业单位间相互关系图综合成综合相互关系图。

3. 绘制作业单位位置相关图

根据物流相关图与作业单位相互关系图,考虑每对作业单位间相互关系等级的高或低,决定两作业单位相对位置的远或近,得出各作业单位之间的相对位置关系,有些资料上也称为拓扑关系。这时并未考虑各作业单位的具体占地面积,从而得到的仅是作业单位的相对位置,称为位置相关图。

4. 作业单位占地面积计算

各作业单位所需占地面积与设备、人员、通道及辅助装置等有关,计算出的面积应与可用面积相适应。

5. 绘制作业单位面积相关图

把各作业单位占地面积附加到作业单位位置相关图上,就形成了作业单位面积相关图。

6. 修正

作业单位面积相关图只是一个原始布置图,还需要根据其他因素进行调整与修正。此时需要考虑的修正因素包括物品搬运方式、操作方式、存储周期等,同时还需要考虑实际限制条件,如成本、安全和职工倾向等方面是否允许。

考虑了各种修正因素与实际限制条件以后,对面积图进行调整,得出数个有价值的可行设施布置方案。

7. 方案评价与择优

针对前面得到的数个方案,需要进行技术、费用及其他因素评价,选出或修正设计方案,得到布置方案图。

依照上述说明可以看出,系统布置设计是一种采用严密的系统分析手段及规范的系统设计步骤的布置设计方法,具有很强的实践性。在总体规划阶段的设施总体区位布置和详细规划设计阶段的各作业区域设备布置均可采用系统布置设计程序。

3.2.4 物流系统平面布置技术[①]

当各单位之间存在大量物流时,就要以物流为主来考虑其相互关系,可以利用物流相关图进行平面布置。当不存在重大物流时,如电子工业需要运输的物料很少,化工厂主要用管道输送物料,就不必作物流分析而改用相互关系图作为布置的依据。

制造业的很多企业中,各生产作业单位间存在大量物流关系,而各辅助部门都为非物流关系,则需要将物流关系和相互关系结合在一起统一考虑。

1. 根据物流强度等级和密切关系等级布置各作业单位

例 3-1 已知各作业单位物流强度权重赋值($A=6, E=5, I=4, O=3, U=2, X=1$)及密切联系等级 TCR(total closeness rating)如表 3.3 所示,试对下列 5 个作业单位进行合理布置。

表 3.3 各作业单位物流强度权重赋值及密切联系等级 TCR

作业单位	1	2	3	4	5	TCR	面积
1		6	3	2	2	13	20
2	6		3	4	4	17	40
3	3	3		2	2	10	40
4	2	4	2		4	12	60
5	2	4	2	4		12	

根据表 3.3,TCR 值和面积确定布置顺序。表中,作业单位 2 的 TCR 值最高,故优先布置。接着布置与 2 有 A 级关系的作业单位 1,与 2 有 I 级关系的有 4,5,但 4 面积更大,故先布置 4,再布置与 2 有 O 级关系的 3。故布置顺序为 2—1—4—5—3。最后,由各部门面积确定最终平面布置,如图 3.6 所示。

---

① 刘联辉.物流系统规划及其分析设计[M].北京:中国物资出版社,2006:125-144.

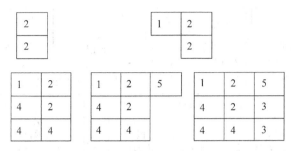

图 3.6 根据等级 TCR 值进行设施平面布置

2. 用作业单位关系图法布置平面图

作业单位关系图法是一种系统而规律的方法,可有效布置作业单位的平面关系。这一方法分两个阶段:第一阶段确定各作业单位的相对位置;第二阶段根据各作业单位的应有面积画出真实的带面积的平面布置图。该方法又称为 Tompkins 关系表(relationship worksheet)技术。

例 3-2 已知某工厂的各作业单位原始数据如表 3.4 和表 3.5 所示。试用作业单位关系图法布置平面图。

表 3.4 各作业单位及面积

作业单位代码	作业单位名称	面积/m²
T	原材料零配件库	120
U	铣削工段	80
V	冲压工段	60
W	车削工段	120
X	装配工段	80
Y	涂装工段	120
Z	发送库	120

表 3.5 作业单位关系

	T	U	V	W	X	Y	Z
T		E	O	I	O	U	U
U			U	E	I	I	U
V				U	U	O	U
W					I	U	U
X						A	I
Y							A
Z							

解:求解过程分为两阶段。

(1) 第一阶段

首先用纸板做出尺寸相同的方块作为样板,每一块样板代表一个作业单位,在样板中央写上作业单位名称、代码,在样板的 4 个角根据作业单位关系(表 3.5)写上各种关系代码。如图 3.7 所示。

然后选出 A 级关系数量最多的一块样板(作业单位)。如果遇到不止一块样板有相同数量的 A 级关系,则再找下一级 E 级关系进行比较,或进一步再找 I 级关系比较,以此类

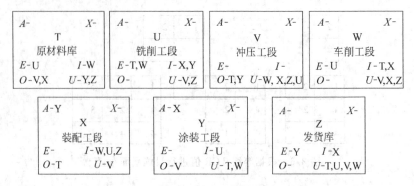

图 3.7 方块样块

推。即在 A 级关系数量相同的样板中挑选出 E 级关系数量最多的一块样板,同时亦是 X 级关系数量最少者。将挑出的样板布置在平面图的中部位置。本例题中 A 级关系最多的样板是 X 和 Y,由于 Y 的 A 级关系较多,所以先将 Y 布置在平面图中部,见图 3.8。

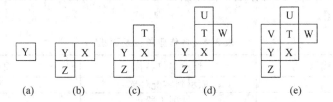

图 3.8 确定各方块样板的相对位置

其他按 A、E、I、O、U、X 类推,如图 3.8 中(a)~(e)所示。

(2) 第二阶段

在已得到各作业单位相对位置的平面布置图后,将各作业单位面积用实际面积代替,就可得到实际平面布置图。实际工作可按如下步骤进行:

第 1 步,根据表 3.4 先选择一个单位面积,求出各作业单位面积除以单位面积的商,将商近似为整数。因此每一作业单位的面积就成为单位面积样板的整数块。参考表 3.4 中各单位的实际面积,以 $20m^2$ 为单位面积样板块,可求出各作业单位的单位面积样板块数。

第 2 步,按原先的平面布置图,再将各作业单位的实际样板块数置入,就可得到图 3.9 所示的实际平面布置图。

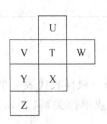

图 3.9 实际平面布置图

第 3 步,以上得到的平面布置图仅是一种方案。如果将限制设施布置的约束条件考虑在内,常常可以得到数种不同的方案,再对方案做出评价后,就可选出优化的方案了。

3. 利用物流量与作业单位的关系(综合相互关系)绘制平面布置图

1) 综合相互关系法的思想与基本逻辑步骤

在制造企业或物流企业中,各作业单位间不仅有物流关系,而且有非物流关系,特别在服务业(如餐饮业、医疗卫生业)中情况更是如此。因此,在系统化设施布置中,必须将作业单位间的物流关系和非物流关系进行综合,综合后的相互关系即称为综合相互关系。以此为基础来进行作业单位的合理布置。在我国已经推广使用的一种综合相互关系法,是通过以下步骤进行的:

(1) 通过物流分析,在物流合理化的基础上求得各作业单位间的物流量及其相互关系。

(2) 确定各作业单位间非物流关系的相互影响因素及等级,做出作业单位相互关系表图。

(3) 确定物流和非物流相互关系的相对重要性。通常这一相对重要性比值 $m:n$ 不应超过 $(1:3)\sim(3:1)$。如比值大于 $3:1$,意味着物流关系占主要地位,设施布置只要考虑物流关系;当比值小于 $1:3$ 时,说明物流的影响很小,设施布置只要考虑非物流相互关系。现实情况下,按照物流和非物流相互关系的相对重要性,将比值 $m:n$ 取为 $3:1, 2:1, 1:1, 1:2, 1:3$,此比值称为加权值。

(4) 量化物流强度等级和非物流的密切程度等级。一种可参考的量化的数值取为:$A=4, E=3, I=2, O=1, U=0, X=-1$。

(5) 计算量化后的作业单位相互关系。设任意两个作业单位分别为 A_i 和 A_j,其物流强度相互关系等级为 MR_{ij},非物流的相互关系密切程度等级为 NR_{ij},则作业单位 A_i 和 A_j 之间的综合相互关系密切程度 CR_{ij} 为

$$\mathrm{CR}_{ij} = m\mathrm{MR}_{ij} + n\mathrm{NR}_{ij}$$

(6) 综合相互关系等级划分。CR_{ij} 是一个量化值,必须划分成一定的等级才能建立起符号化的作业单位综合相互关系图。综合相互关系的等级划分也同样为 A, E, I, O, U, X,各级间 CR_{ij} 值逐步递减,同时,各作业单位的配对数也要符合常规的比例。表 3.6 给出了综合相互关系的等级划分及常规比例。应该说明的是,将物流和非物流关系进行综合时,特别要注意对 X 级关系的处理。任何一级物流强度与 X 级非物流关系密切级综合时,不应超过 O 级。对于某些绝不能靠在一起的作业单位间的相互关系,可定为 XX 级,如为了防火和安全等原因。

表 3.6 综合相互关系的等级及划分比例

关系密切程度等级	符号	作业单位配对比例/%
绝对必要靠近	A	1～3
特别重要靠近	E	2～5
重要	I	3～8
一般	O	5～15
不重要	U	20～85
不希望靠近	X	0～10

(7) 根据经验和实际约束情况,调整综合相互关系。

(8) 绘制作业单位位置相关图。

2) 综合相互关系法布置示例

例 3-3 以工程机械中的叉车总装厂设计布局为例,说明如何建立作业单位综合相互关系与绘制作业单位相关图。

解:图 3.10 与图 3.11 分别为叉车总装厂作业单位之间物流相互关系图和非物流相互关系图,由两图可见两者并不一致。为了确定各作业单位之间相互关系的密切程度,需要将两图合并和统一,其过程和步骤如下。

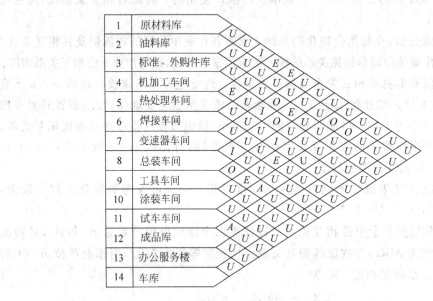

图 3.10 作业单位物流相互关系图

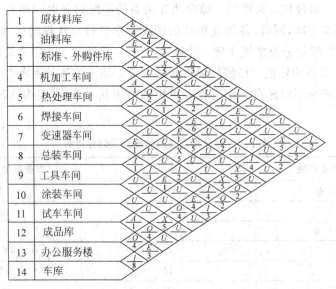

图 3.11 各作业单位之间非物流相互关系图

(1) 选用加权值

此加权值的大小说明了设施布置时考虑问题的重点,经过具体和周密的调查研究,对叉车总装厂布置来说,物流和非物流因素的影响大体相当,因此取加权值 $m:n=1:1$。

(2) 计算综合相互关系

根据各作业单位配对之间物流和非物流关系等级的高低进行量化并加权求和,求出综合相互关系,见表3.7。

表 3.7 作业单位之间综合相互关系计算表

作业单位配对	关系密切程度等级				综合相互关系		
	物流关系加权值=1		非物流关系加权值=1				
	等级	分数	等级	分数	综合分数	等级	等级值
1-2	U	0	E	3	3	I	2
1-3	U	0	E	3	3	I	2
1-4	I	2	I	2	4	E	3
⋮							
6-10	E	3	X	−1	2	U*	0
⋮							
10-13	U	0	X	−1	−1	X	−1

注:该表只是让读者了解此种表格的形式,因此只列出部分内容。

当作业单位总量为 N 时,总的作业单位配对数 P 可用下式计算:

$$P = N(N-1)/2$$

对该例题,$N=14$,则 $P=91$,因此图3.10中共有91个作业单位配对,即91个相互关系。

(3) 划分综合相互关系密切程度等级

在图3.11中,综合关系分数取值范围为−1~8,按表3.8统计出各段作业单位配对的比例,参考表3.6划分综合关系密切程度等级。

表 3.8 综合相互关系密切程度等级划分

总分	关系密切程度等级	等级值	线条数	作业单位配对数	占总对数百分比/%
7~8	A	4	////	3	3.3
4~6	E	3	///	9	9.9
2~3	I	2	//	18	19.8
1	O	1	/	8	8.8
0	U	0		46	50.5
−1	X	−1	⋯	7	7.7
总计				91	100

可以看到,综合相互关系应该是合理的。如表3.7,作业单位6与10之间的物流关系为 E 级,但是非物流关系为 X 级;经过计算后其结果为 I 级,即为重要的密切关系,显然不合理,人工调整后改为 U 级。

(4) 建立作业单位综合相互关系图

将表3.7中的综合相互关系总分,转化为关系密切程度等级,再画成作业单位综合相互关系图,如图 3.12 所示,并进行排序生成综合接近程度排序表 3.9。有了这个相互关系图,按照前面介绍的方法就很容易画出平面布置图。

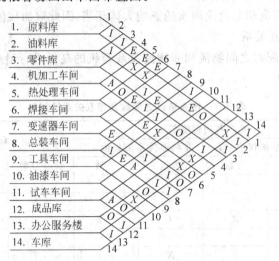

图 3.12 作业单位综合相互关系图

表 3.9 综合接近程度排序表

单位	1	2	3	4	5	6	7	8	9	10	11	12	13	14
1		I/2	I/2	E/3	E/3	E/3	U/0	U/0	I/2	U/0	U/0	U/0	U/0	I/2
2	I/2		I/2	U/0	X/−1	X/−1	U/0	U/0	U/0	E/3	O/1	U/0	X/−1	I/2
3	I/2	I/2		U/0	U/0	U/0	I/2	E/3	U/0	U/0	U/0	U/0	U/0	I/2
4	E/3	U/0	U/0		A/4	O/1	E/3	I/2	U/0	U/0	U/0	I/2	I/2	U/0
5	E/3	X/−1	U/0	A/4		U/0	U/0	U/0	E/3	U/0	X/−1	U/0	X/−1	U/0
6	E/3	X/−1	U/0	O/1	U/0		U/0	U/0	U/0	U/0	U/0	U/0	X/−1	O/1
7	U/0	U/0	I/2	E/3	U/0	U/0		E/3	U/0	U/0	I/2	U/0	U/0	O/1
8	U/0	U/0	E/3	I/2	U/0	U/0	E/3		I/2	E/3	A/4	U/0	I/2	I/2
9	I/2	U/0	U/0	U/0	E/3	U/0	U/0	I/2		U/0	U/0	U/0	O/1	U/0
10	U/0	E/3	U/0	U/0	X/−1	U/0	U/0	E/3	U/0		U/0	U/0	X/−1	U/0
11	U/0	O/1	U/0	O/1	U/0	U/0	I/2	A/4	U/0	U/0		A/4	U/0	U/0
12	U/0	U/0	U/0	I/2	U/0	U/0	U/0	U/0	U/0	U/0	A/4		U/0	U/0
13	U/0	X/−1	U/0	I/2	X/−1	X/−1	U/0	I/2	O/1	X/−1	O/1	O/1		I/2
14	I/2	I/2	I/2	U/0	U/0	O/1	O/1	I/2	U/0	U/0	U/0	U/0	I/2	
综合接近程度	17	7	11	18	7	3	13	21	10	4	13	7	7	14
排序	3	12	7	2	11	14	5	1	8	13	6	10	9	4

(5) 绘制作业单位位置相关图

首先处理关系密切等级为 A 的作业单位对。它们是 8-11,4-5,11-12,将综合接近程度分值最高的作业单位 8 布置在位置相关图的中心位置。将与其成 A 级关系的单位 11 作为其近邻,用 1 单位距离的 4 条线连接它们,如图 3.13(a)所示。

布置综合接近程度分值次高的作业单位 4 的位置。它与单位 8 和 11 分别有 I 级和 O 级关系，故 4 用 3 单位长的双线与 8 连接，用 4 单位长的单线与 11 相连。如图 3.13(b) 所示。

处理与 4 有 A 级关系的单位 5，由于 5 与 8 和 11 均为 U 级关系，可不予考虑，于是在 4 旁布置 5，如图 3.13(c) 所示。

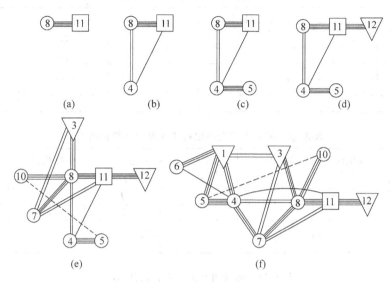

图 3.13 作业单位位置相关图绘制步骤

再看已布置在图上的单位 11，与 11 有 A 级关系的是 12，用 1 单位距离的 4 条线布入。12 与 8，4，5 的关系密级均为 U 级，可不予考虑，如图 3.13(d) 所示。

至此，作业单位综合相互关系图中，具有 A 级关系的作业单位对之间的相对位置均已确定。然后处理相互关系为 E 的作业单位对。从 8 开始，布置方法类似 A 级的布置。再后来依次是 I 级、O 级、U 级作业单位对。最后重点调整 X 级作业单位对之间的相对位置（注意尽量远离），得出最终作业单位位置相关图，如图 3.14 所示。

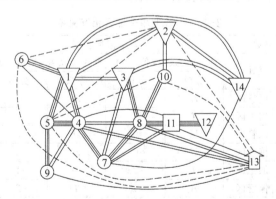

图 3.14 作业单位位置相关图

下面以某物流中心布局为例说明综合相互关系等级划分及面积相关图的绘制过程。

例 3-4 已知某物流中心各作业部门的物流相关表如表 3.10 所示，非物流作业单位相关表如表 3.11 所示,物流与非物流相互关系相对重要性的比值 $m:n=2:1$,对物流与非物流相关密切程度等级值为:$A=4,E=3,I=2,O=1,U=0,X=-1$,综合相互关系等级划分标准见表 3.12,试建立作业单位综合相关图,并绘制各功能作业区域位置与面积相关图。

表 3.10 物流中心各功能区物流相关表

	收发区	理货区	加工区	保管区	拣选区
收发区		A	I	U	U
理货区			I	A	U
加工区				E	E
保管区					A
拣选区					

表 3.11 非物流作业单位相关表及作业单位面积

	收发区	理货区	加工区	保管区	拣选区	面积/m²
收发区		A	U	U	E	200
理货区			O	I	O	200
加工区				E	U	400
保管区					U	600
拣选区						400

表 3.12 综合相互关系等级划分标准

关系等级	总分	等级符号	作业单位对比例/%
绝对必要靠近	11~12	A	1~10
特别重要靠近	9~10	E	2~20
重要	6~8	I	3~30
一般	3~5	O	5~40
不重要	0~2	U	50~80
不希望靠近		X	0~10

解:(1) 划分综合关系等级,如表 3.13 所示。

表 3.13 作业单位综合相互关系

序号	作业单位对		关系密切程度				综合关系	
	部门	部门	物流关系(权值=2)		非物流关系(权值=1)			
			等级	分值	等级	分值	分值	等级
1	收发区	理货区	A	4	A	4	12	A
2	收发区	加工区	I	2	U	0	4	O
3	收发区	保管区	U	0	U	0	0	U
4	收发区	拣选区	U	0	E	3	3	O
5	理货区	加工区	I	2	O	1	5	O
6	理货区	保管区	A	4	I	2	10	E
7	理货区	拣选区	U	O	O	1	1	U
8	加工区	保管区	E	3	E	3	9	E
9	加工区	拣选区	E	3	U	0	6	I
10	保管区	拣选区	A	4	U	0	8	I

(2) 依作业单位综合相互关系计算,得综合相互关系与综合接近程度排序表,分别如表 3.14 和表 3.15 所示。

表 3.14 作业单位综合相互关系

	收发区	理货区	加工区	保管区	拣选区	面积/m²
收发区		A	O	U	O	200
理货区			O	E	U	200
加工区				E	I	400
保管区					I	600
拣选区						400

表 3.15 作业单位综合接近程度排序

	收发区	理货区	加工区	保管区	拣选区	面积/m²
收发区		A/4	O/1	U/0	O/1	200
理货区	A/4		O/1	E/3	U/0	200
加工区	O/1	O/1		E/3	I/2	400
保管区	U/0	E/3	E/3		I/2	600
拣选区	O/1	U/0	I/2	I/2		400
合计	6	8	7	8	5	
排序	4	1	3	2	5	

(3) 根据作业单位综合接近程度排序表所确定的等级分值顺序与关系等级,绘制作业单位位置相关图,如图 3.15 所示。

(4) 根据已知面积绘制作业单位位置面积相关图,如图 3.16 所示。

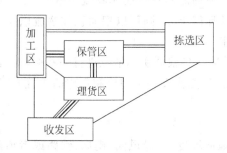

图 3.15 作业单位位置相关图

图 3.16 作业单位位置面积相关图

4. 绘制作业单位面积相关图[①]

根据已经确定的物流和作业单位相互关系以及确定的面积,可以利用面积相互关系图进行图解,即把每个作业单位按照面积用适当的形状和比例在图上进行配置。面积相互关系图简称面积相关图,见图 3.17。

---

① 马汉武.设施规划与物流系统设计[M].北京:高等教育出版社,2006:94-96.

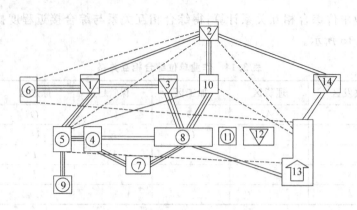

图 3.17 某叉车总装厂的面积相关图

1) 作业单位面积相关图的绘制步骤

(1) 选择适当的绘图比例,一般是 1:100,1:500,1:1000,1:2000,1:5000,绘图单位为 mm 或者 m。

(2) 将作业单位位置相关图画到坐标纸上,各个作业单位符号之间应该提高尽可能大的空间,以便安排作业单位建筑物。为了图面简洁,只需绘制出重要的关系。

(3) 按综合接近程度分值大小排序,由大到小依次把各个作业单位布置到图上。绘图时,以作业单位符号为中心,绘制作业单位建筑物外形。作业单位建筑物一般都是矩形的,可以通过围绕 4 个顶点旋转一定角度,获得不同的布置方案。当预留空间不足时,需要调整作业单位位置,但是必须保证调整后的位置符合作业单位位置相关图的要求。

(4) 经过数次调整和重绘,得到作业单位面积相关图。如果物流很重要而非物流不重要,则可以把面积和物流图结合起来,即在图上把每一个作业单位按照物流关系用比例画出,并标明面积,这在一张方格纸上很容易画出;如果物流不重要而非物流很重要,则可以把面积和作业单位相关图结合起来画出;如果两者都很重要,则可以把面积和物流以及非物流相关图结合起来按照同样方式画出,并标明面积。

一般来说,当面积相互关系图绘制出来后,还需进一步根据实际情况进行一些调整。作业单位面积相关图是直接从位置相关图演化而来的,只能代表一个理论和理想的布置方案。必须通过调整和修正才能得到可行的布置方案。

2) 进行调整和修正的时候应考虑的问题

(1) 修正因素。①场址条件或者周围情况,如地面坡度、主导风向、朝向、铁路或者道路的出入口,对周围污染、振动、噪声的影响等。②搬运方法,如与外部运输的连接、搬运的总体方案、搬运方式、设备、吊车的起重能力和所占空间等。③仓库设施,要根据面积相关图重新检查仓库设施的面积,即根据货物堆垛、上架、支撑方法等确定面积。④建筑特征,如建筑立面、柱网、门窗形式、高度、地面负荷等。⑤公用及辅助部门,要考虑公用管线、维修部门所需要的面积,包括机器设备、自动化控制设备、通道等的面积。⑥人员的需要,包括工厂出入口的分布,更衣室、休息室的位置以及安全、方便通信问题,都要作为调整布置考虑的因素。

(2) 实际条件限制。在考虑布置的时候,常常遇到一些对设计有约束作业的修正因素,这些因素叫做实际条件限制。例如,原有的建筑、现有的搬运方法、不宜变动的管理方法等限制了理想布置的实现。企业方阵、建筑规划、资金不足等也是影响布置的重要限制条件。

在处理这些修正因素的时候,会产生重新安排面积的考虑。例如,在布置中希望设置一条高度同步化的自动输送带系统,但是实际条件可能使得它阻断了车道,这就抵消了其具有的优点,因此需要考虑舍弃这种布置方案。

通过考虑多方因素的影响和限制,会形成众多的布置方案,抛弃所有不切实际的想法,保留 2~5 个可行方案供选择。

采用规范的图例符号,将布置方案绘制成工厂总平面布置图。图 3.18 即为某叉车总装厂的平面布置图。

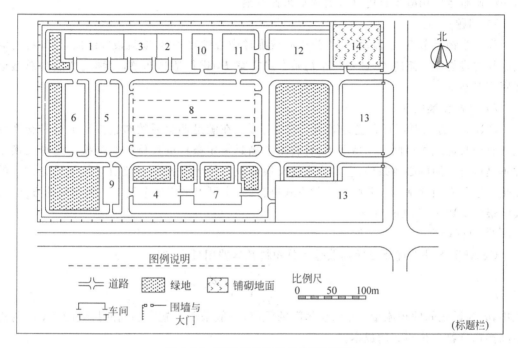

图 3.18 某叉车总装厂的面积布置图

3.2.5 计算机化布置方法[1][2]

随着信息技术的发展,利用计算机辅助进行设施布置成为布置设置方法研究和应用的热点。本节简要介绍 4 种计算机辅助求解的布置方法:CRAFT,CORELAP,ALDEP 及 MultiPLE。它们大致可以分为两大类:构建型及改进型。前者由物流和非物流信息出发,从无到有,生成布置图,如 CORELAP,ALDEP;后者则是在已有布置的基础上改进寻优的方法,如 CRAFT,MultiPLE。此外,还可以按照布置的信息基础来划分布置方法,如基于物流从至表的方法,如 CRAFT 和 MultiPLE;基于关系图的方法,如 ALDEP 和 CORELAP。也可以按应用范围是单层或多层设施,分为单层布置方法,如 CRAFT 和 CORELAP;多层布置方法,如 ALDEP 和 MultiPLE。

---

[1] 蔡临宁. 物流系统规划——建模及实例分析[M]. 北京:机械工业出版社,2003:96-106.
[2] 孙焰. 现代物流管理技术——建模理论及算法设计[M]. 上海:同济大学出版社,2004:95-109.

计算机化布置方法一般分成3个步骤：选择，放置，评估。首先选择各个部门进入布置图的顺序，即确定布置顺序矢量；然后将各个部门放置在布置图中；最后对各种布置结果进行评估，评价何种布置方案最好，从而得到最优或相对合理的方案。

1. CRAFT 布局算法

CRAFT（computerized relative allocation of facilities technique）是 Buffa 等人于 1964 年提出的改进型布局算法。它可以在一个初始可行的布置方案的基础上进行改进，从而给出一种使搬运费用减少且仍可行的调整布置方案。

1) 问题

设一个物流节点（物流园区、物流中心或配送中心等）由 n 个物流设施组成，已知各物流设施间的货物流量矩阵 Q，试对一个初始布局方案 P_0 进行适当调整，使物流节点内总搬运费用 Z 最少。

2) 设施交换条件

CRAFT 方法对可行布置方案调整的过程是：在满足调整后的布置方案可行和交换设施具有公共边或相等面积的情况下，将若干个满足一定条件的设施进行交换。这种交换条件不是可行交换的必要条件，它是为了使交换的设施位置互换后不致引起其他设施位置的变化。这种交换通常是以两两交换的方式进行的，也可以采用 3 个设施一起交换的方式，交换的最大次数小于 $n(n-1)/2$。

3) 目标函数

CRAFT 方法的优化目标函数是使总物料搬运费用最小，即

$$\min Z = \sum_{\substack{i,j=1,2,\cdots,n \\ \text{且} i \neq j}} q_{ij} d_{ij} c_{ij}$$

式中，q_{ij} 为设施间的物流量；d_{ij} 为设施间的距离，一般采用设施中心间的折线距离；c_{ij} 为设施间搬运货物单位距离的成本。

4) CRAFT 算法

输入：设施数 n，流量矩阵 $Q=(q_{ij})$，单位距离成本矩阵 $C=(c_{ij})$，初始布局方案 P_0。

输出：布局方案 P，总搬运成本 Z。

第 1 步：将规划区域按要求划分成若干面积相等的方形小单元，满足每个设施至少包含一个单元，而且每个单元只在一个设施中。

第 2 步：计算 P_0 中各设施的折线距离 d_{ij} 和目标函数值 Z_0。

第 3 步：列出 P_0 所有的满足交换条件的设施交换方案，进行逐个交换，选择使目标函数最小的布局作为交换结果。记为 P，所对应的目标函数值为 Z。

第 4 步：若 $Z<Z_0$，则令 $Z_0=Z$, $P_0=P$，转第 2 步；否则，令 $Z=Z_0$, $P=P_0$，停止。

CRAFT 算法的计算结果依赖于单位面积大小。若单位面积划分得太大，则可行的交换方案很少，很难优化目标函数；但若单位面积划分得太小，则计算结果可能使各设施的形状很不规则，以至实际布局时无法接受，而且计算迭代次数呈指数增加。

2. CORELAP 布局算法

CORELAP（computerized relationship layout planning）是 R. C. Lee 和 J. M. Moore 于 1967 年提出的一种优化算法。这是一种类似于关系表的构造型布局方法，首先按一定规则

生成设施顺序矢量,依矢量顺序逐个将设施加入到区域中,尽量使新加入的设施与已有的设施在相对位置上关系最密切。布置方案完成后,对相应质量指标进行评估。在算法实施中,无论是设施顺序矢量的确定、相对位置的选择,还是质量指标的计算,都需要针对设施间的关系程度,即算法的出发点是设施间的关系图,布置的目标是实现设施间最大的密切度。

1) 问题

设一个物流节点(物流园区、物流中心或配送中心等)由 n 个物流设施组成,已知各物流设施的作业面积需求及各设施间的关系等级。请确定一个设施布局方案,使各设施的总关系程度达到最优。

2) 布局质量指标

为对布局方案进行优化,需定义一个反映设施间密切度的数量指标,可将设施间不同的关系等级转化成不同的关系值,关系等级越高,所对应的关系值就越大。为简单起见,可通过表 3.16 的规则进行转换。

表 3.16 CORELAP 关系值转换表

关系等级	A	B	C	D	E	F
关系值 r_{ij}	6	5	4	3	2	1

优化的目标函数为任意设施间的关系值乘以设施间的最短距离的总和,即

$$Z = \sum_{i<j} r_{ij} d_{ij}$$

式中,r_{ij} 为设施间的关系值;d_{ij} 为设施间的距离,一般可采用设施中心间的折线距离。

Z 值越小,布局方案越优,因此,可据此比较不同方案的优劣。

3) 确定布置设施顺序

CORELAP 布置顺序矢量的产生方法,可根据各设施所有密切联系等级分值的总和 TCR(total closeness rating) 的值来确定,令

$$\text{TCR}(i) = \sum_{j \neq i} r_{ij}, \quad i = 1, 2, \cdots, n$$

称 TCR(i) 为设施 i 的关系总和。选择 TCR 最大的设施作为最先进入布置的设施。若最大的 TCR 值有多个设施,即出现"结",则选择面积最大的设施解"结";若依然解不开,则随机选取。第 2 个设施则选择与第 1 个设施具有最高级别关系(A 级)的设施,依次选择 B 级、C 级,等等,如果在同一关系级别中出现多个设施"结",选择这些设施中 TCR 最大的设施先布置(解"结")。在布置中,设施的形状尽可能设计成由若干个正方形组成。

4) 确定相对位置

生成了布置矢量后,依照矢量的顺序逐个在布置图中放置设施。放置的位置应满足:在所有可布置的位置中选择使进入布置图的设施与前面进入的相邻设施的关系值的和 NCR (neighbor closeness rating) 最大。如图 3.19 所示,设施 1 有 3 个可放置的位置 1a,1b 和 1c,由于 $\text{NCR}_{1a} = r_{12} + r_{14}$,$\text{NCR}_{1b} = r_{14}$,$\text{NCR}_{1c} = r_{13}$,所以应选位置 1a 进入布置图。

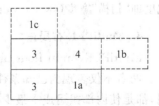

图 3.19 设施 1 可选择的位置

3. ALDEP 布局算法

ALDEP(automated layout design procedure)法与 CORELAP 法十分相似,也是一种基于关系图的构建型布局算法,算法思路也是每次选择一个设施加入布置图,按一定规则寻找适当的位置,最后对方案进行评估。只是设施的选择次序、位置的确定方法和方案评估的指标不同而已。

1) 问题

设一个物流节点(物流园区、物流中心或配置中心等)由 n 个物流设施组成,已知各物流设施的作业面积需求及各设施间的关系等级。请确定一个设施布局方案,使各相邻设施的关系值总和达到最大。

由问题可见,ALDEP 与 CORELAP 在优化目标上也有所区别。

2) 布局质量指标

ALDEP 方法寻求相邻设施关系总和最大的布置作为最后布置方案。为强调相邻设施的相互关系,ALDEP 法在将关系等级转换成关系值时,拉大了不同等级间的数值差距,如表 3.17 所示。

表 3.17 ALDEP 关系值转换表

关系等级	A	B	C	D	E	F
关系值 r_{ij}	64	16	4	1	0	−1024

优化目标函数为使所有两相邻设施之间的关系值的总和达到最大,即

$$\max Z = \sum_{i \text{与} j \text{相邻}} r_{ij}$$

3) 确定布置设施顺序

为优化布置结果,扩大选择范围,ALDEP 方法随机选取第 1 个布置设施,随后的设施选择原则是依据第 1 个设施的关系进行排队,直到排到设定的最低密切关系等级 TCR,如 TCR=B,则选择与布置设施具有 A、B 级关系的设施进入布置排列。对于与前面已布置设施均为 A 级或 B 级的布置设施,则随机选择进入布置。

4) 确定设施位置

ALDEP 的设施位置放置方法是将选定布置顺序的设施,按单位面积数,以设定的宽度,从布置图的左下角开始,蛇行蜿蜒,直至所有的设施布置完成,如图 3.20 所示。其中,设定的宽度即"扫描"宽度(sweep width),图 3.20 中的扫描宽度为 2。

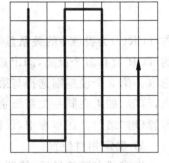

图 3.20 ALDEP 法设施位置确定方法

4. MultiPLE 布局法

MultiPLE(multi-floor plant layout evalution)是类似于 CRAFT 的一种改进型布局算法。两者不仅表现为已知条件(输入数据)相同,同为设施间物流量矩阵,而且目标函数也相同,都是使内部搬运成本最少。两者唯一的区别是对初始方案进行调整的方法不相同。

1) 问题

设一个物流节点(物流园区、物流中心或配送中心等)由 n 个物流设施组成,已知各物流

设施间的货物流量矩阵 Q，试对一个初始布局方案 P_0 进行适当的调整，使物流节点内的总搬运费用 Z 最少。

2) 设施交换方法

MultiPLE 设施间的交换可以不局限于两相邻设施之间。交换采用 2 设施交换，每次迭代中，都选择布置成本下降最大的方案，因此这是一种最速下降法。其实现主要是通过空间填充曲线 SFC (space filling curve) 来进行的。所谓 SFC，是指填充一定空间的一条折线。如图 3.21 所示的 Hilbert 曲线。图中共有 64 个单元，该曲线只访问每个单元一次，恰能游历整个 64 个单元。该曲线事实上确定了布置方案的设施放置顺序、放置位置和形状，若对换两个设施，就是对换这两个设施的放置顺序，从而生成一

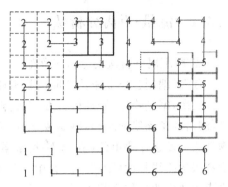

图 3.21　SFC 曲线及设施布置过程

个新的布置顺序矢量，各设施根据自己的面积，沿着 SFC 曲线进行放置，直至生成整个布置。

3) MultiPLE 算法

MultiPLE 算法的思路是对初始布置方案任意进行设施交换，生成新的布置矢量，然后根据 SFC 生成调整后的布置，并计算各设施中心间的直线距离，计算物流费用。循环往复，直至寻找到最低物流费用的布置方案，其步骤如下。

输入：设施总数 n，流量矩阵 $Q=(q_{ij})$，初始布局方案 P_0。

输出：优化布局方案 P，对应总搬运成本 Z。

第 1 步：将规划区域按要求划分成若干面积相等的方形小单元，满足每个设施至少包含一个单元，而且每个单元只在一个设施之中。

第 2 步：根据 P_0 生成空间填充曲线 SFC，得到 P_0 的布置顺序矢量。

第 3 步：计算 P_0 中各设施的折线距离 d_{ij} 和目标函数值 Z_0。

第 4 步：选择任意两个设施进行逐个交换，生成新的布置顺序矢量，选择目标函数值最小的布局作为交换结果，记为 P，所对应的目标函数值为 Z。

第 5 步：若 $Z<Z_0$，则令 $Z_0=Z,P_0=P$，转第 2 步；否则，令 $Z=Z_0,P=P_0$，停止。

MultiPLE 算法的计算结果较好，但运算次数会随着设施数目的增加指数增长，故算法只适合于中小规模的设施布局问题。

3.3　方案的评价与选择[①]

物流设施规划设计本身就是一个反复修正、反复迭代、逐步细化、逐步完善的过程，在系统布置设计过程中由于受多种因素影响，可能会产生多种不同的平面布置方案。各种布置方案各有不同的优缺点，显然人们希望得到一个物流最合理的设施系统。因此，有必要选择合适的方法对各种不同布置方案进行评价，从中找出最合理的物流规划设计方案。一般常

---

① 刘联辉.物流系统规划及其分析设计[M].北京：中国物资出版社，2006：144-151.

用的设施布置方案的评价与选择方法有流量-距离分析法、单项指标比较评价法、优缺点比较法和加权因素法。

3.3.1 流量-距离分析法

流量-距离分析法的分析步骤如下:

首先,编制各作业单位之间的物料搬运从至表。

其次,编制物流-距离表。在布置方案图上,确定各作业单位之间的物料搬运路线,同时,测出各条路线的距离,编制成物流-距离表,如表3.18所示。表中每一框格中同时注出物料搬运发送作业单位(从)至物料搬运接收作业单位(至)的物料搬运量(物流强度)f_{ij}及物料搬运路线长度(距离)d_{ij},其中,i表示从作业单位序号,j表示至作业单位序号。表中空格表示两作业单位之间无明显物流。

表 3.18 物流-距离表

作业单位从 i \ 作业单位至 j	1	2	…	n
1	f_{11}/d_{11}	f_{12}/d_{12}	…	f_{1n}/d_{1n}
2	f_{21}/d_{21}	f_{22}/d_{22}	…	f_{2n}/d_{2n}
⋮	⋮	⋮		⋮
n	f_{n1}/d_{n1}	f_{n2}/d_{n2}	…	f_{nn}/d_{nn}

最后,分析物流系统状态。常用以下3种方法:

(1)物流简图分析法。在布置方案图上,直接绘制物料搬运线路图。绘制时,用箭头表示物料搬运方向,用线条宽度、线条类型或颜色表示物料搬运量,也可直接标注出物料种类、特点、搬运距离及搬运量(体积、数量、质量等)。物流图是描述企业物流状况的有效工具,可以直观形象地反映设施布置方案的物流状况。图3.22所示为某企业物流与人流状况简图。

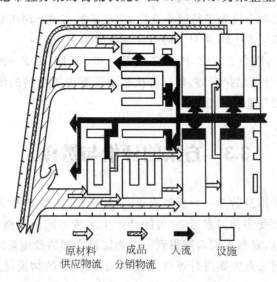

图 3.22 某企业物流与人流状况简图

(2) 量距积(搬运工作总量)分析法。当忽略不同物料、不同路线上的物料搬运的差异后,各条路线上物料搬运的工作强度与 $f_{ij}d_{ij}$ 成正比,则可以将物料搬运总工作量 S 记为

$$S = \sum_{i=1}^{n} \sum_{j=1}^{n} f_{ij}d_{ij}$$

为了使总的搬运工作量 S 最小,则当 f_{ij} 大时,d_{ij} 应尽可能小,当 f_{ij} 小时,d_{ij} 可以大一些,即 f_{ij} 与 d_{ij} 应遵循反比规律。这就是说,f_{ij} 大的作业单位之间应该靠近布置,且道路短捷;f_{ij} 小的作业单位之间可以远离,道路可以长一些。这显然符合 SLP 的基本思想。

(3) 流量-距离(F-D)坐标图分析。将每两点之间的物流按其流量大小和距离大小绘制在一直角坐标图上,如图 3.23 所示。根据分析的需要,按照确定的物流量和距离,将该图划分为若干部分,如划分为Ⅰ,Ⅱ,Ⅲ,Ⅳ 4 个部分,以发现不合理的物流。从图中可以看出,Ⅳ部分的物流不合理,因为物流量大且距离远。根据上述分析,可以清楚地反映出布置方案物流状况的优劣,F-D 图可作为平面布置调整的依据。经过调整,当Ⅳ区无物流量时,该方案才为可行方案。无法调整的情况例外。

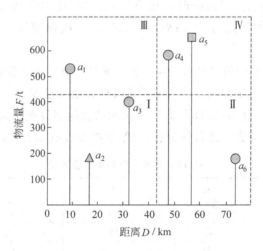

图 3.23 某工厂设施布置 F-D 图

3.3.2 单项指标比较评价法

顾名思义,单项指标比较评价法就是使用一个指标来评价各个方案的优劣,以便为方案选择决策提供支持。其中,成本分析比较法最为客观也最为常用。通常一个企业的经营目标是追求利润,其方法之一就是靠提高价格或者销量来增加收入;二是降低成本。而在顾客服务导向的环境中,高服务低价格是企业提升竞争力的利器,同时增加销售额的成效常比降低成本的努力来得逊色,因此想办法把成本压至最低的水准,成为企业的理想选择。

不同的设施规划影响着项目的投资、经营成本和税金等要素,最终会导致项目的经营绩效的差异。为了能够对不同的设施规划进行有效的选择,可以把不同的设施规划视为互斥型的项目,这样就可以采用技术经济学的经济评价方法对项目进行筛选。

在对互斥方案进行评价时,经济效果评价包含了两个方面的内容:一是项目绝对效果

检验,即考察每一个方案本身的经济效果,只有通过绝对效果检验才能接受,否则拒绝。绝对效果检验可以采用净现值法、净年值法、内部收益率法、动态投资回收期法,等等。二是相对效果检验,即筛选相对最优方案。

对互斥方案的选择可以采用净现值法进行选择。净现值是按照一定的折现率(基准折现率),将各年的净现金流量折现到同一时点上的现值累加值。

净现值的计算公式为

$$NPV = \sum_{t=0}^{n} (CI-CO)(1+i_0)^{-t}$$

式中,NPV 为净现值,即项目的寿命期;n 为计算期;CI 为现金流入;CO 为现金流出;i_0 为基准投资收益率。NPV 的判别准则为:NPV≥0,表示项目实施后的收益率不小于基准收益率,方案可以接受;NPV<0,表示项目的收益率未达到基准收益率,应予拒绝。

运用净现值法对互斥方案选择,其步骤如下:

(1) 按方案投资额从小到大排序。

(2) 以投资额最低的方案为临时最优方案,并进行绝对效果检验。如通过绝对效果检验,则为最优方案;如不能通过,则放弃。每比较一次就淘汰一个方案,直到找到最优方案。

(3) 依次计算各方案的相对经济效益,并与判别准则如基准收益率等比较,优胜劣汰,最终取胜者为最终方案。下面以一例来说明选择的方法和过程。

例 3-5 现有 4 个方案 B,C,D,E 为周期相同的互斥型设施布局方案,其各年的净现金流量如表 3.19 所示,试对方案进行评价选择(基准投资收益率 $i_0=10\%$)。

表 3.19 互斥方案的净现金流量 万元

指标	B	C	D	E
投资总额/万元	1375	950	1750	1000
年净现金流量/万元	275	195	510	300
寿命期/年	20	20	20	20

解:投资方案按投资额从小到大的排序为 C,E,B,D,如表 3.20 所示,并进行效果检验。

表 3.20 互斥方案的净现金流量

布局方案	投资总额/万元	年净现金流量/万元	寿命期/年
C	950	195	20
E	1000	300	20
B	1375	275	20
D	1750	510	20
E-C	50	105	20
B-E	375	25	20
D-E	750	210	20

$$NPV_C = -950 + 195(P/A, 10\%, 20) = 710.1(万元)$$

由于 $NPV_C > 0$,说明 C 方案的绝对效果是好的。

$$NPV_{E-C} = -50 + 105(P/A, 10\%, 20) = 843.9(万元)$$

由于 $NPV_{A-C} > 0$,说明投资额大的 E 方案优于 C 方案,淘汰 C 方案。

$$NPV_{B-E} = -375 + 25(P/A, 10\%, 20) = -162.1(万元)$$

由于 $NPV_{B-E} < 0$,说明投资额小的 E 方案优于 B 方案,淘汰 B 方案。

$$NPV_{D-E} = -750 + 210(P/A, 10\%, 20) = 962.2(万元)$$

由于 $NPV_{D-E} > 0$,说明投资额大的 D 方案优于 E 方案,淘汰 E 方案,D 成为最佳方案。

其中,$(P/A, i, n) = \dfrac{(1+i)^n - 1}{i(1+i)^n}$,$P$ 为期初投资,A 为年末收益,i 为收益率,n 为年数。详细方法可参阅《工程经济学》教科书。

3.3.3 优缺点比较法

优缺点比较法只是将每个方案的布置图、物流动线、搬运距离、扩充弹性等相关优缺点分别列举出来进行比较。这种方法简单省时,但缺乏说服力,常用于概略方案的初步选择。有时为了使其更加准确,可对优缺点的重要性加以讨论并用数值表示。表 3.21 为物流设施布置方案的优缺点评估表。

表 3.21 配送中心布置方案优缺点评估表

方案	方案 1	方案 2	方案 3
布置图	(a)	(b)	(c)
评估项目	空间使用效率		
	物流动线顺畅		
	搬运距离		
	扩充弹性		
	建设成本		
	运营成本		
	作业安全性		
	管理程序需求		

3.3.4 加权因素法

加权因素法根据评估方法的粗细程度可以分为因素分析法、点评估法、权值分析法,以及前面已经介绍过的 AHP 法。

1. 因素分析法

因素分析法是对方案规划的目标因素进行分析,从而确定方案优劣的方法。一般由规划者与决策者共同讨论列出各个目标因素,并设定各因素的重要程度——权重。权重可用百分比值或分数值(如 1~10)表示,如表 3.22 所示。然后用每一个因素来评估比较各个方案,确定每一方案各因素的评分数值(如 4,3,2,1,0 等),当所有因素评估完成后,再将各因素权重与评估分数值相乘加总,数值最大的为最优的方案。

表 3.22 方案评估示例(因素分析法)

评估因素	权重	方案 1	方案 2	方案 3
服务方便性	10	U/0	I/20	E/30
可控制性	6	O/6	A/24	E/18
扩充性	5	O/5	I/10	O/5
投资成本	8	U/0	E/24	I/16
弹性	7	A/28	O/7	E/21
搬运经济性	10	O/10	I/20	E/30
总计		49	105	120

注:$A=4$ 为很好;$E=3$ 为较好;$I=2$ 为好;$O=1$ 为一般;$U=0$ 为不好。

2. 点评估法

点评估法与因素分析法类似,都是考虑各种评估因素并计算各方案的得分高低,作为方案取舍的依据。本方法主要包括两大步骤:

步骤一 评估因素权重的分析,其程序如表 3.23 所示。

(1) 经由小组讨论,决定各项评估因素。

(2) 各项评估因素两两比较,以若 $A>B$ 则权重值取 1、若 $A=B$ 则权重值取 0.5、若 $A<B$ 则权重值取 0 为原则,建立评估矩阵,并分别统计其得分,计算权重及排序。

表 3.23 点评估法评估因素权重分析

评估因素		A	B	C	D	E	F	G	权重和	权重/%	排序
面积需求	A	—	1	1	0.5	1	1	1	5.5	26.2	1
扩充性	B	0	—	0	0	0.5	1	0.5	2	9.5	5
弹性	C	0	1	—	0	1	0.5	0	2.5	11.9	4
人力需求	D	0.5	1	1	—	0	1	1	4.5	21.4	2
自动化程度	E	0	0.5	0	1	—	1	1	3.5	16.7	3
整体性	F	0	0	0.5	0	0	—	0.5	1	4.8	7
先进先出	G	0	0.5	1	0	0	0.5	—	2	9.5	6
合计									21	100	

步骤二 进行方案评估,其程序如表 3.24 所示。

(1) 制定评估给分标准:非常满意——5 分,佳——4 分,满意——3 分,可——2 分,尚可——1 分,差——0 分。

(2) 以规划评估小组表决的方式,就各项评估因素,依据方案评估资料给予适当分数。
(3) 分数×权重=乘积。
(4) 各方案统计其乘积和,按分数大小排序,得出方案优先级。

表 3.24 点评估法方案示例

评估因素		权重/%	方案 1		方案 2		方案 3	
			分数	乘积	分数	乘积	分数	乘积
面积需求	A	26.2	3	78.6	5	131	5	131
扩充性	B	9.5	5	47.5	3	28.5	5	47.5
弹性	C	11.9	4	47.6	2	23.8	2	23.8
人力需求	D	21.4	3	64.2	2	42.8	2	42.8
自动化程度	E	16.7	4	66.8	4	66.8	2	33.4
整体性	F	4.8	1	4.8	5	24	1	4.8
先进先出	G	9.5	3	28.5	5	47.5	2	19
合计		100		338		364.4		302.3
优先顺序				Ⅱ		Ⅰ		Ⅲ

3. 权值分析法

权值分析法是一种更细化、更准确的评估方法,它是将各个评估因素分成不同的组别和层次,然后分别进行评估和比较的方法。其步骤如下:

(1) 设定评估因素项目;
(2) 将评估因素适当分组及分层,建立评估指标及详细评估因素;
(3) 将各组的指标因素给予适当的百分比权重后,再对各评估指标所属的因素分配权重;
(4) 评估确定各方案中各评估因素的得分数;
(5) 计算各方案中各项因素的权重与分数乘积的总和;
(6) 选择最合适的方案。

例 3-6 以输送系统评估为例,说明权值分析法的评价过程。

解:过程如表 3.25、表 3.26 所示。此例并没有给出完整的计算过程,只是给出求解的思路和方法。

表 3.25 权值分析法——评估要素群组与权重分配表

层次	要素编号	组与主要因素	权重	
			组别	因素
Ⅰ	1	输送系统	100	
Ⅱ	1.1	经济面	30	
	1.2	技术面	20	
	1.3	系统面	35	
	1.4	建筑面	15	

续表

层次	要素编号	组与主要因素	权重 组别	权重 因素
Ⅲ	1.1	经济面	30	
	1.1.1	投资成本		6
	1.1.2	运营成本		8
	1.1.3	人力节省		5
	1.1.4	保证条件		4
	1.1.5	财务可行性		2
	1.1.6	期间摊销		5
	1.2	技术面	20	
	1.2.1	自动化可能性		4
	1.2.2	人员适应性		7
	1.2.3	搬运面		3
	1.2.4	物料流程与路线		6
	1.3	系统面	35	
	1.3.1	整体观		5
	1.3.2	使用弹性		4
	1.3.3	扩充性		6
	1.3.4	可维护性		5
	1.3.5	易学习导入		8
	1.3.6	操作安全性		7
	1.4	建筑面	15	
	1.4.1	土地面积		5
	1.4.2	地面平整程度		3
	1.4.3	地面承载能力		1
	1.4.4	柱子的跨度		2
	1.4.5	厂房高度		3
	1.4.6	空间的适用性		1

表 3.26 权值分析法——方案评估表

组	评估要素编号	权重①	方案 甲 得分②	方案 甲 权重积分 ③=①×②	方案 乙 得分④	方案 乙 权重积分 ⑤=①×④	方案 丙 得分⑥	方案 丙 权重积分 ⑦=①×⑥
经济面	1.1.1	6	4	24	2	12	2	12
	1.1.2	8	5	40	5	40	3	24
	1.1.3	5	4	20	4	20		

综合上述，在选择评估方案时，需要仔细衡量方案的各个方面，然后选择一个比较合适的方法进行比较。方法本身没有孰优孰劣，只有合适不合适之说，其中尚有很多定量、定性指标必须考虑在内，评估时可视其需要，自行选择适合的方法。最后得到满意而准确的评估结果。层次分析评估法详见10.3节。

3.4 物流设施规划案例

这里我们结合一家专业制造阀门的集团公司来谈物流设施的规划。该公司目前拥有二十多个品种的主导产品,包括管线球阀、闸阀、截止阀、蝶阀、安全阀和燃气控制阀等工业阀门及其配套设备,广泛应用于石油、化工、天然气等领域。闸阀是该公司的主要产品之一,广泛用于石油化工、火力发电厂等油品、水蒸气管路上做接通或截断管路中介质的启闭装置,主要特点有:结构紧凑、阀门刚性好、通道流畅,流量系数小;密封面采用不锈钢和硬质合金,使用寿命长;驱动方式为手动、齿轮传动。图3.24为该公司生产的某型号闸阀的外观图和机械结构图。

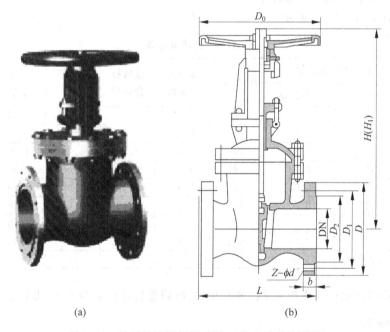

图 3.24　某型号闸阀的外观图(a)和机械结构图(b)

由于闸阀市场需求快速增长,公司产能已经饱和,且现有厂区无法扩建,因此,公司高层经反复商讨研究,决定在华东某地建设新的生产厂,扩充闸阀的产能。新建的厂址主要包括生产区、职工生活区、行政办公区、绿化区等部分,其布置主要采用系统化布置方法(SLP)。下面我们以新厂址中的"生产区"为例,介绍 SLP 方法在总体布置设计中的应用。

1. 产量计算

该公司生产的闸阀品种较多,有楔式闸阀、升降式闸阀、旋转杆式闸阀、快速启闭闸阀等,此外,各种闸阀根据其公称压力大小或公称直径分别又有多种分类。根据多年生产销售统计,公司为多品种中小批量的生产方式,此外还生产一定数量的定制产品。因此,加工区主要采用工艺原则布置方式。

由于各类产品的生产具有一定的相似性,简化起见,我们选取适合的代表产品,将其他产品的产量折算为代表产品的产量。例如楔式闸阀,经对比分析,我们选择型号为 Z40H-150LB(公称直径 DN=150mm)的楔式闸阀为代表产品。预测未来 5 年,不同公称直径的楔式闸阀的年均需求量如表 3.27 所示,将被代表产品的数量按照公式 $Q=aQ_x$ 折合成代表产品的当量数。其中 Q 为折合为代表产品的年产量,Q_x 为被代表产品的产量,a 为折合系数。

$$a = a_1 a_2 a_3$$

a_1 为质量折合系数,计算公式为

$$a_1 = \sqrt[3]{\left(\frac{W_x}{W}\right)^2}$$

式中,W_x 是被代表产品的单台质量,W 是代表产品的单台质量。

a_2 是批量折合系数。批量大的每台所需劳动力小,$a_2<1$;批量小则 $a_2>1$,如表 3.27 所示。

a_3 为复杂性系数,取 a_3 的值为 1.0。

折算的结果如表 3.27 所示。

表 3.27 产量分析表

公称直径 /mm	预测年均需求量		质量/kg	质量折合系数	批量折合系数	复杂性系数	折合系数	折合产量/件
	产量/件	产量比率						
50	1000	0.30	23	0.36	1.25	1.00	0.45	450
100	500	0.15	63	0.70	1.15	1.00	0.81	403
150	1200	0.36	108	1.00	1.00	1.00	1.00	1200
200	150	0.05	171	1.36	0.99	1.00	1.35	202
250	180	0.05	263	1.81	0.99	1.00	1.79	323
300	80	0.02	346	2.17	0.96	1.00	2.08	167
350	90	0.03	488	2.73	0.97	1.00	2.65	238
400	90	0.03	621	3.21	0.97	1.00	3.11	280
合计	3290	1.00	—	—	—	—	—	3262

其他产品亦同此折算成产品 Z40H-150LB,得到总折算产量为 6.15 万件。

2. 产品分析

根据产品装配图,对产品零件进行自制和外购分析。分析的目的不仅是把物流量核算清楚,而且也是生产线和厂址布置设计的需要。为保证质量,闸阀的主要零部件如阀体、闸板、阀盖、阀杆螺母和阀杆等实行自制;填料、轴承、铆钉等标准件则直接从市场购买;另外一些非标件如铭牌等为非关键部件,由于有众多专业供应商,购买比自制更经济。产品零件明细如表 3.28 所示。

表 3.28 产品零件明细表

产品名称:楔式闸阀			产品型号 Z40H-150LB		
序号	零件名称	零件代号	外购	自制	单位数量
1	阀体	Z40H-150Lb-01		√	1
2	阀座	Z40H-150Lb-02	√		1
3	闸板	Z40H-150Lb-03		√	1
4	阀杆	Z40H-150Lb-04		√	1

续表

产品名称：楔式闸阀			产品型号 Z40H-150LB		
序号	零件名称	零件代号	外购	自制	单位数量
5	螺柱	GB/T 901—1988	√		16
6	螺母	GB/T 6170—2000	√		32
7	垫片	Z40H-150Lb-05	√		1
8	阀盖	Z40H-150Lb-06		√	1
9	上密封座	JB/T 5210—1991	√		1
10	填料	JB/T 1712—1991	√		5
11	销	GB/T 119.1—2000	√		2
12	螺栓	GB/T 1712—1991	√		2
13	填料压套	JB/T 5206.2—1991	√		1
14	填料压板	JB/T 5207—1991	√		1
15	螺母	GB/T 6170—2000	√		2
16	直通式油杯	JB/T 7904.1—1995	√		1
17	轴承	GB/T 301—1995	√		2
18	阀杆螺母	JB/T 1701—1991		√	1
19	支架	Z40H-150Lb-07	√		1
20	轴承端盖	JB/T 1702.2—1991	√		1
21	圆螺母	GB/T 812—1988	√		1
22	手轮	JB/T 1692—1991	√		1
23	螺柱	GB/T 901—1988	√		4
24	螺母	GB/T 6170—2000	√		8
25	铭牌	Z40H-150Lb-08	√		1
26	铆钉	GB/T 827—1986	√		2

3．工艺过程分析

不同型号的闸阀，生产工艺基本一致，产品 Z40H-150LB 的工艺流程如图 3.25 所示。

4．作业单位分析

1) 作业单位划分

整个生产区根据各单位的作业性质和内容，划分为生产车间、存储部门、管理辅助部门。其中，生产车间根据工艺划分为车床组、钻床组、镗床组、铣床组、堆焊组、打磨组、研磨组、装配组、油漆组和检测组；存储部门划分为原材料库、周转区以及成品仓库；管理部门为办公室和工具库，作业单位及其代号如表 3.29 所示。

表 3.29 作业单位及其代号

代号	作业单位	代号	作业单位	代号	作业单位
1	车床组	6	打磨组	11	原材料库
2	钻床组	7	研磨组	12	周转区
3	镗床组	8	装配组	13	成品仓库
4	铣床组	9	油漆组	14	办公室
5	堆焊组	10	检测组	15	工具库

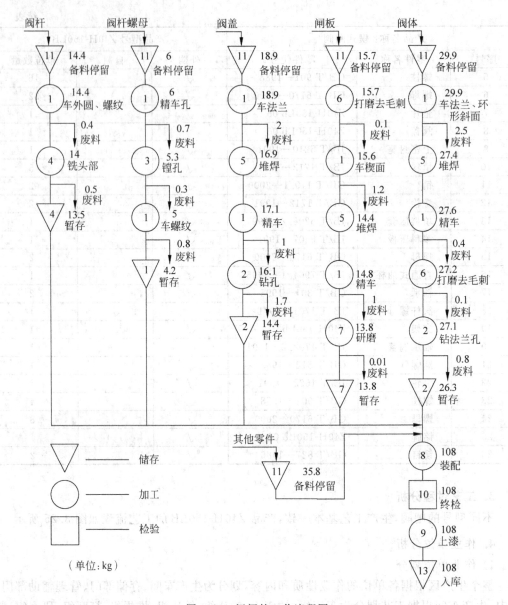

图 3.25 闸阀的工艺流程图

2）作业单位面积估算

（1）生产部门面积估算

① 计算设备折算台数

如前所示，新厂年产量预计为 6.15 万件，以一年工作 250 天、一天工作 8h 为标准计算，每小时需生产 30.75 件合格的产品。系统的正常开工率平均统计值为 85%，统计各生产设备每小时的产量以及一次合格率，计算所需的设备数，计算结果如表 3.30 所示。

决定设备所需数量的计算方法说明如下。

设：a——某设备的单位时间产量；

b——100% 生产效率的单位时间生产总数；

c——废品率；
d——单位时间需生产的合格品数量；
e——单位时间需生产的某零部件数量；
f——某设备的需求量。

注：单位时间为每小时。

则某设备的需求量 $f=e/a$，其中：
$$e = d/0.85$$
$$d = b(1-c)$$

表 3.30 设备台数折算相关数据

零部件	设备名称	生产对象	a/件	b/件	c/%	d/件	e/件	f/台
阀体	车床	车法兰	4.00	35.45	3.00	34.39	41.71	10.43
	电焊机	堆焊	12.00	34.39	4.00	33.01	40.46	3.37
	车床	精车	10.00	33.01	2.00	32.35	38.84	3.88
	砂轮机	打磨去毛刺	12.00	32.35	0.00	32.35	38.06	3.17
	钻床	钻法兰孔	12.00	32.35	1.00	32.03	38.06	3.17
闸板	砂轮机	打磨去毛刺	12.00	36.94	0.00	36.94	43.46	3.62
	车床	车楔面	5.00	36.94	4.00	35.46	43.46	8.69
	电焊机	堆焊	12.00	35.46	4.00	34.05	41.72	3.48
	车床	精车	9.00	34.05	2.00	33.36	40.06	4.45
	阀门研磨机	研磨	12.00	33.36	4.00	32.03	39.25	3.27
阀盖	车床	车法兰	10.00	35.45	3.00	34.39	41.71	4.17
	电焊机	堆焊	16.00	34.39	4.00	33.01	40.46	2.53
	车床	精车	10.00	33.01	2.00	32.35	38.84	3.88
	钻床	钻孔	12.00	32.35	1.00	32.03	38.06	3.17
阀杆螺母	车床	精车孔	10.00	35.10	2.00	34.39	41.29	4.13
	镗床	镗孔	10.00	34.39	3.00	33.36	40.46	4.05
	车床	车螺纹	6.00	33.36	4.00	32.03	39.25	6.54
阀杆	车床	车外圆、螺纹	4.00	34.05	4.00	32.68	40.06	10.02
	铣床	铣头部	10.00	32.68	2.00	32.03	38.45	3.85
闸阀	工作台	装配	6.00	32.03	4.00	30.75	37.68	6.28
闸阀	液压阀门测试机	终检	4.00	30.75	0.00	30.75	36.18	9.05

② 生产部门面积估算

生产部门各工作站的面积估算如表 3.31 和表 3.32 所示。

表 3.31 各工作站面积估算表

代号	作业单位	主要设备	计算台数	台数取整	工作活动面积/m²	物料存放面积/m²	员工活动面积/m²	单台占地面积/m²	总面积/m²
1	车床组	车床	56.2	57	6	6	3	15	855
2	钻床组	钻床	6.34	7	6	10	4	20	140
3	镗床组	镗床	4.05	5	6	26	10	42	210

续表

代号	作业单位	主要设备	计算台数	台数取整	工作活动面积/m²	物料存放面积/m²	员工活动面积/m²	单台占地面积/m²	总面积/m²
4	铣床组	铣床	3.85	4	8	12	5	25	100
5	堆焊组	电焊机	9.38	10	5	14	5	24	240
6	打磨组	砂轮机	6.79	7	4	12	4	20	140
7	研磨组	阀门研磨机	3.27	4	4	12	4	20	80
8	装配组	工作台	6.28	7	8	40	8	56	392
10	检测组	液压阀门测试机	9.05	10	5	30	5	40	400

净面积：2557 m²，12% 通道裕度：307 m²，总面积：2864 m²。

表 3.32 其他生产作业单位面积估算表

代号	工作单位	面积/m²
9	油漆组	400

根据以上的估算，可知要满足生产需求，各作业单位的需求面积总和为 3264 m²，因作业单位之间搬运需要叉车等设备，考虑通道面积约占生产车间的 25%，则整个生产部门的估算面积为 4352 m²。

(2) 存储部门面积估算

估算存储部门占地面积时，需要考虑多重因素，如存储物品的尺寸、数量、存储方式、搬运方式、通道的宽度等。下面以原材料库为例，介绍其面积的估算。

该公司的原材料库主要用于存储待加工零件以及外购的标准件。

首先，统计所需存储物品并选择相应的存储方式。因阀体、阀盖等为形状不规则、体积较大、质量大的物品，选择托盘或托盘箱在地面堆码的方式存储；阀杆为长条形物料，为方便存取采用悬臂式货架；其他配件因主要为小件金属配件，单位密度大，根据尺寸和数量选用合适的周转箱或使用物品原包装纸箱，存储在中型货架上。表 3.33 为产品 Z40H-150LB 的物料存储情况表。选用的中型货架和托盘箱如图 3.26 和图 3.27 所示。

表 3.33 物料存储统计表

存储物料名称	类型	存储方式
阀体	毛坯	托盘
闸板	毛坯	托盘箱
阀盖	毛坯	托盘箱、托盘
阀杆螺母	毛坯	托盘箱
阀杆	毛坯	悬臂式货架
阀座	外购成品零件	中型货架
支架	外购成品零件	中型货架
铭牌	外购成品零件	中型货架
螺柱	标准件	中型货架
螺母	标准件	中型货架

续表

存储物料名称	类型	存储方式
垫片	标准件	中型货架
上密封座	标准件	中型货架
填料	标准件	中型货架
销	标准件	中型货架
螺栓	标准件	中型货架
填料压套	标准件	中型货架
填料压板	标准件	中型货架
直通式油杯	标准件	中型货架
轴承	标准件	中型货架
轴承端盖	标准件	中型货架
圆螺母	标准件	中型货架
手轮	标准件	中型货架
铆钉	标准件	中型货架

图 3.26　选用的中型货架示例　　图 3.27　选用的托盘箱示例

然后，根据物品存储量估算所需的存储空间。产品 Z40H-150LB 每小时产量为 30.75 件，每天工作 8h，则每天生产量为 246 件。统计得到零件的安全库存为 10 天，订单提前期是 7 天，产品订单数量要满足 15 天的需求。根据原材料库储存阀体的平均数量为安全库存加上一半订货量，为 4305 件。

阀体的外形尺寸为 0.28m×0.3m×0.35m，选用 1000mm×1200mm 的托盘存储，托盘的承重为 1000kg，一个托盘平均存放 12 个阀体，取整后需要 360 个托盘存放位置。

托盘箱选用钢制折叠式箱形托盘，外尺寸为 1000mm×1200mm×975mm，使得最大可能地存储物品，同时与托盘存储尺寸匹配，充分利用存储空间。

货架根据存储货物的周转箱和货物外箱的尺寸，选择匹配尺寸。

最后，汇总所有存储设备需求量以及所需地面积情况，如表 3.34 所示。

表 3.34　存储设备面积估算表

存储设备	长/m	宽/m	高/m	数量	面积/m²	备注
中型货架	1.8	0.47	1.5	26	22	每个货架 4~5 层
悬臂式货架	1.8	0.9	1.5	8	13	每边 4 臂
托盘	1.2	1	0.2	360	432	单层堆放
托盘箱	1.2	1	0.975	100	120	单层堆放

根据表 3.34 计算原材料库所需面积为 587m²。因物品搬运主要为叉车和手推台车，通道面积约占原材料库总面积的 30%，取整得 839m²。

估算包括原材料库和周转区的所需面积，最后结果如表 3.35 所示。

表 3.35　存储部门面积估算表

代号	作业单位	面积/m²
11	原材料库	839
12	周转区	303
13	成品仓库	943

总面积：2085m²。

(3) 管理辅助部门面积估算

生产区的管理辅助部门包括生产管理办公室和工具库两个部门，其所需面积估算如表 3.36 所示。

表 3.36　管理辅助部门面积估算表

代号	作业单位	使用设备情况			人员活动面积/m²	保留空间面积/m²	总面积/m²
		设备名称	单台面积/m²	数量	设备总面积/m²			
14	办公室	办公用桌椅（办公位）	2.25	20	45	50	10	127
		会议室	18	1	18			
		文件柜	0.8	5	4			
15	工具库	办公用桌椅（办公位）	2.25	2	4.5	20	5	41.1
		工具柜	1	10	10			
		文件柜	0.8	2	1.6			

生产区各部门总面积为 6605.1m²，根据经验，各部门的目视管理等预留面积为 3%，综合以上面积估算值，取整得到生产区的面积估算值为 6809m²。

5. 物料搬运分析

厂址 A 为该公司原址，部分建筑还可使用，如厂址有一 100m×80m 的单层厂房，经建筑结构检测单位鉴定，确认厂房适合于阀门生产，同时能容纳生产所需面积。因此，将其作为生产区，有利于节约成本，缩短新厂区建设周期。

因该公司原址建筑物的出入口位置在同一面，同时鉴于建筑内长度的限制，生产区内作业单位间采用 U 形流动模式。

阀门生产流程中的搬运属于简单搬运，无特殊的物理化学性质要求。考虑到阀门质量大、外形复杂、尺寸大小变化频繁的特性，在搬运方式的设计中，选用最大载重量为 5t 的梁式起重机、叉车和地面手推车等为主要搬运设备。

设定车间内主通道为双车道，每个车道需满足叉车的宽度要求，宽度设计为 5m，次干道路设定为单车道，宽度设计为 3.1m。

6. 作业单位相互关系分析

1) 物流权重分析

因阀门零部件的搬运方式相似,且大部分零部件的密度相近,因此,选用质量作为物流的衡量单位。

各零件的权重 N_i 计算公式为 $N_i = \dfrac{M_i}{\min(M_1, M_2, \cdots, M_n)}$,其中 M_i 为各零件质量。比较被加工零件的质量,可选择阀杆螺母的初始质量为计算公式的分母,阀体、闸板、阀盖、阀杆和阀杆螺母的毛坯的物流权重如表 3.37 所示,其他在制零件的权重以同样的方法计算。

表 3.37 物流权重

产品名称	零件名称	质量/kg	权重
闸阀	阀体	29.9	4.98
	闸板	15.7	2.62
	阀盖	18.9	3.15
	阀杆	14.4	2.40
	阀杆螺母	6	1.00

注:本表中产品与其零件的数量比为 1:1。

2) 绘制从至表

根据以上的物流量权重,以及每种零件的工艺过程,绘制从至表,如表 3.38 所示。

表 3.38 从至表

作业单位＼作业单位		11 原材料库	1 车床组	2 钻床组	3 镗床组	4 铣床组	5 堆焊组	6 打磨组	7 研磨组	8 装配组	9 油漆组	10 检测组	13 成品仓库
11	原材料库	—	355					80					
1	车床组		—	79	27	71	301	139	71	22			
2	钻床组			—						213			
3	镗床组		26		—								
4	铣床组					—				69			
5	堆焊组		305				—						
6	打磨组		80	139				—					
7	研磨组								—	71			
8	装配组									—	554		
9	油漆组										—		554
10	检测组									554		—	
13	成品仓库												—

注:由于篇幅的限制,与全部其他作业单位之间无物流的单位未列在表中。

3) 密切程度等级划分

利用表 3.38 统计存在物料搬运的各作业单位对之间的物流量,将各作业单位对按物流强度大小排序,并划分出物流强度等级,汇总后的物流强度如表 3.39 所示。

表 3.39 物流强度汇总表

序号	作业单位对（路线）	物流强度	等级
1	1-5	606	A
2	8-10	554	E
3	9-13	554	E
4	9-10	554	E
5	1-11	355	I
6	1-6	219	I
7	2-8	213	I
8	2-6	139	I
9	6-11	80	O
10	1-2	79	O
11	1-4	71	O
12	1-7	71	O
13	7-8	71	O
14	4-8	69	O
15	1-3	53	O
16	1-8	22	O

4）作业单位物流相互关系图

在表 3.39 的基础上，绘制物流相互关系图，如图 3.28 所示。

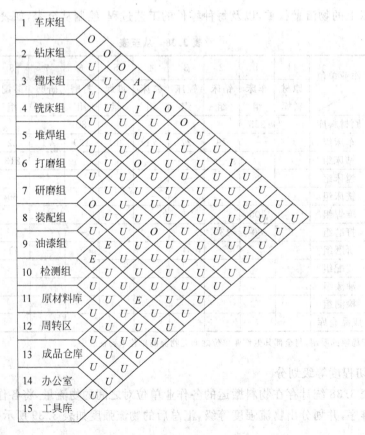

图 3.28 作业单位物流相互关系图

5）作业单位非物流相互关系图

在设施布置中,各作业单位、设施之间除了通过物流联系外,还有人际、工作事务、行政事务等日常活动。在充分考虑加工设备、员工需求和作业环境等因素的基础上,得到生产区各作业单位的非物流相互关系图,如图3.29所示。

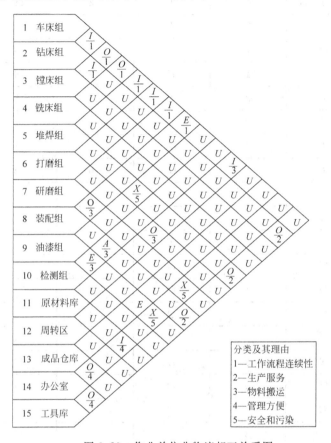

图 3.29　作业单位非物流相互关系图

6）综合相互关系

确定作业单位之间的物流和非物流关系后,需给出综合相互关系。其步骤如下:

(1) 阀门生产车间中作业单位之间物流关系占主要地位,经专家组论证,确定物流与非物流相互关系的密切程度相对重要性为3∶1。

(2) 量化物流和非物流密切程度等级,取 $A=4, E=3, I=2, O=1, U=0, X=-1$。

(3) 计算作业单位综合相互关系,如表3.40所示。

表 3.40　综合相互关系计算表

作业单位对	物流关系加权值3		非物流关系加权值1		综合关系	
	等级	分数	等级	分数	分数	等级
1-2	O	1	I	2	5	O
1-3	O	1	O	1	4	O
1-4	O	1	O	1	4	O

续表

作业单位对	物流关系加权值3		非物流关系加权值1		综合关系	
	等级	分数	等级	分数	分数	等级
1-5	A	4	I	2	14	A
1-6	I	2	I	2	8	I
1-7	O	1	I	2	5	O
1-8	O	1	E	3	6	I
1-11	I	2	I	2	8	I
2-3	U	0	I	2	2	O
2-6	I	2	U	0	6	I
2-8	I	2	U	0	6	I
2-15	U	0	O	1	1	O
4-8	O	1	U	0	3	O
5-9	U	0	X	−1	−1	X
5-15	U	0	O	1	1	O
6-11	O	1	O	1	4	O
7-8	O	1	O	1	4	O
7-14	U	0	X	−1	−1	X
8-10	E	3	A	4	13	E
8-15	U	0	O	1	1	O
9-10	E	3	E	3	12	E
9-13	E	3	E	3	12	E
9-14	U	0	X	−1	−1	X
11-14	U	0	I	2	2	O
13-14	U	0	O	1	1	O
14-15	U	0	O	1	1	O

注：物流与非物流关系都定级为U的作业单位对未在表中列出。

绘制作业单位综合相互关系图，如图3.30所示。

7）绘制作业单位位置相互关系图

根据作业单位综合相互关系，绘制作业单位位置相关图，如图3.31所示。

8）绘制作业单位面积相互关系图

结合作业空间面积估算和作业单位的位置关系图，绘制作业单位面积相互关系图，如图3.32所示。

7. 生产区总平面布置

根据实际条件对已得到的面积相互关系图进行修正,在本设计中,考虑的修正因素有以下几点。

(1)车床组布置。综合考虑车床机台的占地、工作站布置和搬运方式等因素,将车床组划分为多个块。

(2)物料流动。与生产区外部物流关联最频繁的为原材料库和成品库,减少搬运量,在生产区的布局设计中,尽量将原料库和成品仓库设置在出入口附近。

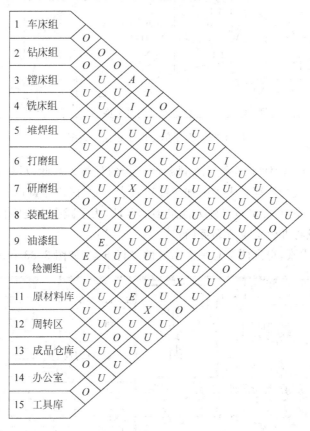

图 3.30 作业单位综合相互关系图

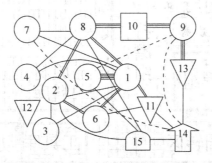

图 3.31 作业单位位置相互关系图

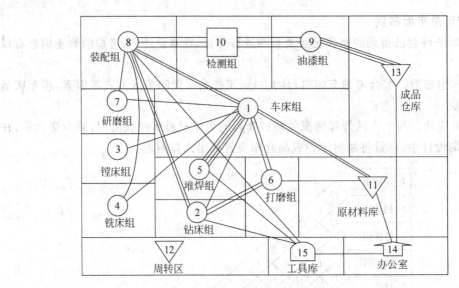

图 3.32 作业单位面积相互关系图

(3) 污染和噪声。油漆车间会释放刺激性气味的气体。为此,尽量将油漆车间排在厂区的角落,并做好空气交换等。因为机加工噪声较大,办公区应尽量远离机加工单元。

(4) 人流管理。因办公室是对外人流最多的区域,为了减少人流距离,同时减少人在车间内的流动,应尽量将办公室设置靠近门口。

综合以上考虑因素,得到两个总平面布置的可行方案,如图 3.33 和图 3.34 所示。

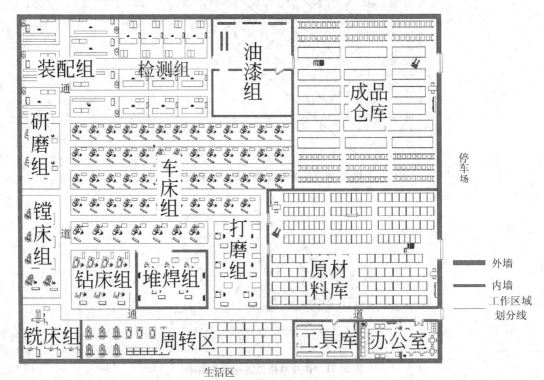

图 3.33 总平面布置方案一

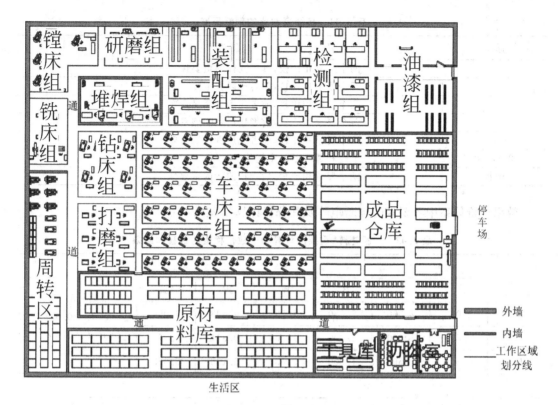

图 3.34 总平面布置方案二

8. 布置方案的评价和择优

设施布置一般都是多目标问题,有多个评价指标,且评价指标往往包括定量指标和定性指标两类,因此采用层次分析法和模糊综合评判法作为评价方法,评价结构模型如图 3.35 所示。

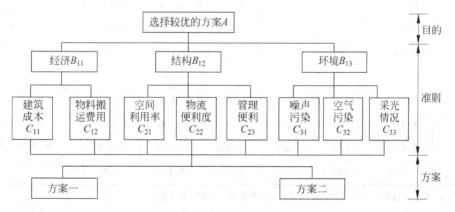

图 3.35 效果评价结构模型

1) 评价指标的权重计算

各要素对比的判断尺度如表 3.41 所示。

表 3.41 各要素对比的判断尺度

标度	含义
1	两个要素相比较,具有同样的重要性
3	两个要素相比较,前者比后者重要
5	两个要素相比较,前者比后者明显重要
7	两个要素相比较,前者比后者强烈重要
9	两个要素相比较,前者比后者极端重要
2,4,6,8	上述相邻判断的中间值
倒数	两个要素相比较,后者比前者的重要性

效果评价体系中各要素的判断矩阵及其分析计算如表 3.42 所示。

表 3.42 判断矩阵、重要度计算和一致性检验的过程和结果

1.

A	B_{11}	B_{12}	B_{13}	W_i	W_i^0	λ_{min}	
B_{11}	1.000	2.000	2.000	1.587	0.493	3.054	$\lambda_{max}=3.054$
B_{12}	0.500	1.000	2.000	1.000	0.311	3.054	$C.I.=0.027$
B_{13}	0.500	0.500	1.000	0.630	0.196	3.053	$R.I.=0.52$
							$C.R.=0.052<0.1$

2.

B_{11}	C_{11}	C_{12}	W_i	W_i^0	λ_{min}	
C_{11}	1.000	0.333	0.577	0.250	2.001	$\lambda_{max}=2.001$
C_{12}	3.000	1.000	1.732	0.750	2.000	$C.I.=0.000$
						$C.R.=0<0.1$

3.

B_{12}	C_{21}	C_{22}	C_{23}	W_i	W_i^0	λ_{min}	
C_{21}	1.000	0.333	4.000	1.101	0.280	3.085	$\lambda_{max}=3.087$
C_{22}	3.000	1.000	5.000	2.466	0.627	3.086	$C.I.=0.043$
C_{23}	0.250	0.200	1.000	0.368	0.094	3.089	$R.I.=0.52$
							$C.R.=0.083<0.1$

4.

B_{13}	C_{31}	C_{32}	C_{33}	W_i	W_i^0	λ_{min}	
C_{31}	1.000	0.500	2.000	1.000	0.297	3.009	$\lambda_{max}=3.010$
C_{32}	2.000	1.000	3.000	1.817	0.540	3.009	$C.I.=0.005$
C_{33}	0.500	0.333	1.000	0.550	0.163	3.011	$R.I.=0.52$
							$C.R.=0.009<0.1$

注:λ_{max} 是经过标准化后得到的特征向量的最大特征值,一致性检验公式

$$C.I. = \frac{\lambda_{max}-n}{n-1} = \frac{3.054-3}{3-1} = 0.027$$

查表得 $R.I.=0.52$,则

$$C.R. = \frac{C.I.}{R.I.} = \frac{0.027}{0.52} = 0.052$$

对判断矩阵进行运算,得到各评价指标的对应权重值,如表 3.43 所示。

表 3.43 指标权重表

B \ C	B_{11}	B_{12}	B_{13}	W_i
	0.493	0.311	0.196	
C_{11}	0.250	0.000	0.000	0.123
C_{12}	0.750	0.000	0.000	0.370
C_{21}	0.000	0.280	0.000	0.087
C_{22}	0.000	0.627	0.000	0.195
C_{23}	0.000	0.094	0.000	0.029
C_{31}	0.000	0.000	0.297	0.058
C_{32}	0.000	0.000	0.540	0.106
C_{33}	0.000	0.000	0.163	0.032
合计				1.000

2) 布置方案评价

运用模糊综合评判法进行评价择优时,首先要建立因素集 F,因素集即评价项目或者指标的集合。我们选择图 3.35 中评价结构模型确定的因素集 $F=\{C_{11},C_{12},C_{21},C_{22},C_{23},C_{31},C_{32},C_{33}\}$。由表 3.43 得到的评价项目的权重系数向量为:$W_F=(0.123,0.370,0.087,0.195,0.029,0.058,0.106,0.032)$。

建立评定集,这里设定评定集为 $E=\{e_1,e_2,e_3,e_4\}=\{好,较好,一般,较差\}$。评定集的标准满意度向量设定为 $W_E=(100,85,60,30)$。

在企业中选取 10 名专业工程师对方案进行评价,工程师根据上述指标准则分别对两种布置方案打分,得到的评价矩阵如表 3.44 所示。

表 3.44 评价矩阵表

方案一	好	较好	一般	较差	方案二	好	较好	一般	较差
C_{11}	7	3	0	0	C_{11}	7	2	1	0
C_{12}	6	3	1	0	C_{12}	3	4	3	0
C_{21}	4	5	1	0	C_{21}	4	5	1	0
C_{22}	5	3	2	0	C_{22}	3	4	3	0
C_{23}	5	5	0	0	C_{23}	5	5	0	0
C_{31}	3	3	3	1	C_{31}	2	3	3	2
C_{32}	3	3	3	1	C_{32}	3	4	3	0
C_{33}	5	2	2	1	C_{33}	4	2	3	1

对以上评价矩阵进行归一化处理,得到隶属度矩阵为

$$R_1 = \begin{bmatrix} 0.7 & 0.3 & 0 & 0 \\ 0.6 & 0.3 & 0.1 & 0 \\ 0.4 & 0.5 & 0.1 & 0 \\ 0.5 & 0.3 & 0.2 & 0 \\ 0.5 & 0.5 & 0 & 0 \\ 0.3 & 0.3 & 0.3 & 0.1 \\ 0.3 & 0.3 & 0.3 & 0.1 \\ 0.5 & 0.2 & 0.2 & 0.1 \end{bmatrix}, \quad R_2 = \begin{bmatrix} 0.7 & 0.2 & 0.1 & 0 \\ 0.3 & 0.4 & 0.3 & 0 \\ 0.4 & 0.5 & 0.1 & 0 \\ 0.3 & 0.4 & 0.3 & 0 \\ 0.5 & 0.5 & 0 & 0 \\ 0.2 & 0.3 & 0.3 & 0.2 \\ 0.3 & 0.4 & 0.3 & 0 \\ 0.4 & 0.2 & 0.3 & 0.1 \end{bmatrix}$$

各个方案的综合评定向量 S 为

$$S_1 = W_F R_1 = (0.520, 0.320, 0.140, 0.020)$$
$$S_2 = W_F R_2 = (0.361, 0.375, 0.249, 0.015)$$

计算综合评定值 $\mu_1 = W_E S_1^T = 88.536, \mu_2 = W_E S_2^T = 83.748$。根据结果,可知 $\mu_1 > \mu_2$,故方案一较之于方案二更优。

小结与讨论

物流设施规划在物流系统中占有重要地位,是物流产生和流通的实物通道,是企业策略制定的前提条件,受到了包括学术界和企业界的高度重视,是一个跨领域的研究主题,需要各个学科的密切配合。优良的设施规划有助于资源的优化配置和整个物流系统效率的提升。

国内外学术界对设施规划研究较多,主要体现在:设施规划的界定、设施规划的综合分析方法、设施规划方法的应用以及计算机技术在设施规划中的应用等。对于设施规划的界定,不同的学科领域关注点不同,如工业工程领域可能着重于制造业设施的应用研究,物流管理可能着重于运输仓储设施的应用研究,城市规划领域可能着重于城市公共设施的应用研究,建筑设计领域则可能着重于商业、居住设施的应用研究等。实际应用时,需要加以明晰和结合,以便做出更好的规划。综合分析方法则主要围绕以下问题进行:企业需要多少物流中心?各物流中心的位置、应存放哪些商品以及存量多少?服务哪些顾客?如何向供应商采购?制定什么配送策略?设施服务水平如何?等等。

对于规划方法的研究,主要集中于数学规划模型,以及对物流系统绩效的多准则评估方法。现有的规划方法大多从单一目标出发考虑优化问题,对影响物流设施系统优化的各种因素缺乏全面考虑,缺少对定性和定量因素的综合处理方法。设施规划中的一个重点是设施布置设计,即通过对系统物流、人流、信息流进行分析,对建筑物、机器、设备、运输通道和场地做出有机的组合与合理配置,达到系统内部布置最优化。不同的系统类型、流程决定了不同的设施布置形式与流动模式。最具代表性的设施布置方法是美国的理查德·缪瑟提出的系统布置设计法,它采用严密的系统分析手段及规范的系统设计步骤,对设施进行布置,具有很强的实践性。

近年来,计算机仿真和辅助设施规划日渐成为工程设计人员的重要工具,受到了人们的广泛关注。本章简要介绍了 4 种计算机辅助求解的布置方法:CRAFT, CORELAP, ALDEP 及 MultiPLE。这些方法几乎都以软件的形式实现了,如 CORELAP,它们大大地方便了工程师们的规划设计工作,但尚需与实际的现代物流系统的需求和规划设计理念、模型、方法相适应。因此,设施规划与设计仍然需要进一步加强理论、方法、工具的研究,紧密联系应用,以便能更好地适应未来生产和服务方式的发展。

习题

1. 请说明什么是设施规划,并说明制造业设施、服务业设施和物流设施各自的含义和内容的异同和侧重点。

2. 请各挑选一篇有关设施规划的中文和英文文献,用 500 字说明其内容大意。

3. 请找出一篇有关一般设施规划步骤的文献,说明其执行步骤的次序和内容。

4. 请找出一篇有关物流中心规划步骤的文章,说明其执行步骤的次序和内容。

5. 请说明一般性设施规划步骤、特定设施类型规划步骤(如物流中心规划设计),以及二者间的关联性。

6. 参观一个小型单位,列出该单位的全部设施,试确定它们的相互关系并给出理由,然后画出相关图。

7. 为什么设施布置在设施规划中占有重要地位?试举例说明不合理的设施布置对企业运营产生的不良后果。

8. 为什么布置设计时,必须取得产品、产量的原始资料?这些资料对布置设计有什么影响?请至少列出 6 项你认为学校布置设计应该遵循的原则。为什么要引入综合接近程度的概念?

9. 请简述设施规划设计的目的和原则。

10. 简述工厂系统布置设计与物流中心内部布置的基本要素。

11. 某生产线共有 8 项作业,其工作周期为 8min。已知各项作业的装配顺序和时间如表 3.45 所示。请根据周期时间和作业顺序限制,确定最少工作站数和各项作业的安排,并算出此安排下生产线的效率。

表 3.45 周期时间和作业顺序表

作业	A	B	C	D	E	F	G	H
完成时间/min	5	3	4	3	6	1	4	2
紧后作业	无	A	B	B	C	C	D,E,F	G

12. 某流水线有 17 项作业需要平衡,其中最长的作业为 2.4min,所有作业的总时间为 18min。该流水线每天工作 450min。试求:

(1) 最大和最小的周期时间各是多少?

(2) 该流水线理论上可能达到的每日产能是多少?

(3) 按最大产能来算,最少需要几个工作站?

(4) 若每天产能为 125min,则周期时间应为多长?

(5) 若周期时间分别是 9min 和 15min,则产能分别是多少?

13. 某学院注册有 4 道手续:领取表格、咨询、领取班级卡和确认缴费,分别安排在 A, B, C, D 4 个连续相邻的同样大小的房间,因为同时有新、老生,如果 450 名新生领表后去咨询,550 名老生领表后直接去领班级卡,而毕业班学生已经注册过,领表后直接去缴费,详细学生流向如表 3.46 所示。试问已有布置是否可以改进?若能,该如何改进?

表 3.46　学生流向表

从＼至	领表	咨询	领班级卡	缴费
领表		450	550	50
咨询	250		200	0
领班级卡	0	0		750
缴费	0	0	0	

14. 根据作业相关图,绘制作业单位位置相关图。

15. 已知某工厂各作业部门的物流相关表如表 3.47 所示、非物流作业单位相关表如表 3.48 所示,物流与非物流相互关系相对重要性的比值 $m:n=2:1$,物流与非物流相关密切程度等级值：$A=4, E=3, I=2, O=1, U=0, X=-1$,综合相互关系等级划分标准见表 3.49,试建立作业单位综合相关图,并绘制作业单位位置与面积相关图。

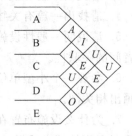

图 3.36　习题 14 作业相关图

表 3.47　工厂物流相关表

	部门 1	部门 2	部门 3	部门 4	部门 5
部门 1		I	U	A	I
部门 2			E	I	O
部门 3				E	E
部门 4					I
部门 5					

表 3.48　非物流作业单位相关表及作业单位面积

	部门 1	部门 2	部门 3	部门 4	部门 5	面积/m²
部门 1		A	U	A	X	100
部门 2			O	I	O	400
部门 3				E	U	300
部门 4					U	100
部门 5						100

表 3.49　综合相互关系等级划分标准

关系等级	总分	符号	作业单位对比例/%
绝对必要靠近	11～12	A	1～10
特别重要靠近	9～10	E	2～20
重要	6～8	I	3～30
一般	3～5	O	5～40
不重要	0～2	U	50～80
不希望靠近		X	0～10

16. 请分析计算机在系统布置规划中的作用以及这种布置方法的特点。

第4章 搬运系统规划

物料搬运(material handling)是指在同一地域范围内进行的,以改变物品的存放状态和空间位置为主要内容和目的的活动,具体说包括装上、卸下、移送、拣选、分类、堆垛、入库、出库等活动。它是物流系统的重要组成部分,是衔接物流活动的桥梁与手段,其活性程度和系统合理化对企业物流效率与效益有十分重要的影响。国外统计资料显示,在中等批量的生产车间里,零件在机床上的时间仅占生产时间的5%,而95%的时间消耗在原材料、工具、零件的搬运、等待等环节,物料搬运费用占全部生产费用的30%~40%。因此,进行搬运系统的规划与分析,设计较为合理、高效、柔性的物料搬运系统,对压缩库存资金占用、缩短物料搬运所占时间、优化企业内部物流系统有着十分重要的意义。

要进行搬运系统的规划与设计,首先必须熟悉相关搬运系统的基本概念、基本功能、设计原则和基本方法,使用相关搬运系统的分析工具,如物流量的分析工具、物流关系的分析工具和缪瑟的搬运系统分析理论等。搬运系统分析、规划与设计包括3个方面的内容:一是记录、描绘搬运系统现状,并将其图表化;二是分析搬运系统存在的问题及其原因;三是采用一定的阶段程序模式形成系统设计方案,找到解决搬运问题的方法。本章主要介绍搬运系统规划的基本概念、分析设计的基本要素和程序模式、方法及其方案设计等内容。

4.1 搬运系统规划概述

4.1.1 物料搬运的基本概念

物料搬运是物流过程中在同一场所范围内进行的以改变物料的存放(支承)状态(即狭义的装卸)和空间位置(即狭义的搬运)为主要目的的活动。具体来说,包括物资的装载、卸货、移动、货物堆码上架、理货、取货、分拣等作业以及附属于这些活动的作业。

装卸搬运指物料装卸和物料搬运两项作业。它们密不可分,习惯上以"装卸"或"搬运"代替"装卸搬运"的完整含义。在流通领域,装卸搬运常称为"货物装卸";而在生产领域,装卸搬运常称为"物料搬运"。一般情况下,在强调物料存放状态的改变时,使用"装卸";在强调物料空间位置的改变时,使用"搬运"。在这里统一使用"物料搬运"来概括物料的装卸搬运活动。

具体的物料搬运作业主要有:水平或斜面运动——搬运作业;垂直运动——装卸作业;码垛或取货——提升或下降作业;转向——绕垂直轴线转动作业;翻转——绕水平轴

线转动作业。

物料搬运的基本功能是改变物品的存放状态和空间位置。无论在生产领域还是在流通领域,装卸搬运都是影响物流速度和物流费用的重要因素。因此,不断提高装卸搬运合理化程度,无疑对提高物流系统整体功能有极为重要的意义。装卸搬运在物流活动转换中起承上启下的作用,在物流成本中占有重要地位,是提高物流系统效率的关键。装卸搬运在物流系统中的作用表现在以下几方面:

(1) 装卸搬运既是伴随生产过程和流通过程各环节所发生的活动,又是衔接生产各阶段和流通各环节之间相互转换的桥梁。因此,装卸搬运的合理化,对缩短生产周期、降低生产过程的物流费用、加快物流速度、降低物流费用等都起着重要的作用。例如,典型调查显示,我国机械工业企业 1 吨产品的生产销售过程中需要经过 252 吨次的装卸搬运;在苏联,铁路运输的货物,少则需要 6 次,多则需要十几次乃至数十次的装卸搬运,其费用占运输费用的 25%～30%。

(2) 装卸搬运是保障生产和流通其他各环节得以顺利进行的条件。装卸搬运活动本身虽不消耗原材料,不产生废弃物,无须大量占用流动资金,不产生有形产品,但它的工作质量却对生产和流通其他各环节产生很大的影响,或者生产过程不能正常进行,或者流通过程不畅,或者是物料损坏。所以,装卸搬运对物流过程其他各环节所提供的服务具有劳务性质,具有提供保障和服务的功能。

(3) 装卸搬运是物流过程中的一个重要环节,它制约着物流过程其他各项活动,是提高物流速度的关键。无论在生产领域还是在流通领域,装卸搬运功能发挥的程度,都直接影响着生产和流通的正常进行,其工作质量的好坏,关系到物品本身的价值和使用价值。由于装卸搬运是伴随着物流过程环节的一项活动,因而往往不能引起人们的足够重视。可是,一旦忽视了装卸搬运,生产和流通领域轻则发生混乱,重则造成停顿。例如,我国铁路运输曾由于忽视装卸搬运,出现过"跑在中间、窝在两头"的现象;我国港口由于装卸设备、设施不足以及装卸搬运组织管理等原因,曾多次出现过压船、压港、港口堵塞的现象。所以,装卸搬运在流通和生产领域具有"闸门"和"咽喉"的特点,制约着物流过程各环节的活动。由此可见,改善装卸搬运作业,提高装卸业合理化程度,对加速车船周转,发挥港、站、库功能,加快物流速度,减少流动资金占用,降低物流费用,提高物流服务质量,发挥物流系统整体功能等,都具有十分重要的意义和作用。

4.1.2 物料搬运系统分析

搬运系统分析(system handling analysis,SHA)就是为了提高搬运系统的合理化程度,减少搬运作业的工作强度,消除不必要的搬运作业活动,提高搬运活动的活性指数,对构成物料搬运系统的物料、人员、移动设备与容器(搬运单元)、移动路径及其影响因素进行分析,并将各种移动图表化,为系统布置设计优化提供决策依据,以促进设施内部物流活动合理化。

因此,物料搬运分析的基本内容有 3 项:一是搬运的对象物料;二是移动的路径方向;三是移动所采用的搬运器具(搬运单元)。这 3 项内容的组合构成了物料搬运系统,是进行任何搬运分析的基础。物料搬运分析设计就是优化物料搬运方法,综合考虑设施系统布置,形成经济实用的物料搬运方案,以建立一个效率化企业内部的物流作业系统。为了正确设计合理的物料搬运系统方案,物流规划设计者必须在进行搬运分析设计之前首先解决7个问题。这7个问题就是著名的6W1H法①,如图4.1所示。

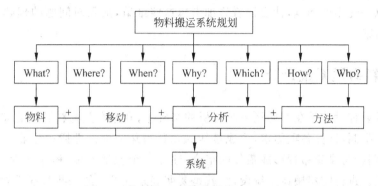

图 4.1 物料搬运系统分析的 6W1H 方法

1. What：什么

要移动的对象是什么？有什么特征？搬运的物品有哪些种类？数量有多少？分析设计需要什么资料？资料如何取得？系统所规划的范围是什么？是否需要机械化/自动化？需要什么设备？是否需要人工控制？有无意外情况？

2. Where：哪里

物料搬到哪里去？应该存放在哪里？是哪里提供物料？哪里存在搬运问题？哪里应该使用搬运设备？哪些搬运操作可以消除、合并、简化？

3. Why：为什么

为什么要搬运？为什么要这样搬运？为什么要按此流程操作？为什么物料要存放在这里？为什么物料搬运要用这种容器、工具、设备？

4. When：什么时候

什么时候需要移动物料？什么时候需要自动化？什么时候需要整理物料？什么时候要删减作业？什么时候要扩充系统容量？

5. How：如何

物料如何移动？如何分析物料搬运问题？如何取得主要人员的赞同？如何去学习更多的物料搬运知识？如何应对意外情况？

6. Who：谁

谁搬运物料？谁参与系统设计？谁评价此系统？谁安装系统？谁审核系统？谁提供系统的设备？

7. Which：哪一种,哪些

搬运活动受到哪些因素影响？哪一种操作是必要的？哪一种问题需要首先研究？哪一种搬运设备可以考虑选用？哪一种物料要及时控制？可以取得哪些方案？每个方案有哪些

---

① 该方法在有些教科书中又称为5W1H方法,请注意其区别。——作者

利弊？哪一种方案最佳？用哪一种标准来评价设计方案？衡量物料搬运的绩效指标有哪些？

6W1H 以一连串的问题，让设计者详细考虑这些细节，加强对问题的理解，从而有利于找到合适的方案。

4.1.3 物料搬运系统设计

物料搬运系统设计是在对搬运系统分析的基础上，利用有关物料搬运的知识和经验，考虑各种条件和限制，计算各项需求，形成最佳的物料搬运方案。即搬运作业人员、移动设备与容器、移动路径与设施布置形成最佳的组合，建立一个包括人员、程序和设施布置在内的有效工作体系。进行物料搬运系统设计，就是要明确系统设计的一些基本要素，把握好设计原则和要领，按照设计的过程寻找最佳系统方案。

1. 系统设计的基本要素

物料搬运系统分析设计是一个十分复杂的工作，分析设计人员应尽量简化复杂系统的设计，首先就必须掌握影响物料搬运系统的各种基本因素，即进行搬运系统分析设计所需的主要基础数据，这些是搬运系统分析设计的基本要素，用 P，Q，R，S，T 表示，对这些基本要素的详细说明请参见 3.2.2 节。

2. 系统设计的原则

国际物料管理协会下属的物料搬运研究所浓缩数十年物料搬运专家的经验，总结出了物料搬运的 20 条原则，这 20 条原则是进行物料搬运系统设计必须遵循的准则。

（1）规划原则：以获得系统整体最大工作效益为目标，规划所有的物料搬运和物料存储工作。

（2）系统化原则：尽可能广泛地把各种搬运活动当作一个整体，使之组成相互协调的搬运系统。其范围包括供货厂商、收货、存储、生产、检验、包装、成品存储、发货、运输和消费用户等。

（3）物流顺畅原则：在确定生产顺序与设备平面布置时，应力求物流系统的最优化。

（4）精简原则：减少、取消或合并不必要的动作与设备，以简化搬运工作。

（5）利用重力原则：在可能的条件下，尽量利用重力搬运物料，但应注意防止磕碰。

（6）充分利用空间原则：最大可能地充分利用建筑物的整个空间。

（7）集装单元化原则：尽可能采用标准容器与装载工具集装物料，以利搬运过程的标准化、集装化。

（8）机械化原则：合理采用搬运机械设备和提高搬运机械化程度。

（9）自动化原则：在生产、搬运和存储过程中采用合理的作业自动化。

（10）最少设备原则：考虑被搬运物料各个方面的特点，包括物料的运动方式和采用的搬运方法，选择最少设备。

（11）标准化原则：使搬运方法、搬运设备、搬运器具的类型、尺码标准化。

（12）灵活性原则：在专用设备并非必要的情况下，所采用的搬运方法和搬运设备应能适应各种不同的搬运任务和实际应用的要求。

(13) 减轻自重原则：降低移动式设备的自重与载荷的比例。
(14) 充分利用原则：力求使人员与搬运设备得到充分利用。
(15) 维修保养原则：为全部搬运设备制定预防性保养和计划维修制度。
(16) 摒弃落后原则：当出现可提高效率的方法和设备时，合理更新陈旧设备与过时方法。
(17) 控制原则：利用物料搬运工作改进对生产、库存和接订单、发货等工作的控制管理。
(18) 生产能力原则：利用搬运设备促使系统达到所要求的生产能力。
(19) 搬运作业效能原则：以每搬运一件单元货物所耗成本的指标考核搬运作业的效能。
(20) 安全原则：为保证搬运安全，提供合适的方法和设备。

以上原则可以作为判断物料搬运系统优劣的依据。需要注意的是，其中有些原则是相互冲突的，需要根据不同的物料搬运系统的具体情况作出取舍。最好是结合实际，对这些原则进行排序，理清系统约束之间的关系和层次性，明晰每个原则蕴涵的具体含义和约束，以便设计出切实可行的方案。

3. 物料搬运系统分析设计过程

要设计一个好的搬运方案，首先必须遵循一定的工作过程。物料搬运系统从最初提出目标到具体实施完成，可以分成 4 个阶段，如图 4.2 所示。

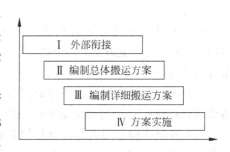

图 4.2 物料搬运系统分析阶段

(1) 外部衔接。这个阶段要弄清整个区域或所分析区域的全部物料进出搬运活动。在这之前，先要考虑所分析区域以外的物料搬运活动，就是把区域内具体的物料搬运问题同外界情况或外界条件联系起来考虑，这些外界情况有的是我们能控制的，有的是不能控制的。例如，对区域的各道路入口、铁路设施要进行必要的修改，以与外部条件协调一致，使工厂或仓库内部的物料搬运同外界的大运输系统结合成为一个整体。

(2) 编制总体搬运方案。这个阶段要确定各主要区域之间的物料搬运方法，对物料搬运的基本路线系统、搬运设备大体的类型以及运输单元或容器作出总体决策。

(3) 编制详细搬运方案。这个阶段要考虑每个主要区域内部各工作地点之间的物料搬运，要确定详细物料搬运方法。例如，各工作地点之间具体采用哪种路线系统、设备和容器。如果说，第Ⅱ阶段是分析工厂内部各车间或各厂房之间的物料搬运问题，那么第Ⅲ阶段就是分析从一个具体工位到另一个工位或者从一台设备到另一台设备的物料搬运问题。

(4) 方案实施。任何方案都要在实施之后才算完成。这个阶段要进行必要的准备工作，订购设备，完成人员培训，制订并实施具体搬运设施的安装计划。然后，对所规划的搬运方法进行调试，验证操作规程，并对安装完毕的设施进行验收，确定它们能正常运转。

上述 4 个阶段是按时间顺序依次进行的。但是为取得最好的效果，各阶段在时间上应有所交叉重叠。总体方案和详细方案的编制是物流系统规划设计人员的主要任务。

4.2 物料搬运系统分析[①]

物料搬运系统分析(SHA)是缪瑟提出的一种系统分析方法,适合于一切物料搬运项目,它不仅包括我们在 4.1 节给出的系统分析设计过程,还包括下面将介绍的基本流程模式。

4.2.1 基本流程模式

SHA 的基本程序参见图 4.3,具体过程描述如下:

(1) 物料分类。制定搬运方案过程中,首要的工作就是分析物料(产品或零件),也就是对物料进行分类,即按物料的物理性能、数量、时间要求或特殊控制要求进行分类。

(2) 布置。在对搬运活动进行分析或图表化之前,先要有一个布置方案,一切搬运方案都是在这个布置内进行的。

(3) 各项移动分析。主要是确定每种物料在每条路线(起点到终点)上的物流量和移动特点。

(4) 各项移动的图表化。就是把分析结果转化为直观的图形,通常用物流图或距离与物流量指示图来体现。

(5) 物料搬运方法的知识和经验。在找出一个解决办法之前,需要先掌握物料搬运方法的知识,运用有关的知识来选择各种搬运方法。

(6) 确定初步搬运方案。在这一步,要提出关于路线系统、设备和运输单元(或容器)的初步搬运方案。也就是把收集到的全部资料数据进行汇总,从而求得具体的搬运方法。实际上,往往要提出几个合理的、有可能实行的初步方案。

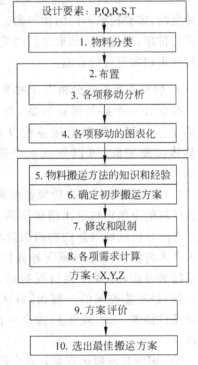

图 4.3 搬运系统分析设计的基本程序

(7) 修改和限制。在考虑一切有关的修正因素和限制因素以后,对这些初步方案进一步调整。在这一步,要修正和调整每一个方案,把可能性变为现实性。

(8) 各项需求计算。对初步方案进行调整或修正是为了消除所有不能实现的设想。但是在选择最佳方案之前,还需要算出所需设备的台数或运输单元的数量,算出所需费用和操作次数。

---

① 刘联辉.物流系统规划及其分析设计[M].北京:中国物资出版社,2006:172-185.

(9) 方案评价。对几个比较方案进行评价,目的是从几个方案中选择一个较好的方案。不过,在评价过程中,往往会把两个或几个方案结合起来形成一个新的方案。

(10) 选出最佳搬运方案。经过评价,从中选出一个最佳方案。

值得说明的是,搬运系统分析模式对于第Ⅱ阶段(总体搬运方案)和第Ⅲ阶段(详细搬运方案)都适用。这就是说,虽然两个阶段的工作深度不同,但分析步骤的模式却是一样的。

4.2.2 物料的分类

在分析设计搬运系统时,最有影响的因素通常是所要搬运的物料。对任何物料搬运问题,先要解决的问题是搬运什么?如果需要搬运的物料只有一种,也就是单一物料或单一产品,那么我们唯一要做的就是弄清这种物料的特性。如果有多种不同的物品,则必须按"物料类别"对它们进行分类。对同一类的物料采用同一种方式进行搬运。

对所有的物品进行分类,归并为几种物料类别,第一可简化分析工作,第二有助于把整个问题划分成若干部分逐个解决。

1. 物料的分类方法

物料分类的基本方法是:

(1) 固体、液体还是气体;

(2) 单独件、包装件还是散装物料。

但在实际分类时,SHA 是根据影响物料可运性(即移动的难易程度)的各种特征和影响能否采用同一种搬运方法的其他特征进行分类的。

2. 物料分类的依据

物理特征通常是影响物料分类的最重要因素。也就是说,任何物料的类别通常是按其物理性质来划分的。物料特征主要有物理、数量、时间、管理等。

1) 物理特征

(1) 尺寸:长、宽、高;

(2) 质量:每运输单元质量或单位体积质量(密度);

(3) 形状:扁平的、弯曲的、紧密的、可叠套的、不规则的,等等;

(4) 损伤的可能性:易碎、易爆、易污染、有毒、有腐蚀性,等等;

(5) 状态:不稳定的、黏的、热的、湿的、脏的、配对的,等等。

2) 数量特征

在分析设计搬运系统时,物料数量也特别重要。不少物料是大量的(物流较快的),有些物料是小量的(常属于"特殊订货")。搬运大量的物品同搬运小量的物品一般是不一样的。

3) 时间特征

主要表现为经常性、紧迫性、季节性。对时间性方面的各项因素,一般急件的搬运成本高,而且要考虑采用不同于搬运普通件的方法。另外,时间间断的物流会引起不同于稳定物流的其他问题。季节的变化也会影响物料的类别。

4) 管理特征

主要指政府法规、工厂标准、操作规程对搬运的要求。管理问题往往对物料分类有决定作用。例如,麻醉剂、弹药、贵重毛皮、酒类饮料、珠宝首饰和食品等都会受政府法规、市政条例、公司规章或工厂标准的制约。

3. 物料分类的程序

物料分类应按以下程序进行：

(1) 列表标明所有的物品或分组归并的物品的名称。物品清单或分组归并如表 4.1 所示。

表 4.1 物料特征表

产品与物料名称	物品的实际最小单元	单元物品的物理特征						其他特征		
		尺寸			质量	形状	损伤的可能性（对物料、人、设备）	状态（湿度、稳定性、刚度）	数量	时间	管理	类别
		长	宽	高								

(2) 记录其物理特征或其他特征。

(3) 分析每种物料或每类物料的各项特征，并确定哪些特征是主导的或特别重要的。在起决定作用的特征下面画红线（或黑的实线），在对物料分类有特别重大影响的特征下面画橘黄线（或黑的虚线）。

(4) 确定物料类别，把具有相似主导特征或特殊影响特征的物料归并为一类。

(5) 对每类物料写出分类说明。

值得注意的是，这里主要起作用的往往是装有物品的容器。因此，我们要按物品的实际最小单元（瓶、罐、盒等）分类，或者按最便于搬运的运输单元（瓶子装在纸箱内、衣服包扎成捆、板料放置成叠，等等）进行分类。在大多数物料搬运问题中都可以把所有物品归纳为 8～10 类。一般应避免超过 15 类。

4.2.3 系统布置分析

对物料鉴别并分类后，根据 SHA 的模式，下一步就是分析物料的移动。在对移动进行分析之前，首先应该对系统布置进行分析。布置决定了起点与终点之间的距离，这个移动的距离是选择任何一个搬运方法的主要因素。

1. 布置对搬运的影响

当根据现有布置制定搬运方案时，距离是已经定了的。然而，只要能达到充分节省费用的目的，就很可能要改变布置。所以，往往需要同时对搬运和布置进行分析。当然，如果项目本身要求考虑新的布置，并作为改进搬运方法的规划工作的一部分，那么规划人员就必须把两者结合起来考虑。

2. 对系统布置的分析

对物料搬运分析来说，我们需要从设施布置中了解的信息，基本上有 4 点：

(1) 每项移动的起点和终点（提取和放下的地点）的具体位置在哪里？

(2) 哪些路线及这些路线上有哪些物料搬运方式，是在规划之前已经确定了的，或大体上作出了规定的？

(3) 物料运进运出和穿过的每个作业区所涉及的建筑特点（包括地面负荷、厂房高度、柱子间距、屋架支撑强度、室内还是室外、有无采暖、有无灰尘等）是什么？

(4) 物料运进运出的每个作业区内进行什么工作？作业区内部分已有的（或人大体规

划的)安排或大概是什么样的布置？

当进行某个区域的搬运分析时，应该先取得或先准备好这个区域的布置草图、蓝图或规划图，这是非常有用的。如果是分析一个厂区内若干建筑物之间的搬运活动，那就应该取得厂区的布置图；如果分析一个加工车间或装配车间内两台机器之间的搬运活动，那就应该取得这两台机器所在区域的布置详图。

总之，当最后确定搬运方案时，所选择的方案必须建立在物料搬运作业与具体布置相结合的基础之上。

4.2.4 各项移动分析

1. 分析各项移动时需掌握的资料

在分析各项移动时，需要掌握以下 3 类资料：物料（产品物料类别）、路线（起点和终点，或搬运路径）和物流（搬运活动）。

1) 物料

SHA 要求在分析各项移动之前，首先要对物料的类别进行分析（详见 4.2.2 节）。

2) 路线

SHA 用标注起点（即取货地点）和终点（即卸货地点）的方法来表明每条路线。起点和终点是用符号、字母或数码来标注的，也就是用一种"符号语言"简单明了地描述每条路线。

（1）路线的距离。每条路线的长度就是从起点到终点的距离。距离的常用单位是 ft，m，mile。距离往往是指两点间的直线距离。

（2）路线的具体情况。除移动距离外，还要了解路线的具体情况。

① 衔接程度和直线程度：水平、倾斜、垂直；直线、曲线、曲折。

② 拥挤程度和路面情况：交通拥挤程度，路面的情况。

③ 气候与环境：室内、室外、冷库、空调区；清洁卫生区、洁净房间、易爆区。

④ 起讫点的具体情况和组织情况：取货和卸货地点的数量和分布，起点和终点的具体布置，起点和终点的组织管理情况。

3) 物流

物料搬运系统中，每项移动都有其物流量，同时又存在某些影响该物流量的因素。

物流量是指在一定时间内在一条具体路线上移动（或被移动）的物料数量。物流量的计量单位一般是 t/h 或 t/天。但是有时物流量的这些典型计量单位并没有真正的可比性。例如，一种空心的大件，如果只用质量来表示，那还不能真正说明它的可运性，而且无法与质量相同但质地密实的物品相比较。在碰到这类问题时，就应该采用物流当量"玛格数"的概念来计量。

除了物流量之外，我们通常还需要了解物流的条件（或搬运活动条件）。物流条件包括以下方面：

（1）数量条件。指物料的组成，每次搬运的件数，批量大小，少量多批还是大量少批，搬运的频繁性（连续的、间歇的还是不经常的），每个时期的数量（季节性），以及以上这些情况的规律性。

（2）管理条件。指控制各项搬运活动的规章制度或方针政策，以及它们的稳定性。例如，为了控制质量，要求把不同炉次的金属分开等。

（3）时间条件。对搬运快慢或缓急程度的要求（急的还是可以在方便时再搬运的）；搬运活动是否与有关人员、有关事项及有关的其他物料协调一致;是否稳定并有规律;是否天天如此。

2. 各项移动的分析方法

1)流程分析法

流程分析法是每一次只观察一类产品或物料,并跟随它沿整个生产过程收集资料,必要时要跟随从原料库到成品库的全过程。在这里,需要对每种或每类产品或物料都进行一次分析。表 4.2 为流程表的一般格式。

表 4.2 物料流程表示例

序号	作业工序（说明）	数量/箱	距离/m	时间/min	符号					备注
					○	⇨	D	□	▽	
1	从货车卸下,置于斜板上		1.2		●	⇨	D	□	▽	2 人
2	在斜板上滑下到储藏处		5	10	▽	→	D	□	▽	2 人
3	码垛		—		●	⇨	D	□	▽	2 人
4	等待启封		—	30	○	⇨	●	□	▽	
5	卸货垛				●	⇨	D	□	▽	2 人
6	置于手推车		1		●	⇨	D	□	▽	2 人
7	推向收货台		9	5	○	→	D	□	▽	2 人

2)起讫点分析法

起讫点分析法有两种不同的做法:一种是搬运路线分析法;另一种是区域进出分析法。搬运路线分析法是通过观察每项移动的起讫点来收集资料,编制搬运路线一览表,每次分析一条路线,收集这条路线上移动的各类物料或各种产品的有关资料,每条路线要编制一个搬运路线表。表 4.3 为搬运路线一览表。

表 4.3 搬运路线一览表

物料类别		路线状况			物流或搬运活动		等级依据
名称	类别代号	起点	路程	终点	物流量（单位时间的数量）	物流要求（数量、时间和管理要求）	

区域进出分析法是每次对一个区域进行观察,收集运进运出这个区域的一切物料的有关资料,每个区域要编制一个物料进出表。表 4.4 为物料进出表。

表 4.4 物料进出表

	→运进					运出→				
物料品种或类别	每单位时间数量			来自	区域	物料品种或类别	每单位时间数量			去往
	单位	平均	最大				单位	平均	最大	

3. 搬运活动一览表

为了把所收集的资料进行汇总,达到全面了解情况的目的,编制搬运活动一览表是一种实用的方法。表4.5表明如何编制搬运活动一览表。

在表4.5中,需要对每条路线、每类物料和每项移动的相对重要性进行标定。一般是用5个英文元音字母来划分等级,即 A, E, I, O, U。

搬运活动一览表是SHA方法中的一项主要文件,因为它把各项搬运活动的所有主要情况都记录在一张表上。简要地说,搬运活动一览表包含下列资料:

(1) 列出所有路线,并排出每条路线的方向、距离和具体情况。

(2) 列出所有的物料类别。

(3) 列出各项移动(每类物料在每条路线上的移动),包括:

① 物流量(t/h,件/周,等等);

② 运输工作量(km/周,t/天,等等);

表4.5 物料搬运活动一览表示例

路线					物料类别								每条路线合计		物流量等级
☐单向运输 ☐双向运输					空桶(a)		实桶(b)		袋(c)		其他物品(d)				
路线编号	起	止	距离/m	具体情况	物流量/(t/天)	物流等级	物流量/(t/天)	物流等级	物流量/(t/天)	物流等级	物流量/(t/天)	物流等级	物流量/(t/天)	运输工作量/(100t·m/天)	
					运输工作量/(t·m/天)	运输条件	运输工作量/(t·m/天)	运输条件	运输工作量/(t·m/天)	运输条件	运输工作量/(t·m/天)	运输条件			
1	铁路车辆	空桶库	76	Ⅰ	2.7 a,b	O 2							2.7	2	O
2	铁路站台	原料库	91	Ⅱ			4.5 b	O 4.3	78 b	A 71	19 b	I 17.4	101.5	92.7	A
3	成品库	铁路站台	91	Ⅱ			24.8 b	I 22.5	30 b	E 27.4			54.8	49.9	E
...															
每类物料合计	物流量		13.8		136.6		216		38		404.4				
	运输工作量		22.4		172.9		485.4		98.8		779.5				
	物流量等级		O		E		A		I						

③ 搬运活动的具体状况(编号说明);

④ 各项搬运活动相对重要性等级(用元音字母或颜色标定,或两者都用)。

(4) 列出每条路线,包括:

① 总的物流量及每类物料的物流量;

② 总的运输工作量及每类物料的运输工作量;

③ 每条路线的相对重要性等级（用元音字母或颜色标定，或两者都用）。

(5) 列出每类物料，包括：

① 总的物流量及每条路线上的物流量；

② 总的运输工作量及每条路线上的运输工作量；

③ 各类物料的相对重要性等级（用颜色或元音字母 A,E,I,O,U 标定，或两者都用）。

(6) 在整个搬运分析中，总的物流量和总的运输工作量——填在右下角。

(7) 其他资料，如每项搬运中的具体件数。

4.2.5 各项移动的图表化

做了各项移动的分析，并取得了具体的区域布置图后，就要把这两部分综合起来，用图表来表示实际作业的情况。一张清晰的图表比各种各样的文字说明更容易表达清楚。

物流图表化有几种不同的方法。

1. 物流流程简图

物流流程简图用简单的图表描述物流流程。但是它没有联系到布置，因此不能表达出每个工作区域的正确位置；它没有标明距离，所以不可能选择搬运方法。这种类型的图只能在分析和解释中作为一种中间步骤。

2. 在布置图上绘制的物流图

在布置图上绘制的物流图是画在实际布置图上的，图上标出了准确的位置，所以能够表明每条路线的距离、物流量和物流方向。可作为选择搬运方法的依据，如图 4.4 所示。

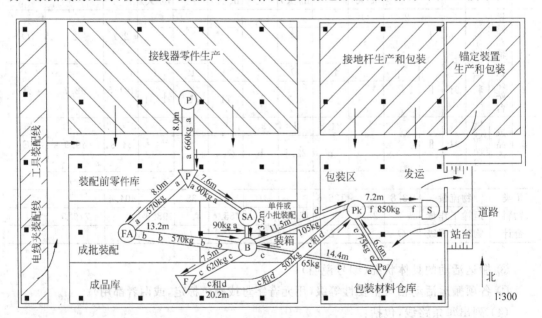

图 4.4 在布置图上绘制的物流图

虽然流向线可按物料移动的实际路线来画,但一般仍画成直线。除非有特别的说明,距离总是按水平上的直线距离计算。当采用直角距离、垂直距离(如楼层之间)或合成的当量距离时,分析人员应该有文字说明。

3. 坐标指示图

坐标指示图就是距离与物流量指示图(如图 4.5 所示)。每一项搬运活动按其距离和物流量用一个具体的箭线标明在坐标图上。在坐标图上箭线表示物流的方向,标明的数字分别表示物料的流量和距离,图上的横坐标、纵坐标对应的节点表示物料流进流出的地点。

制图时,可以绘制单独的搬运活动(即每条路线上的每类物料),也可以绘制每条路线上所有各类物料的总的搬运活动,或者把这两者画在同一张图表上。

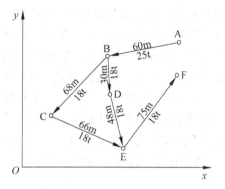

图 4.5 距离与物流坐标指示图

在布置图上绘制的物流图和距离与物流量指示图往往要同时使用。但是对比较简单的问题,采用物流图就够了。当设计项目的面积较大、各种问题的费用较高时,就需要使用距离与物流量指示图,因为在这种情况下,物流图上的数据会显得太零乱,不易看清楚。

4.2.6 SLP 与 SHA 的关系

SLP 和 SHA 具有密切的关系。

首先,二者具有共同的目标,其出发点都是力求物流规划合理化。[①]

SLP 重点在于空间的合理规划,使得物流路线最短,在布置时位置搭配合理,尽可能减少物流路线的交叉、迂回、往复现象。

SHA 重点在于搬运方法和手段的合理化,即根据所搬运物料的物理特征、数量以及搬运距离、速度频度等,确定合理的搬运方法,选定合适的搬运设备,使搬运系统的综合指标达到最优。

其次,SLP 和 SHA 具有相互制约、相辅相成的关系。

如前所述,良好的设施布置和合理的物料搬运系统相结合才能保证物流合理化的实现。在进行设施布置设计时,必须同时考虑物料搬运系统的要求。如果采用输送带作为主要物料搬运手段,则各种设施应该按输送带的走向呈直线分布;如果采用叉车,则应考虑有适当的通道和作业空间。

在进行设施布置设计时,如果对物料搬运系统中的临时存储、中间库、成品包装作业场地等未给予足够的注意,则可能造成投产后生产系统物料拥挤混乱的现象。

总之,设施布置设计是物料搬运系统设计的前提,而前者只有通过完善的搬运系统才能显示出其合理性。所以说,设施布置设计和物料搬运系统设计是一对伙伴。

一般 SLP 根据产品的工艺设计进行,即根据产品加工工艺流程的顺序,根据所选定的

[①] 伊俊敏. 物流工程[M]. 北京:电子工业出版社,2005:169.

加工设备规格尺寸,进行布置设计。而物料搬运系统则以布置设计为前提选择适当的搬运设备,确定搬运工艺。由于二者之间的相辅相成关系,这两个步骤不应孤立地进行,必须注意以下两点:

(1) 进行 SLP 时,尽可能考虑到 SHA 的需要。SLP 的主要依据虽然是产品加工工艺流程和加工设备的规格尺寸,但是,对尚未进行设计的物料搬运系统仍应有相应的估计。比如,采用连续输送还是单元输送;采用传送带、叉车还是其他起重运输机械;作为物流缓冲环节的临时存储,中间仓库的数量和规模;进料以及产品包装、存放的场所;切屑、废料的排除方法;等等。要通过对这些因素的考虑尽可能为 SHA 创造一个良好的前提条件。

(2) SLP 和 SHA 交叉进行、互相补足。SLP 是 SHA 的前提,对大的步骤 SLP 先于 SHA,在设计中可以根据加工设备的规格尺寸和经验数据为物料搬运系统留出必要的空间。但是,由于搬运设备尚未选定,还存在一定的盲目性。当 SHA 设计之后,可以对 SLP 的结果进行修正,相互补足,使这两部分工作能得到较为完善的结合,实现比较理想的物流合理化。

4.3　物流路径设计与搬运方法选择

物料搬运方法是物料、搬运路线、设备和容器(搬运单元)的总和。一个物流设施的搬运活动可以采用同一种搬运方法,也可以采用不同的方法。一般情况下,几种不同搬运方案的组合就形成了搬运方案。因此,搬运方案的分析设计,不仅需要了解物料搬运路线的类型,而且要根据物料特征对物料搬运路线及其设备和容器(搬运单元)作出合理的选择。

4.3.1　物料搬运的移动形态

物料装卸搬运系统根据物料移动可以划分成两种运行体系:一是不同物料由原点直接向终点移动,称为直达运行型,简称直达型;二是对不同区域的各类物料进行统一,运用统一的设备、依照一定的路线移动而对物料进行装卸搬运,称为间接移动体系,简称间接型。间接型由其移动特性又可分为通路型和中心转运型,如图 4.6 所示。

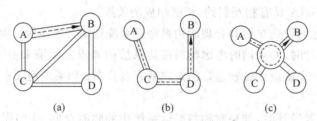

图 4.6　物料移动形态
(a) 直达型;(b) 通路型;(c) 中心转运型

1. 直达型

直达型指物料由起点到终点以最短的距离移动。直达型适用于物料量大、流程密度较高,且移动距离短或适中的场合。这种方法较为经济,尤其在处理紧急订单时最有效。当物料有一定的特殊性而时间又较为紧迫时更为有利。

2. 间接型

1) 通路型

通路型指物料经事先制定的路线到达目的地,而路径相关的不同物料都能共同使用这条路线。通路型适用于搬运密度不高、物流量中等或偏少、距离中等或较长的场合。尤其适合于布置不规则甚至扩散时的物料装卸搬运。

2) 中心转运型

中心转运型指物料由起点至终点,往往要经由中间转运站加以分类或指派,然后才送达目的地。此方式也就是由原点移到中心点再移往终点的方式。中心转运型适用于流量不高、距离很长、矩形区域,或者控制功能特别重要时的物料装卸搬运。常会出现基本的物料装卸搬运形态的变形形式,如直线式、双线式、锯齿形、U形、圆形和犄角形排列法等流程形式,各项流程形式可单独或合并运用。

4.3.2 物料搬运路线选择

不同的物料装卸搬运形态形成了距离、流量与搬运系统的关系,如图4.7所示。从图中可知,不合理的方案是搬运距离长、物流量大的物料装卸搬运方案。由于物料装卸搬运形态直接影响作业效率,因此在选择物料装卸搬运运行体系时,应根据设备的功能、搬运的距离与流量等因素,进行综合分析和对物料装卸搬运方案的合理计划。在实际物料装卸搬运活动中,有时还需考虑各工作场所的位置,所以常会出现基本的物料装卸搬运形态的变形形式。

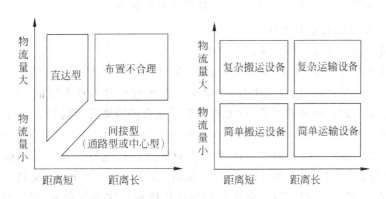

图 4.7 距离、流量与搬运系统、设备的关系图

4.3.3 物料搬运设备选择

1. 设备选择原则

这里采用的是SHA对物料搬运设备的分类原则,它根据费用对设备进行分类。这是一个与众不同的方法,具体来说,可分成4类。

(1) 简单的搬运设备:设备价格便宜,但可变费用(直接运转费)高。这类设备是按能迅速方便地取放物料而设计的,不适宜长距离运输,适用于距离短和物流量小的情况。

(2) 复杂的搬运设备：设备价格高，但可变费用（直接运转费）低。这类设备也是按能迅速方便地取放物料而设计的，不适宜长距离运输，但适用于距离短和物流量大的情况。

(3) 简单的运输设备：设备价格便宜，但可变费用（直接运转费）高。这类设备是按长距离运输设计的，装卸不甚方便，适用于距离长和物流量小的情况。

(4) 复杂的运输设备：设备价格高，但可变费用（直接运转费）低。这类设备也是按长距离运输设计的，装卸不甚方便，但适用于距离长和物流量大的情况。

可根据距离与物流量的大小，选择不同类型的搬运设备：

当距离短、物流量小时，可选择简单的搬运设备；

当距离长、物流量小时，可选择简单的运输设备；

当距离短、物流量大时，可选择复杂的物流设备；

当距离长、物流量大时，可选择复杂的运输设备。

2. 设备选择应考虑的因素

(1) 技术因素，包括设备的技术性能、设备的可靠性、工作环境的配合和适应性、可操作性和使用的方便性、备件及维修、与物料的适配程度、物料的运动方式等；

(2) 经济因素，包括设备投资回收期、性能价格比、运行使用费用、能耗等。

4.3.4 物料搬运方法选择[1][2]

搬运方法就是将一定类型的搬运设备与一定类型的运输单元相结合，并进行一定模式的搬运活动，以形成一定的搬运路线系统。一般地，每个搬运方案都是几种搬运方式的结合。这一过程需建立搬运方法工作表、需求计算表和评价表。

1. 选择装卸搬运方法的原则

在选择装卸搬运方法时应坚持以下原则：

(1) 适用性。适用性包括两层含义：第一，装卸搬运方式要适应待装卸搬运货物的理化性质、规格尺寸、单载质量、包装类型、车辆类型及内廓尺寸等技术特征；第二，装卸搬运方式要适合于装卸搬运作业的特点，例如有些作业场合待装卸搬运的货物品种多、作业不均衡程度高。装卸搬运类型多样化，这就要求装卸搬运设备活动范围广，机动灵活，通用性强。

(2) 系统性。系统性指要根据装卸搬运作业的全过程选择相应的装卸搬运方式与设备，特别要系统地考虑装卸、检验、上下料架、搬运、包装等环节的设备，使其互相配套和衔接，以便形成统一的作业设施系统，提高货物活性指数和一次性作业率，保证装卸搬运作业的连续性，增强其综合作业能力。

(3) 安全性。安全性指所选用的装卸搬运设备安全可靠，如设备的动力装置要起动平稳、运转可逆、使用安全，传动装置要平稳可靠，操纵控制要容易掌握、维修方便，能源有充分的保障以及低能耗等。

(4) 经济性。经济性指装卸搬运方式与设备的投资和作业成本要低。在满足装卸搬运任务要求的前提下，可有多种装卸方式和设备供选择，对此应进行技术经济的综合评价，以

---

[1] 吴清一.物流学[M].北京：中国建材工业出版社，1996：135.
[2] 王槐林，刘明菲.物流管理学[M].武汉：武汉大学出版社，2002：191-195.

选用单吨投资和单吨作业成本都比较低的作业方式和设备。在上述两项经济指标相互矛盾时，可运用费用换算法求出投资现值或年费用总额，然后确定最优方案。需要指出的是，利用机械设备代替人力虽然可以降低装卸搬运作业的劳动强度，但并不是在任何时间和条件下都是经济高效的。作业的性质及作业量的大小、装卸搬运货物的类型及作业活动的组织管理水平，直接影响机械设备的使用效率。所以应在经济核算的基础上，本着提高经济效益的原则，使人工作业和机械作业有机地结合，随着生产力的发展和各方面条件的变化逐步实现机械化或自动化。

2. 确定搬运方法

装卸搬运方法按照作业对象、作业手段、装卸设备作业原理的不同，作业方式有不同的分类。

1) 按作业对象划分

(1) 单件作业法。单件、逐件的装卸搬运是人力作业阶段的主导方法。在技术飞速发展的今天，单件作业法的使用范围越来越少。只有矮大笨重货物、集装会增加危险性的危险货物以及行包等仍采取这种传统的方法。

(2) 集装作业法。先将货物集零为整(集装化)再行装卸搬运的方法称为集装作业法，包括集装箱作业法、托盘作业法、货捆作业法、滑板作业法、网袋作业法以及挂车作业法等。

(3) 散装作业法。煤炭、建材、矿石等大宗货物历来采用散装、散卸的方式。近年来，粮谷、食糖、原盐、水泥、化肥、化工原料等随着作业量的增大，为提高装卸搬运效率、降低成本，亦趋向散装、散卸。散装作业法基本上可以分为重力法、倾翻法、机械法、气力输送法 4 种。

2) 按作业手段和组织水平划分

(1) 人工作业法。人工作业法是指使用人力或通过人工使用无动力器械的作业方法。它是一种古老的作业方法，具有劳动强度大、作业效率低、安全程度差、作业能力小的特点，因此，不适应现代化生产和流通的需要。目前，从经济合理的角度出发，作业量很小、临时性作业、货物的形状或性质难以采用机械作业以及单件质量很轻而且难以集装化的货物仍以人力作业为宜。

(2) 机械化作业法。这种方法是以各种装卸搬运机械代替人的各种操作来完成装卸搬运的作业，是装卸搬运作业上一次划时代的进步。目前，装卸搬运机械新机种、新型号层出不穷，人的每一种操作都有相应的机械来代替，但这种以机械来代替人的机械化作业方法，发展到一定程度后，其效益和效率都难以继续提高，机械的数量、品种、质量与作业能力、效率之间不再存在直线关系。此外，大量的人力辅助劳动难以消除。

(3) 综合机械化作业法。为解决机械化作业所带来的上述问题，一是要求在物流全过程中的组织、运营、管理和工艺流程要协调；二是要求在物流全过程中的设备和设施如装卸搬运机械、运载工具、集装工具、作业场所、辅助设施等要配套；三是要求实现以计算机为中心的信息传递、运营管理和对设备与设施控制的自动化。简言之，从简单地以机代人作业为中心转向以综合措施为中心，这就是综合机械化作业法。这也是目前现代物流系统所采用的作业方法。

3) 按装卸设备作业原理划分

(1) 间歇作业法。这种作业方法主要适用于货物支撑状态和空间位置的改变是断续、间歇、重复、循环进行的，主要用于使用起重机械、工业车辆、专用机械进行作业的包件货物和笨重货物。

(2) 连续作业法。连续作业法是指货物支撑状态和空间位置的改变是连绵、持续、流水式进行的,主要使用连续输送机械和由连续输送机械组合成的专用机械进行作业的方式。这种作业方法主要适用于散堆货物,质量轻、体积小的包件货物也可采用。

4) 按作业方式划分

(1) 吊装吊卸法(垂直装卸法)。这种作业方法使用各种起重机械或输送机械,以改变货物的铅垂方向的位置为主要特征,来完成其支撑状态和空间位置改变的作业方法,是一种历史最久、应用面最广的装卸方法。

(2) 滚装滚卸法(水平装卸法)。这种作业方法是指货物或货物的各种集装单元靠自力、拖曳、承推、浮移等方式,以改变货物的水平方向的位置为主要特征,在货物重心度变化不大的前提下,来完成其支撑状态和空间位置改变的作业方法。各种轮式、履带式车辆通过站台、活动站台或渡板开上开下铁路车辆和船舶,拖挂车、底盘车、带轮集装箱等牵上曳下车船,用叉车装卸集装箱、托盘,用平移机装卸集装箱等都属于这种作业方法。

5) 按货物特点划分

(1) 成件包装货物的装卸搬运方法和设备。成件包装货物是指每件质量不超过50kg、长度在7m以内并且有一定包装形式的货物,如机电设备与工具、化工材料、纤维制品、电焊条、涂料等。这类货物可采用人力、各种搬运车、输送机、移动式起重机和叉车等进行装卸搬运作业。

(2) 长大重体货物的装卸搬运方法和设备。长大重体货物是指每件质量超过50kg,或长度越过7m,或单件体积超过$0.5m^3$的货物,如钢材、木材、大型设备和配件等。这类货物多装运在敞车和平车上,并保管在露天场地或大型仓库内。通常,装卸搬运超大、超重货物时不宜采用人工作业,可采用起重量为3t、5t、10t及以上的移动式起重机,如轮胎式、汽车式、履带式、轨道式起重机等,同时配备各种属具和索具(如偏心式夹钩、电磁铁盘、横梁带吊钩等)。作业量较大时多采用龙门式或桥式起重机,也可采用5t以上的大型叉车。

(3) 散装货物的装卸搬运方法和设备。与成件包装货物相反,由于散装货物本身没有固定的形状,在进行装卸搬运作业时可以采用输送机,以充分利用散装货物的特点进行连续作业。如果使用其他装卸搬运设备,就要求这些设备能够使散装货物在作业过程中暂时形成一定的装卸搬运单元。例如,使用铲车或吊车装卸散装货物时,设备本身必须备有铲斗或抓斗等配件。

(4) 流体货物的装卸搬运方法和设备。流体货物指气态或液态的货物。如果这些气态、液态货物已经过包装,被盛装在一定容器内,如气瓶、油箱等,它们就属于成件包装货物,可采取相应的方式装卸搬运。当流体货物(指液体货物)以罐装形式进入仓库时,一般采用电动离心式油泵或油泵管路系统装卸。这样,作业安全,货物损失少,并实现了装卸作业全面机械化。冬季装卸搬运黏度较大的液体时,需利用水蒸气或热水通过移动式或蛇形管加热后方可进行装卸搬运。

(5) 危险货物的装卸搬运方法和设备。危险品的装卸搬运有特殊的安全要求。例如,化工产品、压缩气体、易燃、易爆商品,若装卸搬运不慎,随时有发生重大事故的危险。在装卸搬运危险品时,应特别注意所用设备的安全性和稳定性,如设备的操作是否灵活、启动和运行是否平稳,作业过程中货物的放置是否稳定等,都是必须考虑的重要因素。危险品的装卸搬运,通常选用成件包装货物所采用的装卸搬运方法和设备,也可人工装卸,最好不使用以内燃机为动力的装卸搬运设备,以防火险。

4.4 搬运系统设计方案的制定[①][②]

4.4.1 初步方案制定

在对物料进行了分类,对布置方案中的各项搬运活动进行了分析和图表化,并对SHA中所用的各种搬运方法具备了一定的知识和理解之后,就可以初步确定具体的搬运方案。

初步的搬运方案制定,就是将物料搬运方法做系统化方案汇总,即将所确定搬运的路线系统、搬运设备及运输单元(容器)的组合用图例符号或用工作表表达出来。

1. 用图例符号绘制搬运方案

在SHA中,除了各个区域、物料和物流量用的符号外,还有一些字母符号用于搬运路线系统、搬运设备和运输单元。例如,D代表直接型路线系统;K代表渠道型路线系统;G代表中心型路线系统。另外,还可用一些符号或图例来表示设备和运输单元。值得注意的是,这些图例都要求形象化,能不言自明。它们很像实际设备,并且通用部件是标准化了的。但图例只表示设备的总的类型,必要时可以加注其他字母或号码来说明。利用这些设备和运输单元的符号,连同代表路线形式的3个字母,就可以用简明的符号语言来表达每种搬运方法。

2. 在普通工作表格上编制搬运方案

填写工作表格也是编制搬运方案的方法。即在表上列出每条路线上每种(或每类)物料的路线系统、搬运设备和运输单元。如果物料品种是单一的或只有很少几种,而且在各条路线上是顺次流通而无折返的,那么这种表格就很实用,如表4.6所示。

表4.6 在普通工作表格上编制搬运方案示例

路线		物料类别		建议方法			备 注
从	至	集装单位	符号	路线	设备	搬运单元	
进厂	原材料库	桶	a	直达型	叉车	托盘	建议重建卸货站台
进厂	原材料库	袋	b	直达型	叉车	托盘	
进厂	原材料库	贵重物料	d	直达型	人工	纸箱	
原材料库	造粒	袋	b	直达型	叉车	托盘	由主管人搬运
原材料库	造粒	贵重物料	d	直达型	人工	盒	
原材料库	造粒	桶	a	直达型	叉车	托盘	
造粒	制成片剂	桶	a	渠道型	手推车	桶	
造粒	药水车间	桶	a	渠道型	手推车	桶	
装瓶装箱	成品库	纸箱	c	直达型	叉车	托盘	堆放在货架上
成品库	发运	纸箱	c	直达型	叉车	托盘	

[①] 刘联辉.物流系统规划及其分析设计[M].北京:中国物资出版社,2006:189-192.
[②] 马汉武.设施规划与物流系统设计[M].北京:高等教育出版社,2006:135-137.

3. 在流程图上记载编制搬运方案

直接在以前编制的流程图(或其复制件)上标注记载建议采用的搬运方法,也是搬运方案编制的另一种简便方法。一般来说,这种做法使人看起来更易理解。

4. 在汇总表上表示搬运方案

编制汇总表同编制搬运活动一览表一样,适用于路线和物料类别较多的场合。采用前面规定的代号和符号,把每项移动(一种物料在一条路线上的移动)建议的路线系统、设备和运输单元填写在汇总表中相应的格内。汇总表上还有一些其他的空格,供填写其他资料数据之用,如其他搬运方案、时间计算和设备利用情况等。

从一张汇总表,既可以全面了解所有物料搬运的情况,还可以汇总各种搬运方法,记录修改布置的建议。表 4.7 表明了这种汇总表的用法。

表 4.7 搬运系统方案汇总

物料类别	类别号___				类别号___				类别号___				类别号___			
路线	说明___				说明___				说明___				说明___			
□从-至 □双向	Q 代用	S	E	T	Q 代用	S	E	T	Q 代用	S	E	T	Q 代用	S	E	T
1	□				□				□				□			
2	□				□				□				□			
…	□												□			
搬运方案的代用方案	a				b				c				d			

注:□栏表第二代用方案;Q栏表物流量;S栏表路线系统形式;E栏填搬运设备;T栏填运输单元。

4.4.2 方案修改

形成了几个初步方案之后,就应根据物料搬运系统的要求和原则看这些方案是否切实可行。因此有必要根据实际的限制条件对初步方案进一步进行适当修改。

物料搬运是一项必要的工作,但在成形、加工、装配或拆卸、存储、检验和包装等整个生产作业过程中,它只是其中的一部分,处于附属地位。具体的搬运活动仅仅是整个工商企业物流设施规划和大的经营问题中的一个部分,有许多因素会影响搬运方案的选择,因此,必须根据企业的一些影响与限制条件对各物料搬运方案进行修正。搬运方案经常涉及的一些修改和限制的内容有：已确定的同外部衔接的搬运方法；企业远期的发展和(或)变化；与生产流程及设备要保持的一致性；现有公用设施和辅助设施的利用；系统布置的面积，空间的限制条件(外廓形状)；建筑物及其结构的特征；库存制度以及存放物料的方法和设备；投资的限制；设计进度和允许的期限；原有搬运设备和容器的数量、适用程度及其价值；工人安全等。

4.4.3 说明并测算可行方案的各项需求

对几个初步搬运方案进行修改以后，就开始逐一说明和计算那些被认为是最有现实意义的方案。

对每一个方案需做的说明有：每条路线上每种物料的搬运方法；其他必要的变动，如更改布置、作业计划、生产流程、建筑物、公用设施、道路等。

测算可行方案的各项需求，主要是计算方案搬运设备和人员的需要量，计算投资数和预期的经营费用等。

4.4.4 方案评价

方案评价是从几个合理可行的方案中选择最佳方案。方案评价的方法有成本费用比较或财务比较法、优缺点比较法、因素加权分析法等。

1. 成本费用比较或财务比较法

费用是经营管理决策的主要依据。因此，每个搬运方案必须从费用的观点来评价，即对每个方案，都要明确其投资和经营费用。

1) 需要的投资

投资指方案中用于购置和安装的全部费用，包括基本建设费用(物料搬运设备、辅助设备及改造建筑物的费用等)、其他费用(运输费、生产准备费及试车费等)及流动资金的增加部分(原料储备、产品存储、在制品存储等)。

2) 经营费用

(1) 固定费用，包括资金费用(投资的利息、折旧费)以及其他固定费用(管理费、保险费、场地租用费等)。

(2) 可变费用，包括设备方面的可变费用(电力、维修、配件等)和工资(直接工资、附加工资等)。

通常需要分别计算出各个方案的投资和经营费用，然后进行分析和比较，从中确定一个最优的方案。

2. 优缺点比较法

优缺点比较法是直接把各个方案的优点和缺点列出后进行分析和比较，从而得到最后方案。优缺点分析时所要考虑的因素除了可计算的费用之外，还包括以下内容：

(1) 与生产流程的关系及为其服务的能力；

(2) 产品、产量和交货时间每天都不一样时，搬运方法的通用性和适应性；

(3) 灵活性（已确定的搬运方法是否易于变动或重新安排）；
(4) 搬运方法是否便于今后发展；
(5) 布置和建筑物扩充的灵活性是否受搬运方法的限制；
(6) 面积和空间的利用；
(7) 安全和建筑物管理；
(8) 工人是否对工作条件感到满意；
(9) 是否便于管理和控制；
(10) 可能发生故障的频繁性及其严重性；
(11) 是否便于维护并能很快地修复；
(12) 施工期间对生产造成的中断、破坏和混乱程度；
(13) 对产品质量和物料有无损伤的可能；
(14) 能否适应生产节拍的要求；
(15) 对生产流程时间的影响；
(16) 人事问题，即能否招聘到具有良好工作习惯的熟练工人；
(17) 能否得到所需要的设备；
(18) 同搬运计划、库存管理和文书报表工作是否联系密切；
(19) 自然条件的影响——土地、气候、日照、气温；
(20) 与物料搬运管理部门的一致性；
(21) 由于生产中的同步要求或高峰负荷可能造成的停顿；
(22) 对辅助部门的要求；
(23) 仓库设施是否协调；
(24) 与外部运输是否适应；
(25) 施工、培训和调试所需的时间；
(26) 资金或投资是否落实；
(27) 对社会的价值或促进作用。

3. 因素加权分析法

多方案比较时，一般来说，因素加权分析法是评价各种无形因素的最好方法。程序主要有以下几个步骤：

(1) 列出搬运方案需要考虑或包含的因素（或目的）；
(2) 把最重要的一个因素的加权恒定为10，再按相对重要性规定其余各因素的加权值；
(3) 标出各比较方案的名称，每一方案占一栏；
(4) 对所有方案的每个因素进行打分；
(5) 计算各方案的加权值，并比较各方案的总分。

总之，正确选定搬运方案可以从费用对比和对无形因素的评价来考虑。

4.4.5 详细设计

总体搬运方案设计确定了整个工厂的总的搬运路线系统、搬运设备、运输单元，搬运方案的详细设计是在此基础上制定一个车间内部从工作地到工作地，或从具体取货点到具体卸货点之间的搬运方法。详细搬运方案必须与总体搬运方案协调一致。

实际上，SHA 在方案初步设计阶段和方案详细设计阶段用的是同样模式，只是在实际运用中，两个阶段的设计区域范围不同、详细程度不同。详细设计阶段需要大量的资料、更具体的指标和更多的实际条件。

1. 物料的分类

在方案详细设计中，首先要核对每个区域是否还有遗漏的物料类别。某些物料只是在某个区域才有，或是进入某个区域以后它的分类才有所变化。而且经常要把已分好的物料类别再分成若干小类，甚至还要增加一些新的物料类别。

2. 布置

在这一阶段，要在布置上标出每一台机器和设备、工作通道和主要通道、车间或部门的特征等。

3. 移动分析

由于这个阶段遇到的问题通常只是少数几种物料和比较具体的移动，因此可用物料流程图表和从至表表示。

其余部分的方法也都与方案初步设计阶段相同，只是更具体、更详细，这里不再单独叙述。详细方案设计与方案初步设计用的是同样模式，只是在实际运用中，两个设计阶段的设计区域范围不同，详细程度不同而已。

4.5 搬运系统设计案例

一辆汽车的诞生，大约需要组装 2 万多个各式各样的零部件，因此物料搬运是一项任务繁重而又非常重要的工作。选择合适的搬运系统与设备，优化输送环节的各个流程，对汽车制造企业降低物流成本、提高物流效率至关重要。下面以天津一汽丰田汽车有限公司（简称天津一汽丰田）为例，详细介绍汽车生产企业需要的物料搬运系统的组成及其运作流程。[①]

1. 内部物流与外部物流

汽车的生产过程与工艺比较复杂。首先是将纳入的钢板经过冲压变为最初的单品件，然后通过焊接、喷漆工序完成基本的车身生产，之后便进入装配车间——汽车的大部分零部件将在这里进行组装。最后通过对车辆各种功能的检查测试，最终完成一辆汽车的生产。

天津一汽丰田各车间采用了先进的生产设备。其中，冲压车间以多工位串联伺服压力机为主体，辅以自动上料装置及工程间搬送机器人，板材的送入加工、制件的搬送及装筐都实现了自动完成；总装车间采用 L 形生产线布置，使生产与物流供给达到最合理的配置要求。

天津一汽丰田的物流环节可分为外部物流与内部物流两部分。外部物流主要是指零部

---

① 刘健，张军. 天津一汽丰田的物料搬运系统[J]. 物流技术与应用，2009(1)：78-80.

件从配套厂家到天津一汽丰田之间的运送过程。为了达到最高的积载率,部品的包装、捆包、运输都进行了标准化规范。部品的包装禁止使用纸箱等一次性包装方式,主要选择可重复使用的EU箱与铁托盘两种方式。在运输卡车方面,选择了欧洲规格的飞翼挂车,主要有10t和12t两种。

内部物流主要涉及工厂内物流,既包括车间与车间之间的物流,也包括某个车间内部的物流过程。它们主要通过叉车、电瓶牵引车、台车进行相关物料的搬运。近年来,"柔性化"生产线布置技术在汽车生产领域广泛应用,增强了满足消费者的不同需求、迅速生产不同式样的汽车、降低生产成本的能力。因此,生产线布局既要紧凑集中,又要能适应变化调整。由此带来的生产线侧剩余的空间往往有限。但是,汽车装配需要大量的零部件,线侧又不允许一次放置大量的部品,这就对内部物流的规划设计提出了较高的要求。

在丰田汽车的生产中有这样一句话:"在必要的时间搬运必要的部品。"但要想真正实现这样的要求却非常困难。在内部物流方面,天津一汽丰田选择了多频次、少荷量的搬运方式,而这样的物流模式对运输的频率(什么时间),搬运指示(运什么),搬运设备(如叉车、牵引车等)的走行路线设计、安全管理等同样提出了更高、更准确的要求。

2. 物料搬运系统在内部物流中的运用

一般物料搬运系统可以理解为两部分构成,一部分通常指一些专用吊具、夹具,以及升降、传送作业等搬运的硬件设施,另一部分主要是指物料搬运的指示系统、运行系统。对于硬件设备,可视为生产线自动设备进行管理,只要保证设备有较高的可动率即可。而对于物料搬运的指示、运行系统,往往需要根据生产的变化进行调整,比如生产节拍、生产量变化时要求物料供给系统随之变化。建立起一个能适应生产变化的、流程清新的物料供给系统,可以最大限度地缩短部件调达周期、降低库存,避免多次搬运、管理带来的不必要的成本,提高工作效率,这是管理工作的重点。

下面以天津一汽丰田泰达工厂第二制造部总装车间为例(参见图4.8),简要说明物料搬运系统在内部物流方面的运用。

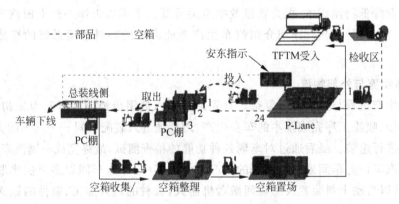

图4.8 总装车间物料搬运系统

1) 内部物流系统的建立

物流卡车根据外部物流的设计,在指定的时间、车位进行卸货。目前第二制造部总装车间收货区共有9个车位,每个车位对应2个验收区,每天有196车次货物进入,搬运系统选择了电动实心轮胎叉车,由于收货频率较高,每个车位配置一辆叉车负责货物的装卸。货物验收完毕后由专门入链的叉车将货物搬入 P-Lane(进度吸收链)区域。P-Lane 区域被分割为 24 链,主要起到对进度的缓冲与吸收、调整内外物流的异常变化的作用。正常情况下,P-Lane 有 2 链为满链,这部分部品可理解为传统意义上的在库,可满足工厂 2h 的生产使用。从 P-Lane 往生产线的搬运阶段被归为内部物流部分。

P-Lane 区域的部品通过订单系统的计算,实现平准化纳入。每一链部品的种类理论上包括该工程内一辆车使用的全部部品,每一链的部品数量根据生产的变化在系统计算时自动调整,一般每链约为 15 台份。P-Lane 区域有安东(Anton)指示系统,而安东指示系统是与工程内车辆控制系统相联的,车辆下线数据会实时反馈给安东指示系统,每下线一辆车,就意味着消耗了一辆车的部品,安东系统就会指示作业人员输送一辆车的部品,这样就形成了一种由后工序拉动的送货方式,避免了线侧部品的溢出,又防止了欠品的发生。安东系统是物料搬运指示系统,在丰田的各生产工厂有着广泛的应用,主要起到作业内容指示、作业过程及结果目视化的重要作用。安东的形式与种类有很多,电子显示板、各种颜色的信号灯都可以通过特殊的定义表示某一项动作命令或结果。P-Lane 的部品通过叉车搬运到平台车上,每 4 个台车为一组,由电瓶牵引车搬运到 PC(部品棚)区域进行投棚作业。PC 棚有 3 组,每组 PC 都包括代表不同生产线的地址信息,比如前装 1 线所对应的部品棚、前装 2 线部品棚以及底盘部品棚等,作业者根据每个箱子上的 E-Kanban(电子看板)信息投入到对应的棚中。投 PC 棚的作业过程实际上完成了对不同生产线使用部品进行分解的作业,3 组 PC 棚进行循环使用。

那么 PC 棚中的部品从取出再到线侧的供给又是如何进行的呢?这里采取了定时不定量的方式。前面已经提到了 P-Lane 被分割成 24 链,如果采取双班生产,每班应该出 12 链的货,因此可以算出每回搬运的间隔约为 38min。这样对向生产线运送部品的出发时间可以进行严格的规定。PC 棚取出运送人员根据棚上对应的生产线信息,把当组棚上的所有部品搬运到固定的台车上,然后根据既定的时间运送到生产线上,并根据箱上的 E-Kanban 信息投入到线侧指定的棚中。线侧供给人员在完成部品运送的同时也会对已使用的空箱进行回收,并搬运到指定的场所,最后返回进行下一个循环的作业。

空箱经过分解、捆包,通过物流卡车返回到相应的供应商厂家中,从而完成了一个供应链的大循环。

以上流程显示出两个特点:

(1) 物料搬运是与生产线的进度保持同步的,生产线变快了,物料搬运的速度也会加快;生产线停止,搬运作业也相应停止。

(2) 整个作业系统由几个重要的小环节组成。每个环节独立而又制约下一个环节,如果前工序发生了问题,下一个工序也就无法进行了。这主要体现了丰田的两种思想:后工序客户意识与产品质量第一原则,即不合格的产品不能交给后工序(客户),某一个流程出现问题就可能让整条生产线停止,使得问题容易暴露,能够以最快的速度进行解决,这样最大限度地减少了因不良品(不良作业)的流出而带来的返修、原因调查等一系列问题。

2) 设计内部物料搬运系统的主要原则

在内部物流设计方面,要根据工厂的实际环境,对叉车、牵引车的行走路线进行仔细规划,以单向循环为原则,尽量避免交叉点集中出现。在人员安排上,要职责明确,对作业工数、货物荷量都要仔细计算,加强多能工的培养。每个作业环节必须要有清晰的情报指示系统,它是现场的"大管家",什么时候做、做什么都由它来指示完成。总之,通过对现场实际环境的考察、分析,建立起一套物与信息的流动都非常清晰准确、操作性强的物料运行系统,对每一个工厂都非常重要。所有的物流活动并不能直接创造价值,那么我们只能视浪费的流程、作业降到最低就是为企业创造了价值。

小结与讨论

　　物料搬运是生产企业和流通企业中辅助的过程活动,它是工序之间、车间之间、工厂之间物流不可缺少的环节。设计一个合理、高效、柔性的物料搬运系统,对压缩库存资金占用、缩短物料搬运所占用的时间是十分必要的。

　　本章介绍了物料搬运系统的基本概念和物料搬运系统的设计要素、设计步骤以及物料搬运方案的选择与评价等内容,着重介绍了物料搬运系统的分析设计方法(SHA)。搬运系统分析的基本方法包括3个部分,即一种解决问题的方法、一系列依次进行的步骤和一整套关于记录、评定等级和图表化的图例符号;由4个分析阶段构成,每个阶段都相互交叉重叠;总体方案设计和详细方案的设计都必须遵循同样的程序模式。最后还介绍了系统布置设计与搬运系统分析的结合。设施布置设计是物料搬运系统设计的前提,而前者只有通过完善的搬运系统才能显示出其合理性。因此,设施布置设计和物料搬运系统设计是一对伙伴。SLP 是 SHA 的前提,当 SHA 设计之后,可以对 SLP 的结果进行修正,相互补足,使这两部分工作能得到较为完善的结合,实现比较理想的物流合理化。

　　物料搬运经历了人工搬运、机械搬运、自动化搬运等发展阶段,目前自动化搬运系统的设计与实现正成为人们关注的重点,如搬运机器人和自动化的搬运输送系统等。在美、日、欧等发达国家与地区,装卸搬运早已实现了机械化,处于半自动与自动化阶段,一些高新技术广泛运用于装卸搬运中,如自动定位、自动识别、自动分拣、远程操作等,在某些方面已实现了无人化作业。我国装卸搬运技术与发达国家间存在很大差距,已成为物流过程中的薄弱环节。装卸搬运设备的标准化、自动化、信息化,装卸搬运设备的选型与优化,以及装卸搬运工艺的改进与流程再造等是今后一段时间内需要重点研究的内容。

习题

1. 请说明物料搬运系统设计和设施布局设计之间的关联性。
2. 请说明物料搬运系统设计步骤与设施规划步骤之间的异同点。
3. 请举例说明应用和不应用单元负载的物料搬运系统的异同点。
4. 物料搬运分析的3项基本内容是什么?请说明它们之间的关系。
5. 某工厂的产品需由火车外运,其物流过程如下:首先工厂用汽车将产品运至火车站,然后经过卸货、检验、暂存、装车等环节。试用规定的符号画出物流流程图。
6. 某啤酒公司生产的某种啤酒,其包装和搬运过程如下:先将6瓶啤酒一起装入纸箱中,然后纸箱以 3 层、每层 20 箱堆码在托盘上,采用叉车作业。但是因为啤酒太重,叉车作业时顶部的啤酒箱子容易滑倒。公司的搬运工程师想出了以下方法来解决问题:

(1) 顶部箱子用框架固定;
(2) 用绳子捆扎箱子;
(3) 用塑料胶带缠绕箱子;
(4) 采用箱式托盘。

试分析上述各方法的优缺点。还有其他方法可以解决这个问题吗?

7. 某仓库要存放一批长 6m、直径为 80mm 的捆装的不锈钢管。该仓库原来没有处理过这种货物,叉车工将叉车的货叉插入两捆钢管之间,慢慢推进来取出一捆钢管搬起。但最后货主检查发现钢管有变形损坏。请提出几种防止钢管损伤的搬运方法。并从成本和应用方便的角度出发,选择最合适的方法。

8. 解释搬运方案的含义。

9. 搬运路线有哪些?如何选择?

10. 简述物料搬运设备选择的原则和应考虑的因素。

11. 简述初步搬运方案如何制定。

第 5 章　仓储规划与设计

物流网络的整体目标是以低成本、高效率提供令客户满意的服务,而仓储是物流网络的重要节点,在物流网络中发挥着重要作用。合理的仓储规划设计能够充分发挥仓储在物流网络中的时间效应和空间效应,促进企业提高客户服务水平,降低运作成本,增强企业的核心竞争力。

5.1　仓储规划与设计概述

本节将介绍仓储的基本概念、功能和作用以及仓储规划设计的意义、内容和一般流程。

5.1.1　仓储的概念

"仓"就是仓库,为存放物品的建筑物和场地,可以是房屋建筑、大型容器、洞穴或者特定的场地等,具有存放和保护物品的功能;"储"表示收存以备使用,具有收存、保管、交付使用的意思。所以"仓储"的概念就是利用仓库存放、存储未即时使用的物品的行为,简言之,"仓储"就是在特定的场所存储物品的行为。

仓储活动是由生产和消费之间的客观矛盾产生的。一般商品在从生产领域向消费领域转移的过程中,都要经过商品的仓储阶段,这主要是由于商品生产和商品消费在时间上、空间上、品种上和数量上等方面的不同步所引起的。

现代仓储指的是商品在使用之前的保管,它是商品到达客户之前,介于供应和消费之间的中间环节。仓储系统是社会物流系统的一部分,其主要功能是在产地和消费地,以及从产地到消费地的过程中存储物品,同时向管理者提供有关存储物品的状态、条件和处理情况等方面的信息。

5.1.2　仓储的功能和作用

1. 仓储的功能

仓储系统作为物流供应链系统中重要的组成部分,其最主要的功能有持有库存(存储)和物料搬运。

1) 持有库存(存储)功能

仓储系统中的存储功能主要围绕保存、集中、拆装和混合 4 项子功能展开。

(1) 保存(holding)。仓储设施最主要的用途就是保护和有序地储藏存货。商品存储的形式多种多样,包括准备进入市场的成品、待组装的或者需要进一步加工的半成品和原材料。

(2) 集中(consolidation)。如果货物供应来源较多,建立货物集中地(如仓库)的方法就更加经济,这样可以将零星货物集成为较大批量的运输单位,以降低总的运输成本。

(3) 拆装(break-bulk)。利用仓储设施进行拆装或换装(transload)与利用仓储设施进行集中运输正好相反。拆装使得企业能以低费率大批量运输的货物运进仓库后,再根据客户的需要以小批量送到客户手中。拆装是分拨仓库或场站仓库的常见业务,特别是入库货物的单位运输费率高于出库货物的单位运输费率时,客户以零担批量订购时,生产商与客户之间的运输距离遥远时,拆装业务更为普遍。

(4) 混合(mixing)。利用仓储设施进行产品混合的方法,使得企业能从许多生产商那里采购产品,来供应多个工厂的某部分产品线。假如没有仓储设施这样的混装点,就要直接在生产地履行客户订单,导致货运量小,运输费用偏高。

2) 物料搬运

仓储搬运系统的物料搬运活动归纳起来主要有 3 项:装卸、货物进出仓库和订单履行。

(1) 装卸。装货和卸货是物料搬运所涉及的一系列工作的最初和最后环节。货物抵达仓库后需要从运输工具上卸下来,货物很有可能在卸货之后,运进仓库存储之前,进行分类整理、检验和分级。装货与卸货很类似,但在装货地点可能还要做一些其他工作。在货物被装进运输工具之前,还要对订单内容和订单的顺序作最后检查。另外,装货还可能包括为防止破损而做的其他工作,如对运输的货物加固和包装。

(2) 货物运进和运出仓库。在仓储设施的装货点与卸货点之间,货物可能被移动多次。首先,要从卸货地点移至存储区;接下来,可能从货运码头运出来,或运至拣货区补充库存。

(3) 订单履行。订单履行指根据销售订单从存储区拣选货物。订单履行经常是物料搬运活动中的关键部分,因为与其他物料搬运活动相比,处理小批量订单是劳动力密集型活动,费用会相对更高。

2. 仓储的作用

仓储是物流网络中的重要节点,其作用主要表现在以下几个方面。

1) 调节运输能力

不管是航空运输、航海运输、铁路运输,还是长距离的公路运输,其运输工具相对于消费市场的客户需求来讲,其运输能力实在是太巨大了。所以仓储系统是架接生产运输系统和配送运输系统的桥梁,是调节两者运输能力最好的工具。

2) 降低运输成本,提高运输效率

大规模整车运输会带来运输的经济性。由于整车运输费率低于零担运输费率,因此,这将大大降低运输成本,提高运输效率。假如没有仓储,生产企业要把自己的产品送到最终的用户,就必须采用物流成本很高的零担运输,而有了仓储之后,各生产企业可以将各自的产品大批量运到市场仓库,然后根据客户的要求,再小批量运到市场或客户。

3) 进行产品整合

现代社会,消费需求日趋个性化和多样化,消费者需要的产品往往在不同工厂生产。为了满足客户要求,仓储系统可以将产品在仓库中进行配套、组合、打包,然后运往各地客户。否则,从不同工厂满足订货将导致不同的交货期。仓库除了满足客户订货的产品整合需求外,对于使用原材料或零配件的企业来说,从供应仓库将不同来源的原材料或零配件配套组合在一起,整车运到工厂以满足需求也是很经济的。

  4)调节供需,创造时间价值

  由于生产节奏和消费节奏的不一致性,仓储的存在可以改变物品的时间状态,通过克服产需之间的时间差异而获得更好的效用。

  5)预防偶发事件

  采购、运输的延迟、缺货等所导致的偶发事件,将极大地影响到生产或销售。对于实体供给,因为缺料停工所导致的损失是无法估计的,所以仓储的保障显得尤其重要。

5.1.3 仓储规划设计的意义和内容

1. 仓储规划设计的意义

  仓储规划设计就是从空间和时间上对仓库的新建、改建和扩建进行全面系统的规划,以及对仓库中保管物品的收、存、盘、发等作业进行规划设计。而仓库建设代表一个企业在赢得时间与地点效益方面所作出的努力,在一定程度上还是企业实力的一个标志物。更为重要的是,规划的合理性还将对仓库的设计、施工和运用、仓库作业的质量和安全,以及所处地区或企业的物流合理化产生直接和深远的影响。

2. 仓储规划设计的内容

  仓储规划设计涉及的范围很广,但一般都包括以下几个方面:

(1)确定仓库的所有权;

(2)确定仓库网点的数量、规模及服务范围;

(3)确定备选库址;

(4)确定仓库建筑类型及结构;

(5)进行仓库物流功能区平面规划设计;

(6)确定仓库设备类型及数量;

(7)进行仓库物流作业管理规划;

(8)进行仓库管理组织和人员规划;

(9)预测仓库建设投资及运行费用。

  本章将重点介绍仓储规划设计中仓库的所有权决策、仓库规模和数量规划、仓库功能区域设计与布局、仓库结构设计和自动化立体仓库设计等内容。

5.1.4 仓储规划设计的流程

  依据台湾工研院机械工业研究所编印的《物流中心系统化的布局与规划》,其对仓储的规划设计,可以分为5个阶段,如图5.1所示。

1. 计划筹设与准备阶段

(1)计划开始与组成。在决定筹设仓储系统时,首先应决定专题的设立与成员的组成。

(2)基础规划资料收集。计划开始,便要针对企业使用者进行规划基础资料的收集与需求调查,收集方法包括现场访谈记录以及厂商使用资料表单的收集。

(3) 系统规划策略目标制定。主要系统目标制定包括两个阶段:首先确立仓储系统的定位与策略功能,然后决定仓储系统计划的执行目标与限制。

2. 系统规划阶段

(1) 基本规划资料分析。将收集到的相关资料进行汇总整理和分析,作为规划设计阶段的依据。

(2) 规划条件设定。通过对现状资料的分析,找出仓库网络的特点,进而设定新仓库的规划条件,包括仓储能力、自动化程度等。

(3) 作业需求功能规划。包括新仓库的作业流程、设备与作业场所的组合等。制定这一规划应遵循合理化、简单化与机械化的原则。

(4) 设施需求规划与选用。一个完整的仓储规划中所包含的设施需求相当广泛,可以既包括储运生产作业区的建筑物与设备规划,也包括支持仓库运作的服务设施规划,以及办公室和员工活动场所等场地设施规划。

(5) 信息情报系统规划。现代仓库管理的特点是信息处理量比较大。仓库中所管理的物品种类繁多,而且由于入库单、出库单、需求单等单据发生量大,关联信息多,查询和统计需求水平很高,管理起来有一定困难。为了避免差错和简化计算机工作,需要统一各种原始单据、账目和报表的格式。程序代码应标准化,软件要统一化,确保软件的可维护性和实用性。界面尽量简单化,做到实用、方便,满足企业中不同层次员工的需要。

(6) 整体布局设计。估算储运作业区、服务设施大小,并依据各区域的关联性来确定各区的摆放位置。

3. 方案评估与选择阶段

一般的规划过程均会产生多种方案,应由有关部门依据规划的基本方针和基准加以评估,选出最佳方案。

4. 局部规划设计阶段

局部规划设计阶段的主要任务是在已经选定的建库地址上规划各项仓库设施设备等的实际方位和占地面积。当局部规划的结果改变了以上系统规划的内容时,必须返回前段程序,作出必要的修正后继续进行局部规划设计。

5. 计划执行阶段

当各项成本和效益评估完成以后,如果企业或组织决定建设该仓库,则可以进入计划执行阶段,即仓储系统建设阶段。

5.2 仓库所有权的决策

企业在进行仓储相关规划时,首先要考虑仓储系统的主体——仓库的所有权问题。仓库按照所有权的不同,一般可分为自有仓库、公共仓库和合同仓库。

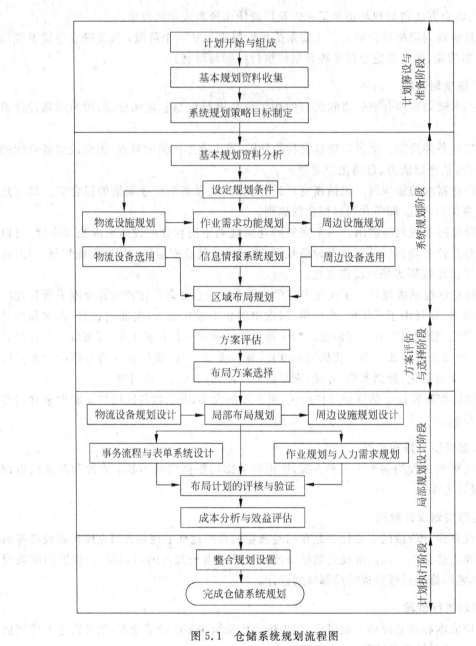

图 5.1 仓储系统规划流程图

5.2.1 自有仓库

在通常情况下,自有仓库是由对货物拥有所有权的企业自己经营的,但是仓库既可以是自己的,也可以是租用别人的。企业有时会租不到适合特殊需要的仓库。比如,某一仓库虽然大小合适,可是它的结构状况对于有效的物料作业来说,可能会造成一定的影响,如因有柱子而限制了必要的物流操作。那么,这时企业唯一能做的就是自行设计并安排建筑施工,建设自己的仓库。

自有仓库的主要优点体现在控制程度、灵活性、成本等几个方面。

一般企业需要以重要性为序来安排活动,而自有仓库可以为企业本身提供较高的控制和管理能力,这种控制能力有助于企业整合仓库作业,平衡物流业务。

如果是自有仓库,其经营政策和操作程序就可以按照实际情况灵活地调整。在满足特殊的客户需要和各种货物存储的需要上,与公共仓库相比,自有仓库可以提供更大的灵活性。因此,如果某个企业拥有一些具有特殊需要的客户和产品,往往就会自己拥有仓库,自行运作。

在拥有长期、大量的仓储业务量的情况下,自有仓库的运营费用比公共存储的费用要低。这是因为自有仓库不是以盈利为目的而设置的。因此,在同等条件下,一个自有仓库的固定成本和可变成本都会低于租赁的公共仓库。

此外,自有仓库还可以为企业提供一些无形的优势。这一点特别表现在市场形象方面。一个企业拥有一定规模的自有仓库往往会激发起客户稳定的感觉。客户的这种感觉,相对于竞争对手来说,就是企业的一种无形的营销优势。

5.2.2　公共仓库

公共仓库是指作为独立的仓库设施来进行经营运作的仓库。它提供的是一系列的标准出租服务,如存储、处理、运输等。

公共仓库可以提供一定的灵活性,并且可以共享服务效益。因为货物的保管和库存管理是它们的核心业务,所以一般公共仓库拥有一支在仓库经营和管理方面的专业队伍。对于那些缺乏仓储管理经验,并且不以仓储作为主要核心业务的企业来说,公共仓库是一个不错的选择。

一般而言,从财务的角度看,公共仓库能够实现比自有仓库更低的经营费用。由于公共仓库一般不需要客户为其提供投资,当根据投资回报率来评估管理绩效的时候,租用公共仓库将会是一个很有吸引力的选择。公共仓库可以为使用者提供使用大小和数量的灵活性,所以使用者就可以灵活地去响应供应商和客户以满足他们季节性的需求。相比而言,自有仓库比较固定而且难以改变,因为如果要改变的话,仓库就必须动工修建、扩建或者出售。

中小企业可以通过公共仓库存储分享规模效益。例如,与其要求供应商 A 和供应商 B 把各自的产品从自己的仓库运送到某个零售点,不如由公共仓库代表上述两个供应商来统一安排配送,通过提高满载率,为客户减少一定的运输费用。

很多公司因为可变成本、规模性、服务范围和灵活性的关系,都在利用公共仓库来存储和配送商品。在很多情况下,企业都可以设计和应用公共仓库的设施和服务来满足具体的经营需要。

5.2.3　合同仓库

合同仓库综合了自有仓库和公共仓库两方面的特征,是针对客户的具体要求而设计的公共仓库的外延服务;是为有限数量的客户提供某种定制的服务,是一种长期的业务安排。

长期的合同关系使得合同仓库的总成本比公共仓库还低。同时，因为与多家客户共享管理、劳动力、设备、信息资源等，合同仓库可以具有专业化、灵活性、可扩展性、规模效益等优势。

合同仓库一般可以提供一系列综合的物流服务，如运输管理、库存控制、订单处理、客户服务以及对回收货物的处理。合同仓库服务提供商，通常被称为 ISP（internet service provider），可以为一个公司进行整个的物流业务方面的操作。

例如，卡夫食品公司逐渐地使用合同仓库来代替自有的和公共的用于存放冷冻和干燥食品的仓储设施。20 世纪 90 年代以后，卡夫公司开始利用 AmeriCold 物流公司提供的仓储、物料处理和分拨等服务。AmeriCold 物流公司是一家综合性的仓储和分拨服务公司。这种安排使得双方都大大受益。这种长期的合同安排也使得卡夫公司在不必承担仓库扩建所花费的时间和成本的情况下，拓展了卡夫公司的配送网络。卡夫公司确信，在仓库里始终有存放新物品的空间，从而为公司的配送网络提供了有力的保障。AmeriCold 物流公司也不必为卖掉那些现在由卡夫公司租用的仓库空间操心。这样，它就可以集中精力，为卡夫公司提供优质的服务。此外，随着卡夫公司使用 AmeriCold 公司的服务的时间越来越长，AmeriCold 公司对双方合作业务的需求的理解能力和提供专门化服务的能力也越来越强。

5.3 仓库规模和数量规划

在确定采用何种方式存储和管理自己的产品后，不管决定建设自有仓库还是选择公共仓库或者合同仓库，企业在仓储规划中接下来要做的就是决定要有多少个仓库，各自的规模是多大。

5.3.1 仓库规模规划

本书讲的仓库的规模是指仓库的实际容积，也就是仓库建筑物实际的建筑空间规模。

仓库规模的规划与很多因素有关，主要有成本和客户要求的服务水平、仓库的数量、计算机网络的运用、仓库在供应链中的地位、需求仓容量、库存商品的周转率、商品的体积和质量、仓库的结构和布局等。

这里将重点讲述成本和客户要求的服务水平、需求仓容量、商品的体积和质量、仓库的结构和布局等因素对仓库规模规划的影响。

1. 成本和客户要求的服务水平

成本和客户服务水平是两个效益背反的因素。一般而言，客户服务水平越高（就仓库而言，意味着库存商品越多，库存量越大），其仓库投资、运营的成本就越高，反之亦然。所以我们在考虑仓库的规模时，一方面要考虑成本的因素，尽量较少商品库存量，但是同时仍然要保证客户要求的服务水平。

2. 需求仓容量

需求仓容量是仓库规模决策的最主要因素，也是衡量一个仓库存储能力的最主要指标。

需求仓容量一般可以用下面的公式来计算：

$$需求仓容量＝(年销售量/库存周转率)×(1＋扩展系数)$$

其中，扩展系数主要是库存变动的比例系数。

3. 商品的体积和质量

在获得需求仓容量后，就知道了商品存储的无单位数量绝对值，但是要具体获得这些商品要占用多少仓库空间，还需要进一步获知其商品的体积和质量。

只有知道每种商品的体积和质量，才能进一步规划其容器的大小等，而后计算出库存商品实际占用的仓库空间。

4. 仓库的结构和布局

在计算出商品存储需要的大致空间后，就可以考虑仓库的楼层、层高、货物的堆放方式、货架的尺寸（长、宽、高）以及装卸搬运设备的选择布置和通道的规划，在所有这些都大致确定下来后，就能得出一个仓库实际的空间规模大小。

5.3.2 仓库数量规划

仓库数量的多少主要受成本、客户要求的服务水平、运输服务水平、中转供货的比例、计算机网络的应用、单个仓库的规模等因素的影响。

1. 成本

影响仓库数量的成本主要是物流总成本和缺货损失成本。

仓库数量对物流网络的各项成本有着重要影响。一般来说，随着仓库数量的增加，运输成本和失销成本会减少，而存货成本和仓储成本将增加，图5.2描述了仓库数量和物流总成本之间的关系。

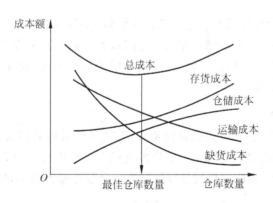

图5.2 仓库数量与物流总成本的关系图

首先，当仓库数量增加时，企业就可以进行大批量运输，运输成本就会下降。此外，在销售物流方面，仓库数量的增加会使仓库更靠近最终客户，从而减少商品的运输里程，不仅会降低运输成本，而且由于能及时满足客户需求，还会提高客户服务水平，减少缺货机会，从而降低缺货损失成本。

其次，由于仓库数量的增加，总的存储空间也会相应地扩大，仓储成本就会上升。由于在仓库的设计中，需要一定比例的空间用于办公、摆放存储设备等，而且通道也会占用一定空间，因此，小仓库比大仓库的利用率要低得多。

最后，当仓库数量增加时，总存货量就会增加，这意味着需要更多的存储空间，相应的存货成本就会增加。

由此可见，随着仓库数量的增加，运输成本和缺货损失成本的迅速下降导致总成本下降。但是，当仓库数量增加到一定规模时，库存成本和仓储成本的增加额会超过运输成本和缺货损失成本的减少额，于是总成本开始上升。当然，不同企业的总成本曲线并不完全相同。

2. 客户要求的服务水平

对于企业来讲，商品的可替代程度与所需的客户服务水平之间存在着很强的关联关系。当企业的服务反应速度远远低于竞争对手时，它的销售量就会大受影响。如果客户在消费购物的时候不能在相应的时间内获得产品，那么再好的广告和促销活动都将丧失作用。要满足较高客户服务的需要，就需要提高企业备货的库存水平，其中的措施之一就是设立较多的仓库网点。当客户对服务标准要求很高时，就需要很多的仓库备货来及时满足客户需求。

3. 运输服务水平

如果需要快速的客户服务，那么就要选择快速的运输服务。如果不能提供合适的运输服务，可以通过增加仓库数量来满足客户对交货期的要求。

4. 中转供货的比例

当企业送货大部分采用直达供货时，对于一个区域的仓库数量的需求就比较小。反之，企业送货大部分采用中转供货时，这个区域就需要较多的仓库数量。

5. 计算机的应用

企业利用计算机管理可以改善仓库布局和设施、控制库存、处理订单，从而提高仓库资源的利用率和运作效率，使仓库网点规划中空间位置与数量之间的矛盾得以缓解，实现以较少仓库满足现有用户需求的目标。同时，物流系统响应越及时，企业备货水平就可以越低，对仓库数量的需求就越少。

6. 单个仓库的规模

单个仓库的规模越大，其单位投资就越低，而且可以采用处理大规模货物的设备，因此单位仓储成本也会降低。所以，当单个仓库的规模大且计算机管理运用程度高的时候，仓库数量可以少一些；反之，则应增加数量以弥补容量及业务能力的不足。

5.4　仓库设施规划设计与布局

仓库设施的设计必须要考虑产品的移动。在设计过程中需要同时考虑3个因素的影响：仓库的楼层数、空间利用计划和产品流。所以本节主要关注于和仓库楼层数有关的仓库的建筑结构规划、和空间利用计划有关的仓库的作业空间规划。图5.3是日本第一制药东京物流中心的仓库规划示意图。

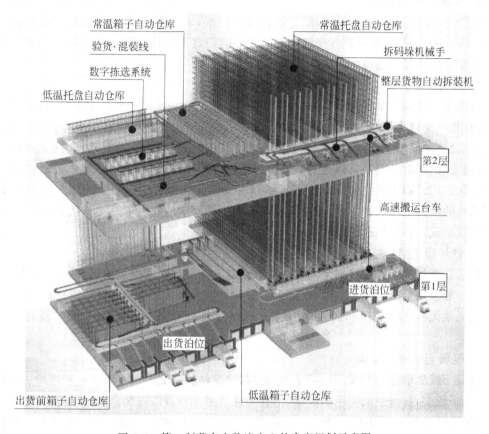

图 5.3　第一制药东京物流中心的仓库规划示意图

5.4.1　仓库的建筑结构规划

1. 仓库类型选择

1) 单层式库房

单层式库房是指只有一层建筑的库房。从物流效率的角度看,单层式库房是最理想的仓库类型。在单层式库房中进行货物的仓储管理,具有地面单位面积承载能力大、货物进出库作业方便、能有效地避免垂直搬运货物等优点。虽然在同样容积的情况下,单层式库房占用土地面积较大,但如果采用了高层货架,就可有效地提高单层库房的有效容积利用率。

2) 楼房式库房

楼房式库房是指有多层建筑的库房。它利用仓库的高度,使单位土地面积存储的货物量增大,从而可以有效地节省用地,多适用于土地紧缺地区。但是由于楼房式库房柱距较小,柱的数量较多,所以影响了搬运车辆的行走和货架等存储设备的布置。此外,由于货物的存储分拣等作业不在同一楼层,故一般需要使用垂直搬运设备,如电梯、传送带等。但是将产品从某一层楼转移到上(下)一层,需要花费大量的时间和能源,更主要的是,会造成物料处理的瓶颈。

2. 建筑物结构选型

库房的建筑可根据实际要求,结合建筑设计规范,采用相应的结构形式。目前,随着现代物流的发展及要求,单层式库房结构形式主要有门式钢架结构和拱形彩板结构,而楼房式库房普遍采用混凝土或砖墙结构。

1) 门式钢架结构

门式钢架结构是钢结构建筑的一种,因柱子与梁连在一起,形成门字形状,故称门式钢架结构(北京奥运主馆"鸟巢"就是这类结构)。它具有强度高、自重轻、跨度大、抗震性能好、施工速度快、周期短、地基费用省、占用面积小、工业化程度高、维护费用低、施工污染环境小、外观美观、可拆迁等一系列优点。轻型结构中门式钢架最受人们的青睐,在建筑中应用十分广泛。门式钢架结构建筑一般跨度在17~36m比较经济,必要时可超出此范围。但是轻钢结构的缺点是保温性能差,对于需要保温或冷藏要求的仓库不是太合适;此外,其造价也比混凝土或砖墙结构高。

2) 拱形彩板结构

拱形彩板结构是直接将钢结构彩板根据跨度及荷载的要求制成拱形,做成库房的屋顶,其墙体一般采用混凝土或砖墙结构(很多厂房和工厂的仓库都采用这种结构)。其主要技术特点是无梁无檩,空间开阔,跨度可在7~42m任意选择;造价低,投资少;设计施工周期短。

3) 混凝土或砖墙结构

混凝土或砖墙结构是我国传统仓库主要的建筑结构形式。但是由于这种结构施工周期较长,柱子较多,导致空间使用率较低,不利于自然采光和设施安装;此外,当仓库需要调整时,其扩展性较差。所以现代化物流仓库都不把这种结构作为首选。但是由于其建筑成本低,保温性能好,在一些特殊领域依然广泛采用,特别是冷藏库和楼房式库房。

3. 层高规划

仓库的层高就是库房的有效高度,也称为梁下高度,理论上是越高越好,但实际上受货物所能堆码的高度、叉车的扬程、货架高度等因素的限制,所以库房太高有时反而会增加成本及减少建筑物的楼层数。在进行库房的有效高度设计时,应考虑保管货物的形态、保管设备的类型和堆码高度;所使用堆垛搬运设备的种类;建筑照明、喷淋系统、空调与排风管等设施造成的空间障碍等多方面因素。表5.1是规划仓库层高的参考值。

表 5.1 仓库层高的参考值   m

仓库类型		梁下高度
单层仓库		7以上
楼房仓库	一层	5.5~6
	二层	5~6
	三层	5~5.5
	四层	4.5~5

4. 地面负荷能力

地面负荷能力是指地面的耐压强度,主要测量指标单位是 t/m^2。一般平房仓库为

2.5~3.0t/m²,其次是 3.0~3.5t/m²。多层仓库随层数加高,地板承受负荷能力减小。一层一般在 2.5~3.0t/m²;二层一般在 2.0~2.5t/m²;三层一般在 1.5~2.0t/m²。地面负荷能力是由保管货物的质量、所使用装卸机械的总质量、楼板骨架的跨度决定的,主要考虑货架和货物载重负荷强度((货架自重+货物载重)/占地面积)和叉车轮压(安全系数×(叉车自重+货物载重)/4)。

另外,地面要采取防止磨损、龟裂及剥离的施工方法,除特殊情况外,最好用喷射混凝土并用抹板加工。其他特殊的加工方法主要有人造石铺装、真空混凝土金属抹板加工等。

5. 柱跨度

柱跨度是指一根柱子的中线到另一根柱子的中线之间的距离。合理的柱跨度有利于在保证建筑物强度的基础上,提高仓储的仓容量,优化货物搬运路线。对于不同结构的仓库,适宜的柱距为:砖混结构 6~7m,钢架、砖混混合结构 7~10m,钢结构 15m。此外,通道内原则上不设置立柱;决定库区柱跨度需要考虑存储设备和托盘尺寸;决定码头柱跨度需要考虑码头的间隔和货车的跨度。

6. 码头设施

码头设施即仓库的装卸平台,是整个物流设施流程设计的重要组成部分。装卸平台是物料的设施流程程序的起点和终点,它将物料在库房内的流通与对外运输结合在一起,所以它必须与整个设施系统的效率相匹配,这样才能保持整个仓库或物流配送中心具有较高的运作效率。本书将主要从装卸平台位置选择、类型选择、平台高度设计、外围回转区域大小设计等方面进行考虑。

1) 装卸平台位置选择

装卸平台布置主要有两种模式:合并式(进货及出货共用月台)和分离式(分别使用月台,但两者相邻;分别使用码头,但两者不相邻)。

合并式平台(参见图 5.4)常用于物流量不大的小型库房或进出货时间错开的库房。其优点是空间和设备的利用率高;缺点是作业管理困难,容易造成货物进出的混乱。

图 5.4 合并式平台示意图

分离式平台有分别使用月台,但两者相邻(见图 5.5);分别使用码头,但两者不相邻(见图 5.6)两种。分别使用月台,但两者相邻模式适用于库房空间适中,且进出货常易互相干扰的仓库。其优点是设备仍可共用,但进货及出货作业空间分隔,可解决合并式平台模式进出货可能互相牵绊的困扰;缺点是进出货空间不能弹性互用的情形必将使空间利用率变

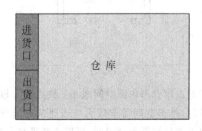

图 5.5 分别使用月台,但两者相邻
模式示意图

图 5.6 分别使用码头,但两者不相邻
模式示意图

低。分别使用码头,但两者不相邻模式适用于库房空间大且进出货时段冲突频率大的仓库。其优点是可使进货与动线更为迅速顺畅;缺点是空间及设备的使用率很低。

2) 装卸平台类型选择

(1) 按建筑物与货车的位置关系分类,见表5.2。

表5.2 按建筑物与货车的位置关系分类

穿墙式	开放式
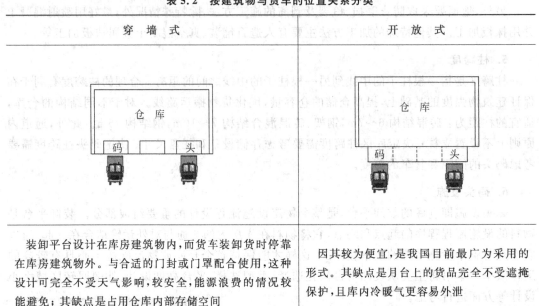	
装卸平台设计在库房建筑物内,而货车装卸货时停靠在库房建筑物外。与合适的门封或门罩配合使用,这种设计可完全不受天气影响,较安全,能源浪费的情况较能避免;其缺点是占用仓库内部存储空间	因其较为便宜,是我国目前最广为采用的形式。其缺点是月台上的货品完全不受遮掩保护,且库内冷暖气更容易外泄

(2) 按装卸平台布局分类,见表5.3。

表5.3 按装卸平台布局分类

锯齿形	直线形
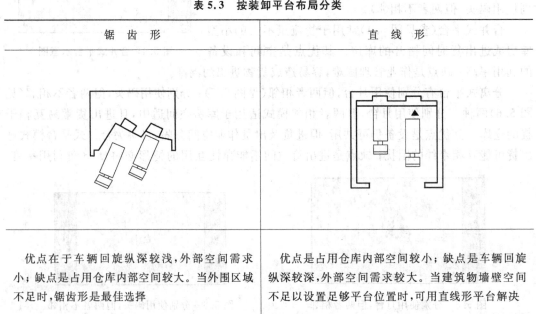	
优点在于车辆回旋纵深较浅,外部空间需求小;缺点是占用仓库内部空间较大。当外围区域不足时,锯齿形是最佳选择	优点是占用仓库内部空间较小;缺点是车辆回旋纵深较深,外部空间需求较大。当建筑物墙壁空间不足以设置足够平台位置时,可用直线形平台解决

(3) 按车辆装卸位置分类,见表5.4。

表5.4 按车辆装卸位置分类

尾端卸货式	侧部卸货式
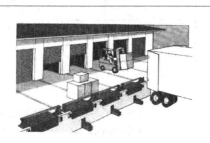	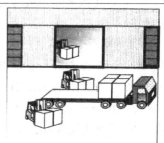
适合较小的码头面和较广的外部空间;适合标准集装箱和拖车;装卸效率一般。现在大部分码头都属于尾端卸货型,最大好处是码头外侧齐平,可完全包围码头内部区域,可提供较佳的封闭作业空间	不需要举升式码头就可以实现托盘装卸;可同时从车辆两边卸货;适合敞式货车或两边开门的厢式货车的货物装卸;需要较大的码头面,但是外部空间需求很小

3) 装卸平台高度的设计

装卸平台的高度是平台设计中较为重要的要素,必须与使用装卸平台的货车相匹配。在确定装卸平台的高度时,应尽量缩小装卸平台与货车车厢底板之间的高度差。虽然使用平台高度调节板也可解决高度差问题,但也不能使形成的坡度过大,以免调节板擦碰叉车底部;同时,坡度过大还会影响装卸效率和装卸安全。

要确定装卸平台的高度,首先应确定使用该平台的货车底板的高度范围,一般以这个范围的中间高度作为装卸平台高度的参考值。通常货车所需平台高度为1000~1400mm。各种车辆对应的装卸平台的高度参考值见表5.5。

表5.5 各种货车对应的装卸平台的高度参考值　　　　　　　　　　　　mm

货车类型	火车车辆	集装箱车	平拖车	冷藏车	平板车
平台高度	1100	1350	1200	1320	1320

4) 装卸平台外围回转区域大小设计

装卸平台外围区域指装卸平台前至围栏区(或障碍物区)之间可供货车回转的区域。其包括装卸货时用于泊车的装卸区及调动货车进出装卸区所必须经过的调动区。泊车位之间中心线距离建议至少3.5m,若考虑同时开启车门则需要4m。平台外围区域的大小取决于车辆的长度、货车的转弯角度等。其中,货车的转弯角度和装卸平台布局以及装卸车辆装卸位置有关。以40ft(也就是2个标准箱)的集装箱车为例,假如在直线形平台上以尾部装卸,则需要外部空间宽约36.5m(见图5.7),而采用侧部卸货式只需要7~9m,采用锯齿形平台装卸需要的空间在上述两者之间。

7. 其他建筑设施

1) 出入库口

出入库口的位置和数量由建筑物主体结构、进深长度、出入库次数、库内货物堆码形式以及通路设置等因素所决定。例如，库面积为 1500m² 的一般仓库，可以设 4 个出入库口。普通仓库出入口宽度、高度的尺寸多为 3.5~4m，开启方式多使用拉门式、开启式以及卷帘式 3 种。

2) 墙壁

在设计内墙时，要特别注意防火墙的问题。根据《建筑物基准法》和《建筑设计防火规范》（2001 年版），如果不具备自动喷水灭火装置等必要防火设备的面积，或者是扣除具备灭火装置设备条件的那一部分的面积后，总面积还超过 1500m² 时，必须设

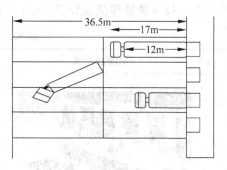

图 5.7　直线形平台上以尾部装卸需要外部空间示意图

防火墙。在这种情况下，防火墙的中间部分要设通路，必须通过防火门在各区域之间来往，使各个区域成为独立的保管场所。

外墙必须是防火结构或是简易耐火结构，如果是冷藏库，还需要进行保温处理。

3) 屋顶

屋顶的构造主要是屋顶的倾斜度（即坡度）。当屋顶为人字形木屋架时，一般坡度为 1/10~3/10。在积雪的地方可大一些，根据需要还可设防雪板。关于雪的质量，10mm 厚的积雪，一般地区为 2kgf/m²，多雪地带为 3kgf/m²。对于屋顶材料，平民仓库可采用镀锌板、大波石棉瓦、长尺寸带色铁板。

4) 窗

仓库窗子的主要作用是采光。窗子的种类有高窗、地窗、天窗等。为了防盗、防漏雨和排水，一般只采用高窗。不同建筑物窗的尺寸不同，但多为 0.6m×1.3m，0.6m×2m，1m×2m 等，且大多设在较高的位置。

5.4.2　仓库的作业空间规划

作业空间规划在整个仓库规划设计中占有重要的地位。这一规划是否合理将直接影响到运营成本、空间投资与效益。在规划空间时，首先根据作业流量、作业活动特性、设备型号、建筑物特性、成本和效率等因素，确定满足作业要求的空间大小、长度、宽度和高度。

通过对各区域的分析，可估计各区域的面积。各部门区域性质不同，要求作业空间的标准也不同。然后根据整个仓库的实际和发展情况进行适当调整。

1. 出入货区空间规划

出入货区规划主要包括装卸货月台车位数量和出入库暂存区面积大小规划设计的方法和模型。

1) 装卸货月台车位数量规划

车位数的规划，即指在规划的装卸水平条件下，综合考虑未来的需求变化，确保所有货物按时装卸所需的车位数。月台车位数通常按下式计算：

$$\left.\begin{array}{l} n = n_{out} + n_{in} \\ n_{out} = m_{out} t_{out} \\ n_{in} = m_{in} t_{in} \end{array}\right\} \quad (5.1)$$

式中，n 为装卸月台车位数（一个月台车位同一时间只能停一辆车），个；n_{out}、n_{in} 分别为出、入库装卸月台数量，个；m_{out}、m_{in} 分别为高峰期出、入库车辆数，辆/h；t_{out}、t_{in} 分别为出、入库车辆各自平均每辆装卸货物的时间，h。

2) 出入库暂存区面积的规划

仓库的出入库暂存区是货物出入库作业和存储作业缓冲带，有利于消除两者之间的物流瓶颈。根据研究，出入库暂存区的面积可按下式计算：

$$\left.\begin{array}{l} S = S_y + S_r + S_p \\ S_p = \dfrac{\mu Q T_s L_p W_p}{T_w N_p} \end{array}\right\} \qquad (5.2)$$

式中，S 为出（入）库区的面积，m^2；S_y 为出（入）库区月台的面积，m^2；S_r 为出（入）库区道路占去的面积，m^2；S_p 为出（入）库区实际堆放货物的面积，m^2；μ 为出（入）货物的峰值系数（取 0～1）；Q 为一天进（出）货物的总箱数；T_s 为货物在暂存区平均逗留的时间；L_p 为选用托盘的长；W_p 为选用托盘的宽；T_w 为一天的工作时间（也就是一天货物出入库时间）；N_p 为每个托盘平均可放的箱子数。

但是现在大多数仓库设计主要都是先凭经验决定出（入）库暂存区面积，然后在其他功能区域面积规划设定之后，再尽量大地设计出入库暂存区的面积。因为这块区域面积大了，首先并不会增加多少建设成本的投入；其次有利于应对业务量波动的不确定性，可以用来作为快速转运货物的暂时存储；再次也增加了仓库功能区域规划的扩展性，可以适应少量扩展的特殊业务。

2. 存储区空间规划

在规划存储区空间时首先应考虑如下的因素：货品尺寸和数量，托盘尺寸和货架空间，设备的型号、尺寸、能力和旋转半径，走廊宽度、位置和需要空间，柱间距离，建筑尺寸与形式，进出货及搬运位置，补货或服务设施的位置（防火墙、灭火器、排水口）以及作业原则（经济性、单元化负载、货品不落地、减少搬运次数和距离、有效利用空间）。总之，不论仓储区如何布置，应先求出存货所占空间大小、货品尺寸及数量、堆放方式、托盘尺寸和货架储位空间。

现代仓库中，货物的存储有托盘平置堆垛、托盘货架（包括横梁式货架、重力式货架和自动化仓库立体货架等）、箱式货架（包括搁板式货架和流利式货架等）等多种方式。

在规划要求比较精确的情况下，需要针对不同的存储方式分别分析计算。本节提及的存储区域主要是指纯存储区域或者存储分拣合并的区域。

1) 托盘堆码量的计算

现代仓库越来越多采用托盘存储的方式，所以在计算实际存储区的空间时，需要先计算各种（类）商品的码盘量（即一个托盘上可堆放多少箱该种类商品）。如果采用一般的堆码方式（见图 5.8），以尽量多堆码为目标，则可以用下式计算：

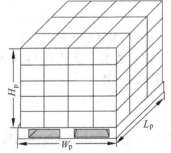

图 5.8 拼托盘示意图

$$N_i = \max\left\{\left(\left\lfloor\frac{L_p}{L_i}\right\rfloor \times \left\lfloor\frac{W_p}{W_i}\right\rfloor + \left\lfloor\frac{L_p \% L_i}{W_i}\right\rfloor \times \left\lfloor\frac{W_p}{L_i}\right\rfloor\right) \times \left\lfloor\frac{H_p}{H_i}\right\rfloor,\right.$$

$$\left.\left(\left\lfloor\frac{W_p}{L_i}\right\rfloor \times \left\lfloor\frac{L_p}{W_i}\right\rfloor + \left\lfloor\frac{W_p \% L_i}{W_i}\right\rfloor \times \left\lfloor\frac{L_p}{L_i}\right\rfloor\right) \times \left\lfloor\frac{H_p}{H_i}\right\rfloor\right\} \tag{5.3}$$

$$N_p = \frac{\sum N_i R_i}{\sum R_i}$$

式中,N_i 为一个托盘上可放第 i 种货品的箱子的数量;N_p 为一个托盘上平均可放货品的箱子的数量;L_p, W_p, H_p 分别为选用托盘的长、宽和一标准托盘的堆码高限度;L_i, W_i, H_i 分别为第 i 种货品外包装的长、宽、高;R_i 为第 i 种货品的年均库存量。

2) 托盘平置堆放区空间规划

出货量大、出货频率高的少量品种,宜采用把托盘放在地板上平置堆放。此时应考虑托盘数量、尺寸和通道。

$$S = \frac{L_p W_p (R_p / N_p)}{\lambda} \tag{5.4}$$

式中,S 为托盘平置堆放区的面积;R_p 为以托盘平置方式存放该类商品的库存量(箱数);N_p 为一个托盘上可放以托盘平置方式存放该类商品的箱子数;L_p, W_p 分别为选用托盘的长和宽;λ 为有效面积利用率,为托盘占地面积和整个就地托盘堆垛区面积(托盘占地面积+通道面积)的比例系数,该值一般在 35%~45%。

3) 托盘货架区空间规划

托盘货架区是现代仓库最主要的存储区域,商品堆放在托盘上,托盘再堆放在相应的托盘货架上。一般的横梁式托盘货架区的面积可按下式计算:

$$S = \frac{LW R_{ph} / N_{ph}}{2 N_h \lambda} \tag{5.5}$$

式中,S 为托盘货架堆垛区的面积;R_{ph} 为以托盘货架方式存放该类商品的库存量(箱数);N_{ph} 为一个托盘上可放以托盘货架方式存放该类商品的箱子数;L, W 分别为选用货架每格的长和宽;N_h 为选用托盘货架的层数;λ 为有效面积利用率,为货架占地面积和整个托盘货架区面积(货架占地面积+通道面积)的比例系数,该值一般在 40%~50%;数字 2 表示每格托盘货架可放 2 个托盘。

4) 箱式货架区空间规划

箱式货架一般用于出货量小、出货频率比较低的货物的存储分拣。箱式货架区的面积可按下式计算:

$$S = \frac{LW R_{ch} / M_{ch}}{k N_h \lambda} \tag{5.6}$$

式中,S 为箱式货架存储区的面积;R_{ch} 为以箱式货架方式存放该类商品的库存量(箱数);M_{ch} 为一格货架可放以箱式货架方式存放该类商品的箱子数;$L、W$ 分别为选用货架每格的长和宽;k 为每组箱式货架的货格数;N_h 为选用箱式货架的层数;λ 为有效面积利用率,为货架占地面积和整个箱式货架区面积(货架占地面积+通道面积)的比例系数,该值一般在 50%~60%。

3. 分拣区空间规划

分拣作业是现代物流配送中心内工作量最大的作业,因此分拣区作业面积规划的好坏必将影响整个仓库的效率和服务水平。

仓储区的容量要维持一定期间(库存周转期)内的出货量需求,因此针对进出货的特性和处理量均需加以考虑;而拣货区(不包括分拣和存储合一的区域)则以单日出货商品所需的拣货作业空间为规划对象,故以品项数及作业量为主要考虑因素。一般拣货区的规划不必包含当日的所有出货量,而只需满足定时补货时间段内部分商品的分拣出货量,而其余部分缺货是由随机补货方式完成补货。

根据发货特点的不同,可以将分拣区适当地划分为整托盘分拣区(即以托盘方式存储的存储分拣合并区)、整件分拣区和散件分拣区。本书讨论的分拣区主要指和存储区分开的分拣区。所以这里主要对整件分拣区和散件分拣区的面积进行定量的计算。

1) 整件分拣区空间规划

整件分拣区是以托盘方式存储的,以原箱方式分拣出货的区域,一般主要是出货量较大、出货频率高的以整箱出货的 A 类商品。由式(5.4)和式(5.5),我们已经知道了托盘平置区和托盘货架存储区面积的计算方式,所以这里只需讨论用以分拣的托盘组数(放置相同种类货品的托盘为同一组)或托盘货架的数量。根据研究,整件分拣区托盘货架的数量计算方式如下:

$$N = M + \gamma \sum \left\lceil \frac{Q_i/N_i - k}{k} \right\rceil, \quad \frac{Q_i}{N_i} - k \geqslant 0 \tag{5.7}$$

式中,N 为整件分拣区用以分拣的托盘货架的个数;M 为在一个定时补货时间段内整件分拣的 A 类商品品种数;i 为在一个定时补货时间段内 A 类商品中,整件分拣的第 i 种商品;Q_i 为 i 类商品在一个定时补货时间段内出货的箱数;N_i 为 i 类商品一个托盘上可放的箱子数;k 为用于分拣的一组托盘式货架(或者一托盘组)托盘位数,一般为 2;γ 为分拣量满足系数,一般为 0~1.0,指的是不通过随机补货方式就可满足分拣量对总分拣量的比例系数。

系数 γ 一般根据现代物流中心的运营时间情况决定,在区域总面积宽裕、人员量少、设备便宜、随机补货作业量大等情况下可选择大一些,相反则可以小一些。

2) 散件分拣区面积计算

散件分拣区是以箱子方式存储的,主要以散件方式分拣出货的区域。主要用于出货量较大、出货频率较高的以单件出货的 A 类商品。根据研究用以分拣的箱式货架数量的计算方式如下:

$$N = M + \gamma \sum \left\lceil \frac{Q_i/D_i - D_i}{D_i k k_h} \right\rceil, \quad \frac{Q_i}{D_i} - D_i \geqslant 0 \tag{5.8}$$

式中,N 为散件分拣区用以分拣的箱式货架的个数;M 为在一个定时补货时间段内相应类别散件分拣的 A 类商品品种数;i 为在一个定时补货时间段内 A 类商品散件分拣的第 i 种商品;Q_i 为 i 类商品在一个定时补货时间段内出货的箱数;D_i 为 i 类商品一个分拣信道上可放的箱子数;k 为用于分拣的一组箱式货架的单层分拣信道数,一般为 3~6;k_h 为用于分拣的一组箱式货架的层数;γ 为分拣量满足系数,一般取 0~1.0,其设定方式可参考公式(5.7)中的 γ。

4. 集货区空间规划

一般集货区货位设计以配送地区为对象，同时考虑发货装载顺序和动线畅通性，在空间允许的条件下以单排为宜，否则容易造成装车时在集货区反复查找货物及搬运工作，降低装载作业的效率。

另外，在规划集货区空间时还要考虑每天平均发货订单、发货车次和出车路线，以及每天拣货和出车工作时序安排等因素。例如，有时是一天发货两次或夜间配合发货，拣货时段则在白天上班时间完成，在不同发车时序要求下需要集货空间配合工作，以方便车辆达到物流中心后可以立即进行货物清点和装载作业，从而减少车辆等待时间。

有时也可以把集货区和发货暂存区放在一起，但是发货暂存区的空间常作装载工作之用。如果拣出的货物需要等待较长时间才能装车，则有必要把发货码头和发货暂存区分开。

5. 行政区空间规划

行政区空间规划主要指非直接从事仓储、配送等物流部门的规划，现在分别说明如下：

（1）办公室。办公室分为一般管理办公室和现场办公室两种，其面积大小主要取决于人数和内部设备。办公室的一般规划原则如下：一般办公室通道 0.9m 以上，每人办公面积为 $4.5\sim7m^2$；行政领导办公室面积为 $27\sim37m^2$；部门领导办公室面积为 $14\sim27m^2$。现场管理人员办公室面积为 $5\sim17m^2$。

（2）档案室。这是保管文件的重要设施，除档案货架或档案拉柜的空间之外，还应留通道和档案存取空间。为抽屉拉出方便，应留 $1.2\sim1.5m$ 的通道。

（3）会客室。一般在 $17\sim37m^2$ 之间为宜，也可以和员工休息室合并。

（4）会议室。会议桌可采用长方形、U形、H形和环形排列，大小可根据员工人数而定。

（5）休息室。根据员工人数和作息时间而定。如果允许，可在特定地方设立吸烟室。

（6）驾驶员休息室。在出入库作业区附近可设立驾驶员休息室，以便驾驶员装卸货或等待表单。

（7）洗手间。良好的卫生设备使员工精神饱满、工作愉快。一般情况下，男厕大便器数量是 10 人以下取 1 个，$10\sim24$ 人之间取 2 个，$25\sim49$ 人之间取 3 个，$50\sim74$ 人之间取 4 个，$75\sim100$ 人之间取 5 个，超过 100 人时每 30 人增加 1 个；女厕大便器数量是每 10 人取 1 个；洗面盆数量是男子每 30 人取 1 个，女子每 15 人取 1 个。

（8）衣帽间。为了便于员工更换衣服和保管个人物品，应在库存区外设立衣帽间，每人一个格位，配有门锁。

（9）膳食区。除餐厅之外，还应另设小卖部之类，为员工提供更大的方便。餐厅按高峰期人数考虑，每人 $0.7\sim1.5m^2$。厨房面积为餐厅面积的 $22\%\sim35\%$。

6. 通道空间规划

通道规划是仓库作业空间规划中十分重要的一部分，通道的正确安排和宽度设计将直接影响物流效率，通道过大会影响仓库的空间利用率，而过小则会影响搬运等作业的流畅性。影响通道位置和宽度的因素有通道形式、搬运设备的型号尺寸、存储货物的尺寸、到进出口和装卸区的距离、防火墙位置、行列空间、服务区和设备的位置、电梯和斜道位置以及出入方便性等。

现代仓库的通道分为库区通道和库内通道两种。库区通道将对车辆和人员的进出、车辆回转、上下货等动线有影响,在这里不做详细介绍。而库房内通道包括以下几种:

(1) 工作通道。这是物流仓储作业和出入库房作业的通道,其中包括主通道和辅助通道。主通道连接库房的进出口和各作业区,一般沿着库房的长度,允许两方面的交通,道路最宽;辅助通道连接主通道和各作业区内的通道,一般平行或垂直于主通道,通常为单方面的交通。

(2) 人行通道。只适用于员工进出特殊区域的场合,应维持最小数目员工(2~3人)进出特殊区的人行道。

(3) 电梯通道。提供出入电梯的通道,不应受任何通道阻碍,距主通道3~4.5m。

(4) 其他各种性质的通道。这是公共设施、防火设备或紧急逃生所需要的进出道路。

良好道路的设计应该注意以下几个因素:

(1) 流量经济性。就是让库房通道的人和物的移动形成路径,形成最佳的作业动线。

(2) 空间经济性。就是合理、慎重地设计空间大小,有效发挥空间的效益,以最小的空间占用率为目标。

(3) 设计顺序。先确定出入货码头的位置以设计主通道;再设计存储等作业区域的通道;然后设计服务实施、参观通道。

(4) 直线原则。所有通道应尽量为直线。

(5) 大规模库房的空间经济性。例如,在一个6m的库房内应有一条1.2~2m通道,占有效地面空间的25%~30%。一个170m宽的厂房应有3条宽3.6m的通道,只占空间的6%。再加上一些次要通道,也只占10%~12%。由此可见,大库房在通道设计方面可实现最大的空间经济性。

(6) 紧急逃生原则。要求通道足够宽敞,当遇到危险时以便逃生。

(7) 楼层间的交通。在多层库房情况下,应考虑电梯通道,其目的在于将主要通道的货品运至其他楼层,但又要避免阻碍到主要通道的交通。

表5.6 库房通道宽度参考值　　　　　　　　　　　　　　　m

通道类型		参考宽度
中枢主通道		3.5~6
存储等作业通道	手推车	1左右
	平衡重式叉车	3.3~3.7
	前移式叉车	2.6~3
	三向叉车	2~2.5
	输送机	0.7~2.5
人行通道		0.75~1

5.5 自动化立体仓库的规划设计

由于自动化立体仓库能充分利用空间存储货物,并节约物流时间,所以现在应用范围很广,几乎遍布所有的行业。在我国,采用立体仓库的主要行业有机械、冶金、化工、航空航天、电子、医药、食品加工、烟草、印刷等。同时,自动化立体仓库也将是未来我国仓储行业建设仓库的首选,所以本节重点介绍自动化立体仓库的一些基本概念,以及其设计原理和基本内容。

5.5.1 自动化立体仓库概述

1. 自动化立体仓库的基本概念

自动化立体仓库(automatic storage & retrieval system,AS/RS)是一种用高层立体货架(托盘系统)存储物资,一般采用八九米到几十米高的货架,使用计算机系统进行控制和管理,并使用堆垛机进行存取作业的仓库。图 5.9 是一个高层货架自动化立体仓库的实例图。

2. 自动化立体仓库的构成

自动化立体仓库是机械和电气、强电控制和弱电控制相结合的产品。它主要由货物存储系统、货物存取和输送系统、控制和管理系统 3 大部分组成,此外,还有与之配套的供电系统、空调系统、消防报警系统、称重计量系统、信息通信系统等辅助系统。

图 5.9 高层货架自动化立体仓库的实例图

1)货物存储系统

货物存储系统主要由立体货架以及托盘或货箱组成。按机械结构,立体货架可分为分离式、整体式和柜式;按存储单元方式,可分为托盘单元式和货箱单元式两种。

2)货物存取和输送系统

货物存取和输送系统承担货物存取、出入库输送的功能,它由有轨或无轨巷道式堆垛机、出入库输送机或 AGV 小车、装卸机械等装备组成。

3)控制和管理系统

在自动化立体仓库中,一般采用计算机进行控制和管理。但是,视不同的具体情况,可采用单机控制、联机控制和中央控制等方式。单机控制方式只采用对存取堆垛机、出入库输送机的单台可编程逻辑控制器(programmable logic controller,PLC)控制;联机控制方式对各单台机械进行联网控制;更高级的中央控制方式是由计算机管理信息系统和中央控制计算机对堆垛机、输送机进行直接控制的 PLC 共同组成控制系统。

5.5.2 自动化立体仓库设计

1. 自动化立体仓库的规划设计步骤

自动化立体仓库的建设是一项系统工程,它是由一个彼此相互作用的诸多因素和环节构成的综合系统,需要花费大量投资。研究这些因素的性质并弄清楚它们的相互作用,是建立自动化立体仓库的一个重要步骤。在进行自动化立体仓库的设计之前,往往需要收集研究有关仓库的原始资料,在资料分析的基础上,完成项目的可行性分析,明确项目建设的必要性和可能性。

通常,自动化立体仓库的规划设计步骤如图 5.10 所示。

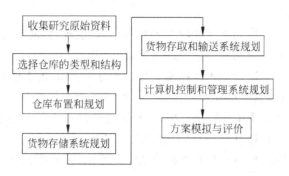

图 5.10　自动化立体仓库的规划设计步骤

2. 自动化立体仓库的结构和建筑类型

自动化立体仓库一般采用钢结构或钢筋混凝土结构。钢结构分轻型、中型和重型几种。货架一般采用角钢和钢管,方钢常用作柱子,斜撑采用圆钢管。这种结构外形美观。超过 31m 高的建筑物,应具有耐水平冲击力,为此,必须进行耐力计算。用轻型钢的货架必须进行表面处理,使其长久不锈。方钢管和圆钢管一般会从内表面开始生锈,所以在焊接时必须注意密封。外表面的粉刷维修也必须进行。钢结构的特点在于材料规格化和统一化,耐力大,寿命长。

钢材的强度一般是混凝土的 2.3 倍以上,为此,在自动化立体仓库建筑物中钢材结构的应用最为广泛。在物流业中大跨度高层建筑的自动化立体仓库的建筑物框架几乎全都采用型钢,地基部分采用钢筋混凝土。型钢的形状有工字形、圆形和方形,其中圆形和方形的受力最好,应用最广。

钢结构是采用工字钢、角钢、钢管和钢板等现场焊接而成的。安装施工时,再将制作好的部件组装成立体构件,组装时多采用螺栓连接。

自动化立体仓库按其建筑类型可分为分离式自动化立体仓库和整体式自动化立体仓库。

1) 分离式自动化立体仓库

分离式自动化立体仓库就是货架和仓库建筑结构相互独立的方式。这种仓库结构十分普遍,其交货期已标准化,如果是 1 台堆垛机 150 个托盘这种规模,在发达国家里 1 周左右就可以交付使用。为使检修和调试容易,取开驱动部分的安全盖即可进行,并把行走、升降电动机设计在机架之下。

分离式自动化立体仓库的特点是造价低,交货期短,其高度一般在 10m 左右,货重在 1t 以下。由于结构限制,有较多的立柱。

这种仓库适用于利用原有建筑物作库房,或者在厂房和仓库内单建一个高货架的情况。由于这种仓库可以先建库房后立货架,所以施工安装比较灵活方便。

2) 整体式自动化立体仓库

整体式自动化立体仓库就是货架和仓库建筑框架合二为一的方式。货架既是仓库内存储货物的设备,又是支撑仓库的"立柱"和"横梁",货架和仓库是一个不可分割的整体,货架不仅承受货物载荷，还要承受建筑物屋顶和墙侧壁的载荷。这种仓库结构质量轻，整体性好，对抗震也特别有利。

整体式自动化立体仓库能够承受较大的载荷，其高度较高，能够有效、合理地利用空间。目前国内最高的整体式自动化立体仓库的高度已达36m。

整体式自动化立体仓库的库内无结构立柱。对于自动化立体仓库方案设计而言，最忌讳的是库内的结构立柱，它的存在使立库的货架所占用的空间加大。如果立柱在货格内，则会浪费整列货位；如果立柱在货架排与排之间，则会使得立体仓库的宽度增大。

整体式自动化立体仓库具有较好的抗震能力。因为这种仓库实现了库架合一，货架、房架、C形钢、库前后区钢结构、基础、彩钢板形成了一个刚体，其抗震能力大大提高。在日本、中国台湾地区多发地震地区非常适合建整体式自动化立体仓库。

整体式自动化立体仓库基础受力比较均匀，基础设计比较单一。而分离式轻钢仓库因有很多H形钢立柱，其立柱下的基础必须特殊设计。

3. 自动化立体仓库的布置和规划

自动化立体仓库是建立在众多硬件设备支持的基础之上的，一切设想必须通过具体的设备来实现。这里，物流路线以及设备的布置对自动化立体仓库的管理与运作是至关重要的。

在选择自动化立体仓库的布置方案时，下列因素起着决定性的作用：货架结构，起重输送机类型，待处理货物的数量和种类，按货物种类和用途划分的货架段和组合货架的专用化程度，货物验收区、存储区、收发货区的位置分布等。收发货区与存储区的位置分布是自动化立体仓库布置需要首先考虑的因素。自动化立体仓库有以下两种收发货区与存储区的位置分布方案：

（1）收发货区分别设置在存储区两侧。指货物从巷道的一端进入、从另一端出库的布置形式。这种方式总体布置比较简单，便于管理操作和维护保养。但是，对于每一个货物单元来说，要完成其入库和出库的全过程，堆垛机需要穿越整个巷道。

（2）收发货区设在存储区或货架的一侧。指货物的入库和出库在巷道同一端的布置形式。这种布置的最大优点是能缩短出入库周期，特别在采用自由货位存储时，可以挑选距离出入库口较近的货位存放出入库频率较高的货物，从而缩短搬运距离。另外，入库作业区和出库作业区可以合在一起，便于集中管理。根据作业量的多少和作业效率的要求，这一种方案又可分为同层同端出入库方式和多层同端出入库方式两种细分方案，如图5.11所示。

4. 货物存储系统规划

自动化立体仓库的货物存储系统主要由高层货架、托盘或货箱组成。各种货架的主要特性在本系列教材的《现代物流装备》中将详细介绍。本书只是针对立体货架的一些特性进行说明。

1）货架的基础

货架基础是保证货架结构高精度的关键。钢结构货架对基础变形很敏感，特别是基础在施工后的不均匀沉降对货架的受力和变形极为不利。所以，自动化立体仓库一般要求货架基础地坪的沉降变形不大于1/1000。为此，大多采用整体式基础，以减少不均匀沉降。为保证货架必要的安装精度和堆垛机轨道的安装精度，在国外，货架立柱与基础的连接以及

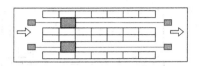

收发货区分别设置在存储区两侧

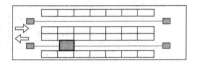

收发货区分别设置在存储区同侧

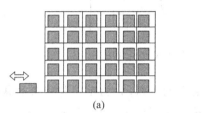
(a)

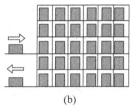
(b)

图 5.11 自动化立体仓库中收发货区与存储区的位置布局
(a) 同层同端出入库方式；(b) 多层同端出入库方式

堆垛机轨道与基础的连接大多采用型钢基座。我国在实践中摸索出采用具有调平螺帽的钢托板方法，可以节省大量钢材。实践证明，这种结构的安装精度完全可以满足要求。

2) 货架的材料

自动化立体仓库一般采用高层货架，其材料一般选用钢材或钢筋混凝土。

钢材货架的优点是构件尺寸小，仓库利用率高，制作方便，安装建设周期短。但货架钢结构的成本随其高度增加而迅速增加，尤其是当货架高度在 20m 以上时，其成本将急剧上升，同时堆垛机等设备结构费用也随之增长。钢材货架可由冷轧型钢、热轧角钢、工字钢焊接成"货架片"，然后组成立体的货架。一般在专业货架厂制成功能部件后，运到现场组装。部件宽度一般最大约 2400mm，长度为 14 000mm。角钢尺寸多采用角肢为 100mm、厚度为 3.2mm 左右的钢材。

钢筋混凝土货架的突出优点是防火性能好，抗腐蚀能力强，维护保养简单，但是施工不方便，周期十分长，且扩展性差。

3) 货架的尺寸

恰当地确定货架净空尺寸是自动化立体仓库规划设计中的一项重要内容。货格尺寸取决于货物单元尺寸和单元四周需留出空隙的大小。

立体托盘货架一般采用横梁货架或者"牛腿"货架。现以"牛腿"货架为例说明货架尺寸设计时应注意的问题。

采用"牛腿"货架时，货箱或托盘放置在"牛腿"上。取货时，堆垛机货叉从"牛腿"上往上升，托起托盘后升降货叉取走托盘。存货时，货叉支撑着托盘从"牛腿"上方往下降，当其低于"牛腿"高度时货物就支托在"牛腿"上了。货架和托盘的关系如图 5.12 所示。

在图 5.12 中，A 为托盘的宽度；b 为货叉的宽度；d 为牛腿间距；c 为货叉与牛腿之间

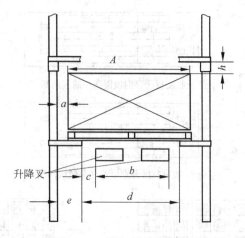

图 5.12　货架尺寸示意图

的距离；e 为牛腿宽度；a 为托盘与立柱之间的距离；h 为牛腿与货箱的高度差。在一般情况下，上述参数的关系为：$b=0.7A$；$d=(0.75\sim0.9)A$；$c=(0.075\sim0.1)A$；$e=60\sim125$mm；$a=25\sim60$mm；$h=70\sim150$mm。

5. 货物存取和输送系统规划

1) 巷道堆垛机

巷道堆垛机是自动化立体仓库内最主要的作业机械（如图 5.13 所示），被称为"高层存储之王"，巷道堆垛机一般由电力来驱动，通过自动或手动控制，实现把货物从一处搬到另一处。堆垛机设备形式有单轨和双轨之分。巷道堆垛机在立体仓库的货架巷间来回穿梭运行，将位于巷道口的货物存放到相应货格中，或者取出相应货格中的货物运送到巷道口。

巷道堆垛机一般由机架、运行机构、提升机构、载货台及存取货机构、电气设备、安全保护装置等组成。

(1) 机架

巷道堆垛机的机架由立柱、上横梁和下横梁组成一个框架。根据机架结构的不同，将巷道堆垛机分为双立柱巷道堆垛机和单立柱巷道堆垛机两种。双立柱巷道堆垛机是由两根立柱和上下横梁组成的长方形框架，立柱有方管和圆管两种

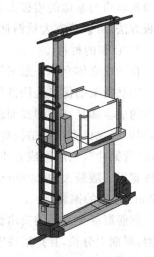

图 5.13　巷道堆垛机实例图

结构形式，方管可作导轨使用，圆管要附加起升导轨，它的特点是强度和刚度较大，并且运行稳定，运行速度也较高，主要应用于起升高度高、起重量大的立体仓库中。单立柱巷道堆垛机是由一根立柱和下横梁组成的，立柱上附加导轨，它的特点是机身的质量轻，制造成本较低，刚性较差，主要应用于起重量小的立体仓库中，同时运行速度不能太高。

(2) 运行机构

常用的运行机构是地面行走式的地面支撑型、上部行走式的悬挂型或货架支撑型。地面行走式用 2~4 个车轮在地面单轨或双轨上运行，立柱顶部设有导向轮。上部行走式采用 4 个或 7 个车轮悬挂于屋架下弦的工字钢下翼缘行走，在下部有水平导轮。货架支撑型上

部有 4 个车轮，沿着巷道两侧货架顶部的两根导轨行走，在下部也有水平导轮。运行机构的工作速度一般为 25～240m/min。

(3) 提升机构

巷道堆垛机的提升机构可以由电动机、制动器、减速机、卷筒或链轮、柔性件等组成，常用的柔性件有钢丝绳和起重链等。用钢丝绳作柔性件质量轻、工作安全、噪声小；用链条作柔性件机构比较紧凑。除了一般的齿轮减速机外，由于需要较大的减速比，因而也经常使用蜗轮蜗杆减速机和行星齿轮减速机。

提升速度应备低挡低速，主要用于平稳停准，以及取、放货物时货叉和载货台作极短距离的升降。提升机构的工作速度一般在 12～30m/min，最高可达 47m/min。在堆垛机的起重、行走和伸叉（叉取货物）3 种驱动中，起重的功率最大。

(4) 载货台及存取货机构

载货台是货物单元的承载装置。对于只需要从货格拣选一部分货物的拣选式堆垛机，载货台上不设存取货装置，只有平台供放置盛货容器之用。

存取货装置是堆垛机的特殊工作机构。取货部分的结构根据货物外形特点设计。最常见的是一种伸缩货叉，也可以是一块可伸缩的取货板或者其他结构形式。

伸叉机构装在载货台上，载货台在辊轮的支承下沿立柱上的导轨作垂直于行走方向的运动（起重），垂直于起重和行走平面的方向为伸叉的方向。堆垛机的操作平台设在底座上，工作人员在此处可进行手动或半自动操作。

货叉完全伸出后，其长度一般为原来长度的 2 倍以上。货叉通常采用三节式机构，下叉固定在载货台上，中叉和下叉可以向左右伸出。

巷道堆垛机的额定质量一般为几十公斤到几吨，其中 0.5t 的规格使用最多。

(5) 电气设备

电气设备由电动驱动装置和自动控制装置组成。巷道堆垛机一般由交流电动机驱动，如果调速要求较高，也可采用直流电动机进行驱动。控制装置有手动、半自动和自动 3 种控制方式，其中，自动控制包括机上控制和远距离控制两种方式。

(6) 安全保护装置

堆垛机是一种起重机械，要在又高又窄的巷道内高速运行。为了保证人身和设备的安全，堆垛机必须配备完善的硬件及软件的安全保护装置，如各个机构的行程限制装置、下降超速保护装置、断绳保护装置、起升过载保护装置、断电保护装置等。

2) 输送系统

对于采用巷道堆垛机的自动化立体仓库，必须利用各种输送机、叉车、AGV 小车、升降机或其他机械将立体货架区和作业区连成一体，构成出入库输送系统。

自动化立体仓库采用哪种输送装置需要根据货物的类型、装运条件和仓库的结构布局等情况决定。

在一些大型自动化立体仓库中，出入库输送系统最常用的连续输送机械是辊道式输送机和链式输送机。采用链式输送机时，常常把它分为长度和速度相同的若干小段，货物单元放在链条上与链条同步运行，实现货物的输送。对于巷道内的输送，还常采用往复式输送机、穿梭小车等。自动化立体仓库的输送设备的工作速度必须满足仓库出入库频率的要求。系统各单机必须具有完备的信息传递和连锁功能，从而实现系统的整体控制。

在自动化立体仓库中,立体货架区与作业区之间的衔接也常常采用叉车来完成,这是一种最简单的配置方式。入库时,用搬运车辆(叉车、AGV 小车)将托盘货物运送到立体货架区内的堆垛机装卸货口,从而转入货格内,或者从堆垛机取走托盘货物。

6. 计算机控制和管理系统规划

1)自动控制系统

控制系统应能对搬运设备(堆垛机等)、输送设备(输送机、AGV 小车等)进行自动控制,它是自动化立体仓库的核心部分之一,直接关系到仓库作业的正常进行。因此,控制系统中所使用的材料、设备、传感器和元件都应采用可靠性高、寿命长、易于维护和更换的产品。

堆垛机的控制现多采用模块化控制方式,驱动系统一般为交流电动机,无级调速,技术成熟,应用广泛。既能实现堆垛机的高速运行,又能平稳进行停车对位。在控制系统中,应采取一系列自检和连锁保护措施,确保在工作人员操作错误时不发生事故。控制系统应能对机械及电气故障进行判断、报警和向主机系统传递故障信息,并应能适应多种操作方式的需要。

2)监控调度系统

过程监控是实现自动化立体仓库实时控制的重要组成部分。在自动化仓库的实际作业过程中,需要对作业信息及运行设备(如堆垛机、输送机等)的状态进行监控和管理。

监控调度系统根据主机系统的作业命令,按运行时间最短、作业间配合合理等原则对作业的先后顺序进行优化组合排队,并将优化后的作业命令发送给各控制系统,对作业进程进行实时监控。

监控操作台可以对机械设备的位置、动作、状态、货物承载及运行故障等信息进行显示,以便操作。作业管理人员对现场情况进行监视和控制,并可以通过操作台上的控制开关或键盘对设备进行紧急操作。

3)计算机管理信息系统

计算机管理信息系统对于一个自动化立体仓库来说,可以是独立的,但是对于一个生产流通企业来讲,它又是其管理信息系统(management information system,MIS)的一个子系统。它不仅对信息进行管理,也对物流进行管理和控制,集信息流和物流于一体,是现代化企业物流和信息流管理的重要组成部分。

计算机管理信息系统是自动化立体仓库的核心。它一般由较大的计算机组成,有的甚至构成计算机网络;它具有容量大、速度高、功能强大等特点,用于处理整个仓库生产活动中的主要数据。

5.6 某医药物流中心规划设计

5.6.1 医药物流中心项目建设背景

1. 公司背景

N 医药股份有限公司(以下简称 N 医药)是国内首家医药流通类上市公司,主营药品、医疗器械、化学试剂和玻璃仪器 4 大类、2 万多个品种,业务范围覆盖全国,与国内外数十家著名跨国制药集团有着密切的贸易往来,是华东地区重要的药品采购供应中心。2005年,公司拥有近20家全资或控股的医药公司,下属医药零售连锁药店约500家。形成了跨地域、覆盖人口近3亿的市场销售网络和现代药品物流体系,终端客户覆盖率超过35%,在华东地区药品采购供应中发挥较为重要的作用。

2. 物流中心建设的必要性

首先,随着N医药业务量的增长,每年的物流量相应迅速递增。各个子公司原本分散的、位于市区的仓库,在面积和扩展的需求上都难以满足公司日益增长的物流需求。

其次,N医药在N市地区下属子公司均独立采购、运输、仓储和销售,其大部分设有自己的仓库、信息系统和独立结算方式。根据客户订单配送,各子公司之间根据调拨通知在公司间调拨。N医药现行物流系统存在物流节点众多、库存分散、成本相对偏高、运行不畅等诸多弊病。所以,现代医药物流中心项目建设是整合N医药的各类物流资源,建立一体化的物流信息、服务、结算平台,实现集中采购、集中存储、共同配送的先决条件。

再次,医药流通行业客户的物流需求不断向高层次方向发展。在正确的时间、正确的地点,以正确的数量、正确的价格向顾客提供正确的产品和服务成为企业提供物流服务的一种公认的标准,供应商、制造商、销售商之间的买卖关系正逐渐转变成为一种战略意义上的合作伙伴关系。也就是说,企业之间的竞争正逐渐演变成为供应链之间的竞争,谁拥有真正的供应链管理,谁就会成为最终的赢家。而组建现代医药物流中心的重要理念就是客户至上,通过准确、及时的服务,为客户提供高质量物流服务,与客户建立战略伙伴关系,共同实施供应链管理。

最后,现代药品物流中心项目的建设,是适应N医药发展过程中的一项重大改革举措。物流中心的建设是在N医药股份总体发展战略的指导下,将物流能力定位为企业核心能力,整合集团内部物流资源,建设现代一体化物流管理体系,以最低物流总成本向客户提供最大附加价值的服务,并以此产业集中区物流中心为契机,引入现代物流的新理念,在此基础上,构建产业化的第三方物流服务平台,从而真正实现N医药流通环节从主业分离出来,推出新的赢利模式,构建新的经营业态,促进企业向真正的医药物流企业转型。

3. 物流中心建设定位和规划目标

拟建设的物流中心是集药品采购、存储、销售、配送、信息化等服务为一体的现代综合性药品物流中心,是N医药组建的面向社会的第三方物流公司。其在战略管理层次上是整个N医药的采购中心、信息中心和结算中心,是公司物流销售网络渠道的中心节点;在运作层次上是N医药物流网络中的一个节点,主要负责N市区及其周边地区的物流仓储和配送。

构建现代医药分拣系统有利于改善服务质量,扩大药品销售配送能力,降低物流配送运营成本,提高配送准确性和时效性,为顾客提供优质服务,夯实品牌基础,提升企业形象,巩固扩大医药销售市场份额。将物流中心体系向生产物流、采购物流延伸,形成供应链一体化的现代物流体系,融入集团的ERP体系。物流中心的经营效果、管理水平和设施水平与世界先进水平接轨,进入国内医药物流行业的前列。

N医药物流中心项目建设用地51亩,规划总建筑面积4.716万m^2,区位及交通条件极为优越。采用电子标签拣选、RF拣选及自动分拣等适合实际业务需求的现代物流技术和先进的物流信息管理系统集成控制。整个仓库采用恒温控制,并根据存储货品需求设置了不同的温度控制区。采用标准化的医药物流作业流程,将为N医药股份公司内部以及国内外医药和食品行业提供物流解决方案。满足N市周边地区订单的集中分拣到户、配送工作。物流中心设计的储存能力为78.6万箱,每年通过物流中心中转的药品约1100万箱。订单当日计划一个工作日内分两个班次完成分拣任务。配送中心日分拣能力达到5.4万箱,分拣处理药品品种规格总数9000多种,日均客户订单为25 000~30 000行,可完成一年180亿左右药品的存储和流转。

5.6.2 规划数据收集与分析

1. 基础资料的收集

以下供应商、客户和N公司自身的基本资料都是基于对N公司2005年基本情况的调研而获得。

1) 供应商资料
- 供应商数量:1800家左右;
- 供应商送货时间:全天;
- 供应商高峰日送货车次总数:120辆次。

2) 客户资料
- 客户总量:2500家;
- 客户分布:90%是J省内,10%是J省周边地区,另外N市区的占70%;
- 日配送客户数:650家;
- 日配送量分布:85%是N市区。

3) 公司内部资料

除去6家子公司交叉业务量,2005年,N公司现代医药物流中心规划需要的相关资料统计见表5.7。

表5.7　2005年N公司物流中心相关数据统计表

资料品项	数据内容	资料品项	数据内容
业务量	22.1亿元	高峰日出库数量	5816箱(4716整箱,1100拼箱)
库存周转次数	10.7次	高峰日出库品项	1503种
每箱平均价格	1850元	高峰日订单数	845张
年工作天数	250天	高峰日订单行数	3380行
库存总量	133 683箱	高峰日配送车次数	80辆次(70%满载率)
在库品种	4516种	日配送时间	10h(下午1:30配送当天上午时段处理的订单,下午时段处理的订单在次日上午7:40配送)

2. 基础资料分析

1) 现有基本资料分析

药品基本资料分析主要有药品品种分析、药品重量分析、药品的包装规格和尺寸分析等。

(1) 药品品种分析

N企业经营的药品种类按其药品特性可分为片剂、针剂、粉剂、颗粒剂和水剂;按其存储要求可分为阴凉库药品、冷冻库药品、易串味药品、精神麻醉药品和贵重药品等。表 5.8 是存储要求不同的药品的在库品种数和在库库存的统计分析，是后期统计各存储区域仓容量的比例依据。

表 5.8 2005 年药品在库品项分析表

药品品种	在库品种数	在库库存/箱	库存比例
阴凉库药品	4250	131 226	0.9816
冷冻库药品	360	1524	0.0114
易串味药品	230	509	0.0038
精神麻醉药品	130	334	0.0025
贵重药品	90	94	0.0007

(2) 药品质量分析

分析存储药品的最小质量和最大质量是选择存储设备、装卸搬运设备、分拣设备的主要依据之一。N 公司一箱原箱药品的质量范围是 3~30kg。

(3) 药品的包装规格和尺寸分析

N 公司药品的外部尺寸为最小 280mm(L)×180mm(W)×150mm(H)，最大 750mm(L)×650mm(W)×600mm(H)。由于现在的大多数药品流通企业的出货记录方式都是以最小包装为单位的，所以需要分析每种药品包装转化的规格（即大包装中有多少个小包装）和每个标准托盘上的药品大包装数（箱数），才能获知每种药品分别以其托盘(P)出入货、整件(C)出入货和散件(B)出入货的各自数量以及药品以托盘或箱为存储方式的仓容量。此外，药品外包装尺寸的分析也是相应仓储、分拣、装卸搬运等设备选型的主要依据。

根据式(5.3)的方法，在一个规格为 1000mm×1200mm 的托盘上，限堆高 1700mm（其中包括托盘本身的高度约 170mm）的情况下，统计分析得出 N 公司经营的药品平均一个托盘可放 60 个箱子，出货量最大且频率最高的大输液平均每托盘可放 30 个箱子。

(4) 药品 EIQ 分析

① EQ 分析

N 公司现代医药物流配送中心的 EQ 分析以 2005 年高峰日的药品出货单数据为依据。其 EQ 分析及其结果见表 5.9。

表 5.9 N 公司 2005 年高峰日 EQ 分析表及其结果

项目	数据表格及分析				
ABC 分类	分类	订单数量	订货量/箱	订单量比例/%	订货量比例
	A	45	3773	5.3	64.9
	B	125	1163	14.8	20
	C	675	880	79.9	15.1
分析结论	1. A 类订单为大订单，多为整件出货，可考虑从托盘存储区和整件分拣区同时出库； 2. B 类订单为较大订单，主要由整件分拣区和散件分拣区出库； 3. C 类订单虽然总出货量很小，但是其订单数较多，属于作业量最繁重的订单，主要集中在散件分拣区				

② IQ-IK-PCB 分析

因为特殊药品有其特有的存储、拣货方式和流程,所以医药物流配送中心规划在作 IQ 分析时主要针对其阴凉库的药品。阴凉库药品的 IQ 分析的目的主要是规划出合适的存储和分拣方式,存储区域的运转量是根据半年或一年的 IQ 分析得出的,分拣区域的运转量是根据高峰期的 IQ 分析得出的。

在对 N 公司物流配送中心作 IQ 分析时,先对年出货量和品种进行分析,见表 5.10。

表 5.10 N 公司年 IQ 分析表

项目	数据表格及分析				
	分类	品种数量	年出货量/箱	品种比例/%	年出货量比例/%
ABC 分类	A	130	654 020	1.8	53.2
	B	960	479 810	13.1	39.1
	C	1989	90 260	27.1	7.3
	D	4251	5450	58	0.4
分析结论	1. A 类品种出货量大,出货频率高,一般以托盘和整件方式出货; 2. B 类品种出货量较大,出货频率较高,一般以整件或散件方式出货; 3. C 类品种是出货量较小、出货频率较低的品种,一般以散件出货; 4. D 类药品是出货量最小、出货频率最低的品种,这类药品方案中将把其存储区和分拣区合并,用搁板式货架存储分拣,其存储量平均每种产品 2~3 箱				

表 5.10 中 A,B,C 类药品将是 N 公司医药物流配送中心存储分拣规划的重点考察对象,以分拣方式规划为目的 IQ 分析时,主要以高峰日的出货品种和数量作为分析依据,除去 D 类品种,结合出货 PCB 分析,当某一订单行订货的整件量接近一个托盘的箱子数(规划方案中我们按达到托盘额定容量 80% 计算),就按整托盘出货,否则视为按整件出货;当某一订单行订货的数量不满一个整箱就视为按散件出货。N 公司高峰日 IQ-PCB 分析可见表 5.11。

表 5.11 N 公司出货高峰日 IQ-PCB 分析

出货单元	高峰日出库量	品项	分类依据	存储分拣方式设计
托盘	150 箱/5 托盘	5	年出货 200 天以上的品种	就地堆垛存储分拣
	600 箱/10 托盘	10	年出货 200 天以下的品种	横梁式货架或立体货架存储分拣
整件	3855 箱	430		重力式货架分拣
散件	1074 箱	1016		流利式货架分拣

就地堆垛区域的药品主要是出货量和出货频率最大的大输液,另外考虑其易碎的特点,所以采用就地堆垛的方式存储和分拣,其平均每天出货约 90 箱,库存周期为 6 天。

2) 预期数据分析

根据调研得出的基础数据,结合行业的经验数据修正,再乘以一定的增长系数,可得出规划中的物流配送中心预期的业务运转数据。

(1) 基本业务运转数据

表 5.12 是 N 公司规划中医药物流配送中心 180 亿元业务量时，预期业务运营数据表。库存周转次数由于集中采购和物流运作效率的提高而相应变快；每箱平均价格由于 N 公司扩大中小城市和农村业务而相应下降；药品的品种数预期是 2005 年的 1.2 倍，药品出货数量预期是 2005 年的 9.4 倍(180 亿元×1850 元/22.1 亿元/1600 元)。

表 5.12　N 公司医药物流配送中心预期业务运营数据表

资料品项	数据内容	资料品项	数据内容
业务量	180 亿元	高峰日出库数量	54 621 箱
库存周转次数	16 次	高峰日出库品项	1800 种
每箱平均价格	1600 元	高峰日配送车次数	555 辆次(95%满载率)
年工作天数	250 天	高峰日进货车次数	1000 辆次
在库品种	5419 种	日配送时间	10h(下午 1:30 分配送当天上午时段处理的订单，下午时段处理的订单在次日上午 7:40 分配送)

预期高峰日配送车次数＝54 621 箱×80 辆次×0.7/5800 箱/0.95＝555 辆次。

(2) 仓储区数据

根据预期的基本业务运营数据仓容量，可以估算出 N 公司 180 亿元业务量时，规划中现代医药物流配送中心需要的总仓储容量。其总仓容量约为 808 594 箱((180 亿元/16 次/1600 元)×1.15)，折合约 13 477 托盘位。具体的各仓储区仓储能力数据估算可参见表 5.13。

表 5.13　N 公司医药物流配送中心预期仓容量数据估算表

存储区域	预期各区仓容量	预期在库品种数
阴凉库	13 228 托盘位/793 715 箱	5100
冷冻药品	9218 箱	432
易串味药品	3073 箱	276
精神麻醉药品	2021 箱	156
贵重药品	566 箱	108

此外，在整个阴凉库药品中，自动化立体仓库存储至少约 80%的药品量，大输液预期平均每天出货 900 箱，库存周期为 5 天。D 类药品平均每个品种约存储 2.5 箱。

(3) 阴凉库分拣数据

根据表 5.12 的分析，在药品的品种数和出货量预期分别是 2005 年的 1.2 倍和 9.4 倍的基础上，阴凉库预期分拣数据估算见表 5.14。

表 5.14　N 公司医药物流配送中心阴凉库预期分拣数据估算表

出货单元	高峰日出库量	品项	分类依据	存储分拣方式设计
托盘	1410 箱/47 托盘	6	年出货 200 天以上的品种	就地堆垛存储分拣
	5640 箱/94 托盘	12	年出货 200 天以下的品种	横梁式货架或立体货架存储分拣

续表

出货单元	高峰日出库量	品项	分类依据	存储分拣方式设计
整件	39 057 箱	516		重力式货架分拣
散件	10 096 箱	1219		流利式货架分拣
	210 箱	342		搁板式货架分拣

5.6.3 物流中心项目总体规划设计

1. 物流中心总平面图

N医药现代药品物流中心是N医药股份有限公司TXQ医药产业园区的一部分,是主要经营医药物流的专业化物流中心,图5.14中地块2为规划中物流中心,物流中心建设用地约51亩,规划总建筑面积约4.716万 m^2,除了24m高、2932m^2 的一体化建设区域外,其余部分规划建设四层楼面。三、四楼目前空着,可以出租,做仓库或办公场所,或根据需要进行配置,层高都为4m。

2. 物流中心一楼平面图

如图5.15所示,物流中心的一楼是货品主要的存储区和出入库区,还包括整件分拣区和冷冻药品库区,层高11m(包括月台的高度)。

3. 物流中心二楼平面图

物流中心的二楼主要是散件分拣区域和部分特殊药品的存储区,层高5m,见图5.16。

4. 物流中心总体剖面图

物流中心总体剖面图见图5.17。

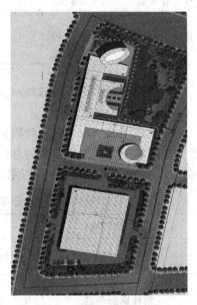

图5.14 物流中心总平面图

5.6.4 物流中心功能区域设计

依据作业原则及流程,一楼作业区分为入库暂存区(含条码打印室、入库现场办公室)、就地堆垛区、横梁式货架存储区、阁楼式货架区(架上平台两层搁板式货架)、整件分拣区、流利式货架分拣区、散件包装区、出库暂存区(含集货区、出库现场办公室)、不合格品处理区、冷冻库存储区(含冷冻库包装区)、串味药品库、包装材料区、叉车充电区、备件室、动力室、办公区大厅等。一楼夹层分为麻醉/精神类药品库、贵重药品库、资料档案室、监控室、计算机控制室、员工休息室等。

1. 入库暂存区(一楼)

入库暂存区用于提供卸货车辆药品外包装的条码扫描、码垛、品检和分类,完成药品的入库作业。入库暂存区面积约950m^2。有5个登入口,采用固定式扫描方式,以手持式扫描

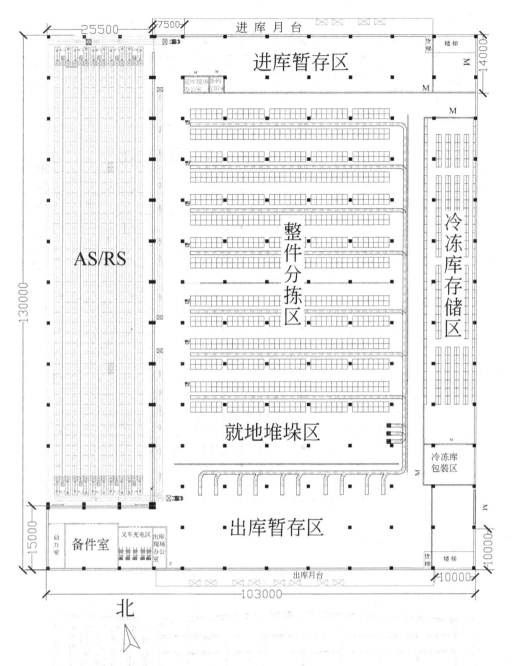

图 5.15 物流中心一层平面图

作补充。其中 3 个直接通过伸缩式皮带机从车内将药品输送至人工码盘,然后放至立库入库口等待入库,入库效率为每小时 30~50 个托盘。其余两个入口作为入库高峰期备用,一天最多处理 1600 托盘。入库暂存区内设进库现场办公室、条码打印室、货梯、空托盘暂存区等基本设施,主要设备见表 5.15。

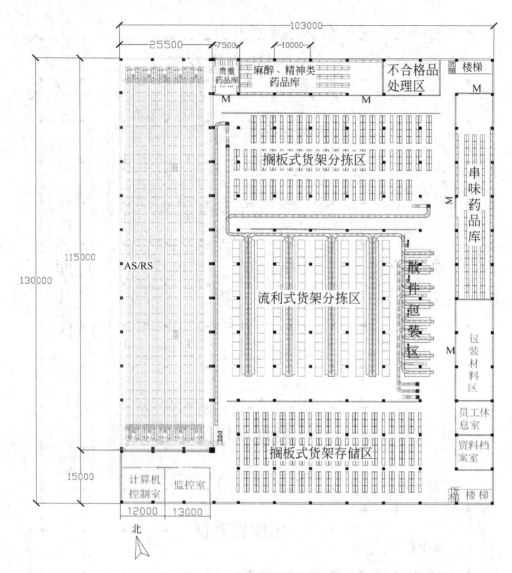

图 5.16 物流中心二层平面图

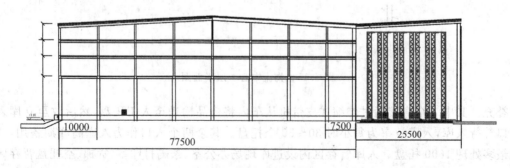

图 5.17 物流中心总体剖面图

表 5.15　入库暂存区主要设备列表

四级伸缩式皮带机	平衡电动叉车	液压托盘车	托盘	条码打印机
5 台	4 台	5 台	200 个	2 台

2. 就地堆垛区（一楼）

就地堆垛区用于存放经常性以托盘方式出货的药品（主要是大输液），以及直驳药品的堆放。就地堆垛区面积约 500m^2，共存储 160 个托盘，主要设备见表 5.16。

表 5.16　就地堆垛区主要设备列表

平衡电动叉车	液压托盘车	托盘
2 台	2 台	160 个

3. 自动化立体仓库存储区（一楼）

自动化立体仓库储存区用于增加库存空间及物流调节，并对物流中心的药品实施有效的在库管理。自动化立体仓库存储区面积约为 2932m^2，13 层，40 列，10 排，共计 5200 个储位/货格（可放置 10 400 个托盘），主要设备见表 5.17。自动化立体仓库中的药品可在平库区一楼和平库区二楼出货，一楼主要是整托盘药品的出货，而二楼出货主要是用于分拣区域药品补货。

表 5.17　自动化立体库存储区主要设备列表

立体仓库货架	托盘	堆垛机	链条输送机	升降台
10 400 个托盘位	10 400 个	5 台	3 套	15 个

4. 整件分拣区（一楼）

整件分拣区用于提高整件出货的工作效率，实现现场整件分拣的有序管理。整件分拣区的面积为 4160m^2，采用底层重力式货架分拣，前后两个托盘位为一组，一个托盘位作为分拣用，另一个作为补货用。补货用的重力式货架上有 2 层横梁式货架，主要用于存储 A 类药品和重力式货架整件分拣补货。其配合站板式电动托盘堆垛叉车存取货物，箱式皮带传输带传输货物。整件分拣区设置 14 排货架，共有 476 个重力式货架可同时用于分拣，28 个反向位用于空托盘回收。整件分拣区共可容纳横梁式货架 1008 个托盘位，主要设备见表 5.18。

表 5.18　整件分拣区主要设备列表

重力式货架	横梁式货架	前移式叉车	箱式皮带输送带	计算机
504 组（1008 个托盘位）	1008 个托盘位	4 辆	7 套	7 台
托盘	信号指示灯	手持 RF	条码打印机	
2016 个	476 个	2 个	14 台	

5. 出库暂存区（一楼）

出货暂存区用于为分拣到户的药品提供集货、按客户订单分类、配送暂存，实现现场药品分拣到户出库的有序管理。出库暂存区面积约为 1800m²。内设集货区、出库现场办公室、空托盘暂存区、货梯等，主要设备见表 5.19。

表 5.19　出库暂存区主要设备列表

自动分拣机	平衡电动叉车	液压托盘车	手推车
自动分拣机	2 台	5 台	10 台

6. 冷冻库存储区（一楼）

冷冻库存储区用于存储根据 GSP 规定需要冷冻存储的药品，内设冷冻库包装区用于实现对冷冻药品按订单的合包。冷冻库存储区面积约为 1080m²，一部分用托盘就地堆放，约 28 个托盘位，其他采用架上平台两层搁板式货架存放药品，冷冻库存储区一共可放冷冻药品 $28 \times 60 + 580 \times 16 = 10\,960$ 箱。主要设备见表 5.20。

表 5.20　冷冻库存储区主要设备列表

搁板式货架	手推车	托盘	手持 RF
$290 \times 2 = 580$ 组	8 台	10 个	2 个

7. 叉车充电区（一楼）

叉车充电区用于为电动叉车提供停放充电。叉车充电区面积约为 80m²。配置电动叉车充电蓄电池 5 台。

8. 流利式货架分拣区（二楼）

流利式货架分拣区通过多层多列式流利通道配合电子标签解决系统中每天 A 类药品散件分拣任务。流利式货架分拣区面积 2070m²。共设置 8 排流利式货架，每排约 16 组，单组流利式货架长 2.5m（400mm 一个流利条，共 6 个流利条），高 1.8m，共 4 层，立柱间距深 2m（2500mm(L)×2000mm(W)×1800mm(H)）。128 组流利式货架，共 $128 \times 24 = 3072$ 个分拣点。主要设备见表 5.21。

表 5.21　流利式货架分拣区主要设备列表

流利式货架	辊轴式输送带	电子标签显示器	手持 RF	手推车
128 组	8 套	3072 点	3 个	10 台

9. 散件包装区（二楼）

散件包装区位于流利式货架分拣区东面，主要用于散件分拣后的审核、拼箱、包装。散件分包装区面积 830m²。共设置 8 个分路道，16 个工作平台，4 套集货输送带，2 台连续箱式提升机。主要设备见表 5.22。

表 5.22　散件包装区主要设备列表

分路机	辊道式输送带	连续箱式提升机	条码打印机	手推车	计算机
1 台（8 道）	4 套	3 台	4 台	4 台	4 台

10. 搁板式货架分拣区(二楼)

搁板式货架分拣区用于系统内 B,C 类药品的拣货,配合手持 RF 装置,采用箱式皮带传输带和板条式提升机出货。搁板式货架区面积约为 1800m², 采用架上平台方式放置两层货架,单组货架规格 2000mm(L)×600mm(W)×1800mm(H)(4 层),共放置 366×2=732 组搁板式货架。主要设备见表 5.23。

表 5.23　搁板式货架分拣区主要设备列表

搁板式货架	手持 RF	连续箱式提升机	条码打印机	手推车	计算机
732 组	16 台	3 台	5 台	16 台	5 台

11. 搁板式货架存储区(二楼)

搁板式货架存储区用于自动化立体仓库向流利式货架分拣区或搁板式货架拣货区补货时整箱、拆零暂时存放和部分量比较少的 B,C 类品的存储。搁板式货架存储区面积约为 1500m²。主要设备见表 5.24。

表 5.24　搁板式货架存储区主要设备列表

搁板式货架	手持 RF	条码打印机	手推车
360 组	2 台	1 台	8 台

12. 特殊药品库区(二楼)

1) 贵重药品库

贵重药品库用于贵重药品存放和贵重药品出货的有序管理。贵重药品库面积约为 75m², 设置搁板式货架 26 组。

2) 串味药品库

串味药品库用于串味药品存放和串味药品出货的有序管理。串味药品库面积约为 600m²。部分用托盘就地堆放,约有 20 个托盘位,其他采用搁板式货架存放药品。串味药品库存储区一共可放串味药品 20×60+176×16=4016 箱。共设置搁板式货架 176 组,托盘 20 个和 1 个手持 RF。

3) 麻醉/精神类药品库

麻醉/精神类药品库用于麻醉/精神类药品存放和麻醉/精神类药品出货的有序管理。麻醉/精神类药品库面积约为 400m², 设置搁板式货架 120 组。

13. 其他区域

1) 备件室(一楼)

备件室用于物流中心设备备品、备件的存储以及车间辅助设备的堆放,面积 120m²。

2) 动力室(一楼)

动力室用于为仓库提供动力的设备安放,动力室面积 60m²。

3) 资料档案室(二楼)

资料档案室用于存放系统产生的各类资料、档案,资料档案室面积 100m²。

4) 不合格品处理区(二楼)

不合格品处理区用于不合格品待处理的暂时存储和处理。不合格品处理区面积约为 150m²。

5) 包装材料区(二楼)

包装材料区用于系统用包装材料的存放。包装材料区面积约为 300m²。

6) 员工休息室(二楼)

员工休息室面积约为 100m²。

7) 监控室(二楼)

监控室用于监控整个系统的运行状况,及时发现事故隐患,保证系统正常运作。监控室面积约为 120m²。

8) 计算机控制室(二楼)

计算机控制室用于安放系统服务器和相关控制设备。计算机控制室面积约为 120m²。

5.6.5 物流中心作业流程设计

根据物流中心所经营的药品品种多、出入库频率高、客户数量和订单数量多以及出库药品分拣方式不一等特点,制定合理、及时的出、入库流程及分拣流程,实施改善程序,以获取最大的作业效益。

1. 入库作业流程

入库作业流程见图 5.18。

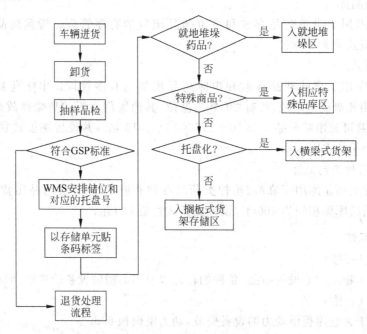

图 5.18 入库作业流程图

2. 分拣出库作业流程

分拣出库作业流程见图 5.19。

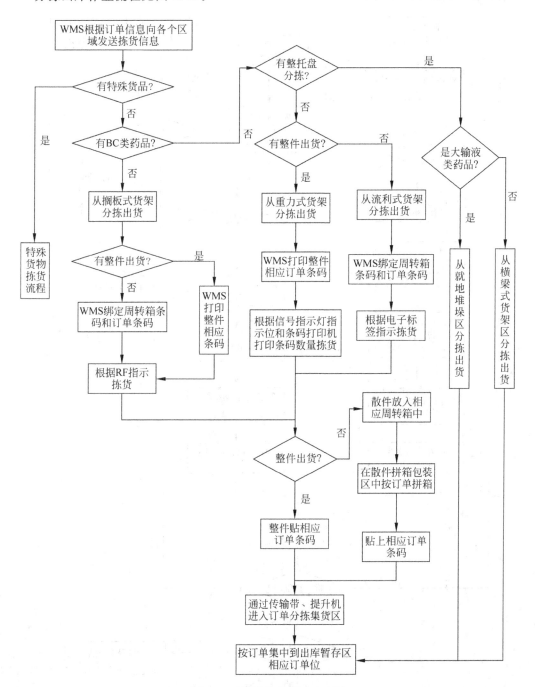

图 5.19 分拣出库作业流程图

3. 补货作业流程

补货作业流程见图 5.20。

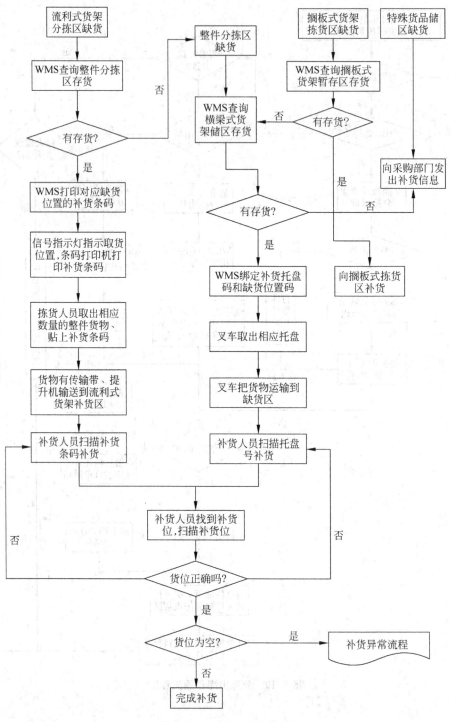

图 5.20 补货作业流程图

4. 盘点作业流程

盘点作业流程见图 5.21。

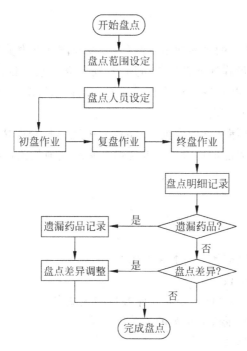

图 5.21　盘点作业流程图

5. 退货处理流程

退货处理流程见图 5.22。

6. 配送作业流程

配送作业流程见图 5.23。

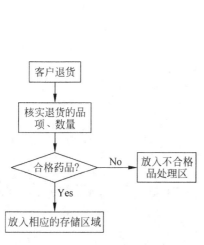

图 5.22　退货处理流程图

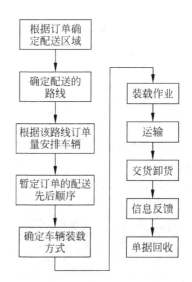

图 5.23　配送作业流程图

小结与讨论

本章主要介绍仓储规划的内容和主要流程,以及仓储规划中关于仓库所有权的决策、仓库规模和数量规划、仓库设施规划设计与布局、自动化立体仓库设计等内容。其中,重点介绍了仓库的建筑结构规划和仓库的作业空间规划。在仓库的作业空间规划中介绍了一些实用的计算作业空间大小的模型。

除了本章所介绍的仓储规划的内容,仓储规划中还包括仓库选址、仓储设备选型、仓储作业规划等众多内容,感兴趣的读者可以参考第 3 章或其他相关材料。

习题

1. 什么是仓储?仓储有什么功能和作用?
2. 简述仓储规划的步骤。
3. 简述自有仓库、公共仓库和合同仓库各自的优缺点。
4. 简述仓库规模和数量规划决策的相关因素。
5. 简述装卸码头的类型。
6. 什么是自动化立体仓库?
7. 发展自动化立体仓库的意义是什么?
8. 简述自动化立体仓库规划设计的程序和内容。

第 6 章 配 送 规 划

物流网络的目标在于以最小的费用满足消费者的物质需求。企业管理理论发展到了今天,企业已经基本完善了生产、销售方面的规划管理。但是,生产制造过程仅占整个供应链的10%左右,更多的物流成本消耗在仓储、运输中。运输的费用占企业总的物流成本的40%以上。一些大型企业为合理规划运输,建立了大型的运输或配送系统,而小型企业由于种种原因并没有实施计算机辅助规划。根据国外经验,用计算机规划配送路线、装载计划,能够节约成本7%。我国2000年全社会货运总量135亿t,2005年约165亿t,使用合理的配送规划可以节省大量社会财富,有效降低物流费用。

6.1 配送规划概述

本节将介绍配送的基本概念、功能和作用,配送业务的基本流程,以及配送规划设计的基本内容,包括配送网络结构设计、EIQ分析、分拣作业规划、配载规划与优化、配送路线规划与优化、区域配送网络结构设计、配送成本控制和配送绩效评估等。

6.1.1 配送的概念

我国国家标准《物流术语》中关于配送的解释为:"在经济合理区域范围,根据用户的要求,对物品进行拣选、加工、包装、分割、组配等作业,并按时送达指定地点的物流活动。"

配送是在整个物流过程中的一种既包含集货、存储、拣货、配货、装货等一系列狭义的物流活动,也包括输送、送达、验货等以送货上门为目的的商业活动,它是商流与物流紧密结合的一种综合的、特殊的物流活动,也是物流网络中的关键环节。

配送包括"配"和"送"两个方面的活动:"配"包括货物的集中、分拣和组配活动,"送"包括各种不同的送货方式和送货行为。配送不是消极地送货式的发货,而是在全面配货的基础上,充分按用户的要求进行服务,它把"配"和"送"有机结合起来,完全按照用户要求的数量、种类、时间等进行分货、配货、流通加工等作业,并提供"门到门"的服务。

6.1.2 配送的功能与作用

1. 完善运输系统

现代大载重量的运输工具,如海轮、飞机、火车等,固然可以提高效率、降低运输成本,但只适于干线运输,因为干线运输才可能是长距离、大批量、高效率、低成本的。但是支线运输

(末端运输)一般是小批量,使用载重量大的运输工具反倒是一种浪费。支线小批量运输频次高、服务性强,要求比干线运输有更高的灵活性和适应性。配送系统通过其他物流环节的配合,可实现定制化服务,能满足小批量多频次的运输要求。因此,只有把配送与运输结合,把干线运输与支线运输统一起来,才能使运输系统更加完善。

2. 消除交叉输送

在没有配送中心的情况下,一般由工厂直接将货物运送到用户,即采取直接配送方式,这种情况下,不可避免地存在交叉运输(如图 6.1(a)所示)。由于交叉运输的存在,使输送路线长,规模效益差,运输成本高。但是如果在工厂与客户之间设置配送中心(如图 6.1(b)所示),采用配送方式,则可消除交叉运输。因为设置配送中心以后,将原来直接由各工厂送至各用户的零散货物通过配送中心进行整合再实施配送,缓解了交叉输送,输送距离缩短,成本降低。

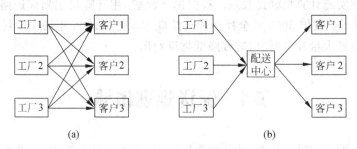

图 6.1 配送中心运输可消除交叉运输
(a) 交叉运输;(b) 经配送中心运输

3. 有利于实现低库存或零库存

配送系统通过集中库存,在同样的客户服务水平上,可使企业总库存水平降低,这样既降低了存储成本,也节约了运力和其他物流费用。尤其是采用准时制(JIT)配送方式后,生产企业可以依靠配送中心准时送货而无须保持自己的库存,或者只需保持少量的保险储备,这就可以实现生产企业的零库存或低库存,减少资金占用,改善企业的财务状况。

4. 简化程序,方便用户

由于配送系统可提供包括集货、装卸、保管、分拣、送货等全方位的物流服务,采用配送方式后,用户只需向配送提供商进行一次委托,就可以得到全过程、多功能的物流服务,从而简化了委托手续和工作量,也节省了开支。

5. 提高供应链的可靠性

综合的配送系统比任何单独供货企业有更强的物流处理能力,可使用户减少缺货风险。例如,巴塞罗那大众物流中心承担着为大众、奥迪、斯柯达、菲亚特等 4 个品牌的汽车配送零部件的任务。这 4 个品牌的汽车在整车下线的两个星期内,有关这些车辆的 77 000 种零配件在这里已经可以全部找到。假如用户新买的车坏了,只要在欧洲范围内,24h 内就会由专门的配送公司把用户所需要的零部件送到客户手中。

6.1.3 配送业务的基本流程

配送业务的组织一般是按照功能要素展开的,其基本流程如图 6.2 所示。

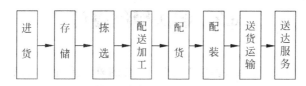

图 6.2 配送基本业务流程图

具体到不同类型、不同功能的配送中心或物流节点的配送活动,其流程可能有些不同,而且不同的商品,由于其特性不一样,其配送流程也会有所区别。例如,食品类商品由于其种类繁多,形状特性不同,保质、保鲜要求也不一样,所以通常有不同的配送流程,如图 6.3 所示。

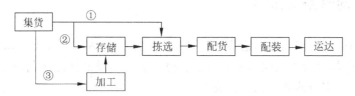

图 6.3 食品类商品的 3 种配货流程图

第①类商品由于保质期短,保鲜要求高,如海鲜产品和鱼、肉类制品等,集货后不经过存储立即分拣配货、配装后送达客户。

第②类商品保质期较长,比如矿泉水、方便食品等,可以在集货后经过存储保管后,再按客户订单要求组织配送。

第③类商品在集货后,需按客户的要求按商品特性经过配送加工后再组织配送,如速冻食品、大包装进货食品等。

6.1.4 配送规划设计的内容

广义上的配送规划几乎囊括了整个物流网络的规划,其主要内容一般包括:
(1) 配送中心的布置与规划;
(2) 配送中心的作业规划;
(3) 配载规划的优化;
(4) 配送路线的规划和优化;
(5) 区域配送网络结构的规划;
(6) 配送车辆的调度;
(7) 配送信息系统的规划;
(8) 配送成本控制和绩效评估。

本章的配送规划主要考虑配送中心作业规划中分拣作业的规划、配载规划的优化、区域配送网络结构的规划等配送网络设计有关的内容,以及配送成本控制和绩效评估等规划内容,而配送中心作业规划中部分集货、存储的规划内容可参见第 5 章。

6.2 配送网络设计

配送网络是一个涉及多方面、多层次、多子系统的复杂系统。所以配送网络设计既包括众多物流配送中心之间和其通道组成的配送网络结构体系设计和配送路线设计,也包括配送中心内部区域布置、作业系统设计等内容。本节重点介绍配送网络结构体系以及与分拣方式的确定和配送中心内部区域布置的确定有密切关系的配送中心订单品项与数量分析(EIQ 分析)、配送中心作业系统设计中最为关键的分拣作业规划设计,以及配货与配载规划等内容。

6.2.1 配送网络结构体系

配送中心的内部组织结构和运营系统规划对于提高仓储与配送效率,降低成本有十分重要的作用。同样,由众多以配送中心为主的物流节点构成的多层次物流配送网络规划的优劣将改变整个供应链的效率和运作成本。

虽然从个体的角度看,以配送中心为主的各种物流网络节点都是独立运作和独自完成配送任务的,但从全社会、从供应链角度来看,各种不同类型、不同规模的物流节点并非互不相关、完全孤立运作的。实际上,只要通过科学布局以及合理的竞争,以配送中心为主的各种物流节点能形成分工协作关系,构筑起层次状的网络或体系。据研究,在物流发展规划比较完善的发达国家,虽然配送中心的数量不同,布局情况有所差别,但是各种类型的配送中心都是以多层次网络或体系的形态存在于社会之中。

一般来说,从配送中心的组织结构和布局情况来看,其网络或体系主要有以下几种类型。

1. 多级、多层次的配送网络体系

多级、多层次的配送网络体系是由中央级物流中心、区域性配送中心、基层配送中心、有配送功能的批发公司以及终端的大客户(针对不同级别的配送中心,其各自所谓"大客户"的规模和需求量是不一样的)和商店构成的。

中央级物流中心,指的是那些在行业内部影响面很大的大型或超大型物流配送组织。这类物流配送组织的相对数量不多,但其业务量巨大。通常,这种级别的物流配送中心都设立在资源集中的产地或交通枢纽城市。其特点是配送的货品批量很大,客户对象主要是大中型工商企业或者区域的配送中心;其辐射能力很强,利用联运能够在全国乃至国际范围内进行配送;另外,其物流配送中心一般占地面积都很大,且拥有先进、齐全的物流设备和设施。

对于那些需求零散、要求量相对比较小、批次相对比较多的批发企业、客户和商店来说,很难由中央级物流中心完成其业务需求。对于这些用户,实践中是由区域配送中心以及更下一层次的基层配送中心来完成其配送货物的。

配送网络体系中的区域配送中心和基层配送中心,是相对中央级物流配送中心来说,经营规模略小的配送组织。在一般情况下,这种配送中心只为区域范围内的用户配送商品。其特点是活动范围较小;配送货物以小批量为主;配送方式灵活,既直接向用户配送物资,又常常把货物配送给批发商店;数量较多,分布的地域广阔。

以上几种物流配送中心在实际运作中,大部分业务是独立配送的,但是部分业务也可采用共同配送的方式,以加强合作,降低共同的运营成本。此外,上述这些不同规模、不同层次的配送中心,有时又常常按照一定的原则自上而下地逐级配送货物,从面呈现出梯级结构和放射状态,如图6.4所示。

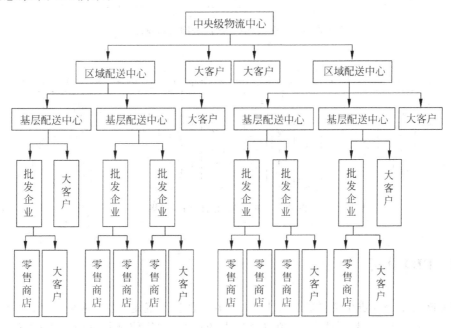

图 6.4　多级、多层次配送网络示意图

2．两级、双层次的配送网络体系

两级、双层次的配送网络体系是由两个层面的配送中心(中央级物流配送中心和城市配送中心)和终端客户组成的配送网络体系(如图6.5所示),这也是目前比较常见的配送网络。在配送范围比较广,而用户又比较多且很分散的情况下,自然会形成这样的网络体系。

从布局和结构上看,数量众多的城市配送中心是该网络体系的基础结构。

3．单层次的配送网络体系

单层次的配送网络体系基本上是由一级配送中心和其终端客户构成的(如图6.6所示)。我国在推行配送制的过程中所建立的配送中心及其所构成的网络即是这样的结构。当资源和客户都比较分散时,以及在推行配送制的初期,常常会形成一级性配送中心和单层次的配送网络。

在单层次的配送网络体系中,配送中心一般只进行城市范围内的近距离配送。但是借助于城市配送中心之间的"共同配送",这种配送网络体系也可以超越城市范围向较远距离的客户配送货物。

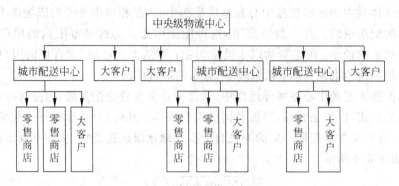

图 6.5 两级、双层次配送网络示意图

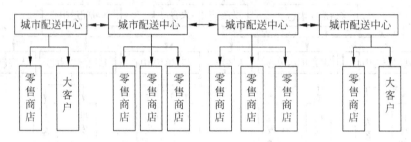

图 6.6 单层次配送网络示意图

6.2.2 EIQ 分析

物流配送中心在进出货量的特性上,常有出货日程不确定、前置时间短、出货量变化大等现象,如果面对出货品项繁多、订单资料量大的情况,往往使规划分析者无从下手。日本铃木震先生发明的 EIQ 方法是从客户订单数目 E、商品种类 I 及订购数量 Q 等角度出发,进行出货特性分析的。这是一种以需求为导向的规划分析方法,在配送中心规划中是简明有效的分析工具。

本节阐述 EIQ 分析的步骤及方法,并以订单品项数量分析手法(EIQ)配合 ABC 分类的交叉分析方法,来进行订单不同层面的分析。这种分析方法可以有效地提供规划过程宏观角度的切入点,以避免迷失在资料数据中。

1. 订单出货资料分解

企业一段经营周期的订单出货数据,通常数据量庞大且数据格式不易直接解读,所以最好能从企业信息系统的数据库中取得数据库文件,然后借用 SQL 查询语句进行必要的分析和处理。

在进行 EIQ 分析时,首先必须考虑时间的范围与单位。在以某一工作天为单位的分析数据中,可将主要的订单出货资料分解成 EQ,EN,IQ,IK 4 个类别。主要分析项目及意义说明如下:

(1) 订单量(EQ)分析,即单张订单出货数量的分析。

(2) 订单品项数(EN)分析,即单张订单出货品项数的分析。

(3) 品项订货数量(IQ)分析,即单一品项出货总数量的分析。

(4) 品项订货次数(IK)分析,即单一品项出货次数的分析。

注意,在分析过程中必须使用统一的数量单位,否则分析将失去意义,通常使用体积、质量、箱、个或金额等单位。其中,体积与质量等单位与物流作业系统密切相关;金额的单位与商品的价值分析有关,常应用于商品的分类和存储区的管理。

2. 订单出货资料取样

要了解物流配送中心实际运作的物流特性,单从一天的资料分析将无法有效判断及产生结论,但是若需分析1年以上的资料,往往因数据庞大,使分析过程占用大量的时间和精力。因此可先就单日期的出货量进行初步分析,找出可能的作业周期及其波动幅度。若各周期内出货量基本相似,则可缩小处理资料的范围,以一较小周期内的资料进行分析;若各周期内趋势相近,但是作业量仍有很大的差异,则应对资料作适当分组,再于各群组中找出代表性的资料进行分析。一般常见的分布趋势为:1周内的出货量集中在周五、周六;1个月中集中于月初或月尾;1年中于某一季出货量最大等。实际分析过程中如果能找出可能的作业周期,则会使分析步骤较易进行,如将分析资料缩至某一月份、一年中每月月初第一周或一年中每周的周末等范围。

3. 资料统计分析

EIQ 分析以量化的分析为主,常用的统计方法包括平均值、最大最小值、总数、柏拉图分析、次数分布及 ABC 分析等。以下就柏拉图分析、次数分布及 ABC 分析等进行说明。

1) 柏拉图分析

在一般物流配送中心的作业中,如将订单或单品品项出货量经排序后绘图(EQ,IQ 分布图),并将其累计量以曲线表示出来,即为柏拉图,这是数量分析时最基本的绘图分析工具,如图 6.7 所示。

2) 次数分布

绘出 EQ,IQ 等柏拉图分布图后,若想进一步了解产品出货量的分布情形,可将出货量范围作适当的分组,并计算各产品出货量出现于各分组范围内的次数,如图 6.8 所示。

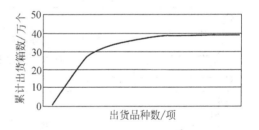

图 6.7 IQ 分布柏拉图

3) ABC 分析

在制作 EQ,IQ,EN,IK 等统计分布图时,除了可由次数分布图找出分布趋势外,还可以进一步由 ABC 分析法将一特定百分比内的主要订单或产品找出,以作进一步的分析和重点管理。通常先按出货量排序,以占前 20% 及 50% 的订单件数(或品项数),计算所占出货量的百分比,并作为重点分类的依据。如果出货量集中在少数订单(或产品),则可针对这一产品类作进一步的分析和规划。相对出货量很少而产品种类很多的产品组群,在规划过程中可先不考虑或以分类分区规划方式处理,以简化系统的复杂度,并提高规划设备的可行性及利用率。

4) 交叉分析

在进行 EQ,IQ,EN,IK 等 ABC 分析后,也可以就其 ABC 的分类进行组合式的交叉分析。例如,以单日别及年别的资料进行组合分析,或其他如 EQ 与 EN、IQ 与 IK 等项目,均

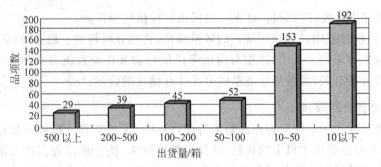

图 6.8　出货量的品项次数分布图

可分别进行交叉汇编分析,以找出有利的分析信息。

4. 图表数据分析

1) EQ 分析

EQ 分析主要可了解单张订单订购量的分布情形,可用于决定订单处理的原则、拣货系统的规划,并将影响出货方式及出货区的规划。通常以单一营业日的 EQ 分析为主。各种 EQ 图表的类型分析如表 6.1 所示。

表 6.1　EQ 分布图类型分析

EQ 分布图类型	分　析	应　用
	为一般配送中心常见模式。分布趋两极化,可利用 ABC 作进一步分类	规划时可将订单分类,少数而量大的订单可作重点管理,相关拣货设备的使用也可分级
	大部分订单量相近,仅少部分有特大量及特小量	以主要量分布范围进行规划,少数差异较大者可以特例处理
	订单量分布呈逐次递减趋势,无特别集中于某些订单或范围	宜规划采用通用型的设备,以增加应用的弹性,货位设置宜采用随机型策略
	订单量分布相近,仅少数订单量较少	订单处理可区分成两种类型,部分少量订单可以以批处理或以零星拣货方式规划
	订单量集中于特定数量而无连续性递减	以较大单元负载单位规划,而不考虑零星出货

根据 EQ 图形分布,可作为储区规划及拣货模式的参考。当订单量分布趋势差异明显时,则适合采用分区规划,否则应以弹性化较高的设备为主。当 EQ 量很小的订单数所占比例很高时,可将该类订单另行分类,以提高拣货效率。如果以订单类别拣取,则需设立零星拣货区;如果采用批量拣取,则需视单日订单数及物品是否具有相似性,综合考虑物品分类的可行性,以决定是否在拣取时分类或在物品拣出后于分货区进行分类。

2) EN 分析

EN 分析主要是为了了解订单订购品项数的分布,它对于订单处理的原则及拣货系统的规划有很大的影响,并将影响出货方式及出货区的规划。通常需配合总出货品项数、订单出货品项累计数及总品项数 3 项指标综合参考。

分析各指标的意义如下:

(1) EN——单一订单出货品项数。计算单一订单中出货量大于 0 的品项数,就个别订单来看,可视为各订单拣取作业的拣货次数。

(2) N——总出货品项数。计算所有订单中出货量大于 0 或出货次数大于 0 的品项数,此值表示实际有出货的品项总数,其最大值即为配送中心内的所有品项数 N。若采用订单批次拣取策略,则最少的拣取次数即为总出货品项数。

(3) GN——订单出货品项累计次数。将所有订单出货品项数加总所得数值,即以 EN 绘制柏拉图累计值的极值。个别订单间的品项重复率越高,GN 越小,此值可能会大于总出货品项数甚至所有产品的品项数。若采用订单类别拣取作业,则拣取次数即为订单出货品项累计次数。

由以上说明,针对 EN 图与总出货品项数、订单出货品项累计次数两项指标,及配送中心内总品项数的相对量加以比较,可整理如表 6.2 的模式。

表 6.2 EN 分布图类型分析

EN 分布图类型	分析	应用
品项数 N:总品项数 N、出货品项累计数 GN、总出货品项数 N′,EN=1	单一订单的出货品项数较小,EN=1 的比例很高,总品项数不大而与总出货品项数差距不大	订单出货品项重复率不高,可考虑订单拣取方式作业,或采用批量拣取配合边拣边分类作业
品项数 N:总品项数 N、出货品项累计数 GN、总出货品项数 N′,EN≥10	单一订单的出货品项数较大,EN≥10,总出货品项数及累计出货品项数均仅占总品项数的小部分,通常为经营品项数很多的配送中心	以订单类别拣取方式作业。但由于拣货区路线可能很长,可以用订单分割方式分区拣货再集中,或以接力方式拣取

续表

EN 分布图类型	分　析	应　用
(图：品项数N轴，总品项数N、出货品项累计数GN、总出货品项数N'，EN≥1)	单一订单的出货品项数较小，EN=1 的比例较高。由于总品项数很多，总出货品项数及累计出货品项数均仅占总品项数的小部分	以订单类别拣取方式作业，并将拣货区分区规划。由于各订单品项数少，可将订单按区域类别排序并以分区拣货
(图：出货品项累计数GN，总品项数N，总出货品项数N')	单一订单的出货品项数较大，而产品总品项数不多，累计出货品项数较总出货品项数大出数倍，并比总品项数多	订单出货品项数重复率高，可以按批量拣取方式作业，另需参考物品大小及物量多少来决定于拣取时分类或拣出后再分类
(图：出货品项累计数GN，总品项数N，总出货品项数N')	单一订单的出货品项数较大，而产品品项数亦多，累计出货品项数较总出货品项数大出数倍，并比总品项数多	可考虑以批量拣取方式作业。但是若单张订单品项数多且重复率不高，需考虑分类的困难，否则采用订单分割方式拣货为宜

3) IQ 分析

IQ 分析主要是为了了解各类产品出货量的分布状况，分析产品的重要程度与运作规模，可作为仓储系统的规划选用、储位空间的估算、拣货方式及拣货区的规划的参考因素。各 IQ 图形类型分析如表 6.3 所示。

表 6.3　IQ 分布图类型分析

IQ 分布图类型	分　析	应　用
(图：Q-I 曲线，标注 A B C 区域)	为一般配送中心常见模式，由于不同商品的出货量分布趋两极化，可利用 ABC 作进一步分类	规划时可将产品分类，划分不同的存储区域和分拣区域，各类产品存储单位、存货水平可设定不同标准
(图：Q-I 曲线，接近水平后陡降)	大部分产品出货量相近，仅少部分有特大量及特小量	可规划同一规格的存储和分拣设备，设置可寻址型储位系统，少数差异较大者可以特例处理

续表

IQ 分布图类型	分　析	应　用
(递减曲线图)	各产品出货量分布呈逐次递减趋势,无特别集中于某些订单或范围	系统较难规划,适合采用通用型的设备,货位设置宜采用随机型策略
(凹曲线图)	各产品出货量相近,仅部分品项出货量较少	可区分成两种类型:大部分产品采用重型存储设备存放,部分中、少量产品可采用轻量型存储设备存放
(阶梯图)	产品出货量集中于特定数量而无连续递减	以较大单元负载单位规划,或以重量型存储设备规划,但仍需配合物品特性加以考虑

在规划存储区域时应以一定时间周期的 IQ 分析为主(通常为 1 年)。若进行拣货区的规划,则需参考单日的 IQ 分析。结合出货量与出货频率进行关联性的分析时,整个仓储拣货系统的规划将更趋于实际,因此需要进行单日 IQ 量与全年 IQ 量的交叉分析。

若将单日及全年的 IQ 图用 ABC 分析将品项按出货量分为 A,B,C 3 类,并产生对照组合后进行交叉分析,则可将其物流特性分成以下几类:

(1) 年出货量及单日出货量均很大。为出货量最大的主力产品群,仓储拣货系统的规划应以此类为主,仓储区以固定储位为较佳,进货周期宜缩短而存货水准较高,以应付单日可能出现的大量出货,通常为生产型物流中心和大型批发型物流中心。

(2) 年出货量大但单日出货量较小。通常出货天数多而频繁,而使累计的年出货量放大。仓储区可考虑固定储位规划,分拣区和存储区分离规划,进货周期宜缩短并采用中等存货水准。

(3) 年出货量小但单日出货量大。虽总出货量很少,但是可能集中于少数几天内出货。若以单日量为基础进行规划,则易造成空间浪费及多余库存。宜以弹性储位规划。

(4) 年出货量小且单日出货量亦小。虽出货量不高,但是所占品项数通常较多,是容易造成占用仓储空间使周转率降低的主要产品群。因此仓储区可以按弹性储位规划,以便于调整格位大小的存储设施为宜。通常拣货区可与仓储区合并规划以减少多余库存,进货周期宜缩短并降低存货水准。

(5) 年出货量中等但单日出货量较小。为分类意义较不突出的产品群,可视实际产品分类特性再纳入相关分类中。

4) IK 分析

IK 分析主要分析产品出货次数的分布,对于了解产品出货频率有很大帮助。其主要功能可配合 IQ 分析决定仓储与拣货系统的规划。另外,当存储、拣货方式已经决定后,有关储区的划分及储位配置,均可利用 IK 分析的结果作为规划参考的依据,基本上仍以 ABC 分析为主,对储位配置的决定提供参考依据。各类型分析如表 6.4 所示。

表 6.4　IK 分布图类型分析

IK 分布图类型	分析	应用
（出货次数 k - I 图，ABC 区段）	为一般配送中心常见模式。由于量分布趋两极化，可利用 ABC 作进一步分类	规划时可按产品分类划分储区及储位配置，A 类可接近入出口或便于作业的位置及楼层，以缩短行走距离。品项数多时可考虑作为订单分割的依据来分别拣货
（出货次数 k - I 图，平缓后骤降）	大部分产品出货次数相近，仅少部分有特大量及特小量	大部分品项出货次数相同，因此储位配置需由物品特性决定，少部分特异量仍可按 ABC 分类决定配置位置，或以特别储区规划

5）IQ 及 IK 交叉分析

将 IQ 及 IK 按 ABC 分析分类后，可为拣货策略的确定提供参考依据，如图 6.9 所示。根据品项分布的特性，可将配送中心规划为按订单拣取或按批量拣取的作业形态，或者按分区混合处理方式运作。实际上，拣货策略的确定，仍需以品项数与出货量的相对量作为判断的依据。

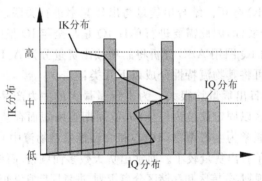

图 6.9　IQ 及 IK 交叉分析图

5. EIQ 分析应用案例[①]

某医药公司目前经营的中西药品有 3000 余种，将来的目标是达到 10 000 种以上，客户众多，业务范围覆盖面广。配送中心项目的建设是该医药公司进行业务拓展、合理配送、优化管理的必然需求。公司日常库存药品有 2500 种左右，平均库存量在 16 箱以上的药品有 160 种。仓储量中小于 3 箱的药品种类占 60%～70%，有 1600 种左右。对 2005 年度的订单数量进行动态 EIQ 分析发现，每月的订单数量差距不大，无大幅度的波动，如图 6.10 所示。

取出订货量占总订货量的百分比大于 0.5% 的品种进行详细动态 EIQ 分析，所有品种的总订货量为 1 247 376（基本单位）。依据对 2004 年 10 月 1 日到 2005 年 4 月 25 日期间所

---

① 孙磊，吴耀华，张冠女. 动态 EIQ-ABC 分析在配送中心规划中的应用[J]. 山东大学学报（工学版），2007，6：74-75.

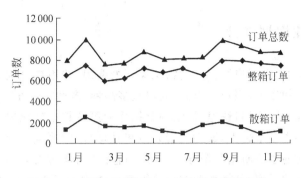

图 6.10 某医药公司 2005 年度订单数量分析

有药品的动态分析结果,药品总数为 3947 种,统计时间为 207 天,总拣选次数为 74 765 次。分析得到,拣选 100 次以上的药品有 103 种,拣选次数 14 377 次。根据计算,2.61% 药品种类的拣零次数占所有药品拣零次数的 19.21%。可见,药品的配送处理具有品种多、批次多、批量小的典型特点,药品拣选是需要考虑的最主要处理流程。配送效率的提高很大程度上取决于药品拣选的速率,因此需要依据上述动态 EIQ-ABC 分析的结果,结合公司的实际情况进行区域布置以及拣选设备的选型。

整个配送中心共有 3 层,总布局设计原则是将批量较大、质量体积较大和出入库频率高的药品尽量放在一层,主要进行整件的存取;小批量的药品放在二层,主要进行药品的拣选;三层作为第二层的业务扩展区使用,如表 6.5 所示。

通过合理的规划设计,最终可以优化该药业公司的业务流程,合理配置各功能区域,提高拣选配送效率,降低成本,均衡各区物流量,提升企业整体服务水平。仿真分析及实际运行结果均表明,出入库能力满足要求且留有足够近期经营品种扩展的余量,具备良好的经济性与系统可扩展性,设备冗余小。动态 EIQ-ABC 分析方法也可以在其他行业配送中心规划设计中应用。

表 6.5 某医药配送中心动态 EIQ-ABC 分析规划设计结果表

层数	策略						
	存储	出入库及分拣方式	货位数/个	库存量/箱	药品类型	入库能力/(箱/h)	出库能力/(箱/h)
一层	托盘货架,轻型拣选货架(使用电子标签),地面码放	叉车和无线射频系统	747	20 160	批量大、周转量快的大批药品	1927	2235
	大轻型拣选货架	手推车分拣	3436(大尺寸)	17 136	大件拆零药品,库存量中等		
二层	小轻型拣选货架(使用周转箱)	手推车分拣	525(小尺寸)	525	小件拆零药品	1791(提升机入库能力为 1071)	2101
	小轻型拣选货架(使用电子标签)	电子标签分拣	160	320	小件拆零药品		

6.2.3 分拣作业规划设计

所谓分拣作业,就是将用户所订的货物从保管处取出,按用户分类集中,放置在指定的场所。随着商品经济的发展,用户需求向小批量、多品种、多批次的方向发展,配送中心配送货品的种类和数量也急剧增加,快速、流畅的分拣作业系统越来越重要,分拣作业在配送中心作业中所占的比例也越来越大,成为耗费人力和时间的主要作业。所以,分拣作业系统的规划关系到配送企业的服务质量和服务水平,成为直接影响配送中心经营效益的重要因素。

下面从分拣作业的类型、分拣作业的拣选策略、分拣作业系统规划3个方面研究分拣作业系统的概念和规划内容。

1. 分拣作业的类型

1) 按订单分拣批量分类

(1) 按单分拣,即按客户每张订单进行分拣,再将订单汇总。

(2) 批量分拣,即汇总客户的订货进行拣货,再按不同的客户进行分类,再记录订单。

(3) 按单分拣与批量分拣的组合。

2) 按作业程序分类

(1) 单一分拣法,即一个人配货,按订单要求将所有货物拣选完整。

(2) 分程传递法,即数人分拣,首先决定个人所分担货物和货架的范围,仅对分拣单中自己所承担的货物品种和货物进行分拣,分拣完成的容器和货物分程传递或转交下一个区域的分拣人员。

(3) 分区并行分拣法。与分程传递法相同,一个人或数人分拣,首先决定个人所分担的货物种类和货架范围,从分拣单中分拣自己所承担的货物种类,最后将各区间分拣的货物汇总起来。

3) 按作业方法分类

(1) 拣选式分拣法。它是指分拣人员或分拣工具巡回于各个存储点并将订单上所需货物取出。这种方法在完成分拣任务时,货物货位相对固定,而分拣人员与分拣工具是相对运动的。其类似人们进入果园,在一果树上摘下熟了的果子后,再转到另一棵树前摘果,所以又被形象地称为摘果式分拣配货法。

(2) 分货式分拣法。它是指分货人员或分拣工具从存储点集中取出各个用户共同需要的货物,然后巡回于用户的货位之间,将货物按用户需求量放在用户购货位上,再取出下一种共同需求的商品,如此反复进行,直至按用户需求将全部货物取出并分放完毕为止。其方式类似农民播种时先准备一类种子进行播种,然后再播种其他的种子,所以又被形象地称为播种式分拣配货法。

2. 分拣作业的拣选策略

拣选策略是影响拣选作业效率的重要因素,对不同类型的订单需求应用不同的拣选策略。决定拣选策略的主要因素有分区策略、订单分割策略、订单分批处理策略和分类策略。

1) 分区策略

分区策略就是将拣选作业场地作区域划分。按分区原则的不同,一般有以下 4 种分区方法：

(1) 商品特性分区。商品特性分区就是根据货品原有的性质，将需要特别存储搬运或分离存储的商品进行区域分割，以保证各类商品的品质在存储期间保持不变。例如，冷藏品和常温品就需要分区存储、分拣。

(2) 拣选单位分区。将拣选作业区按拣选单位(P,C,B)划分，如托盘拣选区、箱装拣选区、单品拣选区等。其目的是使存储单位与拣选单位分类统一，使分拣与搬运的商品单元化，使分拣作业单纯化，同时有利于自动化和标准化。

(3) 拣选方式分区。不同的拣选单位分区中，按商品拣选频率和数量的不同，其拣选方法和设备也有相应的差异，所以又可以分为若干分拣区域。通常以商品分拣频率或数量做ABC分类，然后选用合适的拣选设备和分拣方式。其目的是使拣选作业单纯一致，减少不必要的重复行走时间。

(4) 工作分区。在相同的拣选方式下，如果分拣区域过大，则还应将拣选作业场地再作划分，由一个或一组固定的拣选人员负责分拣某区域内的商品。该策略的主要优点是拣选人员需要记忆的存货位置和移动距离较少，拣选时间缩短，还可以配合订单分割策略，运用多组拣选人员在短时间内共同完成订单的分拣，但要注意工作平衡问题。

2) 订单分割策略

将订单按拣选区进行分解的过程叫订单分割。当订单上订购的商品种类较多，或是拣选系统要求及时快速处理时，为使其能在短时间内完成拣选任务，可将订单分成若干子订单交由不同拣选区同时进行拣选作业。

订单分割策略一般与拣选分区策略同时运用。对于采用拣选分区的配送中心，其订单处理过程的第一步就是要按区域进行订单的分割，各个拣选区根据分割后的子订单进行分拣作业，各拣选区子订单拣选完成后，再进行订单的汇总。

3) 订单分批处理策略

订单分批处理是为了提高分拣作业效率而把多张订单集合成一批，进行批次分拣作业，其目的是缩短分拣时平均行走搬运的距离和时间。订单分批处理的基本分类如下：

(1) 总合计量分批。总合计量分批是合计拣选作业前所有累计订单中所有商品的种类和数量，再根据统计结果进行分拣作业安排。这种方式可以将分拣路径减至最短，但需要有功能强大的分类系统来支持，适用于固定点之间的周期性配送。例如，可以将所有的订单在中午前(晚上前)收集，中午(晚上)作合计量分批分拣单据的打印等信息处理，下午(第二天早上)进行分拣分类等工作。

(2) 时窗分批。当从订单到达到拣选完成出货所需的时间比较紧迫时，可开启短暂而固定的时窗，如5min或10min，将此时窗中所到达的订单做成一批，进行批量分拣。这一方式常与分区和订单分割联合运用，特别适合于到达时间短而平均的订单形态，但订购量和品项数不宜太大。

(3) 固定订单量分批。订单分批按先到先处理的基本原则，当累计订单量到达设定的固定量时，就开始进行拣选作业。适合的订单形态与窗分批类似。但这种订单分批方式的目标在于注重维持较稳定的作业效率，处理的速度较前者慢。

(4) 智能型分批。智能型分批是将订单汇总后经过较复杂的计算机计算,将分拣路径相近的订单分成一批同时处理,从而大量缩短拣选行走和搬运距离。采用这种分批方式的配送中心通常将前一天的订单汇总后,经计算机处理,在当天下班前产生次日的拣选单据,但其对紧急插单作业处理较为困难。

4) 分类策略

当采用批量拣选作业方式时,拣选完后还必须按客户的不同进行分类,因此需要相配合的分类策略。分类方式大概有两种:

(1) 拣货时分类,即在拣货的同时将货品按各订单分类。这种分类方式常与固定量分批或智能型分批方式联合使用,因此一般需使用计算机辅助的拣选台车作为拣选设备,较适用于少量多样的场合,且由于拣选台车不可能太大,所以每批次的客户订单量不宜过大,客户数也不宜过多。

(2) 拣货后集中分类,即分批按合计量拣货后再集中分类。一般有两种分类方法:一种是以人工作业为主,将货品总量搬运到空地上进行分发,而每批次的订单量及货品数量不宜过大,以免超出人员负荷;另一种方法是利用分类输送机系统进行集中分类,是较自动化的作业方式。当订单分割越细、分批品项越多时,常使用后一种方式。

3. 分拣作业系统规划

分拣作业系统规划是配送中心总体规划过程的中心环节,并且主导其他规划环节的进行。分拣系统的规划程序一般如图 6.11 所示。

图 6.11 分拣系统规划程序

1) 订单资料的 EIQ 分析

前面介绍过分拣的方式主要有按单拣选和批量分拣两种。根据 EIQ 的分析结果(表 6.6),按当日 EN 值(订单品项数)及 IK 值(品项重复数)的分布判断出货品项数的多少和货品周转率的高低,确定不同的分拣作业方式。

表 6.6 分拣方式确定对照表

EN 值	IK 值	货品重复订购频率 IK 值		
		高	中	低
出货品项数 EN 值	多	S+P	S	S
	中	P	P	S
	少	P	P	S+P

注:S 指按单拣选,P 指批量分拣。

EN 值越大,表示一张订单所订购的货品品项数越多。货品的种类越多越复杂时,批量分拣时分类作业越复杂,采取按单拣选较好。IK 值越大,表示某品项的重复订购频率越高,货品的周转率越高,此时,采用批量分拣可以大幅度提高拣选效率。

2) 拣货单元的 PCB 分析

拣选单位基本上可以分为托盘、箱、单品 3 种,其基本拣货模式见表 6.7。

表 6.7 基本拣选模式

拣选模式编号	存储单位	拣选单位	记号
1	托盘	托盘	P—P
2	托盘	托盘+箱	P—P+C
3	托盘	箱	P—C
4	箱	箱	C—C
5	箱	单品	C—B
6	箱	箱+单品	C—C+B
7	单品	单品	B—B

配送中心规划时一般先由客户的订单决定拣选单位,拣选单位和商品的拣选频率及数量决定存储单位,最后由存储单位要求供应商的入库单位。

3) 拣选策略的运用

拣选作业系统规划中最重要的环节就是拣选策略的运用。图 6.12 是拣选策略运用的组合示意,从左至右是拣选系统规划时所考虑的一般次序,可以相互配合的策略方式用箭头连接,所以任何一条由左至右可通的组合链就表示一种可行的拣选策略。

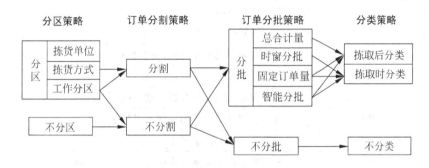

图 6.12 拣选策略运用组合示意图

4) 拣选信息的处理

(1) 传票。拣选传票产生的方式基本上有两种:一种是复印订单的方法,即在接到订单之后将其复印,制成拣选传票。这种方式费用较高,但其弹性较大,可适应不同大小的订单形式。另一种方式是直接从多联式订单中撕下拣选专用的一联。这种方式有时会因订单联数设置过多而产生复写不清的现象,导致错误发生。以传票作为拣选信息处理方式的条件是货品品项数不多,无论是填写式还是勾选式的订单,最好都不要超过一页。按单拣选十分适合采用传票的拣选信息处理方式。

(2) 拣选单。采用拣选单信息处理方式的按单拣选程序是:接到订单之后利用键盘输入方式或扫描方式把订单信息录入到信息系统中,同时核对商品存量并查出商品的存储位置,最后按订单时间要求的顺序打印出拣选单,并产生补货指示和出库指示等。采用拣选单信息处理方式的批量拣选与按单拣选的不同点就在于订单输入时的汇总。订单汇总按一定的订单分批处理的原则,将同属一批的订单按商品品项种类统计,然后核对库存量、寻找货位,最后分批打印出拣选单,以及产生补货、出库分类等指示的信息。其中,分类指示在自动分类中,由计算机程序直接提供信号给控制系统;若用人工分类,则分类指示通常可直接由分批拣选单中得到。

（3）拣选标签。条码是常见的拣选识别标签，通常分为商品条码和物流条码。通常在输入订单之后经过拣选作业信息处理时就打印好标签。这类标签的功能除标识商品以外，对拣选作业的贡献主要有两方面：一是分拣时贴标签代替了清点货品数量的过程；二是附有流通条码的标签可以提供自动分类系统识别的信息。

（4）电子信息。电子信息处理一般由仓储管理信息系统处理拣选信息后将指令传给控制器，接着由控制器传出控制信号操纵设备。在电子信息的处理中更偏重于软硬件的结合。电子标签辅助分拣系统以及RF拣选系统就属于这种类型的应用。

5）设备选用配置

拣货系统由仓储设备、运输设备、分拣设备以及信息传送设备组成，根据拣货单位的不同可以分为整托盘拣货（P-P）、整箱拣货（P-C）、拆箱拣货（C-B）、单品拣货（B-B）等几种模式。下面介绍针对各种模式可能的设备配置，见表6.8。

表6.8　不同分拣单元下的分拣系统设备配置模式

序号	分拣单元模式	设备配置模式
1	P-P	就地托盘堆垛＋叉车
2	P-P	托盘类货架＋叉车
3	P-P	自动仓储系统＋输送机(穿梭车)
4	P-C	自动仓储系统＋输送机(穿梭车)
5	P-C	自动仓储系统＋拆盘机＋输送机(穿梭车)
6	P-C	自动仓储系统＋侧面底层人工拣选
7	P-C	托盘类货架＋拣选叉车
8	P-C	横梁式托盘类货架＋底层人工拣选＋手推车
9	P-C	重力式托盘货架＋底层人工拣选＋输送机
10	P-C	就地托盘堆垛＋底层人工拣选＋输送机
11	C-C	箱式自动仓储系统＋输送机
12	C-C	流利式货架或其他箱装货物货架＋输送机(手推车)
13	C-B	非流利式箱装货物货架＋手推车
14	C-B	流利式货架＋输送机
15	C-B	箱式旋转货架＋输送机(手推车)
16	B-B	A型分拣机＋输送机
17	B-B	轻型箱式货架＋手推车

6.2.4　拣货路径优化

1. 货架仓库拣货路径优化

拣选问题是物流仓储中经常碰到的一类问题。研究表明，对大型仓库，拣选在路上所花时间很多，因而拣选路径成为一个突出的问题。如果托盘整进整出，则行走和提取货物比较简单,因为每次作业都以托盘为单位,而托盘的存储位置是已知的,从而拣选路径是确定的。但拣选单位更小时,尤其是普遍的多货物人工拣选,因为每次行走一趟要拣选多种货物,就会有路径的选取问题。从优化角度看,不但要考虑下一步到哪里,还要考虑总行走距离最短,还不希望路径重复。例如,在巷道式托盘货架仓库中,拣货员随拣选式堆垛机运行和升降到指定的货格拣取货品,要求在一次运行中根据货单途经若干点完成全部拣货作业返回巷道口。要求选择总运行时间最少、总距离最短的路径,以提高效率,缩短整个拣货作业的时间。再如,配送过程中单一车辆的路线优化问题和 AS/RS 中巷道堆垛机拣货时的顺序提取问题,都是仓库拣选路径问题。以下面例子作一个基本介绍。

例 6-1 货架仓库拣货的路径问题[1]。对于规整的托盘单元式货架仓库(图 6.13),每条通道两边均分布货架,通道之间的货架背靠背摆放。假设拣货员从开始位要拣取所有图中阴影货位(设货位尺寸均为 1 单位宽深)中的货物,然后回到结束位。

解:下面是如何将这一拣货路径问题转化为最短路径问题的方法。

先按图 6.13(b)将 4 条通道予以划分,并在每通道两端 1R、1L 等处设端点。我们的始点即 1R。通道宽为 2 单位距离,这些端点离货架顶端 1 单位距离远。

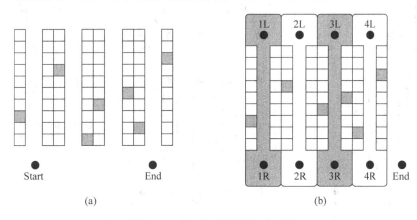

图 6.13 货架仓库拣货路径问题

拣货中通常要求拣货员拣完一条通道内的货物后,才能进入另一条通道,为提高拣货效率不允许回退。

因为货物在通道内分布深度不一,因此拣货员就可能有两种方法:一种是从通道 R 端一直走到 L 端;另一种是从一端走到拣货位,拣取货物后,再原路退出。应用这两种方法对第 1 条通道内货物拣货时所得距离如图 6.14 所示。

类似地,对第 2,3 通道的拣货距离转化可得图 6.15。

以此类推,可得到最终的网络图表示,如图 6.16 所示。

---

[1] Bartholdi J J, Hackman H T. Warehouse and Distribution Sciences(draft 0.77 version). The Logistics Institute, Atlanta, GA., 2007:147-152.

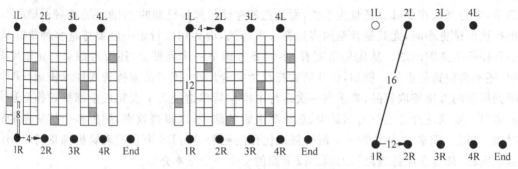

图 6.14　第 1 条通道内拣货路径的网络图表示

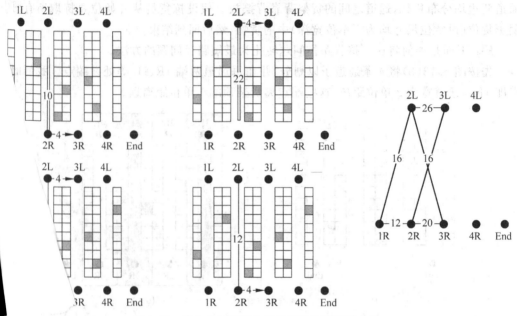

图 6.15　第 2,3 条通道内拣货路径的网络图表示

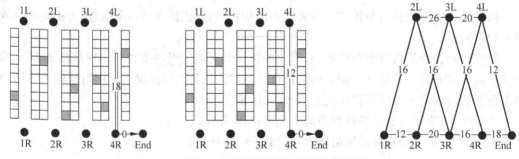

图 6.16　最后一条通道拣货路径及最终网络图表示

　　对于图 6.16 中的网络图,很容易求出它的最短路,还可以形象地画出此问题总的最短拣货路径,如图 6.17 所示。

2. 最短路径问题的延伸——TSP 问题

　　最短路径问题是针对点与点之间的,在实际工作中经常会进一步延伸。例如,采用运输

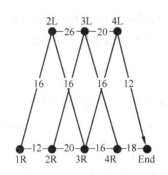
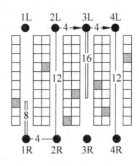

图 6.17　网络图最短路径及原问题的最短拣货路径表示

工具,从一点开始,遍历若干点,最后回到原处。这就是单回路运输问题,它是指在路线优化中,从起始节点开始,要选择一条合适的路径经过所有已知的节点各一次,并最后回到起始节点,要求所走距离最短。

这一问题的实质是 TSP(traveling salesman problem)问题,中文称货郎担问题或旅行销售商问题。它可以叙述如下:从一个起始点出发到达所有要求服务的 n 个点,而且只到达一次,再回到起始点(称为哈密尔顿回路)。已知任意两点 i、j 之间的距离 d_{ij},要求在所有可供考虑的路线中选择路径最短的旅行路线。

在物流领域中,TSP 问题不仅在运输系统中出现,仓库中的拣选路径也可以用 TSP 问题来考察。前面例 6-1 没有回路,但通常拣货完后要回到原点,这就是 TSP 问题。货架仓库拣货 TSP 问题是一种特殊情况,因为行走受平行巷道限制,通常只能走直角距离,这种特殊的结构称为 Tchebychev 最短路,使得它有可能由计算机迅速找到最优解。例如,某仓库中每一巷道都只有一个入口,最佳路径就是顺序走遍所有要拣货的位置。如果巷道中断了,即出现十字交叉形通道,可以用 Ratliff 和 Rosenthal 提出的动态规划算法求出最优解,这时最复杂的情况还是通道数量的线性函数。但是随着十字交叉的增多,可行的走法状态就迅速增加,动态规划问题就无法求解了。

下面是求解这种仓库拣货特殊路径的 TSP 问题的两种基本的启发式算法。

1) S 形算法

如果仓库里每一个通道内至少有一种货品要拣取,就可采取 S 形算法(S-shape heuristic),如图 6.18 所示。

当然,S 形可以改进,对没有货品要拣取的通道可忽略不走,但考虑回路问题,奇数条无拣通道多走一点。像图 6.18 中的偶数条不走刚好可以从原定位置走出。因为 S 形走法在同一通道内可往两边拣货,因此通道可以在其他条件允许下窄一些。但一个拣货员同时行走这么多通道可能效率不高,仓库里常会采用分区拣选,此时通道可能需要多人通过,不能太窄。

2) 最大径距法

对于拣选路径的具体 TSP 问题,用径距(gap)代表上、下两个要拣取货品的距离,显然这是直角距离,这

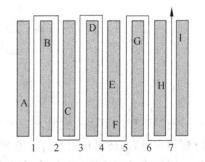

图 6.18　S 形算法,但此处 3 和 6 号通道属于多走的无用功

一距离可能是在同一通道内,也可能以两个相近通道直角距离计算。拣货员先到离进出口最近的边通道,拣取所需的货物,然后退出该通道再按通道的最大径距确定下一个要进入的通道。

以下通过一个例子来展示这两种算法。

例 6-2 某果汁公司的仓库如图 6.19 所示,假设行走时间与距离成正比。

解:按 S 形算法和最大径距法的图形分别如图 6.19(a)、(b)所示,而最优的路径是行走距离最短的路径,采用 Ratliff 和 Rosenthal 的动态规划解法给出的结果如图 6.20 所示。

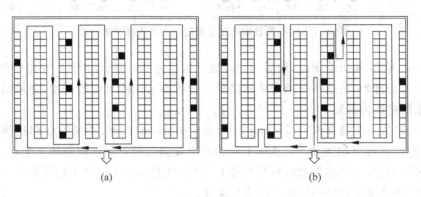

图 6.19 果汁公司仓库及拣货路径
(a) S 形算法的路径;(b) 最大径距法的路径

Ratliff 和 Rosenthal 的动态规划解法给出了拣选路径最优化的算法,只要给定仓库的全部货位,就可以迅速找到最短的路径。这适用大规模的仓库。这里对该算法作些简化,即加上限制:已拣过的通道不再回退,这样虽然得到的是近优解,但易于编程和解释。图 6.21 是 John J. Bartholdi,Ⅲ 和 Steven T. Hackman 编制的一个求最佳拣货路径的 Java 程序(需要 J2SE 1.4 及以上环境)。

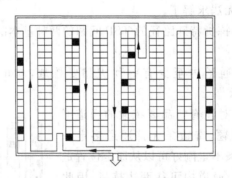

图 6.20 果汁公司的最佳拣选路径

使用该程序可以一次输入一个或一批订单资料,得到可视化的最优拣选路径,并用于分析瓶颈和障碍,还可反过来评价仓库布置和订单批量策略。实际应用之前要将仓库布置简化为网格式的网络图,其中,每个点代表沿着通道的一个货位,行走时只能沿通道进行,并定义起始点和返回点。有兴趣的读者可从以下网址下载试一试:http://www.isye.gatech.edu/~jjb/wh/apps/pickpath/demo。计算机优化求解要值得应用必须易于实现解的结

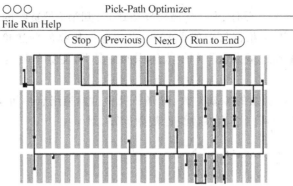

Batch Number:10;Pick Lines:451 to 500;Tour Distance:1,121.0 ft.
Average Tour Distance:1,155.5 ft;Total Distance so far:11,555.0 ft.

图 6.21　Bartholdi 的拣选路径优化程序

果,但目前仓库拣货 TSP 模型还没有商业化应用。

6.2.5　配货与配载规划

1. 配送配载概述

1)配送配载的概念

所谓配载就是为了提高车辆在容积和载货两方面的装载效率,进而提高车辆运载运力的利用率,降低配送运输成本,配送中心充分利用运输配送的货物资源,对货物进行装车调配、优化处理。

2)配送配载的原则

为了更好地安排车辆配载,提高车辆的装载效率和安全性,需要遵循以下原则:

(1)轻重搭配原则。车辆装货时,必须将重货放在下面,轻货放在上面,以避免重货压坏轻货,并使货物重心下移,从而保证运输安全。

(2)货物性质搭配原则。拼装在一个车厢内的货物,其化学性质、物理属性不能互相抵触。例如,不能将散发臭味的货物与具有吸臭性的食品混装;不能将常温保存的货品和冷藏品混装。

(3)大小搭配原则。货物包装的尺寸有大有小,为了充分利用车厢的内容积,可以在同一层或上下层合理搭配不同尺寸的货物,以减少厢内的空隙。

(4)一次配载原则。到达同一地点的适合配装的货物应尽可能一次配载。

(5)最大限载原则。装载时不允许超过车辆所允许的最大载质量。

(6)后送先装原则。客户的配送顺序安排好后,配载货物的顺序应该是"后送先装",这样便于卸货。

2. 提高车辆装载效率的数学方法

1)问题描述

我们主要讨论的问题是车辆载重和体积受限,但是不考虑货物形状的配装问题(也就是满载问题的优化,即运筹学中的背包问题)。问题一般描述为:配送中心配送车辆最大载重

为 W，最大装载体积为 V。现有 N 种货物需要运送，已知第 i 种货物的单位质量为 w_i，体积为 v_i，价值为 c_i（实际中，可根据订单的重要性，设置每件货物的配送价值）。要求确定每种货物的装载件数，在不超过最大载重和最大体积的情况下，使货车装运货物的总价值最大。

2) 数学模型

若用 x_i 表示第 i 种货物的装载件数，忽略各尺寸包装箱组合后可能留下的不可填充的缝隙等剩余空间，则问题可归结为整数线性规划问题，即

$$\max f = \sum_{i=1}^{N} c_i x_i$$

$$\begin{cases} \sum_{i=1}^{N} w_i x_i \leqslant W \\ \sum_{i=1}^{N} v_i x_i \leqslant V \\ x_i \geqslant 0 \text{ 且为整数}, i=1,2,\cdots,N \end{cases} \tag{6.1}$$

现将此问题转化为动态规划模型。把装载 N 种货物看作依次分 N 个阶段完成，用 $k(k=1,2,\cdots,N)$ 来表示阶段；(w,v) 为二维状态变量，w 表示货车中装入第 1 种到第 k 种货物的总质量，v 表示货车中装入第 1 种到第 k 种货物的总体积。

决策变量 x_k 表示装入第 k 种货物的件数。则状态转移方程为

$$\overline{w} = w - x_k w_k$$
$$\overline{v} = v - x_k v_k$$

允许决策集合为

$$D_k(w,v) = \left\{ x_k \,\Big|\, 0 \leqslant x_k \leqslant \left[\frac{w}{w_k}\right], 0 \leqslant x_k \leqslant \left[\frac{v}{v_k}\right] \right\}$$

设 $f_k(w,v)$ 表示当总质量不超过 w，总体积不超过 v，货车中只装前 k 种货物的最大价值。显然有

$$f_k(x,y) = \max_{\substack{\sum_{i=1}^{k} w_i x_i \leqslant x \\ \sum_{i=1}^{k} v_i x_i \leqslant y \\ x_i \geqslant 0 \text{ 且为整数}, i=1,2,\cdots,k}} \sum_{i=1}^{k} c_i x_i$$

因而可写出动态规划的顺序递推关系：

$$f_1(w,v) = \max_{\substack{x_1 = 0,1,\cdots,\left[\frac{w}{w_1}\right] \\ x_1 = 0,1,\cdots,\left[\frac{v}{v_1}\right]}} c_1 x_1$$

$$f_k(w,v) = \max_{\substack{x_k = 0,1,\cdots,\left[\frac{w}{w_k}\right] \\ x_k = 0,1,\cdots,\left[\frac{v}{v_k}\right]}} \{c_k(x_k) + f_{k-1}(w - w_k x_k, v - v_k x_k)\}$$

然后，逐步计算出 $f_1(w,v), f_2(w,v), \cdots, f_k(w,v)$，以及相应的决策函数 $x_1(w,v)$，$x_2(w,v), \cdots, x_k(w,v)$，最后得出所求的最大价值，相应的最优策略可由反推运算得出。

3) 应用案例

例 6-3 某电器配送中心有一辆配送货车,该货车的额定载重为 10t,最大允许装载体积为 16m³,现有 3 种货物需要运输。已知这 3 种货物的单位质量、体积及价值关系如表 6.9 所示,问如何配装这 3 种货物,才能使货车装载货物的价值最大。

表 6.9 配送信息表

货物代号	质量/t	体积/m³	价值/千元
1	1	1	4
2	4	6	5
3	2	7	6

解:(1) 设 x_i 表示第 i($i=1,2,3$)种货物装载件数,则问题规划模型为

$$\max\ (4x_1+5x_2+6x_3)$$

$$\begin{cases} x_1+4x_2+2x_3 \leqslant 10 \\ x_1+6x_2+8x_3 \leqslant 16 \\ x_1,x_2,x_3 \geqslant 0 \text{ 且为整数} \end{cases}$$

(2) 用动态规划法,只要求出 $f_3(10,16)$ 即可。

$$f_3(10,16) = \max_{\substack{x_1+4x_2+2x_3 \leqslant 10 \\ x_1+6x_2+8x_3 \leqslant 16 \\ x_1,x_2,x_3 \geqslant 0 \text{且为整数}}} (4x_1+5x_2+6x_3) = \max_{\substack{x_1+4x_2 \leqslant 10-2x_3 \\ x_1+6x_2 \leqslant 16-8x_3 \\ x_1,x_2,x_3 \geqslant 0 \text{且为整数}}} (4x_1+5x_2+(6x_3))$$

$$= \max_{\substack{10-2x_3 \geqslant 0 \\ 16-8x_3 \geqslant 0 \\ x_3 \geqslant 0 \text{且为整数}}} \{ \max_{\substack{x_1+4x_2 \leqslant 10-2x_3 \\ x_1+6x_2 \leqslant 16-8x_3 \\ x_1,x_2 \geqslant 0 \text{且为整数}}} (4x_1+5x_2+(6x_3)) \}$$

$$= \max_{\substack{0 \leqslant x_3 \leqslant 2 \\ \text{且为整数}}} \{ 6x_3 + \max_{\substack{x_1+4x_2 \leqslant 10-2x_3 \\ x_1+6x_2 \leqslant 16-8x_3 \\ x_1,x_2 \geqslant 0 \text{且为整数}}} (4x_1+5x_2) \}$$

$$= \max_{x_3=0,1,2} \{8x_3 + f_2(10-2x_3,16-8x_3)\}$$

$$= \max\{f_2(10,16), 8+f_2(8,8), 16+f_2(6,0)\}$$

(3) 由上可以看出,要计算 $f_3(10,16)$ 必须先计算出 $f_2(10,16), f_2(7,7), f_2(6,0)$。

$$f_2(10,16) = \max_{\substack{x_1+4x_2 \leqslant 10 \\ x_1+6x_2 \leqslant 16 \\ x_1,x_2 \geqslant 0 \text{且为整数}}} (4x_1+5x_2) = \max_{\substack{x_1 \leqslant 10-4x_2 \\ x_1 \leqslant 16-6x_2 \\ x_1,x_2 \geqslant 0 \text{且为整数}}} (4x_1+(5x_2))$$

$$= \max_{\substack{10-5x_2 \geqslant 0 \\ 13-3x_2 \geqslant 0 \\ x_2 \geqslant 0 \text{且为整数}}} \{ \max_{\substack{x_1 \leqslant 10-5x_2 \\ x_1 \leqslant 13-3x_2 \\ x_1 \geqslant 0 \text{且为整数}}} (4x_1+(5x_2)) \} = \max_{\substack{10-4x_2 \geqslant 0 \\ 16-6x_2 \geqslant 0 \\ x_2 \geqslant 0 \text{且为整数}}} \{ \max_{\substack{x_1 \leqslant 10-4x_2 \\ x_1 \leqslant 16-6x_2 \\ x_1 \geqslant 0 \text{且为整数}}} (4x_1+(5x_2)) \}$$

$$= \max_{\substack{0 \leqslant x_2 \leqslant 2 \\ \text{且为整数}}} \{5x_2 + \max_{\substack{x_1 \leqslant 10-4x_2 \\ x_1 \leqslant 16-6x_2 \\ x_1 \geqslant 0 \text{且为整数}}} (4x_1)\} = \max_{x_2=0,1,2}\{5x_2+f_1(10-4x_2,16-6x_2)\}$$

$$= \max\{f_1(10,16), 5+f_1(6,10), 10+f_1(2,4)\}$$

同理可求得:$f_2(7,7) = \max\{f_1(7,7), 5+f_1(0,2)\}$

$$f_2(6,0) = f_1(6,0)$$

这里,x_2 取 0,1 时,分别对应 $f_1(7,7)$,$5+f_1(0,2)$。$f_2(6,0)=f_1(6,0)$(这里 $x_2=0$ 时,对应 $f_1(7,1)$)。

所以,为了计算 $f_2(10,16)$,$f_2(7,7)$ 和 $f_2(6,0)$,还需要计算 $f_1(10,16)$,$f_1(6,10)$,$f_1(2,4)$,$f_1(7,7)$,$f_1(0,2)$ 和 $f_1(6,0)$。

(4) $f_1(10,16) = \max\limits_{\substack{x_1 \leqslant 10 \\ x_1 \leqslant 16 \\ x_1 \geqslant 0 且为整数}} (4x_1) = \max\limits_{\substack{0 \leqslant x_1 \leqslant 10 \\ 且为整数}} (4x_1) = 4 \times 10 = 40 (x_1 = 10)$

同理可求得:$f_1(6,10) = 24 \quad (x_1 = 6)$

$f_1(2,4) = 7 \quad (x_1 = 2)$

$f_1(7,7) = 32 \quad (x_1 = 7)$

$f_1(0,2) = 0 \quad (x_1 = 0)$

$f_1(6,0) = 0 \quad (x_1 = 0)$

(5) 从而 $f_2(10,16) = \max\{f_1(10,16), 5+f_1(6,10), 10+f_1(2,4)\}$
$= \max\{40, 5+24, 10+7\} = 40 \quad (x_1=10, x_2=0)$

$f_2(7,7) = \max\{f_1(7,7), 5+f_1(0,2)\} = \max\{32, 5\} = 32 \quad (x_1=7, x_2=0)$

$f_2(6,0) = f_1(6,0) = 0 \quad (x_1=0, x_2=0)$

(6) 最终得到 $f_3(10,16) = \max\{f_2(10,16), 7+f_2(7,7), 16+f_2(6,0)\}$
$= \max\{40, 7+32, 16+0\}$
$= 40 \quad (x_1=10, x_2=0, x_3=0 或者 x_1=7, x_2=0, x_3=1)$

即最大装载价值为 4 万元。

3. 配送路径优化

物流配送网络中,存在着配送路径优化设计问题,即要考虑车辆的行驶路线选择问题。车辆按不同的行驶路线完成同样的运送任务时,由于车辆的利用情况不同,相应的配送效率和配送成本会不同。因此,选择时间短、费用省、效益好的行驶路线是一项重要的内容。在物流运输网络分布复杂,物流节点繁多的情况下,可以采用网络图等运筹学方法利用计算机辅助确定车辆最终的行驶路线,以保证车辆高效运行。这些方法就是路径问题。

路径问题也称为路线优化问题,它主要解决运输工具与运输目的地之间路线、载运量与到达时间与顺序等安排,以达到某种"最佳"的效益。

车辆路径问题(vehicle routing problem, VRP)可以正式定义如下:设图 $G=(V,A)$,其中点集 $V=\{v_0, v_1, \cdots, v_n\}$,弧集 $A=\{(v_i, v_j): v_i, v_j \in V, i \neq j\}$。点 v_0 代表仓库(起始点),其他各点代表顾客。弧集有对应的成本矩阵(c_{ij})和行驶时间矩阵(t_{ij})。如果这两个矩阵是对称的,就得到基于无向图的 VRP 问题,$G=(V,E)$,其中,$E=\{[v_i, v_j]: v_i, v_j \in V, i<j\}$ 为边集。每一个顾客都有一个非负的需求量 q_i 和服务时间 t_i。仓库有由 m 辆容量均为 Q 的一样的卡车组成的车队,卡车数量要么提前已知,要么作为决策变量。VRP 问题就是要确定最多 m 条配送路径或收货路径,以满足下列条件:

(1) 每条路径都是从仓库出发,回到仓库;

(2) 每个顾客只能拜访一次,且只能由一辆车拜访;

(3) 每条路径的总需求量不超过 Q;

(4) 每条路径的总持续时间(行驶时间+服务时间)不超过预设的时限 D;

(5) 总成本最低。

VRP 问题加上更多的约束还有许多变种。上述标准定义的问题也称为容量限制的 VRP 问题,即 CVRP(capacitated VRP)问题。另一种常见的变种是带时间窗口(time window)的 VRPTW 问题,它是对每个顾客的访问加上时间窗约束 $[a_i, b_i]$。还有其他的约束,如车辆可以是不同的(heterogeneous vehicle fleet);在同一路径,车辆同时进行配送和收货的作业(VRPPD);或者去程送货(linehaul deliveries),回程收货(backhaul pick-ups);有些车辆不能访问某些站点;有些顾客可能要求在给定时段内多次访问;多仓库(multi-depot)VRP 问题和同一点的货物由多辆车完成;还有将车辆路径与调度分配相结合的 vehicle routing and scheduling 问题等。

VRP 问题与 TSP 问题的主要区别在于:顾客群体大,一辆车一条路径满足不了顾客的需求。也就是说,VRP 涉及了多车辆(不一定相同)的选择和路径确定两个方面的问题。VRP 问题更复杂,但也更接近实际问题。这两类问题是目前多个学科研究和应用的一个热点,可广泛用于物流配送、路线安排、集成电路、通信网络、太空探索、基因研究等诸多领域,各种启发式算法层出不穷。

VRP 是一种极难的网络与组合优化问题,只有很小的事例(不超过 50 个点)可由精确解法得到最优解。VRP 目标函数的下界很难导出,于是 VRP 问题实际中总是采用启发式算法。40 年前 Clarke 和 Wright 提出的节约法影响极大,对一般 VRP 问题能较好地解决,随后各种启发式算法不断进化。其他的启发式算法还有 Gillett 和 Miller 的扫描法(sweep method)和 Fisher 与 Jaikumar 算法,现在更是有模拟退火算法、遗传算法和蚁群算法等亚启发式算法。由于 VRP 问题有很大的实用意义,因此研究众多,而且很早就有计算机软件用于求解。

节约法是目前用来解决 VRP 问题的最经典的启发式算法。它在速度和实现的简易性方面特别有优势,因此时至今日仍有很广泛的应用。下面专门介绍这一算法。

节约法的核心思想是将问题中存在的两个回路合并为一个回路,根据合并后总距离的变化来确定节约度。它有两种方式:并行方式(parallel)和串行方式(sequential)。这两种方式在初始化时是相同的。它们的区别在于如何处理回路的合并问题。下面分别对两种方式的具体应用步骤进行介绍。

1) 并行方式

并行方式分 3 步完成。

(1) 形成一个初始解。对 $i=1,2,\cdots,n$,先建立 n 条路线,即每个顾客一条路线,每条路线一辆车。形成初始解时,需要满足所有顾客的需求,而且所有的约束条件,例如容量的限制、车辆总数的限制等也得到满足。初始解可以由最短路径问题或有运载限制的 TSP 问题求得。

(2) 进行节约度的计算。计算所有点对的节约度 s_{ij}:

$$s_{ij} = c_{i0} + c_{0j} - c_{ij}, \quad i,j=1,2,\cdots,n,\text{且 } i \neq j \tag{6.2}$$

然后对计算结果进行升序排列。

(3) 进行回路的合并。采用的合并策略是最可行合并原则(best feasible merge)。从升序排列的节约度序列中最上面的值开始,执行下面步骤:

对于一个已知的 s_{ij},先判断这两个关系到 i,j 的回路是否存在合并的可能性,如果一个回路以 $(0,j)$ 开始,一个回路以 $(i,0)$ 结束,则该回路可以合并,并进行下面的合并操作:

删除两个回路中的部分路径 $(0,j)$ 和 $(i,0)$,然后引入新的连接 (i,j),得到新的回路 $(0,\cdots,i,j,\cdots,0)$。

2) 串行方式

串行方式与并行方式的前两步完全一样。它们的区别主要在于第(3)步,现在是回路的扩充(route extension),即将一个回路中的某一部分替代,实现总运输距离的下降。具体的处理方法为:按顺序对每一个回路 $(0,\cdots,i,j,\cdots,0)$ 进行考虑,找到第一个具有节约度的点 s_{ki} 或者 s_{jl},并将另一个以 $(k,0)$ 结尾或者 $(0,l)$ 开始的一段路径合并到当前回路中。对当前考虑的回路不断地进行上面的合并操作,直到所有可行的合并操作都完成为止。此时,就得到用串行方式节约算法计算的近似最优解。

由三角形的两边之和大于第三边可知,式(6.2)所表示的节约度总是正数。节约法就是不断从节约度来计算网络优化路径的。下面分别介绍 VRP 问题及其节约法计算的例子。

例 6-4 某厂东线取货 VRP 问题。如图 6.22(a)所示,从该厂(位于 O 点)出发的车辆要从 $B,C,\cdots,J$ 收集零件运回工厂。已知各点之间的运输里程如表 6.10 所示,数据是对称的。求此 VRP 问题。

解: 对这一问题采用以下记号:Q——车辆的容量,对每一辆车 $k(k=1,2,\cdots,m)$,它的容量 Q 为常数;P——要收货节点的集合,对每一节点 i 有 $i=0,1,2,\cdots,n$,其中 $i=0$ 代表起点;q_i——每节点待取货数量;c_{ij}——节点 i 和 j 之间的距离,$i,j=0,1,2,\cdots,n$。

问题的目标函数是使所有车辆的运输总距离最短,则 VRP 问题的数学模型为

$$\min z = \sum_{i=0}^{n}\sum_{j=0}^{n}\sum_{k=1}^{m} c_{ij}x_{ijk} \tag{6.3}$$

约束条件为

$$\sum_{k=1}^{m}\sum_{i=1}^{n} x_{ijk} = 1, \quad j=1,2,\cdots,n \tag{6.4}$$

$$\sum_{k=1}^{m}\sum_{j=1}^{n} x_{ijk} = 1, \quad i=1,2,\cdots,n \tag{6.5}$$

$$\sum_{i=0}^{n} x_{ipk} - \sum_{j=0}^{n} x_{pjk} = 0, \quad p=1,2,\cdots,n; k=1,2,\cdots,m \tag{6.6}$$

$$\sum_{k=1}^{m}\sum_{j=1}^{n} x_{0jk} = m \tag{6.7}$$

$$\sum_{i=1}^{n} q_i x_{ijk} \leqslant Q, \quad j=1,2,\cdots,n; k=1,2,\cdots,m \tag{6.8}$$

$$x_{ijk} = \begin{cases} 1, & \text{车辆 } k \text{ 直接从节点 } i \text{ 到节点 } j \\ 0, & \text{其他} \end{cases} \tag{6.9}$$

其中,式(6.5)~式(6.7)保证唯一一辆车进入并离开一个节点;式(6.8)保证只有 m 辆车离

开起点；不等式(6.9)保证不超过每辆车的容量。

假设，每辆车均可装 44 个托盘，则上述 9 点共 131 个托盘，至少需要 4 辆车。这一 9 个节点的 CVRP 问题可用节约法简单求解（请读者自选求解）。最后的路径结果如下：

(1) 路径 1：$O-I-O$，25 个托盘，1330km；

(2) 路径 2：$O-G-O$，32 个托盘，1670km；

(3) 路径 3：$O-F-C-O$，41 个托盘，1749km；

(4) 路径 4：$O-D-E-B-H-J-O$，33 个托盘，2254km。

各路径的总距离为 7013km。实际上路径 1 和路径 2 是直运往返，路径(3)和路径(4)是巡回取货，如图 6.22(b)所示。

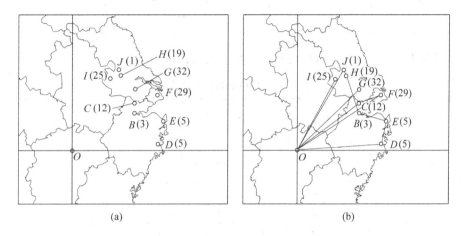

图 6.22 某 VRP 问题初始条件和求解结果示意图

(a) 各点括号内数字为要收集货物的托盘数；(b) 实际有两条多点巡回路径，即 3 号路径与 4 号路径

例 6-5 现有一配送网络，如图 6.23 所示，图中 P 为配送中心，其余 $A,\cdots,I$ 为各客户的接货点，各边上的数字为公里数，括弧里的数字为需输送到各接货点的货物数量，单位为 t。假设该配送中心有最大装载质量为 2t 和 5t 的两种货车，并限制车辆一次运行路线的距离不超过 35km。求合理配送路径。

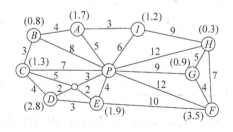

图 6.23 配送网络图

解：(1) 利用前面所述的最短路径法，求出网络各节点的最短距离，计算结果见表 6.10。

表 6.10 网络节点的最短路径

	P	A	B	C	D	E	F	G	H
A	5								
B	8	4							
C	7	7	3						
D	5	10	7	4					
E	4	9	10	7	3				
F	12	17	20	17	13	10			
G	9	14	17	16	14	13	4		
H	12	12	16	19	17	16	7	5	
I	6	3	7	10	11	10	16	14	9

(2) 根据表 6.10,计算各用户之间的节约里程,如表 6.11 所示。

表 6.11 用户之间的节约里程

	A	B	C	D	E	F	G	H
B	9							
C	5	12						
D	0	6	7					
E	0	2	4	6				
F	0	0	2	4	6			
G	0	0	0	0	0	17		
H	5	4	0	0	0	17	16	
I	7	7	3	0	0	2	1	9

(3) 对节约里程按大小顺序排列,结果如表 6.12 所示。

表 6.12 节约行程排序结果

序号	1	2	3	4	5	6	7	8	9	10	11
连接点	F—G	F—H	G—H	B—C	A—B	H—I	A—I	C—D	B—I	B—D	D—E
节约里程	17	17	16	12	9	9	8	8	7	6	6
序号	12	13	14	15	16	17	18	19	20	21	22
连接点	E—F	A—C	A—H	B—H	C—E	D—F	C—I	B—E	C—F	F—I	G—I
节约里程	6	5	5	4	4	4	3	2	2	2	1

初始解:从 P 向各个接货点配送,共有 10 条,总的运行距离为 136km,需要 2t 汽车 7 辆,5t 汽车 2 辆,如图 6.24 所示。

二次解:按照节约里程的大小顺序连接 F—G,F—H,如图 6.25 所示。

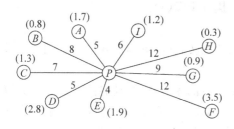

图 6.24 节约法初始解

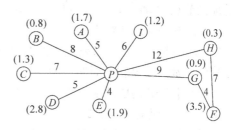

图 6.25 二次解结果

总运行距离为：$2(6+5+8+7+5+4)+(9+4+7+12)=102$(km)，配送路线 7 条，需要 2t 汽车 5 辆，5t 汽车 2 辆。配送路线 Ⅰ 的运行距离为 32km，装载量为 4.7t。

三次解：连接 $B—C,A—B,H—I$，但因 $H—I$ 加入配送路线 Ⅰ 后，超过车辆最大载质量 5t，所以不予连接，如图 6.26 所示。此时，总的配送路线为 5 条，需要 2t 汽车 2 辆，5t 汽车 3 辆。配送路线 Ⅱ 的运行距离为 19km，装载量为 3.8t。

四次解：连接 $A—I$ 到配送路线 Ⅱ，如图 6.27 所示。总的配送路线为 4 条，需 5t 汽车 3，2t 汽车 1 辆。

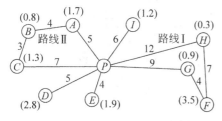

图 6.26 三次解结果

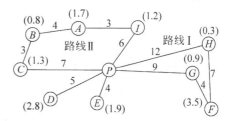

图 6.27 四次解结果

最终解：由于受配载的限制，配送路线不再添加新的节点，连接 $D—E$，这样就完成了全部的配送路线设计。总共有 3 条配送路线，运行距离为 67km，需要 2t 汽车 0 辆，5t 汽车 3 辆。

其中，配送路线 Ⅰ：运行距离 32km，装载量 4.7t；配送路线 Ⅱ：运行距离 23km，装载量 5t；配送路线 Ⅲ：运行距离为 12km，装载量为 4.7t，如图 6.28 所示。

总之，节约算法非常灵活，因为它可以方便地加入其他约束条件（如加入顾客时间窗约束）进行修改。但是这样修改后，解的质量可能很低。但它仍不愧为最经典、最普遍的算法。

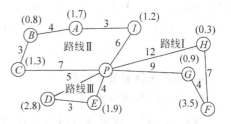

图 6.28 最终解结果

VRP 问题的扫描法是 Gillett 和 Miller 提出来的，其基本步骤如下：

(1) 在地图或方格图中确定所有节点的位置。

(2) 自仓库开始沿任一方向向外画一条直线。

(3) 沿顺时针或逆时针方向旋转该直线直到与某节点相交。相交时考虑在路线上增加该节点的运货任务时，是否会超过车辆的载货容量（先使用容量大的车辆）。如果不会，则路线增加该节点,并继续旋转直线到下一节点;否则执行步骤(4)。

(4) 构成一条送货路线。

(5) 从不包含在上一条路线中的节点开始,继续旋转直线,继续步骤(3),直到所有节点的送货任务都已安排在不同路线中。

(6) 应用 TSP 问题的求解算法,排定各路线中节点的先后顺序,使各路线的路径最短。

例 6-6 某运输公司的送货点如图 6.29(a)所示,图中,圆圈旁边的数字表示该仓库所需送货量,运输公司的送货车辆载货容量为 1000 件。求合理的送货路线。

解: 用扫描法求解。首先向北画一条直线,进行逆时针方向扫描。逆时针旋转该直线,直到装载的货物能装上一辆载重 1000 件货物的车辆,同时又不超重。一旦所有的送货点都已分配了路线,用 TSP 算法安排各送货在各路线中的先后位置,最后形成的送货路线如图 6.29(b)所示。

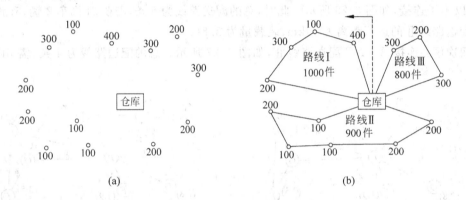

图 6.29 送货点示意图及求解

最后,我们还可以看到 VRP 问题与其他问题的关系。实际上如果车辆数量 $m=1$,且车辆无容量限制,VRP 问题即成为 TSP 问题。如果需求点不是在节点上,而是沿着一条边或弧,就是弧路径问题(arc routing problem,ARP),如邮递员沿街送信。对 ARP 问题如果只有 1 辆车,就是农村邮递员问题(rural postman problem,RPP),它要确定一条包括需求弧(边)的最短路径。如果每条需求弧(边)都要服务到,RPP 问题就是著名的中国邮递员问题(Chinese postman problem,CPP)。

4. 配送车辆装载与卸载

1) 装卸的基本要求

装载卸载的总要求和目标是省力、节能、减少损失、快速、低成本。

(1) 装车前应对车厢进行检查和清扫。装车前需对车辆进行清洗、消毒,必须达到规定要求。

(2) 确定最恰当的装卸方式。在装卸过程中,应尽量减少消耗装卸的动力,利用货物本身的重量进行装卸,如利用重力式输送机等。同时应考虑货物的性质及包装,选择最适当的装卸方法,以保证货物的完好。

(3) 合理配置和使用装卸设备。根据方案科学地选择并将装卸设备按物流作业流程合理地布局,以达到搬运装卸的路径最短。

(4)力求减少装卸次数。物流过程中,装卸是发生货损货差的主要环节。装卸作业环节不仅不增加货物的价值和使用价值,反而有可能增加货物破损的几率和延缓整个物流作业速度,从而增加物流成本。所以减少装卸次数可以有效地减少货损货差,降低成本。

(5)防止货物装卸时的混杂。特别要注意有毒货物不得与食用类货物混装,性质相抵触的货物不能混装。

(6)装车的货物应数量准确,捆扎牢靠,做好防丢措施;卸货时应清点准确,码放、堆放整齐,标志向外,箭头向上。

(7)提高货物集装化或散装化作业水平。成件货物集装化,粉粒状货物散装化是提高作业效率的重要手段。所以,成件货物应尽可能集装成托盘、集装箱、货捆、货架、网袋等货物单元再进行装卸作业。各种粉粒状货物尽可能采用散装化作业,直接装入专用车、船、库。不宜大量化的粉粒状货物也可装入专用托盘、集装箱、集装袋内,以提高货物活性指数,便于采用机械设备进行装卸作业。

(8)做好装卸现场组织工作。装卸现场的作业场地、进出口通道、作业流程、人机配置等布局设计应合理,使现有的和潜在的装卸能力充分发挥出来。避免由于组织管理工作不当造成装卸现场拥挤、紊乱现象,确保装卸工作安全顺利完成。

2)装卸的工作组织

装卸工作组织的目的在于不断提高装卸工作的质量及效率、加速车辆周转、确保物流效率。为了实现上述目标,必要做到以下几点:

(1)制定合理的装卸工艺方案。尽量采用"就近装卸"法或"作业量最小"法。在进行装卸工艺方案设计时应该综合考虑,尽量减少"二次搬运"和"临时放置",使搬运装卸工作更合理。

(2)提高装卸作业的连续性。装卸作业应按流水作业原则进行,工序间应合理衔接,必须进行换装作业的,应尽可能采用直接换装方式。

(3)装卸地点相对集中或固定。装载、卸载地点应相对集中,便于装卸作业的机械化、自动化,以提高装卸效率。

(4)力求装卸设施、工艺的标准化。为了促进物流各环节的协调,就要求装卸作业各工艺阶段间的工艺装备、设施与组织管理工作相互配合,尽可能减少因装卸环节造成的货损货差。

3)捆扎

为了保证货物在配送运输过程中的安全,以及为避免车辆到达各客户点卸货时开箱后发生货物倾倒,把货物进行必要的捆扎是配送作业中必须进行的一道工序。

捆扎时应注意绑扎端点要易于固定而且牢靠,可根据具体情况选择捆扎形式和方法;应注意捆扎的松紧度,避免货物或其外包装损坏。

捆扎的形式主要有单件捆扎,单元化、成组化捆扎,分层捆扎,分行捆扎,分列捆扎。

捆扎的方法主要有平行捆扎、垂直捆扎、相互交错捆扎。

6.3 配送成本控制

按照配送管理的要求和目标,合理的核算和配送成本控制,不仅能使管理者对配送过程中发生的费用一目了然,而且可以迅速地获知配送过程中成本超标的活动,确定配送作业管理的重点,制定合理的配送成本控制策略。

6.3.1 配送成本概述

1. 配送成本的含义

配送成本是指在配送活动的备货、存储、分拣、配货、配装、送货等环节所发生的各项费用的总和,是配送过程中所消耗的各种活劳动和物化劳动的货币表现。

配送成本主要来自配送中心和配送运输两个环节。总体来说,配送成本有资本成本分摊、支付利息、员工工资福利、行政办公费用、商务交易费用、自有车辆设备运行费、保险费或者残损风险、工具以及耗损材料费、分拣装卸搬运作业费、车辆租赁费等。

2. 配送成本的特征

1) 配送成本的隐蔽性

物流成本"冰山"理论指出,要想直接从企业的财会业务中完整地提取出企业发生的配送成本是很难的。通过销售费用、管理费用科目可以看出部分配送费用的情况。但这些科目反映的费用只是全部配送成本的一部分内容,即企业对外支付的配送费用。此外,这一部分费用往往是混同在其他有关费用中的,并不是单独设立"配送费用"科目进行独立核算。因此管理人员就很难意识到配送管理的重要性。

2) 配送成本削减具有乘数效应

假定销售额为1000元,配送成本为100元。如果配送成本降低10%,企业就可以得到10元的利润,假如这个企业的销售利润率为4%,则创造10元的利润,需要增加250元的销售额。也就是说,降低10%的配送成本所起的作用相当于增加25%的销售额。可见,配送成本的下降会产生极大的效益。

3) 配送成本的"效益背反"

所谓效益背反是指同一资源的两个方面处于互相矛盾的关系之中,要达到其中一个目的必然要损失另一方面的部分利益,要追求一方必得舍弃另一方的一种状态。这种状态在配送各活动之间也是存在的。比如,尽量减少库存据点以及库存,必然使库存补充频繁,从而增加运输次数;同时,仓库的减少,会导致配送距离变长,运输费用也会进一步增加。此时,一方成本降低,另一方成本增大,产生成本效益背反状态。如果运输费用的增加部分超过保管费用的降低部分,总成本反而会增加,这样减少库存据点以及库存就变得毫无意义。例如,简化包装可降低包装作业强度,进而降低包装成本。但与此同时,简化包装却导致仓库里货物堆放不能过高,降低了保管效率。而且,由于包装简化,商品在装卸和运输过程中容易出现包装破损,导致搬运效率降低、破损率增加。所以,在评价配送成本时,必须用"总成本"来评价其损益,从而实现整体配送活动的合理化。

6.3.2 配送成本的构成

1. 按支付形态分类

配送成本可以分别按订货费、运费、保管费、包装材料费、人工费、管理费、利息支付费等实际支付形态进行分类,这样可以了解花费最多的项目,从而确定管理中的重点。

(1) 材料费。指因物料消耗而发生的费用,包括物资材料费、燃料费,以及消耗性工具、低值易耗品摊销和其他物料消耗的费用。

(2) 人工费。指因人力劳务的消耗而发生的费用,包括工资、奖金、福利费、医药费、劳保费以及职工教育培训费和其他一切用于职工的费用。

(3) 公益费。指向电力、煤气、自来水等公益服务部门支付的费用。

(4) 维护费。指土地、建筑物、机械设备、车辆、搬运工具等固定资产的使用、运转和维修保养所产生的费用,包括维修保养费、折旧费、房产税、土地和车船使用税、租赁费、保险费等。

(5) 一般经费。指差旅费、交通费、资料费、零星购进费、邮电费、城建费、能源建设税及其他税款,还包括商品损耗费、事故处理费及其他杂费等一切一般支出。

(6) 特别经费。指采用不同于财务会计的计算方法计算出来的配送费用,包括按实际使用年限计算的折旧费和企业内利息等。

(7) 对外委托费。指企业对外支付的包装费、运费、保管费、出入库装卸费、手续费等业务费用。

2. 按功能分类

配送活动是由集货、存储、拣货、配货、装货、配送等多项活动功能组成的。为了掌握配送的实际状态,了解在哪个功能环节上有浪费,达到有针对性的成本控制,配送成本还可以按功能进行分类。

(1) 集货费。指进行集货工作时需要的费用,包括筹集货源、订货、集货、进货以及进行有关的质量检验、结算、交接等而发生的费用。

(2) 保管费。指一定时期内因保管商品而需要的费用,它除了包租或委托存储的仓储费外,还包括企业在自有仓库存储时的保管费。

(3) 分拣及配货费。指在分拣、配货作业中发生的人力、物力的消耗费用。

(4) 装卸搬运费。指伴随商品在配送中心的范围内进行水平或垂直移动所需要的费用。企业一般都未单独计算过装卸费,而是根据发生的时间将其计入相关的运杂费、保管费、进货费中。由于在实际操作中对装卸搬运费用进行分离很困难,所以企业也可将装卸费和搬运费分别计算在相应的费用中。

(5) 配送运输费。指把商品从配送中心转移到顾客指定的送货地点所需要的运输费用。除了委托运输费外,配送运输费还包括由本企业的自有运输工具进行送货的费用,但企业要将伴随配送运输的装卸费用除外。

(6) 配送加工费。指根据用户要求进行加工而发生的费用。

(7) 信息流通费。指因处理、传输有关配送信息而产生的费用,包括与存储管理、订货处理、顾客服务有关的费用。在企业内处理、传输的信息中,要把与配送有关的信息与其他信息区分开来往往极为困难,但是这种区分在核算配送成本时却是十分必要的。

(8) 配送管理费。指进行配送计划、调整、控制所需要的费用,包括作业现场的管理费和企业有关管理部门的管理费。

3. 按适用对象分类

按不同的功能来计算配送成本可实现对配送成本的控制,但如果管理者还希望对不同的产品、地区、顾客产生的配送成本进行核算,以便进行未来发展的决策,企业可以通过分析出产生不同配送成本的不同对象,进而确定不同的销售策略。按适用对象进行配送成本的分类,一般有以下几种:

(1) 按零售门店计算配送成本。这就是要算出各零售门店单位配送成本与销售金额或毛收入的比值,用来了解各零售门店配送中存在的问题,以便加强管理。

(2) 按顾客计算配送成本。可以用作划分重点客户的依据,从而确定不同顾客的客户策略、服务水平等营销战略。

(3) 按商品计算配送成本。计算出来的成本,分别计入各类商品的成本,以此计算出配送成本。这种方法可用来分析各类商品的盈亏,进而为确定企业的产品策略提供参考。在实际应用中,企业要考虑进货和出货差额的毛收入与商品周转率之间的交叉比率。

4. 按成本性质分类

按照成本在配送过程中的可变与不变的性质,可以把配送成本划分为固定成本和变动成本两类。

1) 固定成本

固定成本是指配送期间内必须支出的成本。它不随经营量发生变化,只要开展配送经营,就必须支出,如固定资本成本分摊、固定员工工资、行政办公费用等。虽然说固定成本与配送经营量没有关系,但是配送量增大时,分配到每单位配送量上的固定成本就会相对降低。理论上说只有一单位配送量时,固定成本就需要完全由该一单位配送量来承担。因而说固定成本是必须支出的,分配到每一单位上的固定成本,就需要每单位配送的收益贡献率来弥补。

固定成本是由企业规模、生产方式、资金成本所确定的。规模越大,生产的技术手段越先进,资本越密集,固定成本也就越高。

2) 变动成本

变动成本是指随配送量的变化而发生变化的成本,如商务交易费、设备运行费、租赁费、装卸搬运作业费、保险费等。在没有经营时,企业没有变动成本支出。每增加一单位配送量所增加的成本,称为边际成本,也就是说边际成本就是变动成本。

变动成本主要由劳动力成本、固定资产的运行成本和社会资源的使用成本确定。

变动成本和固定成本会因为经营方式的不同发生转化。例如,自购车辆配送时,购车成本为固定成本;而采用租车运输时,使用车辆的租金则为变动成本。

6.3.3 配送成本控制策略

对配送的管理就是在配送的目标即满足一定的顾客服务水平与配送成本之间寻求平

衡；在一定的配送成本下尽量提高顾客服务水平，或在一定的顾客服务水平下使配送成本最小。本节着重介绍在一定的顾客服务水平下使配送成本最小的 6 种策略。

1. 混合策略

混合策略是指配送业务一部分由企业自身完成，另一部分则外包给第三方物流完成。尽管采用纯策略（即配送活动要么全部由企业自身完成，要么完全外包给第三方物流完成）易形成一定的规模经济，并使管理简化，但由于产品品种多变，规格不一，客户的需求多样化，需求变动较大，导致销量不等等因素，采用纯策略的配送方式超出一定程度不仅不能取得规模效益，反而会造成规模不经济。而采用混合策略，合理安排企业自身完成的配送和外包给第三方物流完成的配送，能使配送成本最低。

例如，美国一家干货产品生产企业为满足遍及全美的 1000 家连锁店的配送需要，建造了 6 座仓库，并拥有自己的车队。随着经营的发展，企业决定扩大配送系统，计划在芝加哥投资 700 万美元再建一座新仓库，并配以新型的物料处理系统。该计划提交董事会讨论时，董事会发现新建仓库成本较高，而且就算仓库建起来也还是满足不了需要。于是，企业把目光投向租赁公共仓库，结果发现，如果企业在附近租用公共仓库，增加一些必要的设备，再加上原有的仓储设施，企业所需的仓储空间就足够了，但总投资只需 20 万美元的设备购置费、10 万美元的外包运费，加上租金，也远没有 700 万美元那么多。

2. 差异化策略

所谓差异化策略，就是当产品特征不同、顾客服务水平也不同时，配送企业就不能对所有产品都按同一标准的顾客服务水平来配送，而应根据产品销售水平、配送存储方式等特点来设置不同的库存、不同的运输方式以及不同的存储地点的策略。

例如，一家生产化学品添加剂的公司，为降低成本，对各种产品按销售量比重进行分类：A 类产品的销售量占总销售量的 70% 以上，B 类产品占 20% 左右，C 类产品则为 10% 左右。对 A 类产品，公司在各销售网点都备有库存，B 类产品只在地区分销中心备有库存而在各销售网点不备库存，C 类产品连地区分销中心都不设库存，仅在工厂的仓库才有存货。经过一段时间的运行，事实证明这种方法是成功的，企业总的配送成本下降了 20% 多。

3. 合并策略

合并策略就是在配送运输的时候，为了使车辆尽量满载，在满足运输条件的情况下，可以把不同类型、不同客户的商品，按照一定的科学方式进行合理的合并配载。

4. 共同配送策略

共同配送是一种战略管理层次上的共享，也称为协同配送。它是几个企业联合起来集小量为大量共同利用同一配送设施的配送方式。其一般的运作形式是：在中心机构的统一指挥和调度下，各配送主体以经营活动为纽带联合行动，在较大的区域内协调运作，共同为某一个或某几个客户提供系列化的配送服务。

5. 延迟策略

1）内涵

传统的仓储配送计划安排中，大多数库存是按照对未来市场需求的预测量设置的，这样就存在着预测风险，当预测量与实际需求量不符时，就会出现库存过多或过少的情况，从而增加仓储成本。

延迟策略的基本思想就是对产品的外观、形状及其生产、组装、配送尽可能推迟到接到顾客订单后再确定,企业一旦接到订单就要快速反应。因此采用延迟策略的一个基本前提是信息传递要非常快。

2) 实施条件

一般来说,实施延迟策略的企业应具备以下几个基本条件:

(1) 在产品特征方面,生产技术非常成熟,模块化程度高,产品价值密度大,有特定的外形,产品特征易于表述,定制后可改变产品的容积或质量。

(2) 在生产技术特征方面,模块化产品设计、设备智能化程度高,定制工艺与基本工艺差别不大。

(3) 在市场特征方面,产品生命周期短,销售波动性大,价格竞争激烈,市场变化大,产品的提前期短。

3) 实施方式

实施延迟策略常采用两种方式:生产延迟(或称形成延迟)和物流延迟(或称时间延迟)。

配送中往往存在着加工活动,所以实施配送延迟策略既可采用形成延迟方式,也可采用时间延迟方式。具体操作时,延迟策略常常发生在诸如贴标签(形成延迟)、包装(形成延迟)、装配(形成延迟)和发送(时间延迟)等领域。

例如,20世纪90年代,惠普公司销往欧洲的喷墨打印机都是从温哥华生产后用船运送出去的,运输的提前期为4~5周。为了确保用户高的可获得性,欧洲配送中心不得不维持很高水平的安全库存,即使这样,欧洲配送中心依然面临库存和服务危机,预测的准确度低。所以惠普公司希望保持尽量少的库存,但必须保持一定水平的服务水平。经过再三考虑,惠普公司把未本土化的喷墨打印机运送到欧洲配送中心,在观察了当地需求后再进行本土化。采用了延迟策略后,安全库存从10周左右减少为5周,使库存总投资减少了17%,每年节省3000万美元的存储费用,对市场需求变化有了很好的适应性,提高了服务水平。

6. 标准化策略

标准化策略就是尽量减少因品种多变而导致的附加配送成本,尽可能多地采用标准零部件、模块化产品。例如,服装制造商按统一规格生产几种标准规格的服装,顾客购买时按其身材选择合适规格尺寸的衣服。采用标准化策略要求厂家从产品设计开始就要站在消费者的立场去考虑怎样节省配送成本,而不要等到产品定型生产出来了才考虑采用什么技巧降低配送成本。

6.4 配送绩效评估指标

目前国内外对物流配送绩效的研究主要集中在配送绩效评估指标的选取、配送绩效评估的方法两个方面。这里主要从配送作业管理的角度和过程来介绍配送绩效评估指标的选择。

6.4.1 进出货作业管理考核指标

1. 作业能力和质量考核指标

（1）吞吐量＝入库量＋出库量＋直拨量

（2）收发差错率＝（收发差错累计笔数/收发货物总笔数）×100％

2. 空间利用考核指标

（1）月台使用率＝（进出货设备装卸货停留总时间/（月台泊位数×工作天数×每日工作时数））×100％

（2）月台高峰率＝（高峰期车数/月台泊位数）×100％

月台使用率用于考核在仓库工作总时间内的月台利用率。若此值偏高，表示月台泊位数量不足，将造成交通拥挤。

若月台使用率低，月台高峰率高，表示虽然月台泊位数量宽裕，但在高峰时段进出货仍有拥挤现象。主要原因是未控制好进出货时间带，造成高峰时间的作业冲突。

3. 人时产出考核指标

（1）每人时处理进出货总量＝（进货量＋出货量）/（进出货人员数×每日进出货时间×工作天数）

（2）进出货时间率＝（（每日进货时间＋每日出货时间）/每日工作时数）×100％

上述指标考核进出货人员的工作量分配及作业速率，以及目前的进出货时间是否合理（每人时处理进货量单位可以用金额、质量、箱数或体积等指标）。

4. 设备运转考核指标

每台进出货设备日装卸货量＝（进货量＋出货量）/（装卸设备数×工作天数）

此指标用以评估每台进出货设备的工作量是否合理。若数值较低，表示设备利用率差，资产闲置。如果业绩无扩大趋势，则应考虑将部分装卸货设备出租或转至其他作业。若指标数值过高，则需要考虑增加设备。

6.4.2 存储作业管理考核指标

1. 空间利用率考核指标

（1）储区面积利用率＝（储区面积/配送中心建筑面积）×100％

（2）可供保管面积率＝（可保管面积/储区面积）×100％

（3）保管容积利用率＝（平均库存量/最大仓容量）×100％

（4）平均每品项所占储位数＝货架储位数/总品项数

此指标用以判断储位管理是否合理有效。合理的储位管理能方便、迅速地存储和拣货，也可避免同一品项库存过多的问题。

2. 作业质量考核指标

货物损耗率＝（货物损耗/期内货物保管总量）×100％＝（货物损耗额/货物损耗总额）×100％

此指标主要用于易挥发、易流失、易破碎的货物。配送中心与货主根据货物的性质在仓储合同中规定一个相应的损耗上限，当实际损耗率高于合同中规定的损耗率时，说明仓储部管理不善，对于超限损失部分仓储部要给予赔偿。

6.4.3 盘点作业管理考核指标

（1）盘点数量误差率＝（盘点误差数量/盘点总数量）×100％
（2）盘点品项误差率＝（盘点误差品项数/盘点实际品项数）×100％

盘点数量误差率高，但盘点品项误差率低，表示虽然发生误差的货品品项较少，但每一发生误差品项的货物数量较大。原因可能是验收入库和单据处理错误。应对以上品项进行重点管理。

盘点数量误差率低，但盘点品项误差率高，表示虽然整个盘点误差量有下降趋势，但发生误差的货品种类却增多，并影响出货速度，将使后续的更正量增加。原因大多是拣选误差累计的结果。

（3）平均每件盘差货品金额＝盘点误差金额/盘点误差商品数量

若此比率高，表示盘点发生误差的情况大多集中在相同的品项，特别是高金额产品的误差发生率较大，应集中调查这些品项的差异原因，并实施物品重点管理。

6.4.4 订单处理管理考核指标

1. 订单处理效率考核指标

（1）平均每日订单数＝订单数量/工作天数
（2）平均每订单包含货品个数＝出货数量/订单数量
（3）平均每订单包含货品品项数＝总订单行数/订单数量
（4）平均每客户订单数＝订单数量/客户数
（5）平均订单价＝营业额/订单数量

2. 客户服务质量考核指标

（1）订单延迟率＝（延迟交货订单数/订单数量）×100％

订单延迟率反映交货的延迟状况；延迟交货产生额外的出货延迟成本。

（2）订单货物延迟率＝（延迟交货量/出货量）×100％

订单延迟率低，但订单货物延迟率高，表明订货件数较多的客户交货延迟的比率较高。应针对不同顾客实施 ABC 分类。

（3）紧急订单交货率＝（未超过 k 小时出货订单/订单数量）×100％

该指标用于监测公司接单至交货的处理周期，以及紧急订单的需求情况。接单至交货周期短于 k 小时，将有利于增强企业的竞争力，提高客户满意度。

（4）客户退货率＝（客户退货数（金额）/出货量（营业额））×100％

该指标用于监测客户退货情况，以采取相应的改进措施。

（5）缺货率＝（接单缺货数（金额）/总业务需求货量（营业额））×100％

缺货率指客户订货时，库存缺货以致无法接单或无法按时出货的比率。该指标反映存货对订单的满足水平,改善措施为调整订购点与订购量的基准。

6.4.5　拣货作业管理考核指标

1. 人员作业效率考核指标
（1）每人时拣取品项数＝实际分配拣取总订单行数/（每日拣货时数×工作天数）
（2）每人时拣取量＝实际分配拣货单位累计总件数/（每日拣货时数×工作天数）
（3）每人时拣取体积数＝实际分配拣取出货品总体积数 /（拣取人员数×每日拣货时数×工作天数）

2. 拣货人员实际工作效率考核指标
（1）拣取能力利用率＝（订单行总数/（日目标拣取订单行数×工作天数））×100％
（2）拣货责任品项数＝拣货总品项数/分区拣取区域数
（3）每订单行拣取移动距离＝拣货总行走距离/总订单行数

3. 拣选策略考核指标
（1）批量拣货时间＝（日拣货时数×工作天数）/拣货分批次数
批量拣货时间主要衡量分批拣取策略是否合理,可结合公司承诺的订单送货时间来考核。
（2）每批量包含订单张数＝订单数量/拣货分批次数
（3）每批量包含品项数＝订单总品项数/拣货分批次数
（4）每批量拣取箱数＝出货箱数/拣货分批次数
（5）每批量拣取体积数＝出货品体积数/拣货分批次数
该类指标衡量每批次的拣取能力及负荷。批量拣货配合事后分类的作业。假如批量拣货效率不是太好,可考虑采用批量拣选配合分类拣取的方式,即可以边拣取边分类的方式。

4. 拣选时间效率考核指标
（1）拣货时间率 ＝（每日拣货时数/每日工作时数）×100％
（2）单位时间处理订单量＝订单数量/（每日拣货时数×工作天数）
（3）单位时间拣取品项数＝总订单行数/（每日拣货时数×工作天数）
（4）单位时间拣取单位总件数＝拣货单位累计总件数/（每日拣货时数×工作天数）
（5）单位时间拣取体积数＝出货品总体积数/（每日拣货时数×工作天数）
该类指标主要考核拣取中寻找作业对拣取效率的影响,以及考核配送中心拣取作业对搬运作业的要求,值越大,越要求机械化和自动化。

6.4.6　配送运输作业管理考核指标

1. 配送运输人员利用率考核指标
（1）人均配送量＝配送量/配送人员数
（2）人均配送体积质量＝配送总体积质量/配送人员数
（3）人均配送距离＝配送总距离/配送人员数

(4) 人均配送吨公里＝配送总吨公里/配送人员数

(5) 人均配送车次＝配送总车次/配送人员数

该类指标评估配送人员的工作分摊（距离、质量、车次）及其作业贡献度（配送量），以衡量配送人员的能力负荷和作业绩效，确定是否需要增减配送人员数量，在保证安全驾驶和成本控制之间取得平衡。

2. 配送运输车辆利用率考核指标

(1) 平均每台车配送金额＝配送总金额/总配送车辆数

(2) 平均每台车配送吨公里＝配送总吨公里/总配送车辆数

(3) 平均每台车配送距离＝配送总距离/总配送车辆数

上述各式中，总配送车辆数＝自车数量＋外车数量。

(4) 每天配送车运转率＝（配送次数/（总车数×天数））×100%

该类指标评估和设置最佳的配送车辆产能负荷，以避免折旧、损耗速度过快，以及可能发生的额外成本（过高的维修费、耗油费）。用来判断是否应增减配送车数量。

(5) 满载车次比率＝（满载车次/总配送车次）×100%

(6) 空车率＝（空车行驶距离/总配送距离）×100%

若空车率过高，表示未能充分遵循"回程顺载"的原则。需做好"回收物流"，包括退货、配送工具和回收物资。

3. 配送规划考核指标

(1) 外车比率＝（外车数量/（外车数量＋自车数量））×100%

(2) 配送平均速度＝配送总距离/配送总时间

配送平均速度衡量配送的路线安排、卸货方式是否合理。若路况不良，应安排畅通配送路线；若是交货点下货验收速度问题，则应与客户商议调整交货验收方式。

4. 时间效率考核指标

(1) 季节品比率＝（本月季节品存量/平均库存量）×100%

若各季节品比率很高，表示公司淡、旺季配送量差距很大。在旺季应增加外雇车，以节省自车在淡季时的闲置成本。若季节品比率很低，表示公司淡、旺季差别不大，此时可考虑增添自车，来提高配送效率。

(2) 单位时间配送量＝出货量/配送总时间

(3) 单位时间配送生产力＝营业额/配送总时间

5. 配送服务质量考核指标

(1) 配送货品损失率 ＝（配送损失货品量（金额）/配送货品总量（金额））×100%

(2) 货损货差率 ＝（货损货差票数/办理货品配送的总票数）×100%

(3) 准时配送率 ＝（期内准时配送的次数/期内配送总次数）×100%

(4) 配送服务客户投诉率 ＝（期内客户投诉配送次数/期内配送总次数）×100%

小结与讨论

本章主要介绍了配送的基本概念、配送网络结构设计、EIQ 分析、分拣作业的规划、配载规划的优化、配送路线的规划和优化、区域配送网络结构的规划、配送成本控制和绩效评估等内容。

关于配送绩效指标的研究,主要包括交货周期、送货可靠性、送货灵活性和库存水平。每一项指标都有 3 个具体指标值,即理想值、目标值和当前值。物流绩效管理的目标就是按照理想值设定目标值,根据目标值改进现有的绩效状况。

Donald J. Bowersox 认为,物流企业绩效一般从内部和外部两方面来衡量。内部绩效衡量通常从以下 5 个方面来评价:成本、客户服务、生产率指标、资产、质量;外部绩效通常从客户感觉和最佳实施基准两方面来评价。

孙宏岭等采用功效系数法为主、综合分析判断法为辅的评价方法,从物流活动方面对物流绩效进行了分析,主要包括以下几个指标:经济效益、顾客服务业绩、配货和送货质量、库存绩效。该评价指标体系既考虑了对配送经济效益方面的评价,又有顾客服务方面的评价,但在顾客服务业绩方面只考虑了时间和质量,没有考虑到应变性,即处理异常的顾客服务要求的能力。

不同的企业采用不同的绩效考核指标,以衡量配送作业的绩效。具体采用什么样的绩效考核指标,视企业的具体情况而定,原则上要考虑指标的可得性和简洁性。

除了本章所介绍的配送规划的内容,配送规划中还包括配送中心的规划、配送中心作业规划、配送信息系统规划等众多内容,感兴趣的读者可以参考有关的文献资料。

习题

1. 什么是配送?配送与运输有什么区别?
2. 简述配送的作用。
3. 画图说明配送管理的业务流程。
4. 简述配送的种类和模式。
5. 简述传统配送与协同配送的区别。
6. 简述 6 大配送成本策略。
7. 某物流仓库要存储 8 种化工品:A,B,C,D,P,R,S,T,出于安全的原因,下面各组产品不能放在一起:$A—R,A—C,A—T,R—P,P—S,S—T,T—B,B—D,D—C,R—S,R—B,P—D,S—C,S—D$。试用图论方法求存储这 8 种化工品至少需要多少间储藏室。
8. 某配送中心要给一个快餐店配送原料,配送中心到快餐店的交通图如图 6.30 所示,其中 v_1 表示配送中心,v_7 表示快餐店。旁边数字表示开车送原料经过这段路程所需要的时间。应按什么路线才能使送货时间最短？

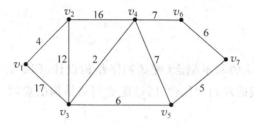

图 6.30 习题 8 用图

9. 某社区配送的街道如图 6.31 所示：线段旁数字为距离，圆圈处为起点。试为配送员设计走遍各街道的最佳配送路线。

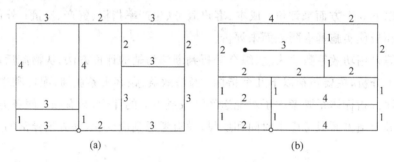

图 6.31 习题 9 的街道图

10. 案例分析：戴尔物流配送

戴尔公司是全球领先的 IT 产品及服务提供商，其业务包括为客户建立自己的信息技术及互联网基础架构。戴尔公司成为市场领导者的根本原因是：通过直接提供符合行业标准技术的产品和服务，不断地致力于提供最佳的客户体验。

迈克尔·戴尔是戴尔公司的创立者和首席执行官。他的理念非常简单：按照客户要求制造计算机，并向客户直接发货，使戴尔公司能够有效和明确地了解客户需求，继而迅速作出回应。这个直接的商业模式消除了中间商，减少了不必要的成本和时间，让戴尔公司更好地理解客户的需要。这种直接模式允许戴尔公司能以富有竞争性的价位，为每位消费者定制并提供丰富配置的强大系统。通过平均 4 天一次的库存更新，戴尔公司能够把最新的相关技术带给消费者，而且远远快于那些运转缓慢、采取分销模式的公司。

根据美国一家权威机构的统计，戴尔公司个人电脑销售额占全球第一，并连续多年以两位数的发展速度飞快发展。"戴尔"现象令世人迷惑。

是什么创造了戴尔的奇迹？公司分管物流配送的副总裁迪克·亨特一语道破天机："我们只保存可供 5 天生产的存货，而我们的竞争对手则保存 30 天、45 天，甚至 90 天的存货。这就是区别。"

亨特在分析戴尔成功的诀窍时说："戴尔总支出的 74% 用在材料配送购买方面，2000 年这方面的开支高达 210 亿美元，如果我们能在物流配送方面下降 0.1%，就等于我们的效率提高了10%。"物流配送对企业的影响之大由此可见一斑。

提高物流配送效率方面,戴尔公司和50家材料配件公司商保持着密切、忠实的联系,戴尔所需材料配件的95%都由50家供应商提供。戴尔与这些供应商每天都要通过网络进行协调沟通;戴尔监控每个零部件的进展情况,并把自己新的要求随时发布在网络上,供所有的供应商参考,提高透明度和信息效率,并刺激供应商之间的竞争;供应商则随时向戴尔通报自己的产品进展、价格变化、存量等信息。

几乎所有工厂都会出现过期、过剩的零部件。而高效率的物流配送使戴尔的过期零部件比例保持在材料开支总额的0.05%~0.1%,2000年度戴尔在这方面的损失为2100万美金。而这一比例在戴尔的对手企业都高达2%~3%,在其他工业部门更是高达4%~5%。

请分析下列问题:

(1) 戴尔公司的经营理念和模式是什么?
(2) 分析高效的配送效率为什么能使戴尔公司获得成功。

第 7 章 宏观物流网络规划

宏观物流网络规划涉及物流园区、城市物流、区域物流和国际物流网络的规划与设计，是企业物流之上的物流网络体系规划。虽然它以微观物流为基础，但二者的研究对象和特点并不相同。

7.1 物流园区网络规划

物流园区既是现代物流网络中不可或缺的物流组织管理节点，相对于集中建设与发展的物流功能集结区，又是城市化发展中交通运输组织、信息组织、产业整合、资源整合调整、原材料采购和供应配送的经济功能协调区，它具有产业发展性质。正是因为物流园区对经济发展、城市交通和流通渠道建设诸方面的积极意义，促使其规划受到国内外的广泛关注并成为研究热点。

7.1.1 物流园区的分类与功能

在第 1 章，已经介绍过物流园区的概念，这里将进一步介绍物流园区的分类与功能。

1. 物流园区的分类

一般认为，物流园区可以分为 4 大类：按服务地域划分，可分为国际性物流园区、全国性物流园区、区域性物流园区和城市物流园区；按服务对象划分，可分为生产型物流园区、商业型物流园区、面向全社会的社会型物流园区；按主要功能划分，可分为配送中心型物流园区、仓储型物流园区、货运枢纽型物流园区；按专业来划分，可以分为行业物流园区和第三方物流园区，如表 7.1 所示。其中，货运枢纽型物流园区，又可以分为以下 3 种：为港区服务的港口物流园区、为陆路口岸服务的陆路口岸物流园区、为区域物流服务的综合物流园区。

表 7.1 物流园区分类

划分方式	物流园区类型			
按服务地域	国际性	全国性	区域性	城市
按服务对象	生产型	商业型	社会型	
按主要功能	配送中心型	仓储型	货运枢纽型	港口、陆路口岸、综合型
按专业	行业	第三方		

例如，我国浙江省物流园区主要定位为 4 大类：义乌地区发展小商品物流园区（商业型物流园区）；温州地区以制造业物流为其主攻方向（生产型物流园区）；宁波围绕港口做文

章(货运枢纽型中的港口物流园区);杭州则发展城市配送物流(配送中心型物流园区)。再比如,配送中心型物流园区有深圳笋岗-清水河物流园区、武汉舵落口配送型物流园区、大连老港区市域物流园区等。仓储型物流园区有天津开发的工业物流园区、武汉东湖新技术开发区的关山物流园区、江苏仪征石化物流园区、江苏苏州中新工业园区物流园区等。货运枢纽型综合性物流园区有上海西北综合物流园区、南京王家湾综合物流园区、徐州淮海综合物流园区、无锡的西北综合物流园区、深圳平湖物流基地(园区)、常州新区综合物流园区等。货运枢纽型陆路口岸物流园区有北京良乡物流园区、天津南疆散货物流园区、武汉沌口公路枢纽物流园区、郑州白庄物流园区等。货运枢纽型港口物流园区有深圳盐田港物流园区、广州黄埔物流园区、广州南沙物流园区、上海外高桥物流园区、大连大弧山半岛国际物流园区、青岛前湾港物流园区、宁波北仑港物流园区等(海港);此外,还有北京天竺空港物流园区、上海浦东空港物流园区、天津空港物流园区、广州白云空港物流园区等(空港)。

2. 物流园区的功能

物流园区的功能总体上包括物流组织管理功能和依托物流服务的经济开发功能。物流组织管理功能一般包括货物运输、分拣包装、存储保管、集疏中转、市场信息、货物配载、业务受理等,而且多数情况下是通过不同节点将这些功能进行有机结合和集成体现的,从而在园区形成一个社会化的高效物流服务系统。物流园区是物流组织活动相对集中的场所,在外在形态上不同物流园区有其相似之处。但是,物流的组织功能因园区的地理位置、服务地区的经济和产业结构及企业的物流组织内容和形式、区位交通运输地位及条件等存在差异。经济开发功能主要指物流基础设施项目的经济开发,内容包括新建设施开发功能、既有设施和资源的整合功能。

具体而言,物流园区的功能包括4个方面:

(1) 货物集散功能。货物集散功能是由物流园区内的货物集散中心实现的。货物集散中心是物流网络体系中的节点,是一般物流基本功能的充分表现。实现该层次的功能,需要相应的物流基础设施、设备,其中包括仓库及货物仓储设施/设备、货物装卸搬运设施/设备、停车场地及辅助性服务设施、办公场所及通信设备、计算机化管理设备和其他辅助设施。要实现货物集散功能,最重要的是要有充足的货源和充足的货流。

(2) 物流信息服务功能。物流信息是物流园区网络运作的中枢神经,是沟通物流网络体系运行的血脉,也是进行物流过程调控的前提与基础,其功能的实现必须依赖于园区的物流信息平台。该平台连接物流作业现场(包括运输与配送作业的车辆)与中枢指挥功能的基地,除一般信息作业手段外,还需要相应的电子数据加工处理设备,其核心内容就是信息咨询、配载服务、车辆调度等。

(3) 物流控制功能。物流控制功能是由物流园区内的物流控制中心实现的。物流控制中心是使物流各项功能有效协同起来运行的指挥调度和掌握全局服务项目、业务量、服务质量、货物动向、车辆状态、运营成本等的控制机构。物流控制中心能使整个物流过程衔接起来,形成动态管理的企业、区域、全国或国际物流网络体系,进行物流链和客户所需要的供应链管理。

(4) 物流园区的管理功能。内容包括:组织编制园区物流发展的中长期规划和年度计划,并组织实施;组织对现代物流进行理论和政策研究、宣传推广,组织进行物流人才培养、培训;负责制定园区总体布局规划,并组织和监督实施,组织和监督园区基础设施建设;负责全区物流企业的行业管理;组织编制联合运输计划,协调解决运输中的重大问题,负责协调各种运输方式的联运、重要物资和商品的紧急调运,以及各类站、场的货物集散和疏运工作;负责全区企业自备车辆的统筹协调工作。

7.1.2 物流园区的规划原则

物流园区的建设,应该是规划先行。物流园区的规划建设既要按市场经济的原则运作,又要坚持政府的协调引导。在规划建设物流园区的过程中,必须坚持以下 8 项原则:科学性、前瞻性、统一性、市场化、国际化、柔性化、风险规避和人才优先。

1. 科学性原则

物流园区如何选址,一般来说,取决于建立物流园区的目的。例如,如果以解决城市交通拥挤、缓解城市压力为重点考虑建立物流园区,则应将其建在城乡结合部;如果以经济效益为目的建设物流园区,则可以将其建在交通枢纽地区或产品生产与销售的集散地区。如果根据物流园区在城市物流产业发展及物流体系中的地位和作用而对其进行分类的话,则可将物流园区分为综合物流园区和专业物流园区。前者以现代化、多功能、社会化、大规模为主要特征;后者则以专业化、标准化、现代化为主要特征。专业物流园区,如港口集装箱、保税、空港、钢铁基地、汽车生产基地等,其选址只要符合它自身的专业要求就行,容易确定;而对于综合物流园区,其选址要依据下列原则:

(1) 位于城市中心区的边缘地区,一般在城市路网的外环线附近。

(2) 位于内外交通枢纽中心地带,至少有两种以上运输方式连接,特别是铁路和公路。

(3) 位于土地开发资源较好的地区,用地充足,成本较低。

(4) 位于城市物流的节点附近,现有物流资源基础较好,一般有较大物流量产生,如工业园区、大型卖场等,可利用和整合现有的物流资源。

(5) 有利于整个地区物流网络的优化和信息资源利用。与城市的总体结构和功能相协调,与城市所要求的环境相一致。

2. 前瞻性原则

物流园区是一个具有关联性、整合性、聚集性和规模性的实体,其规划是一个高起点、中长期规划,要有一定的前瞻性。物流园区网络规划要充分满足物流的潜在需求,服务于城市和腹地的发展需要,促进社会经济发展,适度超前是必要的。这是因为规划有一定的周期,情况又是在不断发展和变化的,否则,规划出来的东西总是落后的,规划就失去了意义。

3. 统一性原则

物流园区功能作用的发挥,需要很多政策、公共交通等宏观因素和条件的指导和支持。这些职能都必须由政府来完成和实施。政府在物流园区的规划建设中应当扮演好基础条件的创造者和运作秩序的维护者的角色,特别是在全国运输大通道的割据情况下。建设物流园区需要从宏观经济出发,对国内外市场的发展和货物流通量等情况进行认真的调查分析和预测,根据长远和近期的货物流通量,确定物流园区长远和近期的建设规模。同时,对物流企业、交通运输设施等的分布和发展现状也要做好调查。在充分掌握第一手材料的基础上,进行统一规划。这就要求政府具体问题具体分析,按照区域经济的功能、布局和发展趋势,依据物流需求量和不同特点进行统一规划。尤其要打破地区、行业的界限,按照科学布局、资源整合、优势互补、良性循环的思路进行规划,防止各自为政、盲目布点、恶性竞争、贪大求洋,避免走弯路、误时间、费钱财。

4. 市场化原则

规划物流园区,既要由政府牵头统一规划和指导协调,又要坚持市场化运作的原则。应该按照"由政府搭台,企业唱戏,统一规划,分步实施,完善配套,搞好服务,市场运作"的思路进行规划。政府要按照市场经济要求转变职能,强化服务,逐步建立起与国际接轨的物流服务及管理体系。物流园区的运作应以市场为导向,以企业为主体,在物流园区的功能开发建设、企业的进驻和资源整合等方面,都要靠园区优良的基础设施、先进的物流功能、健康的生活环境和周到高效的企业服务来吸引物流企业和投资者共同参与,真正使物流园区成为物流企业公平、公开、公正地竞争经营的舞台。

5. 国际化原则

物流园区要面向全国和全球开放物流市场,为全球提供物流服务,在规划时,就必须具有国际化视野,按照国际标准和规范,进行物流园区规划。

6. 柔性化原则

在我国目前现代物流产业的发展还不够完善、人们的认识还不够深入的情况下,现代物流园区的规划应采取柔性化规划原则,突出规划的阶段性和持续改进性,确立规划的阶段性目标,建立规划实施过程中的阶段性评估检查制度,以保证规划总体目标的最终实现。

7. 风险规避原则

由于现代物流园区的建设投资大、周期长、效应长、建设风险大,因而必须有合理的"风险评估报告"。通过定性、定量相结合的风险评估,真正建立一套科学的投资决策机制和项目风险评估机制,提高物流园区规划的科学性和可行性,并起到风险规避的作用。

8. 人才优先原则

物流园区的建设规划是非常复杂、非常庞大的系统工程,涉及广泛的专业领域,必须有各种类型的专家型人才参与才能妥善地完成。所谓专家型人才,是在某个领域积聚了多年经验、在理论上有一定造诣和有一定技术专长的人员。他们各有专长,但都不是万能的专家。如按专业划分,有规划专家、土建专家、机械专家、自动化专家、机电控制专家、物流专家、计算机专家等。在项目进行的不同阶段,应该让不同类型的专家发挥作用。比如,在决策阶段,可以更多地发挥进行宏观研究的经济学家的作用;在规划设计阶段,可以更多地发挥技术专家的作用;在施工阶段,则应该由工程专家唱主角。如何将众多的专家有效地组织起来,并充分发挥他们的聪明才智,是规划组织部门的领导艺术。

7.1.3 物流园区选址

1. 选址原则

(1)具有足够的交通、运输地域优势。园区需要依托完善的交通基础设施,例如,应靠近海港、内河码头、空港、铁路交会处、公铁、水铁、公水铁联运交汇处。

(2) 具有实实在在的物流需求。这些物流需求包括有大宗进出口贸易(如上海港、大连港),或本地具有雄厚的制造业基础(如珠江三角洲地区、长江三角洲地区、环渤海湾地区等),或有大量原材料、产成品贸易(如深圳的模具、浙江义乌的小商品、江苏昆山的电子产品等)。

(3) 与地区经济发展战略要求相一致。园区的建设要基于本地区经济发展的长远目标对物流网络建设的需求。例如,要把本地区建成物流枢纽,而物流园区建设就成了实现这一目标的主要内容。

(4) 追求较低的地价区位。物流企业以效益为宗旨,一般占地面积较大,地价的高低对其区位的选择有重要影响。

(5) 具有数量充足、素质较高的劳动力条件。随着物流园区的建设,许多大规模的配送中心聚集在一起,现代化的运作需要机械化处理设备,拥有一定数量和素质的劳动力资源就成为影响配送中心区位选择的重要因素。

2. 选址评价

1) 定性评价

对物流园区选址的定性评价主要从以下几个方面考虑:

(1) 物流园区的地理位置与城市布局的关系。从地理位置的角度来看,资源分布、地区的产业结构、工农业生产布局、消费区域的分布及其规模等,对物流园区的网络规划有着决定性的影响。因此,要充分论证物流园区选址方案与现有行政区划、城市发展轴线、城市组团分布之间的关系。

(2) 物流园区的位置与主要货物流向之间的关系。物流园区的运营效率与进入物流园区的货物处理量成正比关系。如果物流园区在主要货物流向上,则能够最大限度地吸引货流,提高物流设施的利用率,这也是实现集约化运输的基础。

(3) 物流园区的位置与道路交通之间的关系。这主要表现在两个方面:一是园区道路与货运之间的关系,即是否连接主要货运干道、道路与货运能力是否匹配、道路网络分布是否合理、连接是否通畅;二是货运车辆对交通流的影响,即是否会增加城市的交通压力。

(4) 物流园区与综合交通的关系。主要表现在物流园区对多种运输方式转换的支持程度上,即是否和现有的港口、机场、铁路货运站密切相关。如果能够和这些货运中转枢纽紧密结合起来,物流园区的服务功能和运营效率就会有进一步的提高。

(5) 物流园区选址方案与现有物流用地之间的关系。如何对现有的物流用地和物流设施进行有效利用对物流园区的发展至关重要。一方面,利用现有的物流设施可以减少重复建设,降低物流总成本;另一方面,充分利用现有的物流经营网络并加以发展。可以充分发挥物流规模效应,促进物流园区集约化经营。

(6) 物流园区与交通管制的关系。很多城市对货运车辆的通行有严格的限制。例如,在某些城市过境货运车辆只允许在夜间通行,或者在城市中心的某些路段上禁止货运车辆通行,或者设置了单行线路等。这些限制因素对于物流园区是否能够有效发挥作用有很大的影响。

(7) 物流园区与口岸的关系。物流园区对国际物流的支持主要表现在与口岸(包括陆路口岸、水路口岸和航空运输口岸)之间的关系上。其中,既有地理位置上的关系,也有服务功能上的联系。

2) 定量评价

对物流园区的定量评价一般是利用货运通道进行评价。

与通常所说的货运道路不同,货运通道是指连接主要物流节点(包括物流园区和重要的交通运输枢纽)的货运干线。在确定物流园区的选址、功能及结构的基础上,建立货运通道体系,其根本目的是改善物流园区的区位条件,保证物流园区的各项功能实现,对整个物流网络进行全面评价和优化。确定物流园区的布局方案后,货运通道也就随之确定了。对货运通道进行分析的技术指标,实际上也是间接地对物流园区区位选择方案进行评价的指标。主要的评价指标有以下几个:

(1) 自然密度,即单位面积内所拥有的货运通道长度,按下式计算:

$$T = \frac{D}{A}$$

式中,T 为货运通道网的自然密度;D 为货运通道网总自然里程,km;A 为所在区域国土面积,km^2。

(2) 连接度,它反映了节点间的连接密度及形态,按下式计算:

$$C = \frac{D}{\sqrt{AN}}$$

式中,C 为连接度;D 为节点间主要连接公里的里程,km;A 为节点所在区域的面积,m^2;N 为节点个数。$C=1.0$ 时为树形连接,$C=2.0$ 时为格子形连接,$C=3.22$ 时为正三角形连接,$C=3.41$ 时为格子加对角线连接。

(3) 货运通道的可达性。可达性是指从任一节点出发,通过货运通道到达另一节点的难易程度,用平均出行时间或平均出行距离来表示,即

$$D = \frac{\sum_{j=1}^{M}\sum_{i=1}^{M} D_{ij}}{M^2 - M}$$

式中,D 为货运通道网络的平均出行距离;D_{ij} 为货运通道网中 i,j 点间的最短出行距离;M 为节点个数。

7.1.4 物流园区布局

1. 布局原则

物流园区一般分为一级物流园区和二级物流园区两个层次。一级物流园区,具备完善市政设施的大型综合性的物流枢纽,具有较强的辐射能力和库存储备,主要进行省际、全国乃至国际范围的物流活动,承担长途大宗货物的集散、包装加工和仓储服务。它以物流配送为辅,与城市内部之间的货物交换,往往是配送给下一级物流园区或较大规模的营业所、商店、批发商和企业用户。它是外地货物进入城市和本地货物发出的集中地,公路、铁路、航空、水路运输工具的换装地,厂商在该城市分销商品的物流场所,是国际物流、区域物流与城市物流的主要连接点。二级物流园区,具有较完善的市政设施和一定专业化的综合性物流节点,其规模较一级物流园区小,主要对市区进行物流配送服务。它基本上没有长期存储功能,仅以暂存或随进随出方式进行配货和送货,以短运距、多品种、少批量、多用户的配送为

主,是外地货物进入城市和本地货物的发出集中地和疏散地。

一级物流园区应分布在放射性公路主干线和城市外环路交汇处,离城市的市区相对较远的地方,既不会给城市居民生活带来很大影响,土地价格也相对比较便宜。

二级物流园区应分布在城市主干道与城市内环交汇处,既对城市交通、环境等影响不大,城市物流配送的成本也不会很高。

物流园区的位置应与城市物流需求和供给的方向性基本一致,并充分考虑多式联运的可能性。

物流园区应该选择当前市场发育较好,并具有一定可发展空间的地方,使将来的物流园区能够形成一定的规模。

总之,物流园区的布局应充分利用现有的物流基础资源,减少对物流园区的建设投资,同时考虑物流企业运营的经济合理性。

2. 平面布局

不同类型的物流园区,由于其特点不同,平面布局方式也有所不同。

商业型物流园区既要满足商业活动空间的特点,以人为本,便于商品的展示,注重活动空间的安全性;又要适应物流空间的流程安排,便于货物的进出、存储、加工。两者在空间组织上既相互独立又要便于联系,使园区规划体现高效的运营空间、便捷的物流空间及以人为本的工作空间的新时代特征。

商业型物流园区的布局,一种方案是将商业活动区与物流活动区分开进行布局,商业活动区靠近道路布置,码头区以及室内仓储区统一布置,如图 7.1 所示。另一种方案是将商业活动区与物流活动区混合布局,如图 7.2 所示。

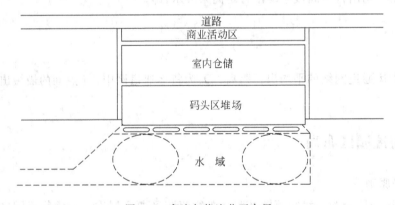

图 7.1 商流与物流分开布局

以上两种方案均能满足园区作业运营的需要,各有其优缺点。

方案 1 采用商业活动区与物流活动区分开布置,做到园区客流与货流互不干扰。其优点是设计更加贴近以人为本的设计理念,以人的活动空间环境为主要考虑因素,把客流与物流分开布置,做到两大功能区互不干扰,为人的活动空间营造了低噪声、低污染的良好环境,提供了良好的商业活动环境以及便捷顺畅的物流运作渠道。但是场地客流较少,相对运营前期来说会造成冷清的局面,同时买家需要观看买卖的货物时,需要坐便车或走一段距离,造成不便。

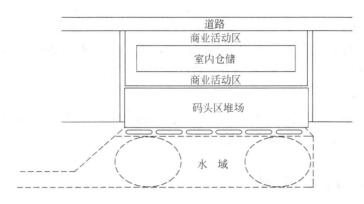

图 7.2　商流与物流混合布局

方案 2 采用商业活动区与物流活动区混合布置,设计考虑堆场与商铺统一布置,没有将客流与物流严格分开。该类型的优点是客人观看货物比较方便,现场感较强烈,给客人印象较深,可增加园区的人气。但是客流与货流的混合会产生相互干扰,物流作业所产生的噪声、空气污染等直接作用于人,没有给人形成良好的活动环境。

对于空港保税物流园区,功能区一般包括国际中转中心、多式联运物流区、国际贸易及商品展示区、贸易加工区、作业区、管理服务功能区等。

7.1.5　物流园区设施规划

物流园区的设施规划包括物流设施、交通设施、辅助设施和配套设施 4 个部分的规划内容。

1. 物流设施

物流园区的物流设施包括仓库、仓库内设备、其他设备和物流信息网络设备。仓库规划通常有轻型钢结构仓库、普通平房仓库、露天仓库、集装箱堆场、停车场、冷藏库、冷冻库、危险品仓库等物流基础设施。

按照规划面积的 20% 规划绿地、给水、排水、电力、供热、燃气、环保、防灾、安全保卫等网络设施进行一次总体规划,统一施工。

物流园区可使用机械化、半自动化、自动化的装卸、搬运、传送和分拣设备、标准托盘、高架立体仓库、巷道堆垛机、计算机控制系统、数字识别系统、EDI 系统、全球卫星定位系统、地理信息系统等。

物流园区可规划建立先进的指挥调度与监控系统和公共物流信息网络平台,建立物流资源网,设立园区物流运价指数,建立园区物流资源招投标与拍卖系统。

2. 交通设施

物流园区内部规划要建设完善的道路、桥梁、站场网络,与高速公路、城市环路、国道主干线、铁路、机场、航道等要有方便的接口,按照规划面积的 15% 规划道路,设计和安装明确的交通标志和指引标志。

3. 辅助设施

物流园区要规划生活区、办公区、商品展示区；铺设完善的宽带电信网络；规划停车场、加油站、洗车站、汽车修理站等，以方便物流业务的开展。

4. 配套设施

物流园区规划还要考虑设立邮政、快递、工商、银行、税务、海关、检验检疫等机构，以便对物流业务提供方便、快捷的物流服务。

7.1.6 物流园区经营管理

物流园区的经营管理涉及运作模式、所有权和政策法规3个方面。

1. 运作模式

（1）经济开发区模式。该模式的显著优势在于：它将整个规划中的园区紧密地定位在一个现代化物流园区的概念上，整个园区是具有现代化物流思维的专业物流企业团体以物流为主要经济发展立足点的服务园区，所以整个物流园区具有高度的整体性与物流业务经营的专业性。

（2）主体企业引导模式。从市场经济发展的角度，从物流资源和产业资源合理有效配置的角度，促使利用物流技术进行企业经营和在企业供应链中具有优势的企业率先在园区内开发和发展，并在宏观政策的合理引导下，逐步实现园区范围内物流产业的聚集，并依托物流环境引进或吸引工业、商业企业在园区所在区域进行发展，达到物流园区开发和建设的目的。

（3）工业地产商模式。该模式从某种程度说是对以上两种开发模式优势的综合。这种模式提出政府参与物流园区开发的思想，特别是对主导企业的开发模式提出了很好的针对性解决方法，由政府为园区开发者提供土地政策、税收政策和优惠的市政配套等综合性配套政策，由工业地产商主持进行包括物流园区道路、仓库和其他物流基础设施及基础性装备的建设和投资，而不是由一个有相对物流竞争优势的大型物流相关企业根据自身的扩张需要来规划和构建自己的大规模仓储中心、配送中心。在整个物流园区基础建设前期开发结束后，也针对有入驻需求的企业的各自需要进行综合规划。这样就限制了主导企业开发模式中先进入物流园区开发的主导企业对整个物流园区的行业垄断性控制。

（4）综合运作模式。综合运作模式是指对上述的经济开发区模式、主体企业引导模式和工业地产商模式进行混合运用的物流园区开发模式。

2. 所有权

物流园区的所有权形式有以下3种：政府提供优惠政策，企业出资建设的物流园区；政府和企业共同投资建设的物流园区；企业自己出资兴建的物流园区。总之，政府在物流园区的投资建设过程中起着重要的作用，不但参与制定各种优惠政策，而且参与部分投资推动和吸引企业投资建设物流园区。

3. 政策法规

政策法规是指引物流园区规划、建设、运营、管理和评价的指南。

目前我国有超过1000个物流园区,园区大部分分布在中国3个经济区:长三角、珠三角以及京津地区。全国至少有20多个省市和30多个中心城市政府制定了区域性物流发展规划和政策,并将开发物流园区作为发展物流的品牌。新物流园区一般需要投资上亿甚至几十亿元,圈地数百或上千亩。政策法规的制定相当重要,它可以引导物流园区健康发展。

7.2 城市物流网络规划

城市物流网络规划的目标是实现城市经济社会可持续发展,对城市货物运输进行统筹协调、合理布局、整体控制,解决城市交通拥堵、环境污染严重、能源浪费等物流公害,实现物流活动整体优化。

7.2.1 城市物流网络规划的原则

城市物流的发展有其内在规律性,应该结合城市经济发展的总体要求,以市场为导向,以企业为主体,以城市物流服务需求为依据,尽最大可能地降低城市物流成本,提高效率,优化环境,减少城市污染。因此,发展城市物流应遵循以下原则。

1. 统一认识、体制创新原则

城市物流涉及城市的方方面面,如交通、用水、用电、用气(煤气和天然气)、空气质量、环境、节奏、工作效率和生活水平等。涉及交通运输部门,还涉及电讯通信部门、基础设施建设部门、产业部门以及服务行业、产业结构与产业规模等部门。而目前物流业的管理却是各管理部门各自为政,缺少一个统一的体制机构来规划、建设城市物流网络。因此,统一认识、体制改革势在必行,关键是创新。首先要政府各部门对城市物流网络建设高度重视;其次是对城市物流中的基础设施建设给予大力支持;第三,待机会成熟时,要改革部门分割的状况,要适应经济一体化的要求重新组合。要在新的形势下树立一种大物流、大交通的概念,把铁路、公路、水运和空运等各种物流资源集成起来,实现整个物流网络的优化,达到降低成本、及时供货的目的,而不是从形式上对几个部门进行统一管理。此外,建立权威的政府主管部门,统一处理、协调、管理城市物流网络规划方面的事务,制定现代物流相关的政策法规。

2. 与城市整体规划相协调,服务城市总体规划原则

城市整体规划通常会涉及分析城市的产业规模、交通运输基础设施、市场容量与物流规模、地理位置区位特征、城市周边情况、城市的发展战略、物流对城市社会经济发展的作用等因素,确立城市的地位,如服务当地、区域中心城市、全国中心城市,还是服务国际中心城市。城市物流网络规划要在城市整体规划完成后再进行,建立多渠道多层次的协调机制,与城市总体规划的功能和生产布局保持一致。注重实现改善当地的现代物流服务环境条件,必须服从、服务于国家和地区经济现代化发展的总体目标,并使现代物流服务成为未来经济发展的重要支持或支柱型产业。比如,在城市四周建若干个物流园区时,在哪个地方选址,离城市中心多远等,要根据这座城市的大小、范围决定。假如目前该城市的范围是方圆700km,10年或20年以后计划要扩大到方圆多少公里、物流园区又要建在哪里等,都与城市的远景规划密切相关。另外，城市有种种类型，有港口城市、内陆城市，有流通型城市、生产型城市或旅游观光型城市；还可以分为古典型城市和现代型城市。不同类型的城市，其侧重点不同，发展方向也不同，因而城市物流网络也要根据该城市的特点进行规划。还有，交通网络怎样设定，物流园区建在什么地方，建几个，建多大规模等，都要根据城市的物流量和人口的发展速度来确定。在预测城市发展规模时，首先要预测这个城市货物的流通规模，只有预测好这个城市的货流、人流规模后，才能准确确定道路的网络布置、宽度、长度、强度、高度、密度、立体交叉度等。

3. 资源整合原则

规划城市物流网络时应充分发挥其竞争优势，如地理优势、交通环境优势、支柱产业优势等，培育富有特色的城市物流。随着城市物流活动从生产和流通领域中分化出来，各种城市物流要素也逐渐成为市场资源，现代物流的发展所需要的高水平物流设施也不可能一步到位。因此，在物流网络规划阶段必须充分注意利用和重新整合现有物流资源，合理规划物流基础设施的新建、改建与现有物流服务相关企业的功能、组织方式与资产的重组，以期最大限度地发挥物流服务的系统效能。专业化物流企业可以根据各种城市物流活动的要求，在全社会范围对各种城市物流要素进行整体优化组合和合理配置，从而最大限度地发挥各种城市物流要素的作用，提高全社会城市物流效率。

4. 市场化原则

在规划城市物流网络的过程中，从城市的物流需求市场空间着手，在充分客观地分析评价现实需求大小的前提下，合理估计所需的物流市场容量，以使服务提供与服务需求相适应。既要避免供给大于需求，出现资源的浪费，同时也要防止供给小于需求，制约经济正常速度发展。政府要准确把握好定位与作用，坚持以市场为导向，减少不必要的行政干预，制定政策、策略、标准，积极引导城市物流产业的发展，培育城市物流服务市场，营造良好的现代城市物流业的宏观环境。

5. 各物流空间节点之间有机衔接、合理分工原则

物流空间节点的有机衔接、合理分工是实现城市物流网络的前提。因节点布局不合理而带来的物流停滞，将导致物流成本上升，增加货物损耗风险等，间接导致城市交通堵塞、环境污染、社会总成本的提高等。城市物流网络规划的合理化并不是简单地使每个子区域内最优，更主要的是使城市物流系统总体的经济运行取得最佳效益的分工和合作。

6. 标准化运作原则

城市物流是市场经济高度发达的条件下，在新技术、新理念支持下的一个全新的行业，城市物流标准化工作具有十分重要的意义。许多发达国家相继制定了与国际标准相兼容的系列标准。为避免城市物流系统与其他物流系统与国际物流系统不兼容，需要在研究国际物流系统标准化发展的基础上，结合城市实际情况，加快标准规范的制定工作，以利于降低物流成本，提高物流运作效率。

7. 保护环境、节约资源原则

人类社会已经进入 21 世纪，时代的发展，生活水平的提高，对环境的要求标准也越来越高。一个现代化新型城市的标准，不仅仅是交通发达、大厦林立，城市物流也不仅仅要求按

指定的数量、地点准时送货,而且还要做到噪声小、废气少、无公害。城市建设要以人为本,最大限度地保护优美、舒适、安全、便利的生活工作环境,满足市民对环境的要求。城市的废旧家电、废弃物品的回收,垃圾处理,污水循环利用等是城市物流中十分重要的组成部分。即便城市建设好了,城市的环境标准也不能降低,因为城市的发达程度和环境状况,象征着国家的文明程度,反映着人民生活状态,同时也关系到我们的子孙后代。

8. 培育有强大市场竞争力的物流企业原则

培育有竞争力的物流企业是城市物流系统规划的重要目的和成果体现,应对物流企业予以政策扶持,运用市场化的方法和新技术,改造传统物流企业,引导物流企业加强现代化管理、信息化建设、对外开放,鼓励多元化投资主体进入城市物流服务市场。在市场规律作用下,通过市场引导企业和产业的聚集,促进物流企业的规模化、专业化和国际化,培养一批名牌物流企业,建立完整的产业体系。

9. 有利于产业集群发展原则

城市物流网络规划要考虑到产业集群发展的客观规律,既要通过完善配套物流服务使服务范围内的产业在追求最低成本的前提下集聚发展,又要使产业集群发展有利于形成一定规模的物流需求空间,反过来促进物流业的发展。

10. 重点推进、循序渐进的实施原则

城市物流网络建设是一项长期任务,规模宏大,内容繁杂。因此必须遵循重点推进、循序渐进的实施原则。规划阶段的工作关键是选择好作为城市物流网络建设突破口的启动建设项目,使其对全局推进具有重要的示范性影响,并以此形成城市现代物流体系的基础框架,为今后的持续发展积累经验。

7.2.2 城市物流网络的功能

城市物流网络的功能包括3个方面:一是解决城市交通拥堵、环境污染、能源浪费等城市病;二是根据城市的特点,完成物流本身的功能;三是促进并带动物流产业的发展。这里主要讨论完成物流本身的功能,具体讲就是聚集、辐射和中介功能,三者相互依存、相互促进、相互联系、共同发展。聚集是完成货物的集中;辐射是完成城市物流配送,保障城市人民生活和企业生产,这是与其他物流网络所不同的;中介是完成货物的代理和中转。

聚集有两种形式:一种是城市内货物的汇集;另一种是城市间货物的汇集。城市内货物的汇集是指城市内的货物集中到物流节点中,经过集零汇整、分拣、包装、流通加工、检验检疫、报关等物流活动,向其他城市、全国乃至全球范围内的众多客户提供物流服务。城市间货物的汇集是指城市间的货物汇集到物流节点,经过集零汇整、分拣、分拆、包装、流通加工,依托城市运输网络,运送到各相关城市。

城市物流配送是指在城市范围内按客户要求进行分拣、备货、送货等物流活动,这是城市物流每天面临的巨大繁重任务,其规划设计和优化,对减轻城市交通压力、降低物流成本、提高客户服务水平至关重要。城市配送需要根据货物类别、货物流向、装载车辆、配送路线、时间要求等,进行总体规划、分类布局与实施。

货物的代理和中转也是城市物流的重要功能之一。代理是实现集货运输的重要方式，也是重要的物流服务项目；中转是通过城市物流节点，转运到其他地方。

7.2.3 城市物流网络的构建

城市物流网络规划包括线路的规划和节点的规划。线路的规划主要涉及交通规划，如公路、铁路、水路和航空线路以及它们的交叉线路等，这方面的具体规划内容可参阅本系列教材《交通系统运输组织基础》。这里主要讨论城市物流网络节点规划。节点规划要以交通规划为依据，同时，节点规划要对交通规划提出更高要求，两者相互促进，相辅相成。节点规划的内容包括物流园区规划、货运通道规划、配送体系规划和城市物流信息平台规划。

1．物流园区规划

对于城市物流来讲，物流园区是物流节点合理的存在形式。结合城市的特点，城市物流园区可分为一级物流园区和二级物流园区两个层次。

物流园区应该选择当前市场发育较好，并具有一定可发展空间的地方，使将来的物流园区能够形成一定的规模。应充分利用现有的物流基础资源，减少对物流园区的建设投资，同时考虑物流企业运营的经济合理性。

在物流园区之下，还有城市物流中心、配送中心、铁路、公路货运站、港口和各种仓库。

城市物流中心与物流园区有某种服务上的依托关系，如共用物流公共信息平台、共享金融服务体系等；城市物流中心具有相对独立性，通过专业化、规模化经营完成某种类型货物的集散；城市物流中心一般占地较少，服务半径不定，服务货品单一，容易形成特色物流；服务过程所使用的资源具有专业性，因而会形成行业超额利润。规划城市物流中心要立足现有的城市物流基础，依托专门仓储基地和批发市场，用地条件宽松，物流业务的增值潜力大，商品对于腹地的辐射力强。

城市配送中心主要考虑增加物流配送速度，为城市人民生活和企业生产提供及时配送服务。配送中心与专业物流中心或物流园区有一定的隶属关系。配送中心通常规模较小，地点接近消费地，周边交通条件好。

图7.3描述了一个理论上的城市物流网络结构，用来说明物流园区、物流中心、配送中心在城市中的地理位置和空间布局。说其是理论的而不是实际的，是因为图中的铁路站场、机场、海港、内河码头分布会有差异，也有可能在一个城市不会都有；物流园区、物流中心、配送中心的分布会有差异，数量会有所不同。

2．货运通道规划

根据服务对象的不同，可将城市货运通道分为对外出入货运通道和内部联系货运通道以及对于大件货物和危险品设置的专用通道。根据不同类型城市货运交通流（包括起讫点在城市内部及过境的交通流）的特性，结合城市道路、桥梁的等级结构和通行能力，并考虑沿线建筑对噪声、废气等的环保要求，通过对城市道路网络重新划分，为不同区域货流确定不同层次的货运通道网络。其规划内容一般包括：

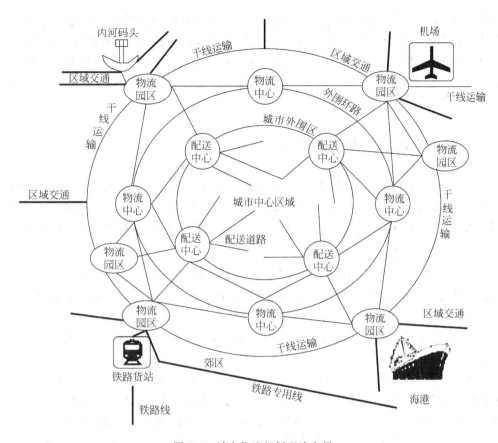

图 7.3 城市物流规划理论布局

（1）为减少对城市交通产生影响的城市过境车辆，规划过境货运通道，引导过境车辆行驶。

（2）为城市综合货运枢纽（港口码头、铁路、公路、航空站点、物流中心等）规划与城市对外交通干道有效衔接的货运通道。

（3）为城市综合货运枢纽规划与城市配送中心间的城市快速货运通道。

（4）为城市配送中心规划到市区主要配送点、装卸点的城市配送货运通道。

（5）为不同的货物类别（如危险品或具有特殊气味的物品等），以及不同长度、质量、宽度的车辆，确定不同的行驶路线，规划货车使用专用道和特定通道，根据不同通道交通对道路、桥梁、立交的功能需求，制定已有交通基础设施改造规划或适应城市货运的道路、桥梁、立交等基础设施建设规划。

3. 配送体系规划

配送体系规划内容包括配送模式、配送车辆、配送道路和交通管理。具体内容可参阅第 6 章。

4. 城市物流信息平台规划

城市物流信息平台是城市物流规划的核心内容之一，其目的是保证城市物流健康、稳固发展，并对城市物流进行有效管理与控制。城市物流信息平台规划的内容包括物流信息需求分析、物流信息平台总体架构设计、物流信息平台所具有的功能描述和物流信息平台的运作模式。规划涉及两个重要内容：一是建立并完善物流信息基础设施和高效的物流运营信息化支撑体系，以政府公用信息平台为依托，充分整合现有信息资源和信息系统，鼓励并帮助企业实现信息资源共享；二是建立以物流信息分类编码和信息技术标准化为主要内容的物流信息标准化技术体系，加强物流信息标准化的研究、制定和组织工作。

7.2.4 城市物流发展和运作模式

不同城市的功能、地位、经济水平、基础设施条件等在客观上存在较大差异，其发展城市物流网络的途径也不同，因而存在着不同的发展模式。根据城市经济社会与物流发展的特征和趋势，城市发展物流的模式主要有交通带动型、铁路带动型、工业带动型和商业带动型。

1. 交通带动型模式

交通带动型又分航港带动型和铁路带动型两种。航港带动型是依托海港或空港资源，通过港内物流要素的集成化、规模化、高效化，建立围绕海港或空港集疏运系统、港口保税区及国际性分拨中心等物流枢纽中心，促进城市物流的发展。航港作为国际贸易中对外开放的窗口，其运输中转功能及其相关的海运代理、金融、保险等产业促进国内外经济要素的集聚和分散，对城市物流发展产生强大的推动作用。例如，港口在新西兰物流发展中占有十分重要的地位，全国共有大小港口16个，每年承担约75%的进出口货物，其中，奥克兰港是最大的国际货运港和集装箱港口，每年承担67%的进口量和33%的出口量，带动了奥克兰地区现代物流的发展，促使奥克兰成为新西兰最大的生产和消费基地。我国的上海、天津、大连、青岛、厦门、深圳等城市属于海港最为发达的城市，而北京、广州、成都、重庆、武汉等城市则属于航港最为发达的城市。

2. 铁路带动型模式

铁路运输具有载运量大、运价低、受气候季节变化影响小等优点，对大宗、散装、低值、中长距离的物流运输服务具有不可替代的优势。铁路枢纽城市一般处于两条或两条以上铁路干线交汇地点，通过客货列车到发、中转换装、换乘等物流作业，对保障铁路物流的畅通起着重要作用。例如，美国芝加哥是全国最大的铁路中心，从全国各地汇集在芝加哥市的铁路干线和支线一共32条，铁路营业费用占全国的一半，全市有210多个货运站场，260多个货运仓库，6个现代化客运车站，其铁路运输成为芝加哥城市物流发展的重要组成部分。

3. 工业带动型模式

工业作为城市兴起的原动力，通过机械、电子、汽车、化工、冶金、建材、轻纺、医药等工业体系的形成，带动相关配套服务业的发展，促进城市交通运输、物资流动的发展。工业经济发达的城市可以通过规模化组织工业支柱性产业，挖掘工业企业原材料、半成品、产成品的物流发展潜力，提高物流工业企业管理水平，降低物流成本，带动城市物流发展。例如，美国底特律、英国伯明翰、德国斯图加特、意大利都灵、日本丰田市等世界级汽车城市，通过发展主导产业，带动相关产业，完善基础产业，发展现代物流。

4. 商业带动型模式

城市商业具有购物、休闲、文化、旅游等多种功能。它通过百货商店、连锁超级卖场、专卖店、便利店等不同商业形态,促进城市内外的商流、物流、人流、资金流和信息流,发挥城市辐射功能。随着城市居民收入水平和消费水平的不断提高,消费需求日益多样化、个性化,商业活动高度集中化,物流服务需求大幅度提高。城市可以通过商业物流的合理组织推动物流产业快速发展。例如,美国纽约、英国伦敦、德国法兰克福、日本东京、新加坡等著名商业城市,充分发挥商业在资源配置、信息集散、价格形成、引导生产等方面的作用,促进运输业、仓储业等相关物流产业的发展。

城市物流的运作目前只有一种模式,就是政府或公共组织与当地私营业主共同参与规划并付诸实施。由此产生的公共与私人共同参与(public-private partnership,PPP)模式,在实施中包含着两层含义:狭义的理解是共同出资,共担利益和风险;更深一层的理解为实现信息的共享与联系,联合经营,共同运作。狭义和广义的PPP有一定的区别,见表7.2。

表7.2 狭义PPP和广义PPP的区别

狭义的PPP	广义的PPP
在共担风险条件下的正式合作经营	参与者的关系是部分正式化的或完全非正式化的
利用双方共同的资源面对风险处置	参与者仍控制他们各自所有的资源
风险和回报共享	信息共享
联合的程度依赖于风险的程度	通过网络设施建立联系
适用于具体操作	适用于规划

7.3 区域物流网络规划

区域物流网络与区域经济发展相联系。本节主要讨论区域物流网络规划原则、区域物流网络规划的原理、区域物流网络的构建和区域物流网络的特征。

7.3.1 区域物流网络规划的原则

区域物流网络规划涉及区域范围内的一切物流活动,包括货物运输、保管、装卸搬运、包装、流通加工、配送以及相关的信息处理活动。就物流与其他社会经济系统的关系而言,涉及区域内自然资源状况、经济技术基础、经济地理环境、社会历史条件等各个领域以及区域之间的相互衔接问题。规划好区域物流并对其进行统筹管理,是一件相当复杂和艰巨的任务。为了使区域物流能更加科学、合理地发展,区域物流网络规划应服务于区域经济发展战略需要,同时要遵循以下几个基本原则。

1. 满足区域经济发展需要原则

区域物流网络规划应从区域经济发展的需要出发,也就是说,区域物流的规划应充分考虑区域经济的发展对区域物流的需求,合理估计区域物流的市场容量或规模大小,使物流服务提供和服务需求相互匹配,既要避免供大于求,出现资源浪费的现象;也要防止供小于求而致使区域经济的正常发展受到制约或阻碍。

2. 系统性原则

区域物流是一个庞大而复杂的社会经济系统工程,必须运用系统科学的方法进行规划,既要统筹兼顾,也要保证重点,兼顾一般,还要注意挖掘区域的潜力,充分调动参与区域物流的各个部门、各个环节和区域内的各种社会力量,以及其他一切关注区域物流发展的相关部门的积极性和主动性。区域物流是社会经济系统中的子系统,它与社会经济系统之间,既存在着相互制约、相互促进的关系,也存在着相互矛盾的关系。在规划中,必须从系统角度平衡好这种关系。此外,区域物流规划涉及多个行政区域和行政管理主体,以及大量的物流事业主体管理职能、业务开展和经济利益,规划时需要系统地考虑各地区、各部门的职能分工、管理权限与既得利益。系统性原则的另一层含义是科学规划,强调规划方法的科学性,在规划中调查、分析、设计、评价都要采用科学的方法和程序。

3. 战略性原则

规划是一项战略性任务,需要从战略上来思考和设计,尤其对于区域物流这样大范围的物流网络规划。具体体现在 3 个方面:一是对规划要素的选择、评价要有战略眼光,要从长远考虑,避免短期行为和政绩工程,对于区域物流基础设施和重要物流节点的空间布局、功能结构、作业能力、建设标准等要从长远角度进行评价和决策;二是要充分估计未来的发展和变化,让规划有一定柔性以适应这种变化;三是要有风险防范意识,充分意识到规划存在一定的风险,并对可能出现的风险有一定的预计能力和预防措施。

4. 充分利用现有物流资源原则

现代物流强调通过现代先进科学技术的运用,对现有物流资源加以整合,而不是过多地开辟新的项目。要正确理解"第三利润源泉",应更多地从成本节约和物流的乘数效应的角度去理解"第三利润源泉"。事实上,物流产业本身是一个利润低,但带动效应大的产业,如果过多增加新的物流资源,不但会给社会带来更大的负担和浪费,也不利于微利物流企业的发展和壮大。

5. 规范化原则

这是指区域经济的主体应依据现代物流的要求,在规划时,对区域物流具体运作和物流流程进行规范,并确立科学合理的评价标准体系,依此进行区域物流组织和管理。在区域物流的发展过程中,有效降低区域物流资源整合的成本和损失,提高区域物流发展的质量。对区域物流的规范化运作不论从物流服务的提供方,还是从物流服务的需求方而言,都是十分必要的。现代物流需要对其所有的组成要素,围绕着物流成本与物流客户服务水平之间的平衡进行系统优化。在既定的物流成本预算下,尽可能使物流客户服务水平得以提高,反过来,要在既定的物流客户服务水平下,使得物流成本尽可能低。许多研究表明,要实现这一平衡,必须通过制度的合理安排,对区域物流平台构筑的流程和物流的流程进行规范。唯有如此,才能有效提高区域物流的运作质量。

6. 服务产业集群发展原则

大量的研究和实践证明,产业集群是提升区域经济竞争实力的有效形式,福建东南汽车的迅速发展和壮大便是一个很好的例证。因此,区域物流发展的规划应充分考虑产业集群发展的客观规律,通过配套、完善的物流服务使在其服务范围内的产业集聚发展,同时也为区域物流自身创造更广阔的物流需求空间,促进物流产业的发展。

7.3.2 区域物流网络规划的原理

区域物流规划遵从一定的经济学原理。从经济学的角度,增长极理论、梯度理论已被应用于物流产业的定位分析,指导区域物流网络规划。

1. 增长极理论

增长极理论是"二战"后影响最深刻、应用最广泛的经济学原理,无论在发达国家还是发展中国家都得到较好的验证。增长极理论是 1950 年由法国经济学家佛朗索瓦·帕鲁(Francois Perroux)提出的,这一理论的基本主张是:经济的增长不会同时出现在所有地方,而是首先出现在一些增长点或增长极上,然后沿着不同的渠道向外扩散,并对整个区域经济产生不同的影响。此后,一些学者丰富和发展了该理论。增长极理论对区域经济发展的作用主要体现在支配、乘数、极化与扩散 4 种效应上。通过建立具有创新功能、示范和扩散效应的增长极(如中心城市、特定的区域等),依赖其空间组织作用,带动周边地区的经济发展。

增长极至少包括以下 3 种含义:
(1) 经济意义上的某一推进型产业或企业。
(2) 地理意义上的空间单元,也就是区位条件优越的地区,它通过极化效应和扩散效应带动整个地区及相邻企业的经济发展。
(3) 经济意义和地理意义上的拥有推进型产业的城市。

增长极理论从两个方面打破了经济均衡分析的传统,为区域经济发展理论的研究提供了新思路。一方面,它反对平衡增长的自由主义观念,主张区域经济发展的非均衡增长;另一方面,它通过引入空间变量丰富了抽象的经济分析的内容。这种理论实质是强调区域经济发展的不平衡性,尽可能把有限的稀缺资源集中投入到发展潜力大、规模经济和投资效益明显的少数地区,使增长极的经济实力强化,同周围地区形成一个势差,通过市场机制的传导来引导整个区域经济的发展。

增长极理论由抽象的经济空间拓宽到地理空间,表明经济空间既存在功能极化,也存在地域极化。极化过程不仅是一个自组织过程,也是一个可控过程。前者是增长极的理论基础,后者是增长极的应用基础。所谓自组织过程是指由市场机制的自发调节引导企业和行业在某些大城市和地区聚集发展而自动建立"增长极"。所谓可控过程是指由政府通过经济计划和重点投资来主动建立"增长极"。正因为如此,许多国家把增长极理论运用于增长战略、区域规划和区域政策制定。区域物流网络规划的目的,是通过物流产业发展促进区域经济增长。因此,增长极理论可直接应用于区域物流网络规划。将增长极理论应用到区域物流规划,可体现在以下几个方面:区域物流基础设施规划方面,应推行"资源增长极"、"产业增长极"和"城市增长极"有机结合的政策,避免重复建设;物流园区的规划,应注重增长极的支配、乘数、极化与扩散效应;对重点物流园区的建设,应注重"增长极核效应";物流产业的发展,可应用增长极点开发理论模式。

2. 梯度理论

从区域经济学的角度,梯度理论对区域物流网络规划同样具有指导意义。梯度理论是美国经济学家弗农(R. Vernon)提出的产品生命周期阶段理论。其基本内容是,在社会经济发展的一定阶段上,无论就世界范围来说,还是从一国范围来看,都存在着经济技术的差异,这种差异呈现出多层次梯度递推趋势。这种状况既是过去经济技术不平衡发展的结果,也是经济技术进一步发展的基础。这就要求在推动生产力的空间布局与转移时,应从既有的经济技术梯度出发,首先让有条件的高梯度地区引进和掌握最先进的科学技术,然后逐步渐次向中低梯度地区转移。随着经济技术水平的不断提高,技术的转移递推将日益加快,地域空间上的经济技术梯度也将随之缩小,其结果将使经济发展水平趋于相对均衡。这一理论是对社会生产因技术进步而在地理走向上客观存在的一般趋势的基本概括。因此,它并不排除梯度划分和梯度推进中的局部相悖现象,即还存在:①"反梯度理论",认为落后的梯度地区可以直接采用世界上的最先进技术实现跨越式发展,甚至进行反向梯度推进。②"并存度理论",认为纯梯度式、纯跳跃式和混合式三者并存,都起作用。③"主导梯度理论",认为在相对高梯度上存在不能令人满意的死角,在相对低梯度上也可能存在出乎意外的亮点。也就是说技术进步可能采取跳跃的方式进行,但这仅仅是梯度推移过程中的一种特例,其作用程度和范围不能与作为常规的梯度推移相提并论,并不能阻止和扭转梯度推移的一般规律。个别方面某些领域技术的先进性并不能决定和改变总体水平的落后性。

应用梯度理论来规划区域物流网络,首先要按照梯度理论考虑区域之间、城市之间物流产业的梯度辐射作用。比如上海的物流产业,国际物流占有相对较大比重,在国际物流体系发展方面,就要考虑上海作为国际物流中心的梯度辐射作用;而长三角的区域物流体系,就要考虑南京和杭州物流的梯度辐射作用。同时,一个区域的物流产业,又可以按照"反梯度理论"、"并存梯度理论"和"主导梯度理论"等,考虑发挥本身的物流产业的优势,实现跨越式、超常规的发展。比如,电子行业在昆山的发展是相对领先于其他地区的,在这一方面,就可以按照"反梯度理论",影响和带动周边地区这一行业的物流产业发展。

7.3.3 区域物流网络的构建

区域物流作为区域经济社会的一个重要组成部分,涉及区域货物运输、仓储、包装、装卸搬运、流通加工、配送、信息处理等领域。其产生和发展是随着社会分工协作和区域经济专业化的发展形成的。

首先回顾社会分工对经济发展的影响。第一次社会大分工时,自给自足的自然经济仍占统治地位,商品生产和交换的比重很小,区域间的联系很弱,只在农业部落和游牧部落之间存在零星、分散的货物流动。第二次社会大分工之后,手工业、矿业、原材料加工业、简单制造业应运而生,商品生产和交换不断发展,但货物流通范围较小,交通、运输条件很薄弱。第三次社会大分工,出现了专门从事商品交换的商人,商品交换向深度发展,货物流通日益频繁,区域间开始产生两极分化,产生一个或几个区域性的以条件优越地区为中心、其周围地区为外围的布局格局。随着商品经济的发展,中心区经济迅速发展,对资源需求大幅度提高,与其他地区之间的物流联系不断加强,其外围地区也不断得到开发,成为区域的次级中心。

区域物流网络的形成是一个动态发展的过程,深刻影响着区域经济的发展;反之,区域经济的发展,也促进了区域物流网络的发展和成熟。从形态上看,区域物流网络在不同的发展阶段，呈现不同的网络形态，在理论上可以概括为点辐射、线辐射和面辐射 3 种形态。

1. 点辐射

点辐射一般以区域中心区（大中城市）为中心向周边地区辐射。中心区的物质文化水平相对较高，商品各要素充分，但自然资源和劳动力资源相对匮乏，而周边地区刚好相反。这样，中心区与其周边地区就能实现优势互补，促进中心区和周边地区之间的货物流通，加快以中心区为核心的区域物流的发展。点辐射必须依托良好的辐射媒介，如交通基础设施、信息传播手段和市场流通机制。

2. 线辐射

线辐射一般以辐射干线（如铁路干线、公路干线、大江大河、大湖沿边航道以及沿海陆地带）为辐射的带状源，向两翼地区和上下游地区辐射。辐射干线地区物质文化水平相对较高，与辐射干线两翼地区之间的货物流通可以实现优势互补，推动区域经济一体化发展。

3. 面辐射

点辐射和线辐射大大加快了辐射区域的社会经济发展，形成了以中心区为核心，以辐射干线为骨架，各地区相互衔接、合理分工、协调发展的面辐射体系。面辐射又可细分为地毯式辐射和跳跃式辐射。地毯式辐射是指物质文化水平较高的地区向周边地区进行货物流通过程，加快周边地区经济发展速度，逐步向外推移；跳跃式辐射是指物质文化水平较高的地区跨过一些地区，直接与落后地区发生物流联系，使落后地区经济得到发展。显然，地毯式辐射与跳跃式辐射相比，具有辐射距离小、阻力小、物流成本低、物流效益好等优点。

7.3.4 区域物流网络的特征

区域物流网络具有以下 3 个特征：以城市物流网络为核心；具有鲜明的层次性；需要现代信息技术支撑。

城市是商品集散和加工的中心，物流设施和基础设施齐全，消费集中且需求量大，交通与信息技术发达，流通人力成本高，与周边地区存在不对称性。在这种情况下，城市物流网络扮演着"中心地"或"成长极"的角色，以城市为核心的枢纽将其他地区"极化"成一个商品流通整体。城市物流经历了极核集聚形成、极核集聚扩散到网络化阶段，如图 7.4 所示。

城市是整个社会物流的枢纽，它包含不同层次的物流节点、线路以及通信的有机结合，形成城市内部物流网络，使各种经济要素集聚和扩散，发展成为高层次的区域经济增长极。而不同城市的线路及通信的有机结合，便形成了区域物流网络，促进区域经济要素的充分流动，加强区域内的经济联系和扩散。区域物流网络充分体现了城市内部、城市之间的生产与消费、供给与需求的关系，把整个社会再生产过程有机地联系起来，也成为国民经济物流网络的有机组成部分。因此，城市物流网络是区域物流网络的核心，是维持区域物流网络协调运行、提供效率的动脉。国际上，这样的例子很多，如美国纽约大都市圈、日本东京大都市圈、英国伦敦大都市圈、法国巴黎大都市圈等都是以中心城市物流网络为核心，向周边延伸，形成分工合理、协作高效的区域物流网络体系。

区域物流网络是一个多层次的循环网络，各个层次由于自然、经济、社会条件的差异，形成了不同的结构、内容和特征的物流网络，并在地位与作用、结构与功能上产生等级差异。

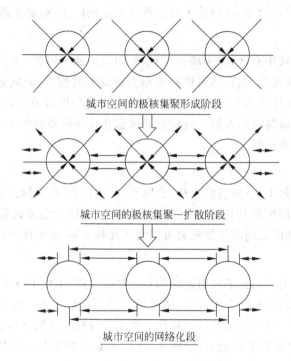

图 7.4 城市空间形态的演变①

不同层次之间相互联系、相互作用,交织在一起,形成相对稳定的网络结构,并通过物流要素有机结合,从而达到降低物流成本、提高物流效率、实现较高的客户满意度、缓解交通拥堵状况、保护环境、保持生态平衡、实现经济可持续发展的目的。

区域物流网络一般包含 4 个层次:大中城市内部的物流网络、大中城市与周边地区的物流网络、大中城市与国内其他城市(地区)之间的物流网络、一些城市与国外一些城市(地区)的物流网络。在这 4 个层次中,网络密度由内到外逐渐递减,网眼逐步扩大,形成了 4 级物流市场:城市物流市场、区域物流市场、国内物流市场和国际物流市场。

当前,国外发达地区都十分重视区域物流的分工与合作,形成了多层次区域物流网络。例如,日本东京大都市圈内物流网络就具有明显的层次性。东京中心区作为综合物流枢纽,发挥着国际、国内物流职能、金融中心职能、经济中心职能;神奈川、千叶作为工业集散地和国际港湾,发挥着国际、国内物流职能;埼玉、茨城作为政府机构、研发中心、生活集散地,发挥着城市内部物流职能。

随着区域物流范围的不断扩大,区域物流活动的日益频繁,区域物流网络的日常运行越来越依赖于现代信息技术。现代信息技术促使物流信息在企业内、供应链内(企业间)乃至全社会达到集成与共享,实现物流信息的电子化、数字化,并能实现多媒体化,在综合网络上采集、处理、存储、传递和交换,最终实现物流信息资源充分开发和普遍共享,促进区域物流各要素的有机结合,实现区域物流资源优化配置,降低区域物流成本,提高区域物流网络综合效益。

---

① 陆军.城市外部空间运动和区域经济[M].北京:中国城市出版社,2003:200.

物流信息技术包括物料识别与采集技术,如条形码和无线射频(RF);运载工具的定位与跟踪技术,如全球卫星定位系统(GPS)和地理信息系统(GIS);数据交换与传递技术,如电子数据交换(EDI)和电子货币传递(EFT);物流信息平台;仓库管理系统(WMS);以及连接这些系统的无线、有线网络和支持这些应用的数据库管理系统。

7.4 国际物流网络规划

国际物流包括国际上交易、存储、海洋运输、铁路运输、航空运输、邮政运输、联合运输、加工与通关等流程。由于涉及跨国界或跨政治实体(如欧洲共同体 The ECC)的贸易行为,就需要必要的现代物流能力来应付不同法规、法律、传统、文化,和应对不同的客户群。国际物流作为国际贸易过程中一个重要的环节,其布局的主要依据是以各类港口、国际物流园区设施相互配合。国际物流网络(international logistics network)是指不同国家或地区货物流动过程中相互联系的组织和设施的集合,其目的是为国际贸易和跨国经营服务。

7.4.1 国际物流网络规划的原则

国际物流网络规划基于国际贸易环境和跨国经营业务,其规划的起点高、难度大,网络复杂,环境差异大。在规划时,必须把握下列原则。

1. 国际化原则

国际物流涉及多个国家和地区,需要按照国际惯例和国际标准以及国际潮流来进行规划,需要了解各国的政治、经济、文化和法律。

2. 标准化原则

物流标准化是国际物流业发展的基础,是国际物流高效运行的前提。要按照国际通行的标准和我国目前正在制定的物流标准,对物流通用基础、物流技术、物流信息、物流管理、物流服务、物流法律法规等方面进行标准化,尤其是按照国际标准来规划国际物流网络。

3. 港区一体化原则

港区一体化就是将港口和保税区合二为一,不仅在地理位置上做到港区衔接,而且在物流功能上做到物流园区海关监管,仓储、分拨、转口贸易、进出口加工等物流业务享受保税区政策,从而建立现代国际物流运作体系,最终向国际自由港和自由贸易区发展。

7.4.2 国际物流网络的功能

国际物流网络的功能主要包括商品的运输、存储、装卸、检验、包装、流通加工和其前后的整理、再包装及国际配送等。其中,存储和运输是国际物流的基础和核心。

国际货物运输是国际物流网络的核心,运输费用在国际贸易商品价格中占有很大比重。国际货物运输活动包括选择运输方式、处理运输单据以及投保等方面。国际运输方式很多,如陆、海、空、多式联运等,以海运为主。国际货物运输具有路线长、环节多、涉及面广、手续繁杂、风险大、成本高、时间性强等特点。国际货物运输具有两段性,即包含国内运输段(商品在供货地或接受地与港站或机场之间的移动,伴有离境、报关活动)和国际运输段(海洋、航空或陆地运输,伴有入境、检验检疫、通关等活动)。

国际贸易和跨国经营中的商品从供应地被集中运往装运港口,再经目的港口送往接受地,此过程是一个集散过程。商品在港、站的存储和保管,使商品在其流通中处于一种相对停滞状态,这种停滞对于国际物流是完全必要的,是国际物流的基础条件。它主要是在各国的保税区、保税仓库、海关监管仓库、堆场进行的,主要涉及保税制度、保税仓库、堆场建设等方面。从物流角度看,应尽量减少存储时间、数量,加速货物和资金周转,保证客户需要,实现国际物流的高效率运转。

商品检验是国际物流网络的重要特征,商品检验证也是议付货款的重要单据之一。通过商品检验,确定交货品质、数量和包装条件是否符合合同规定,如发现问题,可分清责任,向有关方面索赔。在国际货物买卖合同中,一般都订有商品检验条款,其主要内容有检验时间与地点、检验机构、检验证明、检验标准与检验方法等。

流通加工是国际物流中具有特殊意义的物流形式,其作用是使商品更好地满足消费者的需求,主要在出口工厂、保税区和保税仓库内进行。包装加工是流通加工的重要内容。国际市场和消费者是通过商品来认识企业的,而商品的商标和包装就是企业的面孔,它反映了一个国家的综合科技文化水平。

国际物流信息的主要内容包括进出口单证的操作信息、支付方式信息、客户资料信息、市场行情信息等,特点是信息量大、时间性强、交换频繁。信息的作用,是使国际物流向更低成本、更高服务、更大量化、更精细化方向发展,许多重要的物流技术都是靠信息才得以实现的,国际物流活动的每个环节都要以信息支撑。国际贸易中 EDI 的发展是一个重要趋势,强调 EDI 在国际物流中的应用,建设国际贸易和跨国经营的信息高速公路,适应国际多式联运和"精细物流"的要求,是国际物流信息发展的方向。

国际物流装卸、搬运与配送作业,相对于国际运输来讲,是商品短距离的搬移,是仓库、运输、交货等环节的纽带和桥梁,实现的也是物流的空间效益。搞好国际物流中商品的装船(机)、卸船、进库、出库以及库内的清点、查库、转运转装等,对加速国际物流十分重要,是降低物流成本的重要环节。

此外,从国际经验来看,转口贸易是从国际自由贸易区设立和发展中受益最大的一种贸易活动,也是国际自由贸易区的一项主要功能。我国保税区要借鉴国际自由贸易区的经验,开展转口贸易,设法引入以集装箱多式联运为主的、服务于转口贸易的物流服务国际企业。

7.4.3 国际物流网络的构建

国际物流网络与城市物流网络、区域物流网络相互重叠、相互联系、相互作用,形成一个全球一体化的物流网络,如图 7.5 所示。

具体而言,国际物流网络由商品流动网络和物流信息网络构成(见图 7.6),并通过两者的相互联系、相互作用和相互衔接,支撑国际物流各要素的有效运行。商品流动网络是国际物流的载体,它是在一定的时间和空间(国家或地区),来进行物流活动,由多个收发货的节

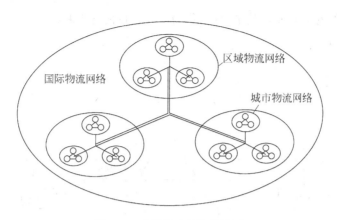

图 7.5 国际物流网络的形成

点(国际贸易口岸,包括港口口岸、陆地口岸和航空口岸,保税仓库,国内外中转仓库等)和它们之间的连线构成的具有支撑作用的有机整体。国际物流信息网络是实现国际物流目标的关键,它是对国际物流信息(如进出口单证,支付信息、客户资料信息、市场行销和供求信息等)进行交换和处理的网络自动化系统,具有信息处理量大、交换频繁、传递量大、时间性强、环节多、节点多、路线长等特点。

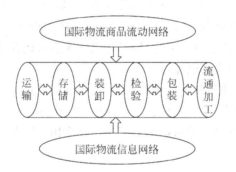

图 7.6 国际物流网络结构

7.4.4 国际物流网络中的港口

国际物流网络中,线路主要是海(河)运航道、航空航线和陆地公路、铁路。节点主要包括国际贸易口岸、保税区、保税仓库、国内外中转仓库等,如图 7.7 所示。其中,国际贸易口岸(international trade port)又称通商口岸,是一个国家指定的准许外国人前来通商的地方,包括对外开放的沿海港口、国际机场、边境山口、国际铁路、国际公路上的对外开放的火车站、汽车站,国界河流和内河上对外开放的水运港口。具体可分为港口口岸、陆地口岸和航空口岸。保税区(free trade zone)是一国海关所设置的或经海关注册的特定区域,外国商品在海关监督下,可暂时不缴纳进口关税存入保税区的保税仓库。保税仓库(boned warehouse)是指经海关批准,在海关监督下,专供存放为办理关税手续而入境或过境货物的场所。国内外中转仓库(transfer warehouse)一般是指连接不同运输方式,以为国际货物提供中转服务为主的物流仓库。其中,港口作为海洋运输的起点和终点,是国际交通和内陆交通之间的重要枢纽。

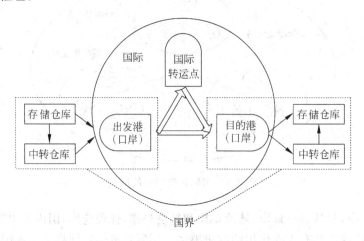

图 7.7 国际物流网络布局

1. 港口在国际物流网络中的地位和作用

港口作为海陆运输的转换点,是重要的物流节点,是仓储、配送和流通加工等物流活动的理想区位,在此设立仓储企业,可以减少货物在运输中的倒运次数,从而减少物流时间,降低物流费用。港口城市生产的出口货物,均可将其仓库直接建在港口附近,货物出厂后直接运抵港口仓库,厂内将不再设有仓库。

港口城市作为远洋运输和陆路运输的转换点,是发展配送的理想区位。当前,国际生产分工正由水平分工进入垂直分工,原材料、零部件的跨国流动十分频繁,企业生产的外协率不断提高,配送的地域范围也由城市扩展到区域乃至全国。因此,配送业在港口城市有着良好的发展前景。

2. 港口的结构与布局

港口结构包括陆域和水域两部分。陆域布局包括作业区划分、客运码头、件杂货区、散货区和石油区。

港区陆域应为货物在港区内的装卸、存储、运输提供足够的场地。港区陆域主要由生产区和辅助生产区组成。生产区的主要设施有码头和护岸、仓库及堆场、铁路及道路、装卸及运输机械;辅助生产设施是为港区第一线生产服务的生产及生活建筑。

港区水域是船舶安全行驶和停泊作业的地方,因此其各个尺度必须满足到港船舶的使用要求。港口水域还要有供船舶回旋掉头用的回旋水域,以及供船舶安全靠离码头用的水域——港池。各种水域之间由港外和港内航道联系组成港口水域系统。

港口水深指设计低水位以下的水深数值,在港口水域的不同部分取值不同。按使用要求,港口水域一般可分两类:一类是供船舶停泊的水域;另一类是供船舶航行的水域。港口锚地要设在适于船舶安全停泊的水域,掩护条件要好,不受强流影响,底质适于锚泊,无水下管线和障碍物。港池有两类:一类是挖入式港池;另一类是顺岸式港池。船舶在港内的回转水域,要尽可能靠近码头泊位,一般都与港池统一布置。

3. 国际知名物流港

地球上辽阔的水域，造就了许多世界著名海港，如荷兰的鹿特丹港、比利时的安特卫普港、美国的亚特兰大港和洛杉矶港、英国的南安普敦港和曼彻斯特港、德国的汉堡港等。限于篇幅，下面仅介绍我国香港港和新加坡港。

我国香港港连续11年保持世界第一繁忙货柜港的美誉，是世界最大的港口物流中心。香港的集装箱码头坐落于葵涌，共有7个码头且由4家运营商管理和运营，这4家运营商是现代货柜码头有限公司、香港国际货柜码头有限公司、中远国际货柜码头有限公司和环球货柜码头有限公司。港口占地217 000m²，提供17个泊位共6592m深水岸线。九号集装箱码头位于青衣岛东南面，已于2004年建成并投入使用，共提供6个泊位。九号集装箱码头占地67 000m²，海岸线长1940m，水深达1515m。新运营商亚洲货柜码头有限公司已于八号货柜码头（西）开始运营，成为葵涌货柜码头第5个运营商。根据香港政府委托顾问GHK的报告，十号码头选址已从原来的4个地点，即东大屿山、屯门西、青衣西南和大屿山西北减至2个，最后决定为大屿山西北或青衣西南，报告较倾向新码头设于大屿山西北。报告指出，新码头在大屿山可于2015年提供3个长400m的泊位，而2020年可提供另3个泊位，直至2020年，预计该码头的总吞吐量达710万个标准箱。香港港口物流的发展具有以下特点：一是依托中国内地，连接欧美，面向东南亚，重点发展转口贸易（转口贸易占港口吞吐量73%）；二是加强港口物流基础设施建设，为物流发展提供良好条件；三是成立香港物流发展局，创造良好软环境，统筹规划与管理物流业务。例如，健全相关物流法律，提供金融与保险等物流援助与服务，提高海关通关效率，加速港口物流人才培养等。

新加坡拥有优良的深水港，是世界上第二大集装箱枢纽港，向集海、陆、空、仓储为一体的全方位综合物流枢纽中心发展。新加坡港口物流发展具有以下特点：一是建设高水平仓储设备、自动化立体仓库、无线扫描设备、自动存取系统等现代化物流技术装备，以及政府的公共信息网络平台和物流企业的信息平台组成的物流信息网络平台；二是物流专业化、社会化程度高，物流业朝着"量身定做"的方向发展，最大限度地为客户提供低成本的物流一体化解决方案；三是政府支持"一条龙"发展物流，如制定发展纲领，统筹规划物流产业发展。他们先后制定了"1997年物流业提升及应用计划"、"1999年物流业提升及应用计划"、"2001年物流业提升及应用计划"。

表7.3给出了各种宏观物流网络属性的对比。

表7.3 宏观物流网络属性比较

类型	功能	目标	重点	特点
物流园区	生产、流通、消费3大领域物流	行业效益最大化	运输、仓储	具有多种物流服务和物流组织和对应的物流支撑体系；具有一定物流企业聚集规模、占地面积、物流量；多种交通方式汇集、转换
城市物流	聚集、辐射、中介	城市社会经济效益最大化	配送	流量大，流向多变；节点多，分布广；配送量大，配送半径小；与企业物流联系紧密
区域物流	货物在大范围区域流动	促进区域经济发展	干线运输组织	以城市物流为核心；具有鲜明的层次性；需要信息技术支撑

续表

类型	功能	目标	重点	特点
国际物流	国际贸易和其他经济活动所产生的物流	支持国际贸易和跨国企业经营	运输、存储、通关、转口贸易	跨国性、多样性、复杂性、风险性

7.5 案例：发挥区港联动优势 发展现代物流产业[①]

作为国务院批准建设的全国首家区港联动试点区域,上海外高桥保税物流园区肩负着进一步加快上海国际航运中心的建设步伐,为全国保税区"区港联动"和深化功能开发以及大、小洋山港的建设提供经验和示范的重任。

7.5.1 保税物流园区建立的必然要求、内涵及其意义

1. 保税物流园区建立的必然要求

首先,保税区和外高桥港区自身的发展要求建立保税物流园区。虽然外高桥保税区经过 14 年的发展,取得了巨大的成果,上海港外高桥港区吞吐量指标也保持快速增长,其业务量占上海港的比重逐年上升,但临港的区位优势和政策优势并未带给保税区和港区直接的经济优势,以前的合作基本是初步的,仍然是"同处一地,相隔甚远。"区港分离的现状,造成了区港的功能残缺和业务作业环节的繁琐。例如,由于港区集装箱拆拼功能的缺位,导致亚太地区大量国际中转业务在香港、大阪和釜山等境外港口进行;货物离境须在保税区和港区两次报关,降低了区内企业的运营效率。因此,从保税区和港区作业效率的提高和功能的拓展的角度来说,有必要建立保税物流园区。

其次,自由贸易区的发展历程告诉我们,"内陆型"的自由贸易区只有依托腹地经济才能扩大经济总量,只有依托港口才能走向世界。因此,外高桥保税区新的发展必须突破现有的地域范围和现有的运营观念,谋划与港口联动的战略,才能赢得自身持续、快速发展,才能加快向与国际通行的自由贸易区的方向发展的步伐。另外,世界港口经济的发展规律也告诉我们,国际级港口的成长只有在保障国际货物的自由流动、便利运作的政策前提下,才能真正担负起大进大出带动口岸经济发展的功能。当前,上海港正在向现代第三代港口迈进。与过去传统的港口模式不同,现代第三代港口有一个区域概念,也就是要拓展临港工业、商业、物流园区等产业,这些产业不仅需要有空间的地域支撑,也要有完善的基础设施、开放的区域经济环境和优惠的政策环境。由此可见,港口只有与保税区实现"联动",才能真正提升各自的国际竞争力,达到下一步发展中"共赢"的目的。

最后,长江三角洲企业国际竞争力的提高和地区的经济发展,也要求尽快建立保税物流园区。随着经济发展的日益全球化和竞争程度的不断加强,各个企业均要求降低从采购到

[①] 第二次全国城市物流园区(基地、中心)交流研讨会暨第八次中国物流专家论坛论文集,2004.

生产,再到分销过程中的物流成本,实现"零库存",同时增强供应链的柔性,从而提高整个供应链的竞争力,特别是外资企业。在以上海为龙头的长江三角洲经济圈,外商投资活动极为活跃,随着我国加入WTO,众多的跨国公司将亚太地区总部迁往上海,这些无疑对长三角的整体物流运作环境,特别是对货物的进出口环节,提出了更高的要求和挑战。作为上海"十五"计划重点规划中三大物流园区之一的保税物流园区,恰好能很好地满足长江三角洲企业对物流服务的需求,尤其是进出口业务。

外高桥的区港联动是从2000年开通保税区与机场的空运直通式开始起步的。通过空运的零部件直接从机场以海关监管直通方式进入保税区,6h甚至更短时间内完成货物运抵保税区的全过程。外高桥保税物流园区是继空运直通式联动后的一个新的阶段,也是为今后外高桥发展成为真正意义上的自由港跨出的基础性一步。从"两点一线"的空运直通式,到"区港联动"的保税物流园区,再到向与"港区联动"的自由港发展,也将是我国保税区发展的必由之路。

2. 区港联动的内涵

区港联动,是指整合保税区的政策优势和港区的区位优势,在保税区和港区之间开辟直通道,将物流仓储的服务环节,移到口岸环节,拓展港区功能,实现口岸增值,推动转口贸易及物流业务发展。

区港联动是实现保税区经济和港口经济共同发展内生的客观要求,是一种联系紧密的区域经济安排。从系统科学角度分析,区港联动属于协同学的概念,是保税区与港口两个子系统整体协同的组织过程。就其内涵而言,可以"政策叠加、优势互补、资源整合、功能集成"16个字概括,体现了保税区与港区在区域、资产、信息、业务等方面的联动发展。

1) 政策叠加

保税物流园区除继续享受保税区在免征关税和进口环节税、海关特殊监管等方面的政策及港区原有的政策外,在税收政策上,还叠加了出口加工区的政策,即实现国内货物的进区退税,从而改变了保税区现行的"离境退税"方式,降低了企业的运营成本。在中转集拼方面,中转集装箱在保税物流园区可以进行拆拼箱,改变中转集装箱在港区只能整箱进出的现状。集装箱在保税物流园区堆存无时间限制,改变集装箱在港区有14天报关期限的现状。政策叠加的结果是对货物的流动来说,"一线放得更开,二线管得严密",区内真正实现货物的自由流动。

2) 优势互补

将保税区在税收、海关监管等方面的政策优势,与港区在航运、指泊、装卸等交通便利的区位优势相结合,实现航、港、区一体化运作,集装箱综合处理与货物分拨、分销、配送等业务的联动,既是优势互补,也是优势组合,使外高桥保税物流园区成为长三角地区支线箱源和国际中转箱源的集散地。

3) 资源整合

通过外高桥保税区和外高桥港区在形态、资源上的整合、集成,促进货物在境内外快速集拼、快速流动、快速集运,带动信息流、资金流和商品流的集聚和辐射。在园区开发、招商上,由上海外高桥集团和上海国际港务集团按照现代企业制度的要求,共同投资组建了上海外高桥物流中心有限公司,负责外高桥保税物流园区的开发建设、招商引资、项目经营和运营管理。"港"和"区"的资源在保税物流园区的项目中形成了优化组合。

4) 功能集成

实施区港联动的外高桥保税物流园区将集成 4 大功能：

(1) 国际中转。对国际、国内货物在园区内进行分拆、集拼后，转运至境内外其他目的港。国际中转是世界各大自由港的主体功能产业，也是航运中心实力的体现。

(2) 国际配送。对进口货物进行分拣、分配或进行简单的临港增值加工后，向国内外配送。国际配送为保税物流园区发展增值服务创造了一个重要平台。

(3) 国际采购。对采购的国际货物和进口货物进行综合处理和简单的临港增值加工后，向国内外销售。

(4) 国际转口贸易。进口货物在园区内存储后不经加工即转手出口到其他目的国或地区。

3. 保税物流园区建立的意义

面积 $1.03 km^2$ 的外高桥保税物流园区的建立跨出了我国保税区与区港联动发展战略实施的第一步。保税物流园区将充分发挥保税区的政策优势和港口的区位优势，激发我国现代物流产业的发展潜能，提升其国际竞争力。其意义主要体现在以下 3 个方面。

1) 扩大港口的竞争力，促进保税区的发展

进区退税政策的实施将加快区内外外贸企业的资金周转速度，提高业务运营效率，进而改善保税区的投资环境；区内可进行集装箱拆箱、拼箱，拓展了保税区的功能，这在降低企业运输成本的同时，也增加了港口的国际竞争力。因此，保税物流园区的建立对企业竞争力的提高、保税区的发展和港口业务量的增加，实现共赢有着积极的意义。

2) 先行先试，为国内其他保税区的发展积累经验

保税区的建立在连接国内与国外两个市场、促进国际贸易（特别是扩大外贸出口）、引进国外资金和技术、促进我国经济适应全球化潮流等方面，都发挥了一定的作用。

但 CEPA（内地与香港关于建立更紧密贸易关系安排）的实施和 2004 年 12 月 11 日 WTO 过渡期的结束，使保税区的政策优势逐渐丧失，区内外政策逐步趋同。例如，2004 年 4 月 16 日商务部配合加入 WTO 的承诺出台的 7 号文《外商投资商业企业管理办法》，已经对保税区吸引和留住贸易公司带来了较明显的影响。面对这些挑战，中央政策决策者和全国 15 个保税区的管理者不得不考虑这样的一个问题：将来我国保税区如何生存和发展？如何进一步为我国的市场经济建设服务？

作为区港联动的载体，上海外高桥保税物流园区的建立标志着我国保税区向自由贸易区转型迈出了具有战略意义的一步。它将为保税区的改革由局部试验向整体推进提供大量的借鉴经验，包括新时期保税区功能的设定、海关监管模式的创新和区内外汇政策的制定等。

3) 有助于国内企业走向国际化，提高国际竞争力

这主要表现在两个方面：①物流园区的建立可以简化货物进出口环节，由此可降低企业经营成本，缩短作业时间，提高其国际竞争力；②保税物流园区的建立进一步拓展了保税区和港区的功能，优化了保税区投资环境，这将吸引更多的外资企业来投资，特别是大型外资企业，为中国企业提供了与外国企业合资、合作的机会，这将促进更多的企业参与国际竞争，进而逐步走向世界。

7.5.2 保税物流园区的功能介绍

实现区港联动的外高桥保税物流园区将具备 4 大功能：国际中转、国际配送、国际采购和国际转口贸易。

1. 国际中转

国际中转是对国际、国内货物进行分拆、集拼后，转运至境内外其他目的港，如图 7.8 所示。

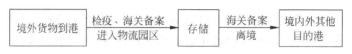

图 7.8　国际中转业务流程图

2. 国际配送

国际配送是对国内货物进行分拣、分配或进行简单的临港增值加工后向国内外配送，如图 7.9 所示。

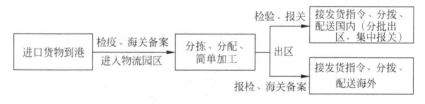

图 7.9　国际配送业务流程图

3. 国际采购

国际采购是对采购的国内货物和进口货物进行综合处理和简单的临港增值加工后向国内外销售（见图 7.10）。

图 7.10　国际采购业务流程图

4. 国际转口贸易

国际转口贸易是进口货物在区内存储后不经加工即转手出口到其他目的国（地区），如图 7.11 所示。

图 7.11 国际转口业务流程图

7.5.3 保税物流园区的运营模式

保税物流园区在开发经营上实现区港联动,保税区和港区以资产为纽带,按照现代企业制度的要求共同组建了上海外高桥物流中心有限公司,专门负责物流园区的开发建设、招商引资、项目经营和运营管理。

物流园区项目总投资 27 亿元,公司注册资本 4 亿元,其中,上海港务集团投资 45%,外高桥集团公司控股 55%。

物流中心有限公司下设一室六部,即办公室、市场营销部、财务计划部、工程技术部、运营操作部、服务贸易部和物业部,分别负责公司的综合管理、招商引资、财务管理和工程管理等业务,如图 7.12 所示。

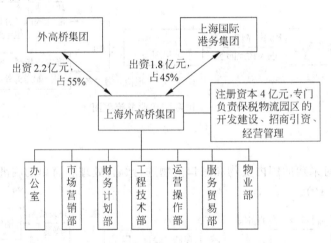

图 7.12 上海外高桥物流中心有限公司组织结构图

7.5.4 保税物流园区的规划布局及开发建设进展情况

1. 园区规划布局

物流园区东接上海港外高桥港区,西至外环线浦东北路,南连外环线绿化带,北靠港区码头,规划面积 $1.03 km^2$,如图 7.13 所示。

2. 基础设施建设进展情况

1) 园区建设

2002 年 12 月 18 日,物流园区正式开工建设,先后完成了园区内 2km 河道整治工程,完

图 7.13 上海外高桥保税物流园区总平面布置图

成了园区土地的平整工程,吹填沙 73 万 m^3。同时,强化了物流园区绿化设计方案,在区内主要道路、海关围网、卡口等重点区域,集中进行了绿化景观布置。其中,种植各类乔灌树木 16.5 万棵(株),铺设草坪 42 万 m^2,园区绿化面积 50 万 m^2。已经建成 14 万 m^2 集装箱转运区、10 万 m^2 仓库、5000m^2 调度中心、9000m^2 通关大厅、1.3 万 m^2 商务中心办公楼。

2) 海关监管隔离设施建设

在海关监管隔离设施建设方面,新建隔离设施按海关总署批准的永久性隔离围墙标准建设,隔离围墙总长度为 6km。按照要求,距隔离网内外边缘 5m 内无永久性建筑。

在进出物流园区通道设施建设方面,按照人车分流的标准,完成了进出物流园区通道建设。在物流园区申亚路两侧及高宁路北端分别设置油管路、港华路和区港直通卡口。

在海关、检验检疫监管设施建设方面,货物通行卡口设有集卡、散卡、空箱车道和复检车道,并设有集装箱及车牌自动识别系统、电子地磅系统、电子闸门放行系统;行政通行卡口设有车牌自动识别系统、电子闸门放行系统、人员 IC 卡放行系统;完成了占地 2.57 万 m^2 的海关、检验检疫查验场地建设及 700m^2 海关查验仓库。其中,海关、检验检疫共用集装箱查验平台面积 1100m^2,可满足全天候查验需求。

3) 海关、检验检疫办公设施建设

在海关、检验检疫办公设施建设方面,完成了 500m^2 的临时通关大厅建设,140m^2 的海关监管用房建设,250m^2 的海关查验办公用房建设,250m^2 的检验检疫查验办公用房建设。

海关监管设备安装已经到位。

4) 信息系统建设

为确保物流园区海关监管的严密性,按照信息流与货物流相统一、通关管理与园区仓储联网相统一、关区代码与贸易方式相统一的原则,已经建立物流园区区域系统的内联网、接口保税区政务网,以及海关监管专网系统、检验检疫监管专网系统、进区企业电子仓储管理系统三大系统的外联网,建立了基于 EDI 和互联网的开放式电子商务平台,以满足政府管理、海关监管、企业运作和对外开放的信息网络技术应用。

外高桥保税物流园区的正式运行和区港联动的试点,是中国在加入 WTO 后扩大对外开放,探索保税区向自由贸易区转型的重大步骤。它将加快上海国际航运中心的建设步伐,全面提升上海对长三角乃至亚太地区物流产业的集聚效应和辐射能级,上海乃至整个长三角的物流将成为国际供应链上的重要一环,促使国内市场和国际市场更加紧密、有效地对接。

小结与讨论

宏观物流网络规划涉及物流园区、城市物流、区域物流和国际物流网络,连同微观物流网络,它们一起构成了物流网络体系,成为社会经济活动的一部分,为社会经济发展作出了巨大贡献。物流园区是宏观物流网络的基础,物流园区的选址与规划直接影响着城市物流、区域物流和国际物流。虽然我国已经开展了许多物流园区规划,虽然物流规划理论的研究在国际上非常活跃,但我国的宏观物流规划理论和方法还很不成熟,有待于进一步发展和完善。

习题

1. 物流园区分几类?各有什么作用?
2. 怎样进行物流园区的选址与评价?
3. 物流园区设施规划包括几种?如何进行规划?
4. 城市物流的作用是什么?
5. 城市物流网络规划的特点是什么?
6. 城市物流的运作模式是什么?
7. 区域物流与区域经济的关系是什么?
8. 区域物流规划依据的原理是什么?
9. 区域物流网络有哪些特征?
10. 国际物流网络是如何形成的?它有什么特点?
11. 国际物流网络有哪些功能?
12. 国际物流网络中的港口有何重要作用?

第8章 物流信息网络规划

物流系统是由多个物流子系统构建而成的复杂系统,物流信息是指与物流系统中的各项物流活动相关的信息。物流信息与物流活动相互关联,密不可分,各个物流子系统通过物流信息相互衔接,进行沟通与调度。对物流信息进行采集、分析、整合和存储,是现代物流网络规划中必不可少的环节。物流信息系统作为对物流信息进行控制与管理的系统,其出现大大加速了现代物流信息化进程的步伐。物流信息系统能够很好地解决物流企业内部信息资源的整合,保证物流企业的高效运转。但是,物流信息系统很难解决整个物流网络中不同物流企业之间的信息交互与资源整合问题,于是基于网络技术、现代通信技术与物流信息系统构建而成的现代物流信息网络应运而生,其很好地解决了物流网络中各物流企业内外信息数据资源交流的问题。动态的、多层次的物流信息网络管理,将物流网络中的各个企业用物流信息网络链接起来,加强了企业与企业之间的数据共享与业务上的沟通。

8.1 物流信息与信息系统

物流信息专指物流网络中各个物流活动所产生的各种信息,对于复杂的现代物流网络而言,物流信息的处理及时与否直接关系到物流网络的运转是否良好。为了很好地处理物流信息,以信息系统为开发原型的物流信息系统应运而生。

8.1.1 物流信息

1. 物流信息的概念

对于物流系统而言,物流信息是指与物流活动有关的各类信息。我国国家标准《物流术语》中对物流信息的定义如下:"物流信息(logistics information)是指反映物流各种活动内容的知识、资料、图像、数据、文件的总称。"从物流信息所包含的内容来分,物流信息可以分为狭义物流信息与广义物流信息两大部分。

狭义物流信息是指伴随着物流活动(如仓储、配送、运输、包装、流通加工等)而发生的信息。在物流活动的过程中,狭义物流信息为确定的物流活动提供准确的信息以保证该物流活动的正常运行。例如,库存方案的选取、运输工具的选择、配送路径的确定等物流活动所需要的物流信息都属于狭义物流信息的范畴。

广义物流信息是指与物流活动相关联的,提供给物流活动使用的信息。例如,供货人信息、顾客信息、订货合同信息、交通运输信息、市场供需状况、政策信息、物流服务人员素质、客户忠诚度信息等都属于广义物流信息的范畴。

物流信息与物流活动的开展密不可分,物流从一般活动成为系统活动也有赖于信息的作用。如果没有信息,物流就只是一个单向的活动,只有靠信息的反馈,物流系统才成为一个有反馈作用的,包括了输入、转换、输出和反馈功能的现代物流系统。

2. 物流信息的作用

物流信息是现代物流系统的重要支撑要素,对物流信息的处理是现代物流网络规划中必不可少的环节。物流信息处理是各个物流子系统综合实现最大价值所必须依赖的基础性功能。物流网络中每一个子系统的运作都与物流信息的处理相关联,都需要信息功能的支持,整个物流网络的组织程度和有序程度要靠物流信息来保障。物流网络通过信息与外界相联系,通过信息与外界互动。物流信息是提升整个物流活动效率的关键因素,其作用具体体现在以下几个方面:

(1) 通过物流信息处理功能的支持,物流网络中的各个子系统不需独立面对物流需求,物流网络作为各个物流子系统的有机综合来面对客户的需求。

(2) 通过物流信息共享,可以最大限度地减少物流过程中出现的资源浪费和时滞现象。

(3) 通过物流信息资源的整合,可以大幅减少传统物流过程中掩埋在流通过程各个环节中的隐性成本。

(4) 通过现代物流信息技术,可以将原先物流网络中无法整合的各个环节整合,由此催生出专门从事整合性物流业务的现代物流企业,即所谓的"第三方物流企业"。

(5) 通过现代物流信息技术,可以将物流的各个环节连成一个整体,按照 JIT(just in-time,准时制)的思想,以统一的供货计划准时地实现物资流动。

物流信息将原先割裂的物流网络中各个物流子系统紧密联系在一起,人们利用物流信息对物流网络中物流子系统的计划、协调和控制活动进行有效管理,为整个物流网络的高效运转提供了保障。

3. 物流信息的内容

物流系统是一种复杂的社会经济系统,其复杂性决定了物流信息对于物流活动的管理以及决策者制定相关决策时都非常重要。通过对物流不同业务之间的各种信息分析,有助于了解不同物流业务过程中相关的物流信息以及不同的信息需求、功能需求和决策需求,以辅助做好相关的具体工作。

在习惯上我们将物流系统的基本功能分为存储、运输、配送、加工几大类,不同的物流子系统,其包含的信息也不同。

1) 仓储系统

仓储系统是物流系统中最基本的子系统。随着物流业的快速发展,仓储系统由传统意义上的仓库逐步发展到现代物流中的综合物流中心,其信息内容和信息分析也发生了很大变化。

仓储系统的基本信息可以分为两类:一类是描述仓库的基本信息;另一类是描述存储物品的基本信息。仓库的基本信息主要包括仓库的地址、建筑形式、面积、经营性质、内部基本设施、保管方式、出入库方式等;存储物品的基本信息主要包括物品种类、名称、形状、质量、保管类别、数量、保管周期、出入库频率等。

对于仓储系统而言,信息分析主要分析物品的出入库规则、仓库的安全库存、仓库的订货策略、仓库存储货物的平均周转周期、仓库运作流程的合理性等。通过基本信息的采集，人机结合的信息分析，可以有效地帮助仓储系统的管理者作出合理决策，维持仓储系统的良好运作。

2）运输系统

运输系统同样是物流系统中最基本的子系统之一，其他物流子系统在运输系统的连接下构成了一个完整的物流链，运输系统的信息传递是否及时完整，对整个物流链效率的影响至关重要。

运输系统中的基础信息主要体现在运输系统的各类单据上，基本的单据包括订货单、提货单、货运单等。这些单据可以是有形的纸单，也可以是虚拟的电子单据。一个运作良好的运输系统应当充分考虑运输距离、运输环节、运输工具、运输时间和运输费用这5个"要素"，以制定出最合理、最经济的运输方案。要获得最合理的方案，克服空载、迂回等不合理运输，就需要掌握全面的信息，如运输节点之间的道路信息、各地的地方性交通法规政策、实时的在运物品信息、额外费用需求信息等。

对于运输系统而言，信息分析主要考虑如何规划运输路线、如何计划运输设备的接驳顺序，在保证客户满意的服务水平下，如何能够将货物以最经济的方式按时运到。因此，运输方式、平均运输成本、运输条件、最佳路径选择、混合配载能力、最快运载选择、运输工具实载率、在途货物毁损率等都是信息分析的对象。

3）配送系统

配送系统是物流系统中一种综合的活动形式。广义的配送几乎包含所有的物流要素。一般意义下的配送集装卸、搬运、包装、存储、运输于一身。某些配送系统还包括流通加工功能。狭义的配送则专指分拣配货与运输。配送本身就可以看作是一种商业形式，它有确定的组织和渠道，有存货、分拣、配货的场所，以及自己的基础设施与管理制度。配送系统的基础信息主要体现在货源的供应信息、备货成本、备货规模、配送路径、配送方式等方面。

对于配送系统的信息分析主要体现在如何安排合理的资源供给、配送环节中的库存控制、配送系统的运作成本以及配送路径和方式的合理优化等。如何能够快速地将货物以最合理的方式分配给每一个订单，并且按时送达最终客户，需要配送系统的管理者从配送系统的信息中分析、获取有用依据并作出正确决策。

4）加工系统

这里的加工系统与生产系统中的加工系统不同。物流系统中的加工系统主要是指物品从生产领域向消费领域流动过程中，为了促进销售、维持产品质量、提高物流效率而对物品进行的简单加工，通常将它称为流通加工。加工系统中的基础信息主要是原材料利用率、加工效率、加工设备利用率、被加工物品附加值以及多样化客户需求的适应性。

对于加工系统的信息分析主要体现在如何保证加工系统的加工能力符合客户需求，如何保证加工时间，如何制定加工流程，以及如何使得加工成本最低。

通过对加工系统的基础信息进行系统分析，制定出合理的加工流程，按时保质地完成客户要求，是管理决策者需要解决的问题。

8.1.2 物流信息系统

1. 物流信息系统的概念

物流信息系统(logistics information system,LIS)是以信息系统为开发原型,对物流信息进行控制与管理的系统。该系统充分利用物流信息资源,对物流业务进行实施、控制、优化,提高企业物流业务的效率,保证管理者所作决策的科学性。物流信息系统不仅仅是一个技术系统,也是一个人机交互系统。它把企业的各种物流数据和信息进行收集、传输、加工、保存,将有用的信息传递给使用者,以帮助企业对物流业务进行高效管理。

随着社会经济以及计算机技术的不断发展,物流信息系统在物流业务的集成化、系统功能的模块化以及信息处理的智能化方面都有其独特之处。

1) 物流业务的集成化

物流信息系统将物流信息与物流业务很好地集合在一起,集成化的思想在信息系统的开发设计过程中得到体现。物流过程中相对独立的仓储、运输、配送等各个环节在物流信息系统的支撑下,有效地集成在一起,大大提升了物流系统的综合效率。

2) 系统功能的模块化

系统功能的模块化是指把物流信息系统由各个功能模块组成,各功能模块通过统一的标准来进行功能开发,然后再集成,组合成物流信息系统。这样就保证了模块与模块之间通信接口的标准化,为客户的使用带来了方便,同时也为今后系统的升级、再开发提供了方便。

3) 信息处理的智能化

目前物流信息系统的智能化研究还处于起步阶段。现阶段的物流信息系统已经能够充分运用计算机的数据处理分析能力对物流信息进行处理,为使用者提供有效的物流决策。在不久的未来,拥有知识系统与专家决策系统等智能支持系统的物流管理信息系统,将能够对物流系统进行全面、科学、高效的管理。

2. 物流信息系统的分类

针对不同的物流系统以及物流系统的各个不同层面,物流信息系统大体上可以分为以下几类。

1) 按管理决策的层次分类

物流信息系统可以分为物流作业管理系统、物流协调控制系统、物流决策支持系统和物流规划系统。

(1) 物流作业管理系统。物流作业管理系统主要面向企业的作业层,主要实现物流业务各个环节之间基本数据的处理工作。例如,物流企业中订单的处理、搬运、拆装、存储、配送各个子环节的业务指令的发布,作业情况的跟踪和处理。

(2) 物流协调控制系统。物流协调控制系统主要面向物流企业的管理调度者,在系统层面对于各个物流业务子系统进行协调控制,以保证子系统的运作良好。系统的功能包括对输入和输出的控制、物流信息系统操作人员的权限设置、信息传递方向的控制等,也包括高级的数据分析以及决策支持,对业务流程的优化。例如,配送中心的物流信息系统在接收到货物入库的操作指令后,根据实际的货物属性、库存状况、配送中心人员和设备状况,对货物存储货位以及存放路径进行优化,达到合理调度的目的。

(3) 物流决策支持系统。物流决策支持系统是根据物流管理者对某个物流系统决策的需要，收集和存储相关的数据，通过定量计算与定性分析相结合的方法，采用人机对话方式，为管理者提供一个分析问题、建立模型、模拟决策过程以及提供决策方案的信息系统。由于实际物流系统点多面广、情况复杂，对物流系统进行分析时所涉及的数据量巨大，因此如果没有物流决策支持系统的帮助，管理者的决策会遇到非常大的困难。借助于计算机技术与专家知识系统，可以辅助企业管理者作出有科学根据、相对合理可行的决策。

(4) 物流规划系统。物流系统的规划是一项复杂的综合性系统工程。随着科学技术的发展和新的管理理念与管理方法的出现，物流信息系统在企业物流诊断、物流流程重组、企业物流管理和组织策略、配送中心，以及物流园区规划、选址、运输路径规划等方面都有着广泛应用。

2) 按物流信息系统的应用对象分类

物流链上各个不同的物流环节所实现的物流功能各不相同。因此，按照应用对象，可以将物流信息系统分为面向生产企业的物流信息系统与面向服务企业的物流信息系统。

(1) 面向生产企业的物流信息系统。生产企业在供应链中处于中间环节，同时也是极为重要的一个环节。面向生产企业的物流信息系统主要应用于组织原材料、物料、零配件等在生产过程中的包装、搬运、存储等物流活动，也包括原材料的供货物流以及产成品的销售物流。制造企业针对其销售计划确定生产计划后，就需要对原材料的物资采购制订计划，以保证生产进度的顺利实施。企业在生产过程中，需要控制好物料的流动以及各个环节适当的生产库存。物流信息系统与企业的生产管理系统对接，负责将生产计划、采购计划、销售计划分解并设计成物流计划，然后对物流计划进行执行、监督，直至生产、销售完成。

(2) 面向服务企业的物流信息系统。这里的服务企业统指供应商、经销商、零售商以及为他们服务的物流企业，例如仓储公司、货代公司、运输公司、第三方物流企业等。他们本身不生产商品，但他们为客户提供商品销售的渠道。这样的物流信息系统主要负责物流服务，应用于物流网络的库存管理、配送管理、运输管理等环节。

8.2 物流信息网络概述

随着现代物流业的快速发展，物流网络的组织结构日益复杂。其中，各物流子系统的物流业务的不断深入交错，催生了物流信息网络这一链接各个物流子系统的功能完善的大型信息网络。物流信息网络是建立在网络技术、现代通信技术和已有物流信息系统基础之上的网络系统，它实现了物流网络中各物流子系统的信息资源共享，为物流网络的高效运转提供了保障。

8.2.1 物流信息网络的概念

现代物流管理的目的是充分利用物流资源，低成本、准确、高效地完成物流活动，因此需要大量物流信息的支持。随着社会经济的快速发展，各类物流活动急剧增加，物流企业需要通过建设物流信息系统来处理日益复杂的物流业务。但是企业信息化建设并没有统一的标准和体系来规范,随着企业之间物流业务的深入交错,企业间物流信息共享难度不断增加。这一矛盾如何解决一直是令物流企业管理者头痛的难题。如今,物流信息网络的发展也许能让他们看到希望的曙光。

物流信息网络是指将现代物流网络中各个物流子系统的物流信息系统,通过现代通信技术进行链接而形成的一个功能完善的大型信息网络系统。

物流信息网络的作用就是利用网络平台,将数字化的物流信息分散存储,并行调度,解决了局部处理信息资源能力不足的问题。动态的、多层次的物流信息网络管理,将物流网络中的各个企业用信息网络链接起来,加强了企业与企业之间的数据共享与业务上的沟通。

在新经济时代,新型的商业运作模式对物流信息网络化提出了要求。互联网的普及推动了电子商务的飞速发展。然而,传统的物流体系根本不能满足电子商务业务的要求,由于物流服务落后导致的"物流瓶颈"极大地制约了其发展。究其原因在于,电子商务业务的不确定性强、时空跨度大的特性,使得凭借单一物流企业的信息系统调度资源来完成一系列的物流服务往往困难重重。只有将供应链上物流企业的信息系统联合起来,共同完成物流服务,才能达到目的。因此,物流信息网络的建设至关重要。

随着新的物流管理思想与理念不断产生,企业物流活动不再是单一、独立的,需要根据供应链上、下游企业的供给与需求来合理安排库存和配送,提高物流活动响应时间。随着企业业务规模的扩大,与企业合作的供应商、制造商、客户等大量增加,使物流网络变得纵横交错,这就需要为之服务的物流信息能够从多维角度来协调和控制,以保障物流网络的良好运作。

现今,国际社会分工的细化和世界市场的形成使企业全球化竞争日益激烈,由于服务对象的全球化发展,物流企业服务范围也随之扩大。像美国联合包裹服务公司(UPS)、联邦快递(FedEx)、敦豪(DHL)等全球国际快递企业,都已经通过自建物流中心,或与当地物流企业合作等方式,将自己的业务网络拓展到世界各地。这些跨国物流企业发展过程中需要将企业物流信息网络化,同时尽量与当地物流信息网络进行对接,这样才能保证企业物流业务运作的高效、合理。物流信息网络化会让物流企业的资源配置与物流业务处理能力实现质的飞跃。

8.2.2 物流信息网络的作用及特点

物流信息网络的发展建立在物流网络中各个企业物流信息系统建设的基础之上。物流信息网络以网络为形式和手段,以实现对现实或虚拟的物流信息资源的优化配置为目标,以信息驱动物流资源共享,是信息化在新的网络环境下发展的产物。局部的物流信息化,可以为各个企业内部资源的高效利用提供帮助,但是对于整个物流网络的资源整合作用有限。物流信息网络化,通过借助现代计算机技术和网络技术,实现了物流网络中各物流子系统的信息资源共享,为物流网络的高效运转提供了保障。

相比于其他公共信息网络,物流信息网络具有如下特点:

(1) 服务对象具有针对性。物流信息网络主要应用于流通服务领域,属于专业的商用信息网络,主要用于物流网络中仓储、配送、运输、流通加工过程的信息资源处理。

（2）服务内容具有专业性。物流信息网络不仅仅提供信息发布、查询等基本服务内容，还可以为物流网络中各个物流子系统提供更深层次的服务。例如，它可以为运输系统提供在途货物信息查询、运输车辆 GPS 定位，可以为存储系统提供实时库存查询、最低库存预警等专业化服务。

（3）网络信息实时性强。物流网络中信息资源的及时传递是影响整个物流网络效率的最重要的因素。物流信息网络中信息传递与交换的实时性、准确性相比于其他信息网络要求更高。

物流信息网络为整个物流网络的高效运转提供了完善的解决方案。借助于现代计算机技术与通信技术，物流信息网络将各个物流子系统的信息系统链接起来，有效缩短了物流信息的传递时间，在实现控制协调物流过程、缩短物流渠道、增加流通透明度、优化物流绩效以及促进物流系统网络化管理等方面起到越来越重要的作用。

8.3 物流信息网络的体系结构

8.3.1 基于 Internet/intranet 的物流信息网络

随着现代计算机技术与网络通信技术的快速发展，基于 Internet/intranet 的物流信息网络结构体系已经成为物流信息网络构架的主流体系。

基于 Internet/intranet 的物流信息网络的基本结构体系如图 8.1 所示。物流网络中的各个物流企业内部建立 intranet 网，物流企业 intranet 网通过路由器和防火墙与外部的 Internet 网相连。由此可见，该结构体系主要由物流企业内部的 intranet 网与连接物流网络的 Internet 网两部分组成。

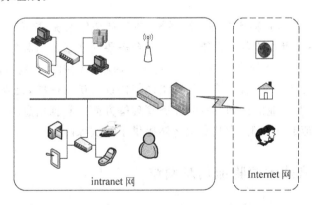

图 8.1 Internet/intranet 物流信息网络基本结构

Internet 网是建立在 TCP/IP 通信协议和 WWW 万维网技术上的国际公用互联网络。Internet 以相互交流信息资源为目的，基于一些共同的协议，并通过许多路由器和公共互联网而成，是一个信息资源和资源共享的集合。

intranet 网又称为企业内部网，是 Internet 技术在企业内部的应用。它实际上是采用了

TCP/IP 通信协议、DNS 域名服务、POP3 邮件传输协议、FTP 服务技术等一系列的 internet 技术规范建立的企业内部网络。intranet 的基本思想是：在内部网络上采用 TCP/IP 作为通信协议，利用 Internet 的 Web 模型作为标准信息平台，同时建立防火墙把内部网和 Internet 分开。当然 intranet 也可以独立于 Internet，作为一个自成一体的独立网络。

物流企业的 intranet 网一般按照网络平台、服务平台与应用平台 3 个层次进行设计，如图 8.2 所示。

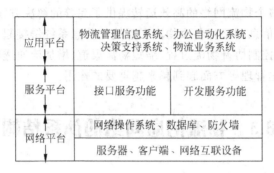

图 8.2 Internet/intranet 物流信息网络层次结构

（1）网络平台包括网络硬件平台和网络软件平台两部分。硬件平台是指支撑整个 intranet 网运行的硬件基础设施；网络软件平台包括 intranet 网络操作系统、数据库、防火墙软件以及各类应用软件等。

（2）服务平台一般包括 intranet 网接口服务、开发服务两个平台。接口服务包括各种通信协议及常用的 Web 访问数据库的接口和方法，该平台保证了企业内各类应用和数据库以统一界面在 intranet 网络中被应用；开发服务平台主要用于开发网络服务、外部资源连接及数据库。

（3）应用平台一般包括物流管理信息系统、办公自动化系统、决策支持系统以及库存管理系统、配送管理系统等物流业务系统。应用平台需要网络平台与服务平台的支撑。

基于 Internet/intranet 的物流信息网络实现了物流企业内部与物流网络中各物流企业之间的信息交互与资源整合，通过统一的网络通信协议与访问标准，集成各类已有物流信息系统，在网络环境下对企业的计划、库存、业务管理等方面的数据信息进行集中处理，保证了物流网络中的信息流畅通无阻，为其高效运转提供了坚实保障。

8.3.2 基于网格技术的物流信息网络

网格(grid)技术是近年来在全球引起广泛关注的一种重要信息技术，它来源于人们对于电力网的研究。网格技术研究的权威，美国 Argonne 国家实验室的 Ian Foster 教授认为："网格是构筑在互联网上的一组新兴技术，它将高速互联网、高性能计算机、大型数据库、传感器、远程设备等融为一体，实现计算资源、存储资源、通信资源、软件资源、信息资源及知识资源等的全面共享和协同工作。"网格的根本特征是共享资源，消除信息孤岛和资源孤岛。

实际上,网格技术是在构建一个使信息技术被公众广泛接受和应用所必需的环境。网格技术并不是颠覆已有的信息、通信等技术,也不是各种先进技术的简单集成,而是在一定的网络技术标准、协议与框架下实现的大量成熟技术的有机集成和创新。这种技术具有对服务的抽象、严格的管理和监控机制、高性能的调度、提供结构框架和开发运作模式、标准化、接口化、模块化等方面的特征。基于网格技术的物流信息网络充分利用现有的网络基础设施、协议规范、Web 和数据库技术,为用户提供一体化的智能信息平台。

基于网格技术的物流信息网络可以被理解为:在 Internet 网络环境下,一种架构在操作系统(operation system,OS)和 Web 服务之上的基于 Internet 的新一代物流信息网络平台。在这个平台上,信息处理具有分布式、协作和智能化特点。该平台不仅仅解决一般的信息交换与查阅,而是要把平台用户连接成一个虚拟的社会组织(virtual organization),实现在动态变化环境中有灵活控制的协作式信息资源共享。基于网格技术的信息服务与基于 Web 服务的信息服务之间最大的区别是一体化,即用户看到的不是数不清的门类繁多的网站,而是单一的入口和单一的系统映像。

目前,主流的网格体系结构主要有 3 个:第 1 个是 Ian Foster 等人首先提出的五层沙漏结构(five-level sandglass architecture);第 2 个是 Ian Foster 等人在 Web Services 技术的发展与影响下,结合五层沙漏结构和 Web Services 技术而提出的开放网格服务体系结构(open grid services architecture,OGSA);第 3 个是由 Globus 联盟、IBM 和 HP 于 2004 年共同提出的 Web 服务资源框架(web service resource framework,WSRF)。

下面介绍以经典的五层沙漏结构为基础构建的物流信息网络体系构架,如图 8.3 所示。

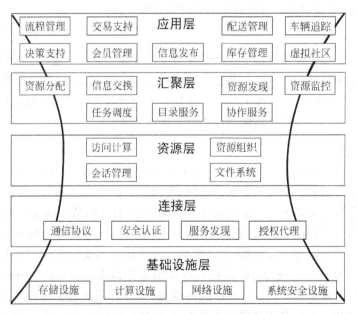

图 8.3 基于网格技术的物流信息网络体系构架

基于五层沙漏结构的物流信息网络建立的核心思想就是以"协议"为中心,使得动态、异构组织之间的资源得到共享并且能够协同解决问题。该网络体系构架根据结构中各组成部分与资源的距离,将对网络中的共享资源进行使用和管理的功能分散至 5 个层次中,由下而上分别是基础设施层、连接层、资源层、汇聚层和应用层。这种结构的重要特点就是沙漏形状,因为核心协议部分既需要实现上层各种协议向核心协议的映射,同时也需要实现核心协议向下层其他各种协议的映射。这种核心协议应能够在所有支持网格服务的地方都得到支持,因而协议数量不应该太多,核心协议所在层成为网络层次结构中"沙漏"的瓶颈部分。

1. 基础设施层

基础设施层是网络体系中可以被共享的资源所在的层,其基本功能是控制局部资源,并向连接层提供访问这些资源的接口。基础设施层的资源主要包括存储设施、计算设施、网络设施以及系统安全设施等。它提供的资源越丰富,该层可以支持的高级共享操作就越多。例如,如果计算设施支持提前预约功能,则很容易在高层实现资源的协同调度服务,否则要在汇聚层实现这样的服务就会比较复杂。

2. 连接层

连接层的基本功能是定义了核心的通信和授权控制协议。基础设施层的各项资源之间的数据交换、授权认证、安全控制都需要通过连接层来实现。

3. 资源层

资源层建立在连接层的通信与安全协议之上,其主要功能就是对单个资源实施控制。资源层定义的协议包括安全初始化、监视、控制单个资源的共享操作、审计以及付费等。资源层与连接层形成沙漏模型的瓶颈部分,这两层的协议要能够抓住涵盖不同资源类型的基本共享机制,但又不能对高层协议的类型和性能有所制约。

4. 汇聚层

汇聚层的主要功能是将资源层提交的各类受控资源汇聚在一起,供应用程序共享使用。汇聚层协议与服务描述的是资源的共性,包括目录服务、资源发现、资源分配、任务调度、代理服务、资源监控及诊断、协作服务等。汇聚层对不同资源集合之间的相互作用进行协调控制,在资源层的基础上,实现更高级的应用。

5. 应用层

应用层是该网络体系中最上面一层,直接面对网络平台客户。因为汇聚层、资源层、连接层都定义了协议以提供对相关服务的访问,比如资源管理、数据存取、资源发现服务等,所以该层可以调用任意低层上定义的有用服务来构造应用程序,从而满足应用需求。

在这样的五层沙漏结构物流信息网络体系中,用户需求通过应用层通知物流信息网络提供满意的物流服务,物流信息网络通过信息调动物流资源实现所需的服务。其实现方式就是由应用层通过汇聚层、资源层、连接层提供的应用程序接口(application programming interface,API),将应用参数传递给具体的协议层,并设计出满意的解决方案;各层将被调用的虚拟服务解决方案向物流基础设施层映射,传递控制指令,实现信息资源的调配;由物流基础设施层和物流服务提供方进行通信、协商,以确认提供现实的服务,这样就完成了客户需求向信息设施底层的传达过程,然后就是将客户服务需求实现。完成客户需求后,相应的完成信息通过物流信息节点以反馈给物流信息网络。

8.4 物流信息平台

物流信息平台是一个物流信息化、网络化与物流信息网络建设实践相结合的产物。物流信息网络是一个虚实结合的网络体系，而物流信息平台则是一个开放的信息交换和辅助服务平台，我们往往可以把物流信息平台看做是物流信息网络的前端窗口。物流信息平台是由与物流过程有关的政府、物流企业、物流业务需求方等众多参与者通过网络通信平台连接成的一个开放的网络体系，为各类物流过程提供相关信息资源的查询、发布、传递、处理和交易等物流信息服务。

物流信息平台运用现代化的信息技术、计算机技术和通信技术，整合物流行业内外的相关信息资源，系统化地采集、编辑、传送、存储、交换物流信息，从而达到整个社会物流信息的高效传递与共享。物流信息平台为中小型企业的功能性物流管理提供信息化支持，为政府相关部门的信息沟通提供宏观决策支持。随着计算机与互联网技术的快速发展，物流信息平台已经成为物流行业整体信息化发展的有力武器。

8.4.1 物流信息平台的意义和作用

1. 整合现有物流信息资源，避免重复建设

我国区域物流信息化的现状是各自为政，缺乏统一规划，其结果造成各企业物流信息系统建设存在"大而全，小而全"的问题，很多单位开发的物流信息系统功能上重叠，数据格式不规范，信息系统之间无法互联互通，浪费了大量资源。统一规划物流信息平台的功能和建设架构，整合现有各种物流信息资源，从根本上改善区域物流信息化建设的现状，以节省投资和加快建设进度，有利于发挥区域物流系统的整体优势，加强物流各环节的联系，为区域物流信息化的快速发展提供支持和保障。

2. 推进区域物流企业信息化进程

我国大部分物流企业都是由传统的货代、仓储和运输企业演变而来的。这些物流企业的物流信息化意识薄弱，大多只能提供物流网络环节中单一环节的服务。现代物流要求物流企业能够提供一体化的物流服务，因此企业物流信息系统迫切需要统一的数据标准与接口，以方便与物流网络上其他环节的沟通与协调。规划物流信息平台，可以把供应链上的各家单位，包括政府职能部门、海关、检验检疫局、税务、银行、物流企业、工商企业等单位连接起来，为物流企业提供"一站式"的接入服务。物流企业的物流信息系统只需与物流信息平台接口，即可实现与物流链上所有环节的信息系统互联互通，解决了物流企业建设一体化物流信息系统与各部门沟通和协调的困难，以及建设资金不足的问题。同时，物流信息平台还能够利用先进信息技术为中小物流企业提供物流信息化解决方案。因此，规划物流信息平台将在整体上推进区域物流企业的信息化进程。

3. 降低物流服务成本，提供多元化的物流服务

通过物流信息平台，物流企业可以实时发布、查询和接收物流运作信息。这有助于提高各个物流作业环节运作的透明度,减少物流信息交换的环节,缩短物流运作的周期,大大改善物流企业的工作效益和业绩。另外,它有助于建立多家物流企业的长期伙伴合作关系,当物流需求方提出物流请求时,可迅速建立起物流网络连接,提供相关的物流服务。大规模联合作业可以降低物流网络整体运行的成本,提供全方位的物流网络基础服务和增值服务。

4. 推动区域物流信息标准化的建设工作

我国区域物流信息系统的建设中往往采用不同的数据格式、使用不同的数据库、选择不同的数据通信协议等,这种不规范的局面导致物流网络中各个物流子系统的信息系统无法进行通信、信息共享和数据交换。规划物流信息平台,有助于推进相应的数据标准化和通信协议规范化的制定工作。只有制定了统一的数据标准和通信协议规范,才能实现物流信息系统间的共享和数据交换,保证物流网络中信息流的通畅无阻。

5. 推动区域电子商务和智能交通的发展

我们知道,制约电子商务发展的瓶颈之一就是物流业务运作的支持。通过物流信息平台的建设,提供网上物流业务交易支持功能,并与电子商务平台相结合,提供高效运作的物流网络服务,将大大推动区域电子商务的发展。在物流信息平台建设过程中,通过应用交通信息的实时采集技术和 GPS/GIS 技术,实现货物跟踪、定位和车辆导航等,将有力地推动区域智能交通的快速发展。

6. 推动物流相关政府职能部门间协同工作机制的建立

物流业务的运作涉及与众多部门的协调,如银行、税务、保险、海关、检验检疫、交通、交管、外贸等政府职能部门。目前这些部门的信息还无法共享,每个部门都是从各自的利益角度出发考虑问题,甚至各自出台的政策常有冲突和矛盾的地方,常常让物流企业无所适从,这与一体化的物流服务严重不相适应。通过规划物流信息平台,促进不同政府职能部门间的信息共享和数据交换,有利于推动电子政务的发展,促进政府职能部门间建立协同的工作机制,从而提高整个区域物流系统的运作效率。

8.4.2 物流信息平台的功能结构

物流信息平台的功能要满足区域物流系统中政府管理部门、相关职能部门、物流企业、工商企业等不同层次的参与者对物流信息平台的功能需求。物流信息平台的一般功能结构定义如图 8.4 所示。

1. 数据交换处理系统

数据交换处理系统主要用于处理平台上各项业务运作时的信息交换。其中包括电子单证的翻译、转换与通信;平台用户之间业务往来时的信息交互、企业报关、报检以及结(缴)算时的信息传递。

图 8.4 典型的物流信息平台功能结构

2. 物流金融服务系统

物流金融服务系统的基本功能是实现在线交易。该系统为物流业务供需方提供一个虚拟的交易平台,供需方可以在平台上通过查询需求信息,找到合作伙伴,达成交易协定,并通过安全的支付平台完成交易。随着物流信息平台的不断完善,物流金融服务系统还可以提供融通仓业务、企业金融信用认证、物流业务网上保险等高级金融服务的办理。

3. 电子政务系统

电子政务系统是对物流运作过程提供相关业务数据支持的所有政府职能部门的信息集成管理和交互的网络空间。该系统涉及对物流核心业务进行信息支撑的相关政府职能部门,而这些部门的内部信息系统为物流信息平台提供需要的业务数据和服务支持。

4. 物流业务支持系统

物流业务支持系统是针对物流链上各个物流环节中所发生的物流业务进行处理的子系统的集合,主要包括智能配送系统、库存管理系统、货物跟踪系统等。物流业务支持平台对物流过程中产生的物流信息进行处理(包括数据的采集、整理、传输、存储及统计分析,物流业务过程中的电子化监控、调度和管理等),对其服务范围内的信息资源进行全面整合,优化物流资源配置。

5. 物流决策支持系统

物流决策支持系统主要利用计算机技术建立物流业务的计算模型,通过对日常运作中采集到的历史数据的分析,帮助物流业务决策者分析、选择合理的业务实施方案。它主要用于物流需求分析、行程安排、设施选址、投资回报预测等。

6. 公共信息服务系统

公共信息服务系统是物流信息平台最基本的功能之一,主要包括信息发布、会员管理等功能。信息发布功能主要让用户通过登陆 Internet 连接到物流信息平台,对物流供需信息、政策信息以及交通、气候信息等物流业务相关的公共信息进行发布和查阅;会员管理功能主要为信息平台的注册会员提供管理和个性化服务,例如会员单证的管理、会员业务的实时跟踪、会员的资信评估等。

8.5 案例分析:中国电子口岸

中国电子口岸是于 2001 年 5 月,经中央机构编制委员会办公室批准,由海关总署成立,具有独立法人资格的中国口岸数据中心(China E-port Information Data Center),简称数据中心。中国电子口岸数据中心主要承担国家"十五"科技攻关项目"金关工程"——中国电子口岸系统集成、网络平台建设、应用项目开发和系统运行维护,为政府管理部门和全国 500 多万家进出口企业提供全程电子政务服务。为了适应中国电子口岸业务快速发展的需要,2002 年 10 月,经中央机构编制委员会办公室批准,在全国 41 个直属海关所在地设立数据分中心。分中心系各直属海关直属事业单位,负责承办本地区政务卡、企业卡的录入、制作和为本地区联网企业提供技术支持、操作培训、热线咨询等各项服务工作,进一步保证了电子口岸应用项目的顺利推广及正常运行。

目前中国电子口岸已经在全国47个省会城市、计划单列市及300个地级市设立了中国电子口岸专网接入节点,实现了与海关总署、外汇管理局、国税总局、质检总局、工商总局、商务部、公安部、铁道部、贸促会、香港工贸署、澳门经济局以及中国银行、中国工商银行、中国农业银行、交通银行、招商银行等11家商业银行的互联互通和信息共享,入网企业达18万家,每日处理电子单证数量达50万笔,中国电子口岸门户网站每日点击率超过430万次,在整顿国家经济秩序、加强政府综合治理、便利企业通关方面发挥了重要作用,产生了重大的经济效益和社会效益。

8.5.1 中国电子口岸的构建目标与作用

中国电子口岸的构建目标有以下3方面:

(1) 建立现代化的管理部门联网综合管理模式,增加管理综合效能。在公共数据中心支持下,进出口环节的所有管理操作,都有电子底账可查,都可以按照职能分工进行联网核查、核注、核销。

(2) 利用高科技手段增强管理部门的执法透明度。中国电子口岸,借助于高科技手段,使管理部门各项进出口管理作业更规范、统一、透明,各部门、各操作环节相互制约,相互监督,从机制上加强了管理部门廉政建设。

(3) 便利企业,提高贸易效率,降低贸易成本。很多进出口手续在办公室通过网络就可以完成,通关效率提高,出口退税迅速,结、售、汇、核、销等手续更为便捷。

中国电子口岸的主要作用是建立进出口货物电子底账,实施综合治理。国家有关行政管理部门分别将各自掌握的企业档案、合同、报关单、核销单、舱单等电子数据集中存到公共数据中心,并实行联网核查,杜绝了利用假单证走私、骗汇、骗税等违法犯罪活动,提高了政府部门综合管理效能。

中国电子口岸"电子底账+联网核查"的管理模式使国家行政管理部门的执法行为更加规范、统一、透明,在各部门之间和作业环节之间形成了一种相互制约、相互监督的机制,从而增强了廉政建设的力度,降低了贸易成本,提高了贸易效率。

中国电信结合中国电子口岸的业务特点,推出了全国统一的95199拨号、宽带和专线3种接入方式,企业只要从电信公网"一点接入",就可以通过公共数据中心向海关、国检、外贸、外汇、工商、税务、银行等部门和单位申办各种进出口手续,既节省了时间,又减少了奔波劳累之苦,从而提高了贸易效率,降低了贸易成本。

中国电子口岸安全系统采用PKI标准公钥技术和国内最先进的CA身份认证系统,入网用户经过工商、税务、技监、外经贸、海关、外汇6个部门进行的资格审查后取得入网IC卡,并使用IC卡开展业务,从而有效防止了抵赖和篡改数据的行为。该系统由国家密码办、总参三部以及信息产业部邮电科学院联合研制开发,并于2000年12月通过了国家信息安全保密鉴定。

8.5.2 中国电子口岸体系结构

由图 8.5 可以看到,中国电子口岸由内部信息系统网络、中国电子口岸信息平台、Internet 和企业客户端 4 部分组成。银行、公安、海关、质检、税务、交通等部门与中国电子口岸通过 VPN 专网联系,完成进出口贸易、收付汇、出口退税、联网报关、电子账册、保税监管等基本功能,而加入电子口岸平台的各企业的信息系统则通过互联网与中国电子口岸信息平台相连。

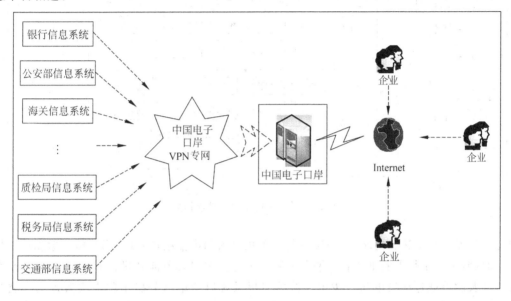

图 8.5　中国电子口岸系统构架

图 8.6 是某关区电子口岸的功能构架图。从该图来看,电子口岸很好地集成了电子商务服务、物流业务服务以及电子政务服务 3 大功能板块。在这样一个以统一接入标准和界面面向供需企业以及相关政府职能管理部门的物流信息平台上,需要物流服务的个体或企业用户不仅能获得相应的物流供需信息,寻找物流战略合作伙伴,而且还能得到一体化的通关、报关、收付汇等一条龙配套服务,从而保证物流网络的高效运转。

8.5.3 中国电子口岸功能简介

1. 电子账册系统

电子账册是从总体上记录和管理一个企业的所有加工贸易业务行为的综合系统。它包括经营范围的申请和变更、归并关系的申请和变更、电子账册的申请和变更、账册分册的申请和变更、账册数据的滚动核销以及中期核查数据,适用于以加工贸易为主的大中型企业。

2. 舱单申报系统

舱单申报系统以中国电子口岸数据中心作为集中式舱单电子数据交换平台,加入严格

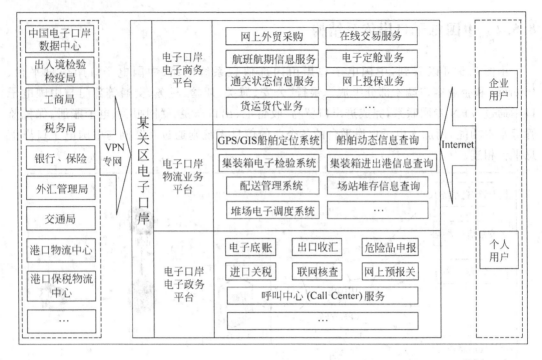

图 8.6 某关区电子口岸功能构架

的身份认证和数字签名功能,使用统一的舱单预录入和申报用户界面,强化舱单数据质量控制,确保舱单电子数据的准确性、有效性和合法性。应用对象涉及进出口企业、报关行、海关。涉及的单证包括舱单和分拨单。舱单申报系统以舱单与分拨单的申报管理为主要功能,同时为方便使用,提供舱单修改、查询、打印、统计以及回执查询等辅助功能,包括空运、海运、邮运、铁路及小型船舶 5 类舱单的申报处理。

3. 加工贸易跟踪管理

按照现行的加工贸易管理模式,外经贸、海关、银行对加工贸易企业的管理相互独立,部门与部门之间、部门与企业之间主要通过纸面单证的审批来实现管理目标。由于纸面单证容易造假,因此增加了行政管理部门核验的责任,管理效能受到影响。利用现代化手段对加工贸易合同和加工贸易企业实行联网动态跟踪管理,并通过建立电子底账数据,实现部门数据信息共享,可以极大地提高行政管理部门对加工贸易的综合管理效能,这是当前改进和完善加工贸易业务管理的迫切要求,也是今后发展的必然趋势。

4. 减免税系统

减免税系统主要是专业预录入公司、报关行以及海关来使用。目前,许多企业在进行进出口业务时,希望海关能对进出口的设备关税进行减免。为此,企业需要进行减免申报,海关对其进行审批。这一系列过程都可以由该系统来完成。减免税系统分为前台部分和后台部分。前台部分主要实现减免税项目备案和证明表的录入、申报及打印等功能;后台部分主要进行所有报文的设计以及企业端发送与接收报文数据、数据中心端接收和发送报文数据的功能设计。该系统处理的数据有减免税备案数据有减免税证明数据。

5. 转关申报系统

转关申报系统是为保证跨关区快速通关业务在全国的顺利实施,考虑到各海关不同的业务需求,在中国电子口岸预录入系统中开发的一套适用于广东及非广东模式的转关运输货物申报单(直转)电子数据的统一填制和申报子系统。

6. 网上支付系统

作为中国电子口岸的配套服务项目,中国电子口岸网上支付系统与中国电子口岸其他业务系统以及银行内部已有的业务系统相连接,改变传统的税费支付方式,为用户提供准确、方便、快捷的网上金融服务。采用网上支付的客户,通过中国电子口岸查询到应付税费款额后,可在网上发布支付指令;银行接到支付指令后,可直接从用户在银行开设的预储账号中划转税费;划转成功后,用户可直接办理相关手续。网上支付业务的推出将缩短通关时间,提高通关效率,减低贸易成本。

7. 企业管理信息子系统

企业管理信息子系统是口岸电子执法系统的一个辅助应用系统。设计目标是:提供企业和相关业务人员的档案资料,方便口岸各级执法部门实施审批、查询、分析统计、布控等管理手段。在办理口岸业务时,为一线的监管人员提供企业相关的资信情况,提供对有问题企业实施布控的依据。同时,它又是一个面向企业申报业务的辅助应用系统。

8. 快件管理系统

快件管理系统主要是为快件企业和海关服务的,目的是将快递公司的快件单据(舱单、报关单、转关单)自动导入到客户端本地数据库;能够对快件数据进行增加、删除、修改、查询等基本数据维护;通过 Internet 将本地数据上载到外部网的数据中心,然后通过消息队列(MQ)通道将该数据转传到海关内部网中;用户可以随时登录到外部网查看所申报的单据数据被海关审批的情况,并提供对报关单回执数据下载及相关单据(报关单、转关单、纳税单等)的打印功能。

9. 进口付汇系统

进口付汇系统主要是配合国家的外汇管制政策,通过"电子底账＋联网核查"的方式,防止不法企业伪造报关单或者利用报关单进行重复付汇。这种系统主要用于外汇、银行、企业,主要数据有进口报关单和银行核注结案信息等。

10. 报关申报系统

报关申报系统是为了更好地适应专业报关行、预录入公司的使用,满足大业务量报关单录入/申报而进行的系统开发,是对原报关单系统操作界面和客户端查询等功能的系统优化。该系统共包含报关单录入/申报、清单录入/申报、转关运输提前报关录入/申报,无纸报关等几大主体功能。

11. 公共服务系统

公共服务系统主要承担报关申报系统查询、核销单查询、舱单数据查询等电子口岸系统必须提供的基本业务。

8.5.4 中国电子口岸与传统口岸管理模式的优越性比较

中国电子口岸与传统口岸管理模式相比较具有很大的优越性,具体表现在以下几个方面。

1. 基于公网,充分利用信息网络

在传统口岸管理模式中,政府部门之间没有相互联网,数据无法共享,企业想要和政府部门联网,必须分别联网,由此产生的联网效果并不明显。而通过中国电子口岸管理模式,企业只要与电信公网连接,就可以通过电子口岸的公共数据中心在网上直接向海关、外贸、外汇、质检、工商、税务等政府管理机关申办各种进出口手续,各政府部门也可以在网上办理各种审批手续,从而真正实现了政府对企业的"一站式"服务。通过公共数据中心,企业还可以获得运输、仓储、银行、保险等行业的中介服务,企业间也可以进行联网,从而实现真正意义上的电子商务。

2. 入网成本低

利用 Web 登录中国电子口岸网站,企业只需配备一些简单设备,公共电子口岸数据中心提供免费的系统安装软件,比原先各物流系统之间以 EDI 方式互联的成本低。而且,相关管理部门提供免费技术、业务支持,企业将得到更多的实惠。

3. 系统直观、易学,操作简单

中国电子口岸以 Windows 操作系统为平台,IE 为浏览工具,建立起和用户交互式的友好界面,系统提供一系列丰富的在线帮助和业务规范、操作指南查询,使用户轻松实现网上办公。

4. 安全防护措施保障系统安全

中国电子口岸采用了国际标准和国内自主开发的高强度密码设计,在网传加密、网络隔离防护、机房设施安全以及身份认证、权限设置和数字签名等安全方面采取了多重严密的安全防护措施。并且,该系统由政府部门直接管理,处在政府部门严密管理下,安全有保证。

中国电子口岸利用信息平台将各政府职能单位、服务部门统一地联系在一起,帮助物流贸易企业完成进出口物流业务。电子口岸简化了物流企业进出口物流业务操作流程,提高了物流运作效率,其"一站式"物流服务的运作模式值得借鉴。

小结与讨论

本章主要介绍了物流信息网络规划的相关内容。对于日益复杂的物流网络而言,如何合理地对物流网络中的信息资源进行整合,保证信息流的快速通畅,是现代物流业快速发展过程中急需解决的问题。物流信息处理是各个物流子系统综合实现最大价值所必须依赖的基础性功能。物流信息系统的出现,使得企业能够将各种物流数据和信息进行收集、传输、加工、保存,并帮助企业对自身物流业务进行高效管理,而要有效地解决整个物流网络中的信息资源整合问题,则需要依靠物流信息网络。物流信息网络的作用就是利用网络平台,将数字化的物流信息分散存储,并行调度,解决了局部处理信息资源能力不足的问题。动态的、多层次的物流信息网络管理,可以有效地将物流网络中的各个企业用网络链接起来,加强了物流网络中企业与企业之间的数据共享与业务上的沟通。物流信息网络的规划构建可以基于主流的 Internet/intranet 的体系架构,也可以运用最新的网格技术进行构建。物流信息平台作为物流信息网络的前端平台,是物流信息化、网络化与物流信息网络建设实践相结合的产物,是一个开放的信息交换和辅助服务平台。物流信息平台的构建,对于加速现代物流信息化进程,将起到非常重要的作用。

习题

1. 什么是物流信息？在不同物流系统中如何对物流信息进行分析？
2. 什么是物流信息系统？物流信息系统有哪些特点？
3. 请简述物流信息系统的分类方式及内容。
4. 什么是物流信息网络？研究物流信息网络的意义何在？
5. 试分析物流信息系统与物流信息网络之间的关系。
6. 请简述基于 Internet/intranet 技术的物流信息网络体系构架。
7. 什么是基于网格技术的物流信息网络体系？
8. 基于网格技术的物流信息网络体系与一般物流信息网络体系有什么区别？
9. 试分析物流信息平台与物流信息网络之间的关系。
10. 物流信息平台一般具有哪些功能？物流信息平台的建设对我国现代物流信息化进程有什么意义？

第 9 章 物流网络规划方法

随着市场竞争的加剧,技术的快速变化,物流环境的变化,我们在设计物流网络时,实际上是在接受一次崭新的、富于挑战的任务。为了完成这一艰巨任务,需要采用科学的方法和遵从合理的逻辑,以保证物流网络规划达到预定目标。

本章将在前面章节的基础上,提供物流网络规划的一般方法,以帮助读者从整体上理解和掌握如何进行物流网络规划。

9.1 物流网络规划方法概述

由前面的章节介绍可以发现,物流网络规划涉及广泛的问题和内容,规划时,一定要保持清醒的头脑,切莫陷入具体的问题之中,而忘记系统的全局规划并达到全局最优。这需要时刻牢记所研究的规划问题本身和掌握规划的一般方法。

9.1.1 物流网络结构问题的定义

物流网络规划的主要任务是确定产品从原材料起点到市场需求终点的整个流通渠道的结构,即物流网络结构,包括决定物流设施的类型、数量与位置,设施所服务的客户群体与产品类别,以及产品在设施之间的运输方式。图 9.1 描述了一个普通的产品流通网络。需求方可以从所在地仓库和销售点得到产品,也可以直接从产品的供应源头(工厂或总经销商)购买。中转仓库可以从区域销售中心或直接从供应源头获得产品。图 9.1 仅仅是一种概括性的网络结构,实际的产品流通网络可能较为简单,也可能更加复杂。

物流网络规划既涉及空间问题,又涉及时间问题。空间或地理规划设计问题要解决各种设施(工厂、仓库、零售点)的平面地理布局,即设施选址(见第 2 章),确定各种设施的数量、规模和位置时要考虑客户服务水平和成本之间的平衡;物流网络规划的时间问题是解决为满足客户服务目标而保持产品可得率问题,即客户得到产品的时间问题,这涉及库存与运输管理(在本系列教材《库存管理》和《交通运输组织基础》中有详细介绍)。

网络结构问题之所以重要,是因为一个好的物流网络结构可以:①降低物流总成本,通常每年可以节约 5%～15%;②提高客户服务水平,通常客户获得产品的时间可以以天计算,如果能做到以小时计算,这就大大方便了客户;③提高企业的竞争能力。

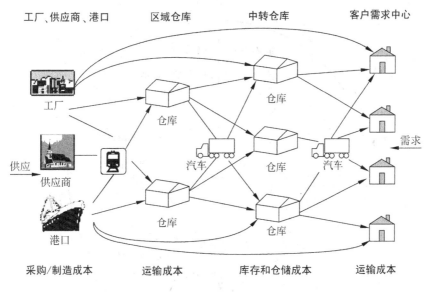

图 9.1 物流网络示意图

9.1.2 物流网络规划的一般方法

物流网络规划是一门科学和艺术并重的学科,其理论与实务均不易完全以数学或定量模式来涵盖其所有内容或寻求解决方案,在设计过程中,常需加入设计者个人的主观判断或经验积累。即使如此,物流网络规划设计者仍然应该坚持使用有组织和有系统的科学方法进行研究,避免完全依照主观经验的设计行为。

一般工业工程解决问题的思路为:定义所要研究的问题→分析该问题→产生对该问题的解决方案(可能有几个)→评价解决方案→选择解决方案→实施解决方案→实施后再评价。

同上述思路类似,物流网络规划也遵循类似的方法,如图 9.2 所示。

1. 定义问题

首先要定义物流网络规划的目标。无论是要规划一项新的物流网络,还是改进现有的物流网络,都需要定义项目的范围,将物流网络所服务的对象和要达到的服务水平予以量化描述,并针对节点和线路以及作业层次或数量予以定义。然后要指定为达成目标所要执行的主要与支持性作业,可通过所涉及的操作、设备、人员与物料流程来定义所要执行的主要与支持性作业,以及要满足的需求。支持性作业的目的是使基本作业能在最少干扰与迟延的情况下进行运作。

需要强调的是,问题定义十分重要,尤其是问题的边界,哪些需要纳入规划,哪些不需要,以免遗漏或返工。

2. 分析问题

(1) 收集资料。对所定义的问题进行分析的关键是对资料的占有。资料包括社会经济

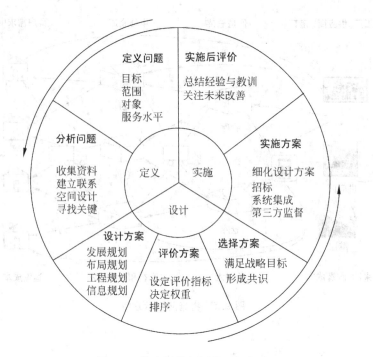

图 9.2 物流网络规划的一般方法

发展情况、物流设施现状、物流流动情况、交通线路情况、土地利用情况、劳动力现状、科学技术发展水平等。

(2) 建立节点之间的联系。在所定义的问题范围内,确定节点的数目和位置以及它们之间的相互关系。

(3) 建立节点内部的空间结构。对每一节点,确定其内部空间布局,包括功能、设施的类型与数量、物料与人员的需求、作业流程、作业之间的相互关系。

(4) 分析规划的难点和关键点。在任何一个具体规划中,总存在一个或几个困难的问题需要解决。例如,土地面积过小会导致仓库和出入库区不能满足货物吞吐量要求;再如,受城市或区域规划条例的限制,仓库的高度受到一定限制,无法采用自动化立体仓库;还有,网络节点之间的距离较远,难以发挥节点之间的协同作用,等等。除难点外,在分析阶段,还要弄清规划的关键点在哪里,是投资问题、设施先进性问题、物流需求预测问题、选址问题,还是物料成本问题、规模效益问题等。

3. 设计方案

物流网络规划包括发展规划、布局规划、工程规划和信息规划。发展规划是确定未来的发展方向、目标、发展速度和规模,要具有前瞻性;布局规划是确定节点的分布与数量、节点的用地、基础设施与物流设施、运作模式和管理模式;工程规划是对具体节点的建筑、设施类型和数量、作业和工艺流程进行设计;信息规划是保证物流网络信息存储数字化、信息处理电子化和计算机化、信息传递标准化和实时化,从而实现信息共享。

产生的设计方案可能有多个,它们具有不同的特点并能满足不同的需求。

4. 评价方案

(1) 设定评价标准。要对多个设计方案进行评价，关键是建立统一的评价标准。如果标准不统一，就无法进行评价。评价标准可以从几个方面来考虑：物流总成本、市场占有率、客户满意度、设施先进性、开发周期、投资回报率、盈利能力、抗风险能力等。评价标准以评价指标体系来表示。

(2) 确定评价权重。光有评价标准还不够，还要确定评价标准的权重，即评价标准在评价中的影响因子。有许多方法可以用来确定权重，详细内容参见第 10 章。

(3) 将设计方案排序。有了评价标准和权重，就可以对设计方案进行排序，具体说明各设计方案的优劣，为管理部门决策提供依据。

5. 选择方案

从众多设计方案中选择一个方案并不是一件容易的事情，尤其是在有意见分歧的时候。此时需要考虑设计方组织的战略目标，以最能满足这一战略目标的设计方案为最佳备选方案，兼顾其他的评价指标。在达成共识的基础上，就能达成一致。

6. 实施方案

一旦选定某一设计方案，在具体实施前，要先进行许多深入细致的设计工作，主要是将设计方案细化，提出具体设计要求。然后是招标，招标的关键是选择一家系统集成商，所有相关建筑、设施、设备的功能、性能、要求等，由系统集成商在业主监督下统一考虑解决方案。在实施过程中，对于那些在设计时尚未考虑的地方或由于情况变化需要重新决策的问题，要及时改正并提出新的解决方案。实施方案过程中，最好有独立的第三方监督，以保证项目在可控的范围内开展。

7. 实施后评价

设计方案实施后，还有一项重要工作就是对实施后的结果进行评价。这一方面是对设计方案进行总结，肯定成绩，积累经验，找出存在的问题和不足；另一方面也对未来的改善提供方向，下一个目标是什么？未来应该如何做？从实施后评价中都可以找到答案，以便进行下一轮的规划设计。同时，实施后评价可以为其他正在进行类似项目的企业提供借鉴经验，少走弯路。

9.2 物流网络规划中的信息处理

规划工作不是拍脑袋，也不是长官意志，而是科学工作。科学工作的基础在于数据，让数据说话。因此，在规划时要求收集大量真实可靠的数据，并对数据进行处理，将数据转化为规划需要的信息。

9.2.1 数据清单

物流网络规划需要来自各方面的大量数据作为规划的基础，这些数据通常包括以下内容：

(1) 产品线上的所有产品清单,如产品名称、型号、规格、质量、尺寸、材质、用途等。

(2) 客户、存货点、原材料供应源的地理分布,可以在地图或 GIS 中将它们的位置清楚地标注出来。

(3) 每一区域内客户对每种产品的需求量。可以画出客户-产品对应表,以便建立客户数据库和产品数据库,从客户中知道所需产品,从产品中知道有哪些客户需要。

(4) 运输成本和费率。运输成本依赖于运输方式,在 5 种运输方式中,运输成本由高到低依次为航空、汽车、铁路、管道和水路。费率是指每公里运价。

(5) 运输时间,订货周期,订单满足率。运输时间是指产品离开仓库到客户手中的时间,通常以天计算,可以精确到以小时或分钟计算。订货周期是指订单发出到收到产品的时间,通常以天计算,包括采购周期、制造周期和运输周期。订单满足率是指发出的订单中,满足订单要求的百分比。例如,某一客户发出 10 个订单,9 个订单满足要求,则订单满足率为 90%。

(6) 仓储成本和费率。仓储成本指库存产品在存储期间的费用。仓储费率是指每件产品每天存储的费用。

(7) 采购/制造成本。指产品中原材料、标准件、成品、半成品的采购成本以及自制件的制造成本。

(8) 产品的运输批量,即产品一次运送的数量,可以是一辆卡车的载质量、一个集装箱的容量、一个托盘的容量,或一个包装箱的容量等。

(9) 网络中各节点的存货水平及控制方法。存货水平就是指库存量,通常有上、下限,即最高和最低库存量。当库存过高或过低时,需要采用控制方法来使库存达到正常水平,《库存管理》中介绍的库存控制方法包括单级库存、多级库存、确定性方法和随机方法。

(10) 订单的频率、批量、季节波动情况。订单的频率是指一段时间内发出订单的数量,订单的批量是指一个订单中每种产品的数量,季节波动是指产品受季节的影响情况。例如,在黄金周期间,烟酒的销量会很大;在春秋季,对感冒类药物的需求量会很大。

(11) 订单处理成本与发生这些成本的物流环节。

(12) 客户服务目标。例如,客户满意程度=(满足客户要求数量/客户要求数量)×100%,缺货率=(缺货次数/客户订货次数)×100%,准时交货率=(准时交货次数/总交货次数)×100%,货损货差赔偿费率=(货损货差赔偿费总额/同期业务收入总额)×100%,等等。

(13) 在服务能力限制范围内设施的可用性。例如,设备完好率=(期内设备完好台日数/同期设备总台日数)×100%,设备利用率=(全部设备实际工作时数/同期设备日历工作时数)×100%,设备工作日利用率=(计划期内设备实际工作天数/计划期内计划工作天数)×100%,设备作业能力利用率=(计划期内设备作业能力/计划期内设备技术作业能力)×100%,等等。

(14) 产品配送模式。产品配送模式有自营配送、共同配送、互用配送和第三方配送 4 种。自营配送指配送的各个环节由企业自身筹建并组织管理,这有利于企业供应、生产、销售的一体化作业,系统化程度相对较高,但当配送规模较小时,配送成本也相对较高。共同配送是配送企业之间为了提高配送效率以及实现配送合理化所建立的一种功能互补的配送联合体,这有利于企业提高配送能力、扩大配送规模,从而更好地满足客户需求,提高配送效率，降低配送成本。互用配送是几个企业为了各自的利益，以契约的方式达成某种协议，互用对方的配送系统，这有利于企业在较少的投资和人力的条件下，扩大配送规模和范围，但对企业管理和组织协调提出了更高要求。第三方配送是由供需交易双方之外的第三方对供需双方提供部分或全部配送服务，这有利于企业发挥各自优势，形成稳定供应链，提高供应链绩效和竞争力。

9.2.2 数据来源

如何收集上述数据，是物流网络规划首先需要解决的问题。目前，我国绝大多数企业没有正式的物流信息系统，这给数据收集带来了极大的困难。即使一些企业有管理信息系统，但数据也不够全面。因此，主要的数据来源是通过其他渠道，如企业经营运作文件、财务会计报告、物流研究报告、公开出版物、人员调查等。

企业的经营业务管理中会产生一些业务报告文件，这些文件可以作为物流网络规划的原始数据。例如，可以从订单管理中获取有关客户地理位置分布的数据、销售历史数据、订单批量数据和订单满足率数据；从运输管理中获取运输批量和运输成本数据；从库存管理中获取存货水平数据。

财务会计报告的作用在于提供包括物流活动在内的所有经营活动的成本数据。尽管这些数据没有细分，但还是可以从中分析和归纳相关各项物流成本。

物流研究报告描述和定义一些十分重要的基本关系，如销售与服务的关系、运输费率与运输距离的关系等，企业内部、企业外部的咨询机构、科研院所、高等院校等都可以开展物流研究。物流研究有时并非直接为某个企业所开展，社会上的一些研究机构经常开展行业性的物流研究，并将研究报告提供给会员单位。对同行业甚至其他行业的企业来说，这些研究报告也是物流数据的来源。

公开出版物，如物流行业杂志、政府资助的物流研究报告以及一些学术期刊中，包含着大量关于物流成本、产业发展趋势、物流技术新发展、物流活动业务水平以及市场预测等重要信息。这些公开出版物也是物流数据的来源。

人员调查是通过向企业的物流经理、咨询顾问、销售人员、物流运作人员、供应商等进行调查访问，他们都是企业数据的宝贵来源。做这样的调查访问，往往无需任何投资，但却可获得可靠真实的数据。

9.2.3 数据编码

编码是将事物或概念赋予一定规律性、易于人或计算机识别的数字、符号、图形、颜色、文字等，它是人们统一认识、统一观点和传递、交换信息的一种技术手段。数据编码就是给数据赋予代码的过程，它是一项数据处理技术，在信息化条件下，数据编码尤为重要。数据编码有利于实现计算机信息处理、信息传递、信息交换和信息共享。就物流而言，产品编码、客户编码、地理编码等，对于快速识别和处理物流信息都是必不可少的。

计算机技术、激光技术和全息摄影技术大大改善了数据录入方式，无须人工录入就可以将数据输入到计算机中。条形码技术是当前比较流行的数据录入技术，此外还有无线射频

(RF)技术。条形码技术通过对一系列数字信息的光学扫描可以识别不同的产品、包装箱和不同批次的货物。这项技术便于快速而准确地传输数据,同时有助于对数据进行分类、筛选和重组,将数据转化为网络规划所需要的信息。产品编码设计就成为其中的关键。产品编码就是将产品特性用数字来表示,借助于扫描工具,自动识别产品并将其相关信息自动录入计算机系统中。客户编码和地理编码也具有类似的功能。

编码技术解决了数据录入和特征识别问题,而且显著地改进了公司的经营。例如,美国的西尔斯·罗布克公司(Sears, Roebuck & Co.)是一家大型家电的零售巨头,每年送货上门将近400万次。因为客户每10~15年才购买一次这类产品,所以送货模式很少重复。以前,西尔斯的员工用人工方法核对客户的地址和地理代码。仅加利福尼亚的安大略一个地区,该流程就要花费2h才能完成,而成功率仅有55%。应用核对地址的计算机软件后,现在仅用20min就可以完成该过程,且成功率在90%以上。

9.2.4 数据转化为信息

数据仅仅是对现实的一种客观描述,有了数据之后,还必须对收集的数据进行组织、概括、分类等处理工作,使之成为辅助决策的有用信息。针对物流网络规划问题,有必要研究信息的关键要素,以及信息的产生过程。

1. 数据单位

在物流分析中常用的单位有质量单位(如 kg(千克)、t(吨))、货币单位(如元、美元、欧元、日元等)、长度单位(如 m(米)、km(公里))、面积单位(如 m^2(平方米)、km^2(平方公里)、亩、公顷)、体积单位(如 L(升)、gal(加仑))、计数单位(如箱、件)等。物流数据库以何种单位为主取决于企业管理层对数据的使用和分析习惯,生产制造企业往往采用质量或计数单位,而批发和零售企业多采用货币单位。

2. 产品分类组合

企业的产品线中往往包含成百上千种类别,这种多样性一方面产生于不同的产品特性与式样,另一方面也产生于同种产品的不同包装与尺寸。在物流网络规划中,显然不可能针对每一种如此细分的产品类别进行数据收集与分析,这就需要对产品进行分组归类。网络规划通常要求作为分析对象的产品类别不超过20个。

3. 运输费率估算

物流网络规划中,运输费率是一个重要的数据。由于物流成本是网络规划的主要决策依据,因此必须对各种方式的运输费率作出准确的估算。企业自备运输的费率估算需要掌握较为详细的运作成本数据以及运输工具的行驶路线。表9.1对某企业的自备卡车运输费率进行了估算(表中数据仅供参考)。从企业资源优化配置的目标出发,企业通常会将一部分产品运输工作交给企业外部运输力量来完成。租用外部运输力量的运输费率由承运企业提供。

表9.1　运输费率估算　　　　　　　　　　　　　　　　　　　　　元

数 据 类 型	实际值	周费用
每周总行驶里程	2800km	
每周实际工作时间	60h	
每周发车次数	3次	
司机工资	20元/h	1200
额外奖金	工资的20%	240
油耗	3km/L	840
卡车折旧	350元/周	350
维护费	45元/周	45
保险费	50元/周	50
路桥通行费、餐饮费、装卸费	100元/次	300
紧急故障处理费	30元/次	90
总成本		3115
企业自备卡车运输费率	3115/2800＝1.11(元/km)	

4. 客户集聚处理

企业的客户通常散布在各地,但又相对地集中在中心城镇。在物流网络规划中,没有必要对每个客户进行单独分析；成千上万的客户产生的购买需求量可以用地理分布上的一定数量的聚集点来表示。将整个市场销售用这些聚集点来代表而进行网络规划分析,在运输成本估算的准确性上不会有大的偏差。以美国为例,根据人口分布的密度将美国本土划分为200个左右的聚集点,其运输成本估算偏差小于1%。

5. 设施成本

与仓库设施相联系的成本可以分成3大类：固定成本、存储成本和操作成本。固定成本包括税收、租金、管理费用、资产折旧等项目,这类成本不随仓库存储量的变动而变动；存储成本是平均存货水平的函数；操作成本则随货物周转量的变动而变动。对于企业自行建造的仓库等设施,会计部门会定期提供成本清单。物流管理人员需将这些成本细分为上述3大类,以便进行物流网络规划分析。当企业租用公共仓库时,则只需考虑可变的存储成本与操作成本,相关的费率很容易计算出来。

6. 库存量与周转量的关系

物流网络规划中涉及仓库的数量、选址与容量决策,有必要弄清仓库的库存量与周转量之间的关系,估算仓库的库存水平。一个简单的方法是根据企业的库存政策来确定。例如,企业的仓库周转率目标是每年周转13次,则表示该仓库平均库存量是它所服务的市场年销售量的1/13。这种描述虽然对管理层来说容易理解,但并不十分准确。更加准确的描述需对仓库库存数据进行分析后得到。将每一仓库的平均库存水平与总周转量作为一组坐标,得到如图9.3所示的散布点。在图9.3中,横轴为仓库的年周转量,纵轴为不同的仓库平均库存量。将这些点拟合起来,得到一条库存量-周转量关系曲线。根据这条曲线,一旦为某仓库(现有的或将要建造的)确定了年服务量(年周转总量),就可以估算出相应的仓库库存水平。

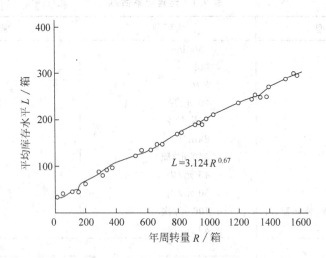

图 9.3 某种产品库存量-周转量关系

7. 需求预测

完全根据历史数据和当前数据进行物流网络规划是没有意义的。因为物流网络规划是为企业未来的物流运作而设计的,因此在分析中有必要采取一些中长期预测方法。在实践中,许多企业采取 5 年预测数据进行网络规划。

8. 其他需要考虑的因素

其他需要考虑的因素包括财务限制、规划所能提供的最大投资额;法规和政治限制,如选址必须排除某些特殊区域、要符合环保要求等;人力资源限制,即要充分考虑是否有足够数量和质量的物流专业人员来支持新规划;时间限制,即是否能在规定的时间内完成新规划的任务;合同限制,包括现有的及未来可能发生的合同。这些限制性的条件也会对网络规划有重要影响。

9.3 物流网络规划分析工具

获取足够的信息之后,要开展物流网络规划设计,以寻找最优的设计方案。寻找最优设计方案的过程往往很复杂,需要借助于一些分析工具,尤其是数学模型与计算机模型。这些模型在前面的章节均有介绍,概括起来,包括图表技术、仿真模型、优化模型、启发式模型和专家系统模型。

9.3.1 图表技术

图表技术非常直观,不需要深奥的数学分析,而且能够综合反映各种现实的约束条件,其分析结果质量也很高。这些方法能够考虑主观因素、例外情况、成本和限制条件等许多最复杂的数学模型也不能考虑的因素。这些方法包括统计图表、加权评分法、电子表格等。借助这些方法,加上分析人员的经验、洞察力以及对物流网络设计的良好理解,往往能得到快捷、经济、实用、满意的设计方案。

通常,在物流网络规则中需要用到各类调查表(见表 9.2)、统计汇总表(见表 9.3~表 9.5)、财务报表等。

表 9.2 物流网络规划一般信息调查表

调查者	被调查者	调查日期	调查地点
调查名称	调查内容	备注	
项目名称			
项目地点			
项目投资		投资来源	
需要土地			
项目功能			
产品特性			
业务量			
仓储情况			
配送情况			
运输情况			
人员情况			
规划目标			
规划约束条件			

表 9.3 物流量统计表

月份	市内配送			50~300km 配送			300km 外配送			当月自提	当月最高	当月合计	备注
	自备车	TPL配送	其他运输	自备车	TPL配送	其他运输	自备车	TPL配送	其他运输				
1													
2													
3													
…													

制表人　　　　　　　　复核人　　　　　　　　制表日期

表 9.4 运输车辆统计表

分类	车型	款式	吨位	数量	使用年限	购置日期	折旧年限	原值	现值	年折旧	使用状况	已行驶里程	备注
自备													
租赁													

制表人　　　　　　　　复核人　　　　　　　　制表日期

表 9.5　物流费用统计表

费用项目		部门 1	部门 2	部门 3	部门 4	…	合计
运营费用	运杂费						
	仓储费						
	装卸费						
	包装费						
	检验费						
	保险费						
	差旅费						
	办公费						
	水电费						
	通信费						
	打印费						
	修理费						
	招待费						
	信息费						
	其他						
	小计						
人工成本	人数						
	工资						
	奖金						
	统筹						
	3 项经费*						
	培训费						
	小计						
折旧	汽车						
	房产						
	设备						
	小计						
合计							

* 指住房公积金、养老保险金和医疗保险金。

9.3.2 仿真模型

仿真技术在物流规划中十分重要,有广泛应用,其优点在于能方便地处理随机性的变量要素,并能对现实问题进行比较全面的描述。物流网络的仿真将成本、布局、设施、运输方式与运输批量、库存容量与周转等要素以合理的数量关系加以描述,并通过编制计算机程序或利用现有的仿真平台进行物流网络的仿真运行。通过对仿真结果的评估分析,选出最优的物流网络设计方案。

常用的物流仿真软件有:VisFactory、Witness、Extend、Flexim、ProModel、AutoMod、Embed-RaLC 等。感兴趣的读者可参考本系列教材《物流系统仿真》和其他相关资料。

9.3.3 优化模型

优化模型通过精确的运筹学方法求出决策问题的最优解。在给定的假设前提和有足够的数据支撑条件下,优化模型能够保证求出最优解。许多复杂的模型现在借助计算机程序已经可以方便地求解。优化模型的主要缺点在于,一个数学模型往往无法包含现实问题所有的约束条件与影响因素,使用者必须在运算能力限制与假设条件个数之间进行权衡。

用于库存控制的基本经济订货批量(economic order guantity,EOQ)模型就是最优模型的一个极好实例。EOQ是以微积分为基础的模型,在实践中有广泛应用。尽管该模型的应该范围有限,但却抓住了库存管理问题的核心,可用来作为某些规划模型(如供应渠道仿真模型)的子模型。EOQ模型给出了当产品库存水平降到预定值时再订货的最优批量,平衡了订货成本与库存持有成本,给出了最佳订货批量。公式如下:

$$Q^* = \sqrt{\frac{2DS}{IC}}$$

式中,Q^*为最佳订货批量,个;D为年需求量,个;S为采购成本,元/订单;I为年库存持有成本,产品单价/年;C为库存产品的单价,元/个。

9.3.4 启发式模型

启发式模型是某种形式的混合模型,它在建模上介于仿真模型与优化模型之间,能对现实问题进行较为全面的描述,但并不保证能得到最优解。启发式模型追求的是满意解,而不是最优解。在解决物流管理中一些最困难的决策问题时,该方法具有很好的操作性。

启发式模型在物流网络规划中常使用以下一些基本原则:

(1) 仓库的最佳选址往往在需求最密集的中心点附近;

(2) 购买量大的客户(其购买量超过正常的运输批量),应当从产品的供应源头(如工厂)直接向其供货,而不必通过中转仓库二次运输;

(3) 对需求量及需求提前期波动很小的产品,应当实行准时制管理,尽量减少库存;

(4) 在当前配送体系中增加新设施(如仓库)的前提条件是,新增加的设施能最大化地节约物流总成本;

(5) 从配送角度看,那些订货量小而且位于产品配送网络末梢的客户其代价最高;

(6) 所谓经济运输批量,是将配送网络中从运输起点到最偏远客户之间的运输路线上的小批量需求累加起来而实现的满载运量。

9.3.5 专家系统模型

专家系统,又称人工智能系统,是将人们在以往解决问题中积累的经验、方法与专长转化为计算机程序,把专家的知识与解决问题的逻辑思维从程序的方式"传授"给计算机,借助其强大的计算能力来解决实际问题。开发专家系统的最大阻碍在于如何识别、获取专家的智慧与知识并将之转化成计算机程序。专家系统由知识库和推理机两部分组成,彼此独立,通过数据库发生联系。知识库存储从专家那里得到的有关该领域的专门知识和经验,用"If...than..."语句来表示;推理机应用知识库中的知识对给定的问题进行推导并得出结论。

专家系统的核心是知识库,首先是广泛收集专家知识。然后是知识的表达,能让计算机识别这些知识,知识库里的知识越多,专家系统解决问题的能力就越强。推理机就是寻找满足问题解的过程。显然,知识越多,寻找解的过程越复杂,花费的时间就越长。

9.4 物流网络规划的基本原理

物流网络是一种复杂网络,规模庞大,结构复杂,目标众多,动态多变,跨越时空,涉及众多行业,既要满足社会需求、节能环保,又要经济合理、节约物流总成本,这些都对物流网络规划提出了新的挑战。为了在规划中不迷失方向,必须遵循4项基本原理:系统分析原理、供需平衡原理、供应链一体化原理和成本效益分析原理。

9.4.1 系统分析原理

系统分析原理是物流网络规划的核心思想方法。通过系统分析,可以了解物流网络的内在联系,把握物流网络的内在特征和规律。

系统思想的核心是全局性和整体性,物流网络规划要站在全局高度,从整体上把握物流网络的目标、功能、环境、总成本和效益之间的平衡,确保整体效益最优和有限资源配置最佳。

系统分析强调科学方法,尤其是数学方法和优化方法,对物流网络进行定量分析,或定量与定性相结合进行分析。

系统分析通常采用工业工程最基本的5W1H分析方法,以求得对所研究问题的充分理解。

表 9.6 系统分析要点(5W1H 分析方法)

分析内容	第1次提问	第2次提问	第3次提问
目的	做什么(What)	是否必要	有无其他更合适的对象
原因	为何做(Why)	为什么要这样做	是否不需要做
时间	何时做(When)	为何需要此时做	有无其他更合适的时间
地点	何处做(Where)	为何需要此处做	有无其他更合适的地点
人员	由谁做(Who)	为何需要此人做	有无其他更合适的人选
方法	怎么做(How)	为何需要这样做	有无其他更合适的方法和工具

系统分析的步骤是由问题入手,按照选择问题→确定目标→收集资料→拟订可行方案→建立模型→选择方案指标→综合评价方案的顺序,不断循环往复,以获得对所研究问题的彻底了解。

9.4.2 供需平衡原理

物流网络规划的目的是解决如何提供物流供给以满足物流需求的问题,因此供给与需求的平衡是物流网络规划的基本指导思想,应用这一指导思想来设计物流网络,才能保证以尽可能少的投入最大限度地满足物流供给和发展要求。

物流供给是生产、流通、消费 3 大领域的后勤支援与保障,涉及物流节点和线路的供给。线路主要指运输网络中的线路,包括航空线路、航海线路、内河航道线路、陆路交通线路、铁路线路以及管道线路等交通基础设施的能力和服务水平;节点主要是指连接线路的车站、货场、码头、机场、仓库等物流基础设施的能力和服务水平以及所能提供的包装、装卸、搬运、仓储、流通加工等设施设备的容量和服务水平。

物流需求是社会经济活动尤其是制造、经营、消费活动所派生的一种次生需求,包括物资的位移以及相关服务方面的需要。物资的流动是由于社会生产与社会消费的需要,它受生产力水平、生产资源分布、制造过程、消费水平、运输仓储布局等因素制约。物流需求随社会经济发展、收入和消费水平的提高、新政策的实施而变化;物流需求也随人们的生活方式、消费习惯、供应链关系的变化而变化。从宏观上看,经济建设与发展的不同阶段对物资需求的数量、品种、规模是不同的;从微观上看,物流需求的数量和品种常常随季节而变化。现代科技的发展加速了产品更新换代的周期,人们消费观念的日新月异,也提高了物流需求随时间变化的敏感性。此外,生产力布局、社会经济水平、资源分布、用地规模等,也使物流需求呈现出地域差异和分布形态差异。

物流供需平衡分析包括 3 个环节:物流内部分析、内部与外部联系分析和供需平衡分析。

物流网络规划的具体目标是实现物流的空间效益和时间效益。从操作层面看,是在保证社会再生产顺利进行的前提条件下,实现各种物流环节的合理衔接,并取得最佳的经济效益和社会效益。物流网络的输入是在物资运送、存储、装卸搬运、包装、流通加工、信息处理等物流环节所消耗的劳务、设备和材料等资源,经过处理转化,形成物流网络的输出,即物流服务和客户需要的相关产品。物流网络设计,就是保证使输入最少、消耗的资源最少,即物流总成本最低,同时输出最大,即物流服务的数量和质量最高。

物流网络是社会经济网络中的一个子网,它的结构和功能必然受到社会经济的影响,同时它也会影响社会经济网络。若用 L 表示物流网络(logistic network),它由物流节点和路线所组成,具有一定的服务水平和能力;用 A 表示社会经济网络(activity network),它包括自然环境、人文环境、技术环境和经济环境;用 F 表示流的模式(flow),它包括流量、流向、流速、流径等。则有下列关系成立:

(1) $F=f(A,L)$,表示物流网络中的流模式取决于物流网络和社会经济网络的共同作用。

(2) $A=g(F)$,表示随着时间变化,物流网络的流模式可以通过改变自己来改变社会经济网络。

(3) $A=h(F)$,表示随着时间变化,物流网络的流模式可以通过改变自己来适应社会经济网络的变化。

物流需求是伴随着社会经济活动 A 而产生的，因此，物流需求量 V 可以用 A 和所提供的物流服务特性 S 的函数 D 来表示，即

$$V = D(A, S) \tag{9.1}$$

影响物流需求的服务特性 S 不仅包含价格，而且包含物流所需的时间、方便性、安全性等多个特性构成的向量。另外，S 不仅依赖于物流网络 L，也随物流需求量 V 而变化。因此，

$$S = J(L, V) \tag{9.2}$$

这样，就可以表达供需平衡式 B：

$$B = B(A, L) = [V, S] \tag{9.3}$$

因此，满足式(9.1)和式(9.2)的平衡模式可以表示为

$$B_0 = B_0(A, L) = [V_0, S_0] \tag{9.4}$$

式中，$S_0 = J(L, V_0)$，$V_0 = D(A, S_0)$，如图 9.4 所示。

物流供需平衡原理告诉我们：①平衡点是动态变化的，要从供给和需求两方面来考虑，单纯增加供给或控制需求并不能从根本上解决问题，相反，会带来负面影响，甚至是长久影响。②平衡点需要控制在环境(包括能源和污染问题)允许的范围内。

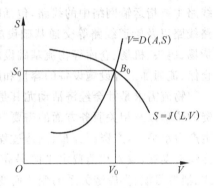

图 9.4　物流供需平衡模式

9.4.3　供应链一体化原理

供应链是由通过协同合作来共同制定战略定位和提高运作效率的一些相互关联的企业组成的。对供应链的各个企业而言，供应链关系反映了企业的战略抉择。供应链策略是建立在相互依存、相互关联的管理理念基础之上的渠道管理的合理安排。这要求相关部门建立跨部门的管理流程，并使这个流程突破企业组织的界限，与上下游的贸易伙伴和客户相互连接起来。

供应链一体化是将多个企业之间的运作能力、信息、核心竞争力、资金以及人力资源等整合到一起，就像一个企业一样，在从物料的采购到将产品或服务交付给客户的过程中，发挥供应链整合后的优势，提高供应链的核心竞争力。

通过对现有资源的优化整合，培育和巩固竞争力是供应链一体化的目标。集中优势专注于核心业务，对于非核心业务采取放松管制、分立、剥离、外购外包是供应链一体化思想的精髓。集中优势专注于核心业务可以使企业有效地规避因为业务流程太长而带来的竞争性风险，对非核心业务采取放松管制、分立、剥离、外购外包可以使企业最有效地利用现存社会资源，降低投入成本，缩短生产时间，提高进入市场的速度，获得竞争优势，同时，合理利用合作伙伴的专业化资源，提高客户服务质量，增加客户价值。

组织结构柔性化和业务流程规范化是供应链一体化的基础和保证。

供应链一体化原理体现在协同合作、资源共享、优势互补、管理提升、形成供应链核心竞争力等5个方面。

虽然在市场经济条件下，竞争仍占主导地位，但协同合作也日益发挥出明显作用。这同自然发展规律类似，适者生存，但也有合作共生。供应链强调的就是各成员企业之间协同合

作。要实现这种合作,供应链上各企业必须转变职能,规范业务流程,建立供应链信息网络,以供应链为目标,而不是以自己的企业为目标。

协同合作的突出表现是资源共享,尤其是信息共享,这样才可能提高供应链的核心竞争力。

优势互补是指在供应链一体化过程中,供应链各成员企业要做到优势互补,这样才可能保证供应链的稳定和长久。

管理供应链远比管理一家企业要复杂得多,因此,要实现供应链一体化,就必须提升管理水平。这可以从以下几个方面来理解:

(1) 供应链是一个复杂网络,一家企业可能参与几条供应链,供应链成员企业就形成了复杂的供应链网,这其中,供应链间的目标是不一致的,各企业的目标也是不一致的。因此,要管理这样的供应链就极具挑战性。

(2) 在一条供应链中,供应和需求的匹配是一件困难的事情,因为在需求实现之前,制造商必须以某种水平进行生产,这就意味着存在财务和供应上的巨大风险。

(3) 供应链是随时间动态变化的,这种变化的一个突出表现就是需求的波动,另一个是价格的波动,而且这种变化是随机的,管理这种变化需要高度的灵活性和精确的预测水平。

与企业的核心竞争力类似,供应链的核心竞争力是该供应链所特有的、其他供应链难以模仿的关键能力。供应链一体化的目标就是要形成这种核心竞争力,如果不能实现这样的目标,物流网络规划就不能算成功。

9.4.4 成本效益分析原理

在物流网络规划中投入多少供给才能很好地满足需求,这就需要对投入的成本以及所能产生的效益进行分析。在资源(物资、资金、人力、能源等)十分有限的情况下,规划必须找到投入产出效益最佳的设计方案。物流成本效益分析原理就是运用工程经济学和技术经济学的原理和方法来研究物流的成本和效益问题。

物流成本按其范围来分,有狭义和广义之分。狭义的物流成本指由于物资的位移而引起的有关运输、装卸搬运、包装等成本;广义的物流成本是指包括生产、流通、消费全过程的物资与价值变换而发生的全部成本,具体包括从生产企业内部原材料的采购、供应开始,经过生产制造过程中的半成品存放、装卸搬运、成品包装及运送到流通领域,进入仓库验收、分类、存储、保管、配送、运输,最后到消费者手中的全过程发生的所有与物流活动有关的成本。

然而,在我国,由于物流成本没有被列入企业的财务会计制度中,因此难以精确计算。制造企业习惯将物流成本计入产品成本,商业企业则把物流成本与商品流通费用混在一起。这样,无论是制造企业还是商业企业,不仅难以按照物流成本的内涵完整地计算出物流成本,而且连已经被生产领域或流通领域分割开来的物流成本,也不能正式地被单独计算并精确反映出来。

1. 物流成本的计算

物流成本的计算并不复杂,通常有标准成本法和完全成本法。

1) 标准成本法

标准成本法以两部分来计算物流成本,即用预期成本加上实际发生的与该标准偏差的那部分成本。该方法广泛应用于制造企业,但很少用在物流配送活动中。采用标准成本法的关键是制定标准。这需要会计、物流和工程技术人员的通力合作,对不同的物流作业进行分析研究,设定不同的标准。

2) 完全成本法

完全成本法,又称分摊成本法、吸收成本法,是一种产品成本计算方法。它首先将生产某种产品发生的各种消耗(包括直接材料、直接人工和其他费用)全部计入产品成本,不管它们是变动的还是固定的,当产品出售时,再转入销售成本,然后得出企业的收益。所以,完全成本法计算的产品成本既包括变动成本也包括固定成本。

以上介绍的是两种基本方法,企业在实际应用时,还会有变异。

2. 物流总成本的计算

知道了物流成本的计算方法,还要计算物流总成本。物流总成本(total logistic cost,TLC)包括运输成本(transportation cost,TC)、存货成本(inventory cost,IC)、仓储成本(storage cost,SC)、订单处理和信息成本(order and information cost,OIC)、批量成本(batch cost,BC),即有

$$TLC = TC + IC + SC + OIC + BC \tag{9.5}$$

上述物流成本之间存在相互作用、相互制约的关系。物流网络规划时不能只考虑降低某一种物流成本,而应当考虑在满足一定客户服务水平的基础上,追求物流总成本最低,实现效益最大化。这就需要采用系统的观点分析和控制物流总成本,常用的方法有盈亏平衡分析和资金成本分析。

1) 盈亏平衡分析

盈亏平衡分析就是寻找销售额刚好弥补变动成本和固定成本之和的点。当各种不确定性因素(如投资、成本、销售量、产品价格、项目建设周期等)发生变化时,可能会影响管理部门决策的经济效果。例如,如果管理部门要决定是否应将客户服务水平由90%提高到95%,就需要知道要增加多少销售额才能达到盈亏平衡。如果无法实现销售额的增长,那么就不应该提高客户服务水平。

2) 资金成本分析

资金成本分析是考虑企业取得和使用资金需要支付的各项费用,包括资金占用费和资金筹集费用。一般而言,一个项目的投资回报应高于资金成本,才值得进一步考虑该项投资。通常有3种简单的资金成本计算方法。

最简单的资金成本计算方法是考虑企业从单一渠道筹资,即银行贷款,则

$$资金成本 = 利息率(1 - 所得税率)/(1 - 筹资费率) \tag{9.6}$$

第2种是加权平均资金成本,又称综合资金成本,是企业各种来源资金成本与该资金来源占全部资金比重的乘积之和。

第3种是机会资金成本,它把资金投入其他方面,而非投入目前考虑的项目时可能产生的报酬率。对于大多数决策而言,机会资金成本对既定决策的重要性要远远大于已经发生的实际资金成本的重要性。

3. 物流效益

了解了物流成本,再来看物流效益。物流效益包括经济效益和社会效益。经济效益用

财务指标来衡量,包括以下指标:

(1) 时间指标,如订单处理时间、入库时间、出库时间、信息查询时间、等待时间、装卸时间、在途时间、结算时间、配送时间、资金周转时间、库存周转时间、回款时间、差错处理时间等。

(2) 客户服务水平指标,如差错率、货物损毁率、缺货率、订单准确率、资源利用率等。

(3) 成本指标,如单位成本、人力成本、资源成本、各种费用支出、成本所占比例、实际损失及机会损失等。

(4) 资源消耗指标,如原料消耗、燃料消耗、能源消耗、材料消耗、人力消耗、工具消耗、设备消耗等。

社会效益指标包括企业诚信、企业履行的社会责任、企业的公众形象、企业在当地社区的知名度、企业对社区的贡献等。

值得一提的是,物流网络规划在作成本效益分析时,不能光注重经济效益而忽视社会效益,或者光注重社会效益而忽视经济效益。必须两方面都考虑,才能设计出好的物流网络,否则,都将留下残缺或遗憾。

9.5 物流网络规划的一般步骤

物流网络规划遵循一定的科学方法和程序。首先是网络设计,这是规划的重点。为了设计好物流网络,需要确定客户服务水平,制定标准。然后进行详细的网络结构设计。

9.5.1 物流网络规划层次

物流网络的设计问题是整个物流规划的起点,如图 9.5 所示。

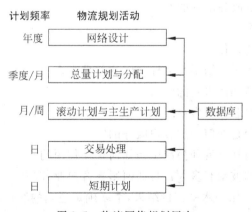

图 9.5 物流网络规划层次

(1) 网络设计,即设计良好的物流网络实现企业的战略目标。确定配送中心、工厂以及其他节点的数量、选址与运行能力(容量或产量)。设定各节点的库存水平,确定客户服务水平。网络设计所需的数据为总量数据与长期预测,该项工作的时间间隔通常在 1 年以上。

(2) 总量计划与分配。决定配送中心、工厂及原材料来源的总量(需求量、产量或采购量),以及总量在各节点的分配。计划间隔期为季度或月。

(3) 滚动计划或主生产计划。本层计划与上一层计划不同之处在于计划的对象是各种具体的产品而非笼统的总量。目标是确保需求预测与库存目标的实现。计划期间隔为月或周。

(4) 交易处理。指为随机来到的客户订单安排供货。

(5) 短期安排。指合理利用运输等企业资源,保证按时向客户送货。

9.5.2 客户服务水平评价

网络设计的第一步是客户服务水平评价。评价方法分为外部评价和内部评价。

1. 外部评价

外部评价典型的方法是客户问卷调查,需要客户回答的问题包括:

(1) 客户所期望的服务水平是什么?
(2) 竞争对手所提供的客户服务水平是什么?
(3) 竞争对手如何实现其服务水平?
(4) 公司在多大程度上保证其战略可以达到成本与对最终客户服务的期望水平?
(5) 公司在多大程度上从"渠道观点"来决定分配渠道中哪个部门该做什么,什么时候做,在哪里做,怎么做的问题?
(6) 公司的物流战略是否支持企业的战略?

2. 内部评价

内部评价是了解企业实际提供的服务水平,需要回答的问题包括:

(1) 企业是如何衡量服务水平的?
(2) 衡量单位是什么?
(3) 业绩标准或目的是什么?
(4) 目前达到什么水平?结果与目标之间的差异有多大?
(5) 这些衡量指标是如何得到的?
(6) 是否有内部客户服务报告系统?
(7) 企业各业务部门是如何理解客户服务的?
(8) 企业各业务部门在交流和控制中是如何相互作用的?
(9) 订单周转时间的波动有多大?是如何影响客户业务的?

综合内部和外部客户服务水平评价结果,重新确定适当的客户服务水平,作为物流网络规划设计的依据。

9.5.3 设定标准

以企业当前的管理政策、物流运作模式与绩效作为参照,即设定基准目标。典型的基准是企业当前物流系统的成本与客户服务水平。建模分析是解决网络设计问题的流行方法,因为很多分析工作不可能放到实际运作中来进行,只能借助于适当的模型。基准的设置是模型分析中重要的一步,通过调整模型中的参数与变量,得到不同的运行结果,将这些结果与基准进行对比分析,可以确定一些重要参数(如需求量、库存量、运输批量等)与模型运行结果(如物流成本和客户服务水平)之间的关系,据此才能选择出最优的物流网络设计方案。

9.5.4 物流网络结构设计

网络构架的主要目标有 3 个:
(1) 在一定的客户服务水平约束下求得最低的物流总成本;
(2) 在一定的物流总成本约束下实现最优的客户服务水平;
(3) 通过尽可能地扩大特定的客户服务水平所创造的收益与相对应的物流总成本之间的差距,获得最大的利润。

其中,第 3 个目标与企业的经济目标最为接近,但由于难以对产品销售与客户服务水平之间的关系精确定义,绝大多数模型都围绕第 1 个目标而设计,即在满足特定的客户服务水平以及工厂生产能力与仓库容量约束的情况下,对发生在生产、采购、仓储、运输等环节的物流成本进行权衡与平衡,实现最低的物流总成本。

网络构架主要确定设施的选址。与之相关的各节点的库存与节点之间的运输问题都是从总量上考虑的,此外,还需要考虑各种产品究竟是如何在物流网络中流动,直至到达消费者手中。图 9.6 是一个多级物流渠道示例,需要思考以下 5 类问题:
(1) 每种产品在渠道中各个层次和各存储点应当设置多少库存?
(2) 各级节点之间应提供什么样的运输服务?
(3) 在需求配送计划中应当采用拉动式抑或推动式库存控制战略?
(4) 信息传递的最佳方式是什么?
(5) 最佳的预测方式是什么?

可见,渠道设计的核心在于对网络的实际运作进行规划。一些物流管理较为出色的企业往往设有专门的渠道管理人员(如渠道专员),负责对产品在物流网络中的流动与存储进行监控与协调。

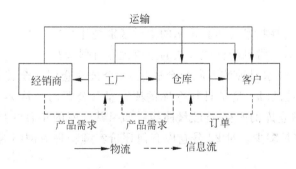

图 9.6 多级物流渠道

此外，运输规划也是物流网络规划需要解决的关键问题之一。运输规划包括运输方式和运输路线规划，详细内容清参阅本系列教材《交通系统运输组织基础》。

小结与讨论

本章对物流网络规划的过程与方法进行了系统描述，旨在提供一般性物流网络规划方法，内容包括规划的一般过程（对规划问题的定义、问题分析、方案设计、方案评价、方案选择、方案实施、实施后再评价）、规划所需要的信息收集和处理方法、规划运用的分析工具、规划所依据的4大科学原理（系统分析原理、供需平衡原理、供应链一体化原理、成本效益分析原理），最后是规划的具体步骤和内容（物流网络设计、客户服务水平评价、设定规划标准、物流网络结构设计）。

本章提供的方法具有一般性，可以解决大多数物流网络规划问题。但在具体规划时，要根据所规划的问题领域和特点灵活应用和勇于创新，不断丰富规划理论和方法。

习题

1. 解释什么是物流网络规划，选择几种类型企业（制造业、流程业、零售业），具体讨论如何作物流网络规划（内容包括一般方法描述，如何收集和处理数据，如何设定规划目标，如何进行网络结构方案设计——选址、库存策略和运输，如何评价设计方案，如何选择设计方案、实施方案的步骤和过程，如何评价实施结果）。

2. 什么是系统分析原理？解释如何用5W1H方法对物流网络规划问题进行系统分析。

3. 什么是供需平衡原理？如何寻找和控制平衡点？

4. 什么是供应链一体化？一体化的基本原理是什么？

5. 什么是成本效益分析？如何计算物流总成本和建立效益指标？

6. 专家系统是解决复杂问题的新方法，其核心是知识库，用"If...than..."来表达知识。就仓库选址问题、库存策略问题和运输问题，分别写出10条用"If...than..."表示的专家知识。

7. 一般而言，分析性技术与仿真技术的本质区别是什么？

8. 与仿真技术相比，常见的优化方法的主要优点有哪些？

9. 美国加利福尼亚水果种植者联合会通过24个公共仓库向全美分拨各种干果产品。如果已知新仓库的年销售量，请估计该仓库的库存量。公司已经从24个仓库收集到数据（见表9.7），找出这些仓库的库存-吞吐量曲线。如果某仓库的年吞吐量是5000万美元，估计该仓库的库存应该是多少。对22号仓库有何评价？解释物流网络规划是如何利用这种关系的。

表 9.7　24 个仓库数据表　　　　　　　　　　　　　　　　　　　美元

序号	年吞吐量	平均库存水平	序号	年吞吐量	平均库存水平
1	21 136 032	2 217 790	13	6 812 207	1 241 921
2	161 74 988	2 196 364	14	28 368 270	8 473 799
3	78 559 012	9 510 027	15	28 366 369	4 166 288
4	17 102 486	2 085 216	16	48 697 015	5 499 058
5	88 228 672	11 443 089	17	47 412 142	5 412 573
6	40 884 400	5 293 539	18	23 832 337	3 599 421
7	43 105 917	6 542 079	19	75 266 622	7 523 846
8	47 136 632	5 722 640	20	6 403 349	1 009 402
9	24 745 318	2 641 188	21	2 586 217	504 355
10	57 789 509	6 103 178	22	41 503 623	2 580 183
11	16 483 970	1 991 016	23	22 617 380	3 001 390
12	2 719 330	2 719 330	24	4 230 491	796 669

10. 表 9.8 是卡车运输公共承运人的报价,运输批量为 $1000\sim2500\text{kg}$,起点为北京,目的地为北京附近周边城市。根据这些数据建立一个形式为 $R=A+B\times$ 距离运输费率估计曲线,利用该曲线能否估计货运距离为 800km 货物的运输费率?该曲线能否准确代表运输费率?

表 9.8　卡车运输公共承运人的报价表

序号	费率/(元/担)	距离/km	序号	费率/(元/担)	距离/km	序号	费率/(元/担)	距离/km
1	32	270	6	77	2000	11	61	1400
2	127	3600	7	120	4300	12	100	3700
3	71	10	8	54	750	13	90	1600
4	53	700	9	75	1500	14	60	1100
5	105	4000	10	63	1200	15	64	1530
16	66	1800	31	57	930	46	70	1490
17	104	2800	32	100	3025	47	85	2330
18	100	3200	33	88	2350	48	85	1860
19	83	2140	34	113	2080	49	86	2300
20	66	1520	35	50	504	50	122	4400
21	110	2300	36	137	4270	51	124	4586
22	128	4830	37	64	914	52	111	3800
23	73	1540	38	68	175	53	116	3230
24	79	2150	39	130	5030	54	50	4775
25	100	2430	40	125	3050	55	139	5004
26	74	1750	41	122	3810	56	128	4774
27	85	2220	42	99	2645	57	78	5005
28	76	1750	43	108	3635	58	62	717
29	94	2410	44	37	171	59	94	2612
30	46	330	45	116	2930			

第 10 章 物流网络规划评价

物流网络的规划设计是一项系统工程,而物流网络的规划评价则是这项系统工程中必不可少的环节。物流网络的规划设计通常需要用到运筹学和系统工程的设计方法,在设计过程中必须集思广益,尽可能多地提出可供选择的方案。这些方案本身存在着择优而用的问题,为了能够从多种方案中选取最合适的方案,需要有力的方案评价依据作为方案选取决策的支撑,而物流网络规划评价就是决策依据的来源。物流网络规划评价的最终目的正是为了让决策者进行正确决策。评价的质量直接影响物流网络规划决策的水平。

物流网络规划评价的主要任务就是判定各个物流网络方案是否能够满足方案要求的预期,能否达到物流网络需求的各项性能指标,进而对各个参评的物流网络方案进行评定,分析其优劣,为决策者选取方案提供帮助。

10.1 物流网络规划评价概述

10.1.1 物流网络规划评价的目的与作用

物流网络规划评价的主要目的是判定各个规划方案能否达到预定的各项性能指标,能否在各种制约条件下实现物流网络系统需要达到的预定目的。物流网络规划评价的另外一个目的是按照定义好的规划评价指标体系对方案进行评价,为决策者选择方案提供依据,引导决策者作出正确决策,保障物流网络规划的顺利实施。

物流网络规划评价的作用主要体现在以下几个方面:
(1) 确定备选方案的价值以及每一个方案的优缺点和可取性。
(2) 评价为系统规划人员对规划方案修正改进时提供重要帮助。
(3) 为方案决策者提供决策依据,帮助其选取最合适的方案。
(4) 通过项目中的跟踪评价以及项目后评价,确保选定方案在实施过程中不断改进、完善。

10.1.2 物流网络规划评价的步骤和内容

物流网络规划评价是由评价目的、被评价对象、评价主体、评价指标、评价方法、评价结果等要素构成的一个综合评价体系,属于系统工程范畴的一部分,评价的过程需要遵循一定的步骤。

物流网络规划评价的具体方法有很多种，各种方法的总体思路是统一的，大致可以按照图 10.1 的步骤逐步展开。

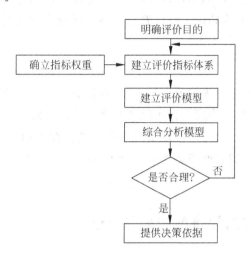

图 10.1　物流网络规划评价步骤图

1. 明确评价目的

物流网络规划评价开展之初首先要明确物流网络评价的目的，这是评价工作的根本。要知道为什么要进行物流网络评价；被评价网络涉及的范围有多大（这里的范围可以指地域，也可以指物流网络的内容、处于该物流网络中的人员、部门等）；物流网络规划评价处于哪个时期（网络规划之前、过程中、若干年后），等等。

2. 建立评价指标体系

评价指标是指根据所研究的对象，能够确定地反映研究对象某一方面情况的特征依据。评价指标体系就是各种不同评价指标的集合，通常具有递阶结构。对于一些复杂的物流网络而言，描述这类网络的评价指标体系一般会呈现多目标多层次结构，因此需要明确指标之间的隶属关系，综合反映出评价对象各个方面的情况。在建立评价指标体系时尤其要注意该体系的全面性和合理性，同时应注意尽量减少评价主体价值观念对评价指标选取的影响。

3. 确立指标权重

指标权重是刻画各评价指标之间相对重要性的标度。当评价指标体系建立以后，想要量化指标，获取最终评价结果，就必须依赖指标权重。指标权重的确定是否合理，直接影响到综合评价结果的可信度，因此对于指标权重的确定必须慎重。

4. 建立评价模型

在确定了评价指标体系之后，就要通过建立物流网络的评价模型来计算或测定待评价对象的评价指标值。模型的建立需要用到各种综合评价方法。评价方法有定性、定量的，也有定性定量相结合的，具体应根据实际网络的评价目的和特点来进行合理选取。

5. 综合分析评价

在这一阶段，主要通过物流网络评价模型的执行，获取评价对象各个评价指标的计算值，并且通过之前确定好的指标权重，将各个指标值综合起来得到所需要的综合评价值。得到评价值后,评价主体对评价值进行分析判断,如果不合理,则反馈至建立评价指标体系之前进行修正。权重的改变会影响综合评价的结果,定性评价指标的评判主要依赖评价主体的主观感受,因此综合评价的结论也存在着局限性。评价方法的科学性与客观性显得尤为重要。

6. 提供决策依据

当评价者获取合理的综合评价值以后,评价者负责输出评价结果,撰写评价报告,交由决策者,为其提供决策依据。决策者作出决策并实施网络规划之后,应当分阶段提取实施过程中的反馈信息,进行过程中评价,以便及时修正规划。在规划项目完成后,物流网络运作方也有必要在经过一段时期的网络运作后进行事后评价,以总结经验教训,为今后物流网络的进一步优化打下基础。

10.1.3 物流网络规划评价的结果与改进

物流网络规划阶段进行综合评价对规划的顺利实施起到举足轻重的作用。但是不可避免的,在物流网络规划的实施过程以及物流网络建成后的运作过程中,一些影响物流网络的重要因素会发生一定的变化,这样的变化会给网络带来不可预料的改变。因此,规划实施后对物流网络进行跟踪评价,根据评价结果及时调整决策非常有必要。通常把物流网络规划评价的结果与改进称为规划后评价。

规划后评价的主要目的是:全面总结规划方案的实施和运作状况,分析与规划相关的技术、经济、社会、环境效益影响,为投资决策与规划实施提供经验教训,改进并完善规划,保证物流网络的良性运作。

规划后评价应在规划阶段性实施完成或直接经济效益发挥的时候进行,即在物流网络建设完工,新建物流网络达到设计运作能力之时进行正式的规划后评价。这样能够全面系统地总结分析规划的实施过程,能够比较准确地预测今后物流网络的持续发展能力,为进一步改进优化提供依据。从广义上讲,规划开始实施后,各级部门对项目进行的各种评价都可以算作规划后评价。从评价的时间点上区分,规划后评价可以分为规划跟踪评价、规划实施效果评价和规划影响评价。

(1) 规划跟踪评价。规划跟踪评价发生在物流网络规划的实施过程中,主要用于阶段性检查该物流网络建设项目是否符合最初规划,规划设计质量如何,项目在建设过程中由于系统环境变化而发生的重大变更对项目效益的影响如何。

(2) 规划实施效果评价。规划实施效果评价发生在物流网络建成并运作一段时间之后。不同的物流项目评价的时间点不同,经营性物流项目一般在建立3年左右进行评价,基础设施建设性物流项目一般在建立5~10年内进行评价。这类评价的目的是为了检验物流网络规划实施的效果是否达到设计要求,对项目进行调整、完善,总结项目的经验教训,为后期开展新的项目提供建设、管理等方面的指导性信息。

(3) 规划影响评价。规划影响评价与规划实施效果评价发生的时间点大致相同。其目的主要是为了评价该物流网络规划的实施对于物流网络周边环境的影响,包括社会、经济以及自然环境。

10.2 物流网络规划评价指标体系

10.2.1 评价指标体系的建立

对一个物流网络进行综合评价时,在明确了网络规划评价的目的之后,首先要做的就是建立相应的评价指标体系,这是综合评价工作开展的基础。评价指标体系的建立是关系到最终评价结果是否符合实际,能否为决策者所用的关键。由前述可知,评价指标是为了评价特定网络,从网络众多的影响因素中选取出的一整套衡量指标。事实上,评价指标体系是对现实复杂网络的一种抽象,一种简化。为了保证所选取的评价指标具有足够的代表性,评价指标选取的数量不会过多或者过少,评价指标的选取具有一定层次性,在物流网络规划评价指标体系的建立过程中,需要遵循如下原则:

(1)系统性原则。评价指标体系的建立要做到比较完整、全面、系统地反映被评价物流网络的主要特征,同时体系中的各项指标能够很好地反映被评价网络某方面的特性。

(2)目的性原则。针对不同的物流网络规划,指标建立要避免笼统,要从实际物流网络的特征出发,在深入分析被评价物流网络的基础上,遴选出对方案评价有重要意义的因子作为评价指标因子。

(3)科学性和客观性原则。评价指标体系的建立要有科学依据,评价指标必须客观,有稳定的数据来源,指标定义要明确,数据要规范,并且能够客观反映被评价物流网络的特征。

(4)相对独立性原则。评价指标体系的各个指标要相对独立,特别是同一层次的指标应当避免相互重叠、互相不存在因果关系。指标体系要层次分明,简单明了,这样有助于消除评价结果因指标间的相关关系而产生的倾向性。

物流网络规划评价指标体系的建立标准因各个不同物流网络而异,在建立方法上多数采用经验确定法。在实际运用中,专家调研法是最常用的一种方法,即向受邀请的专家就评价指标的选取发表意见。一般方法以向专家发放调研表的形式获取专家意见,有条件的也可以邀请专家进行实地考察。评价者根据待规划物流网络的特征与评价目标,列出一系列的评价指标,分别咨询不同专家对所设计的评价指标的意见,然后进行统计,向专家反馈咨询结果,经过数轮咨询后,形成一个具体的评价指标体系。这种方法要求参评专家不能相互影响,因此大多采用匿名制度,负责评价指标体系建立的协调者需要将每次咨询的专家意见采用统计方法定量处理,以保证整个建立过程的客观公正,避免主观意识对评价指标体系建立的影响。

专家调研法可以集合被评价网络相关领域专家的集体智慧,可以得到较为客观的评价指标体系。但是要注意的是,在方法实施过程中,需要注意指标体系建立的层次性。

指标体系建立的过程中,需要注意评价指标类型的一致化处理。评价指标有的是定性的,有的是定量的,有些指标是正向指标,有些指标是逆向指标,因此指标类型一致化处理很重要，不同类型的指标要注意保持同趋势化，指标与指标之间要具有可比性，因此需要进行评价指标属性值的归一化处理。一些定性指标需要经过各项处理转化成可以用数量描述的指标。对定量指标也需要做无量纲化处理。

10.2.2 评价指标权重的确定

在综合评价指标体系中，各个指标对被评价网络而言重要程度不会一样。评价指标体系确定后，需要对各个指标赋予不同的权重系数，以体现各个评价指标对于评价网络的重要程度。权重系数以某种数量形式表现，对于同一组评价指标，如果选取不同的权重系数，很可能会使最终评价的结果截然不同。因此，如何客观合理地确定评价指标的权重是综合评价中非常重要的问题，也是最棘手的问题。

不同的人对同一件事情的看法往往不同，对于一些简单网络的评价比较容易获取人们的共识。但是要对物流网络规划这样一项复杂的系统工程进行评价，不同专家对于评价指标权重的取值就会产生不同的见解。一般而言，指标权重的差异主要是由以下两方面引起的：

(1) 评价者自身的专业背景不同造成的主观差异；
(2) 评价指标体系中，各个指标所担负的作用的不同造成的客观差异。

目前对于评价指标权重的确定主要依靠专家咨询时的经验判断。专家在给出定性的评价指标分析的同时也对评价指标定量，由协调方对量化的指标进行统计处理。例如，评委投票表决法就是这样的一种方法。

评委投票表决法可以用下述公式描述：

$$A_j = \sum_{i=1}^{n}(A_{ij})/n, \quad j = 1, 2, \cdots, m \tag{10.1}$$

式中，A_j 为第 j 个指标的权重平均值；A_{ij} 为第 i 个评委赋予第 j 个指标权重的量值；n 为评委的数量；m 为评价指标总数。

注意，在数据处理时，一般采用算术平均值代表评委们的集中意见，在得到评价指标权重值后需进行归一化处理。当然，权重的确定也可以采用其他一些方法。例如，10.3 节要介绍的层次分析法(AHP)等可应对不同网络评价指标体系的实际需要，提高权重确定的科学性。

10.2.3 评价指标体系的内容

评价对象不同，综合评价指标体系的内容也不同。下面列出了一些不同物流系统的评价指标体系，可以供今后实际运用时参考。

1. 物流园区规划

物流园区作为空间和意义上的物流枢纽，在物流网络规划中十分常见。一个综合物流园区的建立是现代物流快速发展的象征。由于物流园区的重要性与综合性，在针对物流园区规划进行评价时，需要从社会、经济、环境、内部功能、区域协调等方面来建立综合评价指标体系。常用的指标可以参考表10.1,不同类型的物流园区进行综合评价时,指标还需要具体细化。

表10.1　物流园区规划综合评价指标体系

一级子网络	二级子网络	评 价 指 标
技术经济	经济	净现值,内部收益率,动态回收率,效益费用比
	技术	物流中心选址,物流中心规模,物流基础设施配套
环境影响	交通环境	周边公路,铁路,机场,港口
	自然环境	周边生态环境,土地资源利用程度,环境容量承载
功能作用	基本功能	仓储,运输,配送,流通加工,物流信息处理
	增值功能	需求预测,设计咨询,物流金融,电子商务
内外协调	内部协调	设施改造,中心扩充,内部优化
	外部协调	周边路网,周边物流中心,服务对象,服务范围

2. 港口物流网络规划

港口作为全球综合运输网络的重要环节,历来是现代物流网络中深受重视的一个部分。随着我国现代物流业的快速发展,现代化的港口已经成为人流、物流、商流、信息流的综合载体。港口也从仅仅具有传统的货物转运、装卸、存储功能,逐步发展成为一个具有多种现代物流功能的现代化综合物流中心。港口物流网络的合理规划历来是现代物流网络规划中非常重要的环节,在建立港口物流网络规划综合指标评价体系时,可以从地理、交通、技术、经济、管理等各方面综合考虑。表10.2为建立港口物流网络时的一般性指标,仅供参考。

表10.2　港口物流网络规划综合评价指标体系

一级子网络	二级子网络	评 价 指 标
自然地理条件	区位条件	港口与国际贸易主干航线的距离,腹地辐射范围
	自然条件	港区陆域规划面积,规划岸线长度,锚地面积,锚地水深,锚地系泊能力,气象水文地质泥沙潮汐等综合天然条件
基础设施	通航设施	航道等级,航道通航密度
	码头及库场生产设施	码头前沿水深,码头泊位总数,集装箱码头泊位总数,深水码头泊位总数,港口码头总通过能力,集装箱码头通过能力,前沿堆场面积,前沿仓库面积,堆场总通过能力,仓库总通过能力
	辅助库场	辅助库场总面积,辅助库场总通过能力
	集疏运设施	港口公路集疏运能力,港口铁路集疏运能力,港口水路集疏运比例
物流信息网络	硬件设施	港口是否拥有统一的物流信息平台,港口物流信息平台的覆盖率,EDI网络的联网比例,EDI网络用户数目
	软件设施	船舶交通指挥网络的自动化水平,生产调度网络的快速反应能力,信息服务功能的完备程度

续表

一级子网络	二级子网络	评 价 指 标
物流运营网络	吞吐量	港口年货物吞吐量,年货物吞吐量平均增长率,港口年集装箱吞吐量,年集装箱吞吐量平均增长率,集装箱年吞吐量占总货物吞吐量的比例,港口集装箱化率,港口转口贸易量占总吞吐量的比例,港口外贸量占总吞吐量的比例
	双向辐射能力	港口航线总数,班轮航线总数,航班密度,省外腹地货源占总货源的比例
	运营效率	集装箱码头装卸船效率,库场容量,货物周转次数
	运营效益	净资产收益率,港口年经营收入,港口年经营收入平均增长率
	港口环境	废水排放达标率,废水处理率,粉尘处理率,年环境污染事故次数
	服务质量	客户满意度,货损货差率,班轮始发准班率,班列运输平均密度,内陆腹地延伸服务站点数量,内陆腹地延伸服务站点的辐射半径
相关产业网络	保税区企业	保税区的面积,物流企业及进出口加工贸易企业的数量,物流企业及进出口加工贸易企业的营业额
	非保税区企业	物流企业及进出口加工贸易企业的数量,物流企业及进出口加工贸易企业的营业额
	增值服务功能	流通加工能力,分拨配送能力,年集装箱拆拼箱量比例,陆桥运量,专业化物流处理能力,货物贸易量占港口吞吐量的比例
	中介及配套	中介企业数量,相关配套服务业的集聚程度
	生产性服务	船舶引航率,拖轮数,拖轮最大功率
	临港产业	临港加工区的企业数,临港加工区企业投资总额,临港加工区企业的总产值,临港加工区的年物流生成量
协调支持网络	政府监督协调	政府对港口监督协调的重视程度,政府部门政策引导和监督协调的能力,港口法的执行情况
	港口行政管理	管理港口章程的制定情况,重大生产事故应急救援体系的完备程度,安全生产情况的监督检查力度
	海关联检监管	港口国际集装箱的实际平均通关时间,异地海关与当地海关直通的数量,海关联检部门"一站式"服务水平
	行业协会	是否有行业协会,行业规则完备程度,行业协会的协调能力
	人力资源网络	高级人才所占比例,各种专业人才所占比例,人才培训体系健全程度,吸引人才的力度

3. 区域物流网络规划

区域物流网络规划是针对一个地理划分区域进行的物流网络规划。区域的划分根据实际情况而定,可以是针对一个城市的物流规划,也可以是针对一个区域经济圈如长江三角洲、珠江三角洲的规划。区域物流网络规划需要解决规划区域内物资流动带来的交通、环境、能源等一系列问题。我国各级政府已经将大力发展现代服务业作为"十一五"期间经济发展的重要任务。因此制定区域物流网络规划,对于加速现代物流产业发展步伐,优化区域产业结构,促进区域经济发展有举足轻重的作用。加快建立区域物流网络规划综合评价指标体系并进行科学评价,对于区域物流网络规划的正确制定实施有重要意义。区域物流网络规划综合评价指标体系一般可以从3个方面构建,见表10.3。

表 10.3　区域物流网络规划综合评价指标体系

一级子网络	二级子网络	评价指标
区域物流产业状况	产业发展指标	新增物流投资占区域 GDP 比重,区域物流平均成本,区域物流产业与经济产业配套程度,区域物流服务水平,物流网络税收总额占区域税收总额比重,物流从业人数占区域劳动人口总数的比重
区域物流产业状况	管理技术指标	物流从业人员综合素质,大专及以上文化程度从业人员比重,从业人员平均收入,第三方物流企业占区域物流企业总数比重,规模化物流企业数量
区域物流运作水平	物流服务水平	物流企业综合服务水平,物流服务满意度,物流服务规范化,物流服务定制能力,快速响应能力
区域物流运作水平	物流信息技术水平	物流企业信息化水平,现代物流技术应用能力,物流技术的更新速度
区域物流运作水平	物流基础设施状况	区域内物流中心数量,区域内交通资源建设状况,区域内交通网络满足物流运输的需求程度
区域物流运作环境	环境	空气污染指数,噪声污染指数,废弃物处置能力,废水排放达标率,粉尘处理率,年环境污染事故次数
区域物流运作环境	资源	物流基础设施土地资源占用指标,物流企业交通资源占用指标,物流企业能源消耗指标

10.3　物流网络规划评价方法

根据需要评价的物流网络规划方案的不同,评价方法的选取也不尽相同。目前国内外的评价方法很多,按照方法的知识体系一般分为专家评价法、经济分析法、运筹学和其他数学方法。按照方法的知识结构划分可以分为三类:定性分析评价法、定量分析评价法、综合分析评价法。

10.3.1　定性分析评价法

1. 优缺点比较法

优缺点比较法是最简单的评价方法。其具体方法是列出每个方案的优点和缺点,加以比较。例如,采用图表的方式,列出每个方案的平面布置图、物流流程、设施选择,对其优缺点进行比较分析。

优缺点比较法没有高深的理论基础,看起来每个人都能够很好使用。但是运用这种方法必须要具有"有说服力"的分析,因此,如果对方案进行评价的人员不是非常有经验,那么要拿出"有说服力"的分析会相当困难。因此,这样的方法首先需要选择好优缺点所涉及的主导因素。因素的选取应当通过多位对该物流网络设计运作有实际经验的技术人员或专家进行综合评定,为了防止遗漏因素,也可以编一个内容齐全的规划方案评价因素点检表,供规划人员结合具体情况进行点检并筛选需要比较的因素。例如,在进行物流网络设施选址时,通常会考虑一些非经济因素,见表 10.4。

表 10.4 选址方案评价因素点检表

序号	因素	序号	因素
1	区域位置	8	与城市的距离
2	面积与地形	9	水、电情况
3	地势与坡度	10	地震
4	风向、日照	11	防汛
5	地质条件	12	建设周期
6	土石方工程量	13	土地产权归属
7	公、铁、水交通情况	14	…

优缺点比较法简单易行而且省时,但难以获得准确而科学的定量评价。

2. 加权因素比较法

加权因素比较法以简单易懂的模式将各种不同因素综合起来,进行综合比较。这种方法的关键是要选取好比较的因素,合理确定各个因素的权数,客观地对每个方案的各个因素进行打分。其具体评价步骤如下:

(1) 明确要评价的方案,并将各方案以 A,B,C 等字母分类标识。

(2) 选定要考虑的因素并准备评分表。

(3) 对选定的因素赋予一个权重,以反映这个因素在所有权重中的重要性。每一因素的分值根据权重来确定,权重则要根据成本的标准差来确定。

(4) 给每个方案的每个因素评分,设定一个共同的取值范围,一般是 1~10 或者 1~100。

(5) 将各个因素的得分与相应的权重相乘,并把所有因素的加权值相加,得到一个备选方案的最终得分。

(6) 选取具有最高得分的方案作为最佳方案。

下面以一个简单的例子来说明加权因素比较法的使用。

例 10-1 某工厂需要新建一座仓库进行选址分析,现有 A,B,C 3 种方案待选,经过分析,确定影响因素有 7 个,其重要程度如表 10.5 所示,求最优方案。

表 10.5 加权因素评价表

影响因素	权重	候选方案 A		候选方案 B		候选方案 C	
		评分	得分	评分	得分	评分	得分
资源供应	5	3	15	2	10	2	10
基础设施	6	4	24	3	18	5	30
交通情况	7	5	35	3	21	4	28
生活条件	2	3	6	5	10	2	4
气候条件	4	3	12	3	12	4	16
与工厂距离	8	3	24	4	32	2	16
劳动力水平	3	2	6	4	12	3	9
总计			122		115		113

解：由表 10.5 中的总分可知，候选方案 A 得分最高，选为最优方案。

加权因素比较法评价的结果可能会出现以下情况：

（1）某个方案的结果突出，该方案就可以被认为最佳方案。

（2）如果两个方案的结果很接近，应当对这两个方案再进行评价。再次评价时应当适当增加一些相关因素，对评价指标进行细化，或者邀请更多的专家参加评价。

（3）在评价过程中可能发现最佳方案的某些指标得分很低，可根据指标对该方案进行有针对性的改进。

（4）有可能同时将两个或更多的方案进行组合，形成新的方案，再进行评分。

使用加权因素比较法进行评价可以采用内部人员评价与外部人员评价相结合的方式。内部人员指参与网络规划设计的直接研发人员；外部人员指该物流网络相关领域的专家。评分方式有两种：一种是每位参与评分的人员单独评分最后汇总；另外一种是集体讨论评分。通常而言，前面一种方式比较好，因为个人单独评分容易汇集参与者的个人智慧，更容易找出待选方案的优缺点。而集体讨论评分可以避免个人主观因素和偏爱对网络方案选择的误导，有利于协调不同意见。参与共同评分的人员主要是方案决策人员与权威专家，人数不宜过多。

加权因素比较法的优点是可以把提供的各项因素进行综合比较，是一种比较通用的方法；缺点是往往带有评分人的主观性。

10.3.2 定量分析评价法

定量分析评价法主要用于评价物流网络各个方案的财务和技术方面。它以经济分析法为主，按照各个方案的影响要素计算各方案的经济效益并进行全面对比。也可仅仅针对不同因素计算相对经济效益，进行局部对比。定量分析评价法可以分为成本比较法和不确定性分析方法两类。

1. 成本比较法

成本比较法是比较实现各种方案的成本、费用等，选择其最小值为最优方案的方法。成本分析比较的方法非常多，比较主流的有投资差额法、成本差额法、经济价值系数法和年计算费用法等。

1）投资差额法

简单地说，投资差额法就是将所比方案的投资额中共同的部分去掉，取其中的差异部分进行比较的方法。

2）成本差额法

成本差额法的原理和投资差额法类似，差别之处在进行不同方案的成本费用比较时，是针对成本费用中有差额的部分进行比较。

3）经济价值系数法

经济价值系数法就是计算出各方案经济价值系数的大小，并且进行比较，选择最优方案的方法。这里，经济价值系数指的是新旧方案的成本变化率，其表达式如下：

$$Y = (C_0 - C)/C_0 \tag{10.2}$$

式中,Y 为经济价值系数;C_0 为原方案成本;C 为新方案成本。

经济价值系数法应选择经济价值系数大的方案,如果计算结果出现负值,就意味着新方案与老方案相比,没有增加经济价值,因此新方案不可取。

4) 年计算费用法

年计算费用法就是利用标准投资效果系数对投资进行换算,然后将其与经常性费用相加,所得到的数值就是年计算费用,计算公式为

$$Z = C + EA \times I \tag{10.3}$$

式中,Z 为年计算费用;C 为年生产成本;EA 为标准投资效果系数;I 为投资总额。

将不同方案的年计算费用进行比较,取费用最低的方案为最合适方案。在考虑了时间因素后,运用动态计算,又可分为费用现值比较法和年费用比较法。

以上描述的方法各具特色,针对实际方案的特性不同,决策者应当选取合适的比较方法进行比较,并无规定的一致方法。上述具体方法可以参见工程经济类的相关书籍。

2. 不确定性分析法

由于物流网络规划设计时期所拥有资料的有限性决定了评价的结果也会有不确定性。各种不确定因素,如资金、成本、销售量、产品价格、网络寿命期等,其变化会影响到物流网络实施后能获得的经济效果,当这些因素的变化达到某一临界值时,就会影响到物流网络可行方案的取舍。因此有必要进行不确定性分析。盈亏平衡分析方法就是不确定性分析的一种。

盈亏平衡分析法,就是在分析的过程中,找到方案实施后盈利与亏损的临界点,用以判断物流网络可行方案对不确定因素变化的承受能力,由此判断物流网络规划可行方案在实施后所面临风险的大小。

盈亏平衡点越低,说明项目盈利的可能性越大,亏损的可能性越小,因而项目有较大的抗经营风险能力。因为盈亏平衡分析也称作量本利分析,主要分析产量(销量)、成本与利润之间的关系。

在物流网络中盈亏平衡点可以用产品物流量、单位产品物流成本、年固定物流成本总量等表示,也可以用物流能力利用率等相对量表示。根据物流成本、经营收入与物流量之间是否呈线性关系,盈亏平衡分析可分为线性盈亏平衡分析和非线性盈亏平衡分析。

1) 线性盈亏平衡分析

假设市场条件不变、市场价格稳定,则企业的经营收入与产品物流量的关系可以用下式表示:

$$T = PQ \tag{10.4}$$

式中,T 为年经营收入;P 为单位产品经营收入;Q 为年产品物流量。

假设物流网络在实施后的成本费用可以分为固定成本费用与变动成本费用两大部分。固定成本指在一定规模限度内不随物流量的变动而变动的费用,具体包括设备维护费用、人员工资、企业日常运营相关费用等;变动成本指随着产品物流量变动而变动的费用,如仓储、配送费用等。假设变动成本与总物流量成正比,则总成本费用 C 可以用下式表示:

$$C = C_f + C_v Q \tag{10.5}$$

式中,C 为总成本费用;C_f 为固定成本费用,C_v 为变动成本费用。

把式(10.3)和式(10.4)在同一坐标系上表示出来就可以构成线性的量-本-利分析图,

如图 10.2 所示。

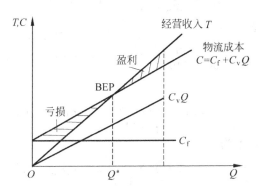

图 10.2 线性盈亏平衡关系示意图

图 10.2 中纵坐标表示经营收入与物流成本,横坐标表示产品物流量。经营收入线 T 与物流成本线 C 的交点称为盈亏平衡点(break even point,BEP),也就是该网络盈利与亏损的临界点。从图中可以看出,在 BEP 的左边物流成本大于经营收入,这表明该网络经营亏损;在 BEP 的右边经营收入大于物流成本,这表明该网络经营盈利。

在该方法中,经营收入及物流成本都与物流量呈线性关系,我们可以很方便地用解析法求出以物流量、单位产品经营收入、单位产品变动物流成本等表示的盈亏平衡点。在盈亏平衡点,经营收入 T 与物流成本 C 相等,设对应于盈亏平衡点的物流量为 Q^*,则有

$$PQ^* = C_\text{f} + C_\text{v} Q^* \tag{10.6}$$

盈亏平衡物流量为

$$Q^* = \frac{C_\text{f}}{P - C_\text{v}} \tag{10.7}$$

若网络设计物流能力为 Q_c,则盈亏平衡物流能力利用率为

$$E^* = \frac{Q^*}{Q_\text{c}} \times 100\% = \frac{C_\text{f}}{(P - C_\text{v})Q_\text{c}} \times 100\% \tag{10.8}$$

若按设计能力进行经营,则盈亏平衡销售价格为

$$P^* = \frac{T}{Q_\text{c}} = \frac{C}{Q_\text{c}} = C_\text{v} + \frac{C_\text{f}}{Q_\text{c}} \tag{10.9}$$

若按设计能力进行经营,且单位产品经营收入已定,则盈亏平衡单位产品变动成本为

$$C_\text{v}^* = P - \frac{C_\text{f}}{Q_\text{c}} \tag{10.10}$$

例 10-2 某企业投资一座仓库,年设计仓储能力为存储某种产品 2 万件,该产品单位存储费用为 300 元,存储成本费用为 480 万元,其中,固定成本 200 万元,总变动成本与产品存储量成正比例关系,求以物流量、仓储能力利用率、存储费用、单位产品变动物流成本表示的盈亏平衡点。

解:首先计算单位产品变动物流成本:

$$C_\text{v} = \frac{(480 - 200) \times 10^4}{2 \times 10^4} = 140(元/件)$$

盈亏平衡存储量:

$$Q^* = \frac{200 \times 10^4}{300-400} = 12\,500(件)$$

盈亏平衡仓储能力利用率为

$$E^* = \frac{200 \times 10^4}{(300-140) \times 2 \times 10^4} \times 100\% = 62.5\%$$

盈亏平衡存储费用为

$$P^* = 140 + \frac{200 \times 14^4}{2 \times 14^4} = 240(元/件)$$

盈亏平衡单位产品变动成本为

$$C_v^* = 300 - \frac{200 \times 140^4}{2 \times 140^4} = 200(元/件)$$

通过计算盈亏平衡点,结合市场预测,可以对投资方案发生亏损的可能性作出大致判断。在例 10-2 中,如果未来的产品存储费用及存储成本与预期值相同,则项目不发生亏损的条件是年存储量不低于 12 500 件;如果按设计能力进行存储,存储成本与预期值相同,则项目不发生亏损的条件是产品存储费用不低于 240 元/件;如果存储量、存储价格与预期值相同,则项目不发生亏损的条件是单位产品变动成本不高于 200 元/件。

2) 非线性盈亏平衡分析

在实际物流网络设计过程中,由于物流设备、劳动力价格、物流场地租赁成本等因素会随着外部环境的变化引起上涨或下跌,这就会造成网络物流成本并非与物流量呈线性关系,同时由于物流网络对所能承受的物流量有限制,当物流量增长后,物流网络总经营收入不会一直呈线形增长,因此,经营收入与物流量会呈非线性关系,如图 10.3 所示。

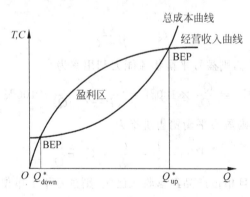

图 10.3 非线性盈亏平衡关系示意图

3. 敏感性分析法

在物流网络规划中,敏感性分析多是研究物流网络规划过程中的某些不确定因素,如物流量、单位产品物流费用、经营成本、物流网络投资额、建设周期、与该物流网络相关的金融汇率、物价指数等发生变化时,经济效益评价指标(内部收益率、净现值等指标)的预期值发生变化的幅度。

通过敏感性分析,可以找出待规划物流网络的敏感因素,在确定这些因素变化幅度后,使决策者能了解物流网络规划实施中可能遇到的风险,从而提高投资决策的准确性。同时,敏感性分析也可以找出对物流网络规划实施影响最重要的因素,使得我们可以针对它们进行重新调查、分析、计算,以提高投资决策的可靠性。

敏感性分析法是网络决策中常用的一种不确定性分析方法。通过敏感性分析法可以确定决策方案中各因素的变化对整个网络效益的影响程度和范围,有效地估计各个因素改变的程度对决策方案的最优化结果的影响程度。敏感性分析具体可以分为单因素敏感性分析和多因素敏感性分析。

1) 单因素敏感性分析

单因素敏感性分析是就物流网络中单个不确定因素的变动对规划方案实施效果的影响所做的分析。在分析方法上类似于高等数学中多元函数的偏微分,即在计算某个因素的变动对实施效果指标的影响时,假定其他因素均保持不变。

单因素敏感性分析的步骤与内容如下:

(1) 选择需要分析的不确定因素,并设定这些因素的变动幅度或范围。对于一般的物流网络规划项目来说,要做敏感性分析的因素通常从物流网络投资额、物流网络建设期、物流网络设计容量、货物周转周期、经营成本、寿命期、折现率等方面来考虑。在选择需要分析的不确定因素的过程中,应根据实际情况设定这些因素可能的变动范围。

(2) 确定分析指标。有关网络建设实施过程中的多种经济评价指标,如净现值、净年值、内部收益率、投资回收期等,都可以作为敏感性分析的指标。由于敏感性分析是在确定性经济分析的基础上进行的,所以,其指标应与确定性经济分析所使用的指标一致,不应超出确定性分析所用指标的范围另立指标。当确定性经济分析中使用的指标比较多时,敏感性分析可围绕其中一个或若干个最重要的指标进行。

(3) 分析因素变化对物流网络指标的影响。计算各不确定因素在可能的变动范围内发生不同幅度的变动对于方案的影响,建立对应的函数关系,并用图或表的形式表示出来。

(4) 确定敏感因素,并从其中找出数值变动能显著影响方案实施效果的关键因素。

(5) 根据敏感性分析法找出物流网络规划最优方案。

2) 多因素敏感性分析

由前述可知,在运用单因素敏感性分析法的过程中,计算某特定因素的变动对经济效果指标的影响时,需要假定其他因素均不变。实际上,由于许多因素之间具有相关性,因此一个因素的变动往往也伴随着其他因素的变动。例如,油价上涨不仅会导致车辆使用成本的增加,而且由于在车辆生产过程中同样有能源消耗,因此油价上涨会间接地导致车辆生产成本的增加,最终导致汽车价格和汽车使用费用一起增长。因此,考察多个因素同时变动对方案经济效果的影响,以判断方案优缺点的方法称为多因素敏感分析。

多因素敏感分析需要考虑多种因素变动的组合情况,计算比较复杂,在不超过 3 个因素影响的前提下,可以使用解析方法。如果超过 3 个因素影响,就要考虑使用计算实验的方法。

10.3.3 综合分析评价法

物流网络评价的目的是获取正确的物流方案决策。从实际意义讲,物流网络评价伴随着物流决策的全过程。由于物流网络规划本身属于复杂的系统工程范畴,因此物流决策过程中所涉及的问题很多时候都是多因素综合影响的一类问题。对于这样的问题，如果仅仅依靠定性或定量的方法，关注于某一因素而忽视其他关联因素对这个问题的影响，往往不能对网络规划带来有用、真实的评价，而且会带给决策者错误的导向。因此，在实际物流网络规划问题的分析过程中，规划评价既要找出影响物流网络的各种要素，还要考虑要素之间的相互影响。因为仅靠单一的定性分析或定量分析无法作出准确的评价，因此需要用综合评价的方法来解决这一难题。目前国内外常用的综合评价方法主要有以下几种：层次分析法、模糊综合评价法、数据包络分析法、人工神经网络分析法、灰色综合评价法等。

1. 层次分析法

层次分析法(analytic hierarchy process, AHP)是美国运筹学家 T. L. Saaty 于 20 世纪 70 年代中期提出的一种系统分析方法，其基本原理是把复杂系统分解成具有递阶结构的目标、准则、方案等层次，在此基础上对系统进行定性和定量分析评价。它把人的决策思维过程层次化、数量化、模型化，并用数学手段为分析、决策提供定量的依据，是一种对非定量事件进行定量分析的有效方法，在目标因素结构复杂且缺少必要数据的情况下，需要将决策者的定性判断定量化时该法非常实用。

该方法适用于具有定性的或者定性定量兼有的决策分析，在管理评价、经济发展比较、资源规划分析、物流网络规划、人员素质测评及安全经济分析等方面应用广泛。

在物流网络规划评价中采用层次分析法的基本步骤是：

（1）构造物流网络的递阶层次结构模型。在对物流网络进行评价时，首先需要明确物流网络评价的目标和准则。在此基础上，将待评价物流网络中比较复杂的问题分解成若干要素，将要素按照不同的属性自上而下地分解成若干层次，构造成有序的递阶层次结构模型。层次结构通常分为目标层(顶层)、准则层(中间层)和措施层(方案层)。

（2）构造判断矩阵。在层次结构中，对于从属于（或影响）上一层的每个因素的同一层各因素进行两两比较，比较其对于准则的重要程度，并通过引入合适的标度将其定量化，构成矩阵形式，即判断矩阵。判断矩阵中各元素的数值一般采用 1~9 位标度法确定，主要是通过专家评估或由历史（经验）数据得出，见表 10.6。

表 10.6 标度表

标度	重要性等级
1	表示两个元素相比，具有同等重要性
3	表示两个元素相比，前者比后者稍重要
5	表示两个元素相比，前者比后者明显重要
7	表示两个元素相比，前者比后者强烈重要
9	表示两个元素相比，前者比后者极端重要
2,4,6,8	表示上述判断的中间值
倒数	若元素 i 与元素 j 的重要性之比为 a_{ij}，则元素 j 与元素 i 的重要性之比为 $a_{ji}=1/a_{ij}$

（3）判断一致性。为避免其他因素对判断矩阵的干扰，保证专家在判断指标的重要性时，各判断之间协调一致，不出现相互矛盾，就需要判断矩阵满足大体上的一致性，为此需要进行一致性检验。只有通过检验，才能说明判断矩阵在逻辑上是合理的，才能继续对结果进行分析。

(4) 层次单排序。对于填写完毕的判断矩阵,需要根据判断矩阵计算出对于上层某元素,本层与其有联系的各元素的相对重要性。由前面分析可知,判断矩阵的特征向量即为要素的相对重要性向量。单排序是指每一个判断矩阵各因素针对其准则的相对权值。计算权值有和积法、方根法、幂法等多种近似方法。

(5) 层次总排序与检验。总排序是指每一个判断矩阵各因素针对目标层(最上层)的相对权重值。这一权重值的计算采用从上而下的方法,逐层合成。

通过上述步骤就可以从准则层总排序的结果得到不同要素的权重值,以及从方案层总排序得到不同方案的权重值。通过对权重值的分析,综合权重值排序最高的就是最合适的方案。详细内容可参考相关书籍。

2. 模糊综合评价法

模糊综合评价法是借助模糊数学中的模糊集理论对物流网络进行综合评价的一种方法。物流网络是一个复杂的社会经济网络,在实际物流决策中,有些影响物流网络的因素边界不清,不易定量,因此要想精确地描述某个评价指标非常困难。因此,有必要在对物流网络规划评价时引入模糊集理论来解决难题。通过模糊综合评价法的运用,可以避免在某些因素上纠缠过深,又可以获得比较准确的物流网络各可行方案优劣次序的相关信息。

应用模糊综合评价法的主要步骤如下:

(1) 组成专家评价小组对待评价网络进行综合分析。

(2) 确定评价指标集 $U=(U_1,U_2,\cdots,U_n)$,及其权重向量 $W=(W_1,W_2,\cdots,W_n)$。

(3) 确定评价尺度集。评价尺度集也就是在评价打分时采用的评分等级。设有 m 个评分等级,则尺度集 $V=(V_1,V_2,\cdots,V_m)$。

(4) 构造模糊评价矩阵 R。模糊评价矩阵 R 反映从评价要素 U 到尺度 V 之间的模糊评价关系。这种评价一般可以通过专家投票的方法获得。R 可以表示为

$$R = \begin{bmatrix} r_{11} & r_{12} & \cdots & r_{1m} \\ r_{21} & r_{22} & \cdots & r_{2m} \\ \vdots & \vdots & r_{ij} & \vdots \\ r_{n1} & r_{n2} & r_{nj} & r_{nm} \end{bmatrix}_{n \times m} \tag{10.11}$$

这里,r_{ij} 指评价指标 U_i 的评分等级为 V_j 的专家票数占总票数的百分比。

(5) 计算各评价对象方案的综合评定向量 S,并进行归一化,得到向量 S'。综合评定向量 $S=(S_1,S_2,\cdots,S_m)$ 是根据评价要素的权重值 W 对 R 进行加权后得到的各评价因素的综合评价向量,然后对向量 S 进行归一化处理,得到向量 S',向量 S' 为认为方案的综合评价的得分为各评价得分等级的专家票数百分比。S 的计算公式为

$$S = WR \tag{10.12}$$

上式的计算看起来很简单,但实际上比较复杂。它是一种模糊映射过程,合成方法有多种,一般采用模糊关系的合成方法计算。模糊关系合成运算方法如下:设 $A=BC$ 为模糊关系的合成运算,B 与 C 为矩阵或向量,其算法与一般矩阵乘法规则相同,但要将计算式中的普通乘法运算换为取最小的运算,记为 $\cap$;将式中的普通加法换算为取最大的运算,记为 $\cup$。

对 S 进行归一化:

$$S' = \left\{\frac{S_i}{\sum_{i=1}^{m} S_i}\right\}, \quad i = 1, 2, \cdots, m \tag{10.13}$$

（6）计算各评价对象方案的综合评价得分 D。综合评价得分 D 的计算公式如下：

$$D = S'V^T \tag{10.14}$$

根据上述步骤就可以计算出所有待评价方案的综合评价得分，最后根据得分的大小对方案进行排序，为决策者选择最合适的方案提供理论依据。

下面通过一个例子说明模糊综合评价法的具体应用。

例 10-3 某配送中心准备购入巷道堆垛机 2 台，现有两家公司提供的设备可以供配送中心选择。巷道堆垛机的评价要素已知，分别为机械性能、稳定性、运营成本、维护成本 4 项指标，它们的指标权重分别为 0.3，0.2，0.4，0.1。假设评价尺度分为 3 个等级：100，70，40。试用模糊综合评价法确定方案的选取。

解：评价要素 $U = (U_1, U_2, U_3, U_4)$ 其中 $U_i (i=1,2,3,4)$ 表示机械性能、稳定性、运营成本、维护成本；评价尺度 $V = (100, 70, 40)$。

根据模糊评价法的解题步骤可知：

一共有 6 位专家参与评分，根据专家评分结果，可获得以下模糊评价矩阵。

第 1 种设备的模糊评价矩阵为

$$R_1 = \begin{bmatrix} 4/6 & 2/6 & 0 \\ 3/6 & 2/6 & 1/6 \\ 0 & 4/6 & 2/6 \\ 0 & 3/6 & 3/6 \end{bmatrix}$$

第 2 种设备的模糊评价矩阵为

$$R_2 = \begin{bmatrix} 3/6 & 2/6 & 1/6 \\ 4/6 & 2/6 & 0 \\ 2/6 & 2/6 & 1/6 \\ 0 & 2/6 & 4/6 \end{bmatrix}$$

计算综合评定向量 S 并将其归一化：

第 1 种设备的综合评定向量为（模糊关系合成算法）

$$S_1 = WR_1 = (0.3, 0.2, 0.4, 0.1) \begin{bmatrix} 4/6 & 2/6 & 0 \\ 3/6 & 2/6 & 1/6 \\ 0 & 4/6 & 2/6 \\ 0 & 3/6 & 3/6 \end{bmatrix} = (0.3, 0.4, 2/6)$$

归一化处理后得 $S_1' = (9/31, 12/31, 10/31)$。

同理，第 2 种设备的综合评定向量为

$$S_2 = WR_2 = (0.3, 0.2, 0.4, 0.1) \begin{bmatrix} 3/6 & 2/6 & 1/6 \\ 4/6 & 2/6 & 0 \\ 2/6 & 2/6 & 1/6 \\ 0 & 2/6 & 4/6 \end{bmatrix} = (2/6, 2/6, 1/6)$$

归一化处理后得 $S_2' = (2/6, 2/6, 1/6)$。

计算两个方案的综合评价得分 D：
$$D_1 = \boldsymbol{S}_1' \boldsymbol{V}^{\mathrm{T}} = (9/31, 12/31, 10/31)(100, 70, 40)^{\mathrm{T}} = 69.03$$
$$D_2 = \boldsymbol{S}_2' \boldsymbol{V}^{\mathrm{T}} = (2/6, 2/6, 1/6)(100, 70, 40)^{\mathrm{T}} = 63.33$$

根据综合评价得分可知，第 1 种巷道堆垛机的评价要高于第 2 种，因此应该选择第 1 种。

3. 其他综合分析评价法

除了最常使用的层次分析法、模糊综合评价法之外，其他一些综合分析评价方法，如数据包络分析法、人工神经网络分析法、灰色综合评价法等也在物流网络综合分析评价中得到广泛运用。由于篇幅原因，这里对这些方法仅做简单介绍，具体可以参考其他相关文献。

1) 数据包络分析法

数据包络分析法（data envelopment analysis, DEA）是由美国著名运筹学家 A. Charnes 和 W. W. Copper 等学者首先提出的。该方法以相对效率概念为基础，以凸分析与线性规划为工具，对多投入/多产出的多个决策单元的效率进行评价。DEA 方法通常根据一组给定的决策单元，选定一组输入输出评价指标，来确定决策单元的有效性系数，以此来评价决策单元的优劣。DEA 方法在处理多输入-多输出的有效性综合评价问题上非常有优势，通过输入和输出数据的综合分析，DEA 方法可以得到每个决策单元综合效率的数值指标，并据此排定各个决策单元的等级，确定有效的决策单元，并给出其他决策单元非有效的原因和程度。

DEA 方法的应用范围很广，可以用于多种方案的有效性评估，在技术创新、金融服务、资源配置、企业效益评价等领域都得到了广泛运用。对于多投入多产出的一类社会经济系统，DEA 方法的相对有效性评价是非常实用的。

2) 人工神经网络分析法

在综合项目评价中，很多时候影响被评价网络的一些重要因素无法用定量数据来表示它们的权重分配，这时，评价者会运用层次分析法、模糊综合评价法等方法建立非线形模型来求得最佳解。由于在规划过程中，一些重要因素有时会发生变化，这样就导致得到的最佳解出现很大偏差，评价者必须重新对各个因素进行分析并建立数学模型。为了避免这样的重复工作，学者们提出了模拟人脑的人工神经网络（artificial neural network, ANN）分析法。

人工神经网络分析法的特点，就是利用已有方案及其评价结果，根据所给新方案的特征，对方案直接作出评价。近来在综合评价中有关人工神经网络的应用研究有很多，当今比较成熟的网络模型和算法多达上百种。人工神经网络分析法利用神经网络所拥有的自学习、自适应和强容错性，建立接近人类思维模式的定性和定量相结合的综合评价模型，对传统的专家网络中存在的评价指标权重值的合理定义、评价过程中的主观影响和不确定性等问题进行了有效解决。

3) 灰色综合评价法

灰色综合评价方法是基于灰色网络理论的一种综合评价方法。灰色网络是我国著名学者邓聚龙教授于 1982 年提出的，主要研究信息不完全的"贫信息"不确定网络，利用已知信息确定网络的未知信息。灰色综合评价法以灰色网络理论中的灰色因素关联度分析法为基础,该方法主要根据因素间发展态势的相似或相异程度来衡量因素关联程度,对网络进行排序,关联度越大,评价效果越好。灰色综合评价法同样也是定性定量分析相结合的方法,它较好地解决了评价指标难以量化和统计的问题。运用该方法可以用原始数据直接计算,评价时无需大量样本,但是其指标体系的建立与权重值的分配也需要考虑如何恰当地选取。

10.3.4 综合分析评价方法新发展

在对复杂对象系统进行综合评价的过程中,大量定性与定量的因素需要分析,评价的过程中因素的随机性与评价专家的主观性导致评价结果的准确性受到很大影响。因此,综合分析评价的应用还存在很多难以解决的问题。例如,综合评价理论方法研究如何与实际应用很好地衔接;评价主体的主观性影响如何弱化消除;如何将评价主体的知识经验积累以及评价样本积累应用于综合评价体系的完善中;如何建立规范的、通用的综合评价支持网络。为了很好地解决这些问题,从事综合分析评价研究的专家学者们没有满足于已有成果,而是继续进行深入研究。目前综合分析评价法主要有以下几个发展趋势:

(1) 对于现有综合分析评价法加以改进和完善;
(2) 尝试将几种综合分析评价法集成运用;
(3) 尝试用其他学科知识对方法进行交融创新;
(4) 尝试将现代计算机技术与综合分析评价法集成,建立智能化评价支持网络。

在物流网络方案综合分析评价的过程中,首要的核心问题在于确定综合评价方法的合理性、适用性。各类综合分析评价法有其适用范围、背景,合理地选取评价方法是保证物流网络规划综合评价顺利实施的关键。新技术、新方法的不断出现,将会为决策者的正确决策提供更有效的支持。

小结与讨论

本章主要介绍了物流网络规划评价的过程、体系与分析评价方法。对于复杂的物流网络规划而言,规划者的决策贯穿于从初期物流网络建立规划直至最终物流网络顺利建成并运作的全过程,决策者的决策依据就来源于对物流网络的规划评价。规划评价体系的建立遵循系统工程理论的建模思想,以充分的调研为基础,明确评价目的,建立客观、合理的综合评价指标体系,确立指标权重,运用适当的分析评价方法进行综合分析,获得可信的评价结果,为决策者提供决策支持。评价指标体系的建立以及综合分析评价方法的应用是本章关注的重点。

客观、合理地建立综合评价指标体系对于最终评价结果的准确与否至关重要。如何克服评价主体的主观性影响、定性指标如何量化、如何保证指标权重赋值的客观公正性,是建立综合评价指标体系的难点所在。

本章从定性分析评价、定量分析评价和综合分析评价的角度对物流网络规划评价法进行了介绍。评价方法的选取应当根据不同的物流网络评价对象而定,一些简单的物流网络规划可能只需要用单一的评价方法就能得到满意解,但是复杂的物流网络可能需要将几种分析评价法结合起来才能作出正确评价。层次分析法与模糊综合评价法作为应用最广泛的综合分析评价法在本章进行重点介绍,还有一些其他的评价方法在此只是简单介绍,感兴趣的读者可以参考有关文献资料。

习题

1. 请简述物流网络规划评价的内容和基本步骤,并说明如何才能有效地对物流网络规划进行评价。
2. 物流网络规划评价采用的综合评价方法一般有哪些?试比较其优缺点。
3. 考虑了物流网络规划中不确定因素的评价方法有哪些?试说明盈亏平衡分析法的应用原理。
4. 什么是层次分析法?如何应用层次分析法对物流网络规划进行综合评价?
5. 什么是模糊综合评价法?如何应用模糊综合评价法对物流网络规划进行综合评价?
6. 某企业打算新建一座配送中心,现就该中心设计进行规划方案选择,目前有两个方案待选。配送中心的评价要素已知,分别为配送能力、设备选取、运营成本、环境影响、信息化 5 项,它们的指标权重分别为 0.5,0.1,0.4,0.2,0.3。假设评价尺度为 100,80,60 共 3 个等级。邀请 6 位专家评分,结果如表 10.7 所示,试用模糊综合评价法确定方案的选取。

表 10.7 专家评分结果

方案	评价要素	评价尺度		
		100	80	60
方案 1	配送能力	3	2	1
	设备选取	4	2	0
	运营成本	2	0	4
	环境影响	4	2	0
	信息化	4	2	0
方案 2	配送能力	4	2	0
	设备选取	2	4	0
	运营成本	3	1	2
	环境影响	0	4	2
	信息化	3	2	1

7. 试分析综合评价指标体系中的指标权重如何确定才能客观公平。
8. 请简述开展物流网络规划后评价的目的与作用。

参 考 文 献

[1] BARTHOLDI J J, HACKMAN H T. Warehouse and distribution sciences(draft). The Logistics Institute,Atlanta,GA. ,2008.
[2] EDMODS J, JOHNSON E L. Matching euler tours and the Chinese postman[J]. Mathematics Programming,1973,5:88-124.
[3] GHIANI G,LSPORTE G, MUSMANNO R. Introduction to logistics system planning and control [M]. Chichester,England:John Wiley and Sons,2004.
[4] HILLIER F S, LIEBERMAN G J. Introduction to operations research[M]. 7th ed. New York:McGraw-Hill,2001.
[5] YI Junmin, et al. Tactical planning and optimization of a milk run system of parts pick-up for an engine manufacturer[J]. Journal of Southeast University,2007,12:23(s).
[6] TANGUCHI E, THOMPSON R G, YAMADA T. Modeling city logistics[M]. Kyoto:Institute of Systems Science Research,1999.
[7] JOHNSON J C, WOOD D F, WARDLOW D L, et al. Contemporary logistics[M]. New Jersey:Prentice-Hall,1999.
[8] MARTIN C. Logistics and supply chain management-strategies for reducing costs and improving services[M]. New York:Financial Times/Pitman Publishing,1994.
[9] MEYERS F E, STEPHENS M P. Manufacturing facilities design and material handling[M]. Second Edition. New Jersey:Prentice Hall ,2000.
[10] LAMBERT D M,STOCK J R,ELLRAM L M. Fundamentals of logistics management [M]. Irwin:McGraw-Hill,1998.
[11] HANDFIELD R B, NICHOLS E L, Jr. Introduction to supply chain management[M]. New Jersey:Prentice-Hall,1999.
[12] TOMPKINS J A,WHITE J A, BOZER Y A, et al. Facilities planning[M]. 2nd ed. New York:John Wiley & Sons,1996.
[13] [美]鲍尔索克斯(Bowersox D J),等. 供应链物流管理[M]. 李习文,王增东,译. 北京:机械工业出版社,2004.
[14] 程国全. 现代物流网络与设施[M]. 北京:首都经济贸易大学出版社,2004.
[15] 程国全,等. 物流设施规划与设计[M]. 北京:中国物资出版社,2003.
[16] 丁立言. 物流系统工程[M]. 北京:清华大学出版社,2000.
[17] 吴清一. 物流基础[M]. 北京:清华大学出版社,2000.
[18] 吴清一. 物流管理[M]. 北京:中国物资出版社,2003.
[19] 吴清一. 物流学[M]. 北京:中国建材工业出版社,1996.
[20] 王之泰. 现代物流管理[M]. 北京:中国工人出版社,2001.
[21] 王之泰. 城市物流研究探要[J]. 物流科技,1999(1):25-27.
[22] 王之泰. 现代物流学[M]. 北京:中国物资出版社,1995.
[23] 何明珂. 物流系统论[M]. 北京:高等教育出版社,2004.
[24] 何明珂. 高效物流体系为北京城市发展加速[N]. 中国交通报,2003-08-27.
[25] 贺东风,胡军. 物流系统规划与设计[M]. 北京:中国物资出版社,2006.
[26] 姜建华,周雷. 物流网络两种研究视角的价值观分析[J]. 综合运输,2006,12:49-51,57.
[27] 邬跃. 中国物流研究的现状及展望[J]. 铁道物资科学管理,2000,4:6-7.
[28] [英]哈里森,等. 物流管理与战略[M]. 方海萍,等,译. 北京:电子工业出版社,2003.

[29] [英]马丁·克里斯托弗. 物流竞争——后勤与供应链管理[M]. 马越,马月才,译. 北京:北京出版社,2000.
[30] 王健. 现代物流网络体系的构建[M]. 北京:科学出版社,2005.
[31] 鞠颂东,徐杰. 物流网络理论及其研究意义和方法[J]. 中国流通经济,2007,8:10-13.
[32] 徐杰,鞠颂东. 物流网络的内涵分析[J]. 北京交通大学学报:社会科学版,2005,2:22-26.
[33] 朱道立,龚国华,罗齐. 物流和供应链管理[M]. 上海:复旦大学出版社,2001.
[34] 孟庆红. 区域经济学概论[M]. 北京:经济科学出版社,2003.
[35] 马汉武. 设施规划与物流系统设计[M]. 北京:高等教育出版社,2006.
[36] 林立千. 设施规划与物流中心设计[M]. 北京:清华大学出版社,2003.
[37] 方庆琯,王转. 现代物流设施与规划[M]. 北京:机械工业出版社,2004.
[38] 伊俊敏. 物流工程[M]. 北京:电子工业出版社,2005.
[39] [美]巴罗(Ballou R H). 企业物流管理:供应链的规划、组织和控制[M]. 王晓东,等,译. 北京:机械工业出版社,2002.
[40] 刘联辉. 物流系统规划及其分析设计[M]. 北京:中国物资出版社,2006.
[41] 蔡临宁. 物流系统规划——建模及实例分析[M]. 北京:机械工业出版社,2003.
[42] [美]理查德·缪瑟,等. 系统工业设施规划[M]. 文镇洋,戚祖望,等,译. 北京:机械工业出版社,1991.
[43] 刘敬青. 物流设施选址研究的展望[J]. 综合运输,2007,4:46-48.
[44] 李涛,张则强,程文明. 装卸搬运在物流活动中的地位及提升策略[J]. 铁道货运,2004,6:33-35.
[45] 杨传杰. 仓储与物流[M]. 天津:天津科学技术出版社,1993.
[46] 方轶. 哈佛模式——公司物流管理[M]. 北京:中央民族大学出版社,2003.
[47] 冯耕中. 物流配送中心规划与设计[M]. 成都:西南交通大学出版社,2004.
[48] 刘昌祺,董良. 自动化立体仓库设计[M]. 北京:机械工业出版社,2004.
[49] 姚城. 物流配送中心规划与运作管理[M]. 广州:广东经济出版社,2004.
[50] 汝宜红,田源,徐杰. 配送中心规划[M]. 北京:北京交通大学出版社,2002.
[51] 白世贞,言木. 现代配送管理[M]. 北京:中国物资出版社,2005.
[52] 谭刚,姚振美. 仓储与配送管理[M]. 北京:中央广播电视大学出版社,2005.
[53] 刘彦平. 仓储和配送管理[M]. 北京:电子工业出版社,2006.
[54] 高海晨,何泽恒,肖萍. 连锁配送网络技术[M]. 北京:高等教育出版社,2002.
[55] 邬星根. 仓储与配送管理[M]. 上海:复旦大学出版社,2005.
[56] 方仲民. 物流系统规划与设计[M]. 北京:机械工业出版社,2003.
[57] 林自葵. 物流信息系统[M]. 北京:清华大学出版社,北京交通大学出版社,2004.
[58] 蔡淑琴,夏火松. 物流信息与信息系统[M]. 北京:电子工业出版社,2005.
[59] 张树山. 物流信息系统[M]. 北京:人民交通出版社,2005.
[60] 沈祖志. 物流系统分析与设计[M]. 北京:高等教育出版社,2005.
[61] 卞艾良. 适应网格环境的物流信息网络研究[D]. 北京:北京交通大学博士学位论文,2007.
[62] 张锦. 现代物流信息网格的体系结构模型[J]. 科技导报,2005,23(10):48-51.
[63] 王晓斌. 网格体系结构研究[J]. 计算机工程与设计,2005,12:3281-3284,3337.
[64] 赵振峰. 区域公共物流信息平台的功能定位及运行机制研究[J]. 物流技术,2004,4:63-66.
[65] 中国电子口岸网站(http://www.chinaport.gov.cn/templates/default/common/aboutus.jsp).
[66] 周溪召,等. 物流网络工程[M]. 上海:上海财经大学出版社,2003.
[67] 杜栋,庞庆华. 现代综合评价方法与案例精选[M]. 北京:清华大学出版社,2005.
[68] 黄德春. 投资项目后评价理论、方法及应用研究[D]. 南京:河海大学博士学位论文,2003.
[69] 王宗军. 综合评价的方法、问题及其研究趋势[J]. 管理科学学报,1998,1:73-79.
[70] 陈衍泰,等. 综合评价方法分类及研究进展[J]. 管理科学学报,2004,7(2):69-79.

[71] 郭显光. 一种新的综合评价方法——组合评价法[J]. 统计研究,1995,5:56-59.
[72] 邱东. 多指标综合评价方法[J]. 统计研究,1990,6:43-51.
[73] 王明涛. 多指标综合评价中权系数确定的一种综合分析方法[J]. 系统工程,1999,17(2):56-61.
[74] 王玲,等. 港口物流系统的重构与评价指标体系建立[J]. 物流技术,2005(2):13-15.
[75] 孙焰. 现代物流管理技术——建模理论及算法设计[M]. 上海:同济大学出版社,2004.